客家研究叢書 4

臺灣客家與六堆史研究

尹章義著

 蘭臺出版社

目　次

導讀：為什麼要研究客家史？如何研究客家開發史？......001

第壹篇、臺灣移民開發史上與客家人相關的幾個謎題....012

第一章　發現客家人移民開發史的個人經驗........012
第二章　荷鄭之前客家人即已移民臺灣之謎........016
第三章　鄭氏延平王國與客家人的關係............018
第四章　施琅嚴禁粵中惠、潮之民渡臺？.........021
第五章　客家人帶動康熙移民洪潮以及客家人對於臺灣開
　　　　發的貢獻.................................024
第六章　客家人與閩南人人口比例逆轉之謎........030
第七章　臺灣早期文獻上的粵民、客子、客民和客家人..
　　　　.......................................031
第八章　結語.................................034

第貳篇、臺灣客家史研究的回顧與展望.....................035

第一章　臺灣客家史研究的回顧與展望...........035
　第一節　前言.............................035
　第二節　臺灣地方志書中的客家論述..........036
　第三節　臺灣的客家史學論述.................042
　　第一目　莊英章、陳運棟軸心研究群的成果..043
　　第二目　師範大學歷史所和地理所的研究成果 044
　　第三目　楊鏡汀、黃榮洛、黃卓權等人的研究成果
　　　　　..................................046
　　第四目　臺灣南部客家史的研究成果.......048
　　第五目　青年建築學者的研究成果.........048
　　第六目　尹章義核心研究群的成果.........048
　　第七目　臺灣客家人傳記研究.............051

第八目　其他學者的研究成果 052

第九目　參考目錄 053

第十目　結論 054

第二章　新北市客家歷史研究 055

第三章　「桃園學」的成果與客家史研究 056

第參篇、從民間信仰入手研究客家史 070

第一章　福佬、客家移民的協和與對立：以客屬潮州人開
發臺北以及新莊三山國王廟的興衰史為中心所作
的研究 070

第一節　以「三山國王」為主神的宗教信仰 070

第二節　客屬潮州移民的拓墾與三山國王信仰在臺灣的
傳播 073

第三節　先住民、福客移民雜處共墾關係的演變 . . . 077

第四節　客屬潮州人開發臺北、新莊平原史 084

第五節　福、客移民的矛盾對立與新莊三山國王廟的興
衰史 089

第六節　結論 095

第二章　從三山國王、三官大帝、定光佛、民主公主、神
農大帝、武聖廟到義民爺 096

第肆篇、客家人與臺北新店的開發 104

第一章　新店是臺北開發較早完成「水田化運動」的地
區 104

第二章　客家人開發新店大坪林地區 106

第三章　新店安坑地區的客家人與福佬人 117

第伍篇、汀、潮客入墾臺北泰山與明志書院爭奪史 122

第一章　汀、潮客開發泰山 122

第一節　汀、潮客入墾泰山的歷史背景 122

第二節　陳賴章、陳國起、戴天樞三墾號與大佳臘墾荒

告示以及北臺開墾合約（一七〇九）......127

第三節　汀州貢生開發泰山、建書院、建廟........130

第四節　龍溪監生郭宗嘏開發新莊捐鉅資予明志書院爭
取設立淡水廳學 134

第五節　鄧禹善家族入墾泰山 138

第六節　胡瑞銓墾號 142

第二章　臺北泰山的客家家族與人物............144

一、潮州鄧氏　二、永定胡氏

三、陸豐張氏　四、饒平林氏

五、大埔黎氏　六、胡焯猷

七、鄧士英　　八、鄧登岸

九、劉建忠　　十、胡彩鳳

第三章　明志書院的設立與產權爭議..........153

第一節　中國傳統的科舉與書院教育 153

第二節　明志書院的創設 156

第三節　明志書院的遷設竹塹與產權之爭 161

第陸篇、潮州、汀州客家人與臺北五股的開發 166

第一章　五股的自然環境...............166

第二章　清代文獻中的五股聚落 167

第三章　潮州劉家入墾五股加里珍莊 170

第四章　潮州客開鑿劉厝圳與泉州人的衝突 173

第五章　汀州胡家入墾五股 183

第六章　客家「細戶」入墾 184

第一節　劉美山 185

第二節　張華日 186

第三節　劉光異 188

第四節　趙孟江 189

第五節　南靖許氏 190

第七章　潮州、淡水兩地往來置產 191

第柒篇、台灣各地開發史與客家人 196

　第一章　　六堆─客家人打造的海外桃花源..........196
　第二章　高雄發展史......................................209
　　第一節　前言－得天獨厚的打狗 209
　　第二節　明鄭以前的打狗爭奪戰 211
　　第三節　延平王國與清初高雄地區的開發 213
　　第四節　客家人開發臺灣南部的出入港 217
　　第五節　鳳山城的滄桑史 219
　　第六節　西力東漸與高雄發展史的轉型 222
　　第七節　與海爭地建設大高雄 225
　　第八節　結論：港市互生的歷史經驗 227
　第三章　臺南發展史......................................227
　　第一節　臺南地名的由來........................227
　　第二節　臺南是西拉雅人的樂土 231
　　第三節　荷蘭人的經營 234
　　第四節　延平王國的經營 238
　　第五節　客家語群引起的康熙移民潮與臺南市區的擴張
　　　　　　..244
　　第六節　先住民、客家語群開發山區 246
　　第七節　尾聲－魚鹽之鄉的浮現與開發 249
　第四章　嘉義發展史......................................251
　　第一節　嘉義古稱「諸羅山」......................251
　　第二節　開臺壯士顏思齊 253
　　第三節　康熙移民潮－鹿場化為良田 256
　　第四節　山區開發與吳鳳傳奇 264
　　第五節　海岸線的西移與漁鹽之利的開發 268
　第五章　臺北盆地的開發..................................270
　　第一節　前言－從郁永河到劉銘傳的一頁滄桑史 ..270
　　第二節　凱達格蘭人－臺北的故主 272
　　第三節　通事和拓墾集團的舞臺 278
　　第四節　開發過程中語群關係的變化 282

第五節　茶葉、樟腦事業的發展和臺北府的設立....287

第六節　結論－臺北都會區的形成 289

第捌篇、橫空出世的客家英雄曾中立與高屏「六堆」在林爽文之役中的貢獻 290

第一章　研究動機.........................290

第二章　關於台灣「六堆」史與曾中立傳的論述.....293

第三章　曾中立的出身之謎....................297

第四章　「六堆」保鄉衛土庇官佑民的功能........303

第五章　曾中立被推舉為第三任六堆大總理的經過...310

第六章　「自衛鄉團」「六堆」的組織與動員.......314

第七章　平定林爽文事件中「六堆」的貢獻與褒獎....319

第一節　曾中立功勞最大褒賞最高 319

第二節　保鄉衛土、耕讀如常 322

第三節　攻打賊莊牽制「順天軍」..............325

第四節　庇護官兵難民輯和地方 327

第五節　南潭之戰與協防府城之功 328

第六節　乾隆皇帝對於六堆義民援救府城被留用的批評 332

第七節　曾中立與東港之戰 334

第八節　曾中立輸米救府城 337

第九節　六路圍攻瑯橋六堆自成一隊.............339

第八章　結論——「六堆」與曾中立之謎..........340

第九章　徵引及參考資料目錄....................342

第玖篇、客家人組黨從政 370

第一章　客家人，不要做門神族群..............370

第二章　只要尊重、不要融合—臺灣省籍、語群、族群矛盾的省思......................372

第三章　六堆黨和義民黨的啟示—客家組黨今不如昔.375

第拾篇、附錄 380

   1. 黃榮洛〈臺灣客家人和三官大帝廟〉................380

   2. 莊華堂〈客家莊鄉鎮市誌的編撰與風雨名山的困惑－從臺
      灣修志史談地方誌的若干問題〉..........390

   3. 江中明〈客籍學者擬成立客家黨〉.................395

   4. 蘇士貞〈尹章義將籌組客家黨〉..................397

導讀：為什麼要研究客家史？
如何研究客家開發史？

　　台北新莊老街的三山國王廟，是我研究台灣史和客家史的起點。

　　1980 年春，受聘撰寫《新莊志》。同時進行文獻研究和實際調查研究。面對了歷史訊息和歷史實體嚴重的悖離問題，造成我認知和寫作上的極大困擾。

　　走進新莊老街，一眼得見巍峨的三座大廟，面對河港碼頭的是媽祖廟；北邊是潮州客家人的三山國王廟；南邊是汀州客家人的關帝廟。顯然，新莊應該住著大量且具有興建大廟的經濟實力和社會地位的客家人。

　　可是，訪談了十幾位耆老，眾口一詞都說：新莊是泉州人的天下，沒有漳州人，更沒有客家人！

　　這種歷史訊息和歷史實體的悖離，引發我極為強烈的研究興味，也為客家人的境遇深感不平，尋找隱沒的客家人和發掘被忽略的客家史，成為我一生的職志。

　　1981 年 7 月，出版《新莊（台北平原）拓墾史》；4 月，在《台北文獻》刊出〈台北平原拓墾史研究（1697-1792）〉，發表了大量客家人拓墾台北的史實。85 年與漢寶德合作，出版《新莊廣福宮調查研究》專書，在《台北文獻》刊出〈福客移

民的協和與對立—以客屬潮州人開發台北以及新莊三山國王廟的興衰史為中心所作的研究〉專文。

此後，寫了不少地方志和區域發展史，都以發掘客家史為主旋律。

關於我的客家史研究，學者們的評價摘要臚列於下：

壹、1990 年 許雪姬教授（前中央研究院台灣史研究所所長）在〈尹著《台灣開發史研究》評介〉中說：

1. 本書共收錄了輔仁大學尹章義教授的大作十二篇，除了第一篇〈台灣開發史的階段論和類型論〉為民國七十七年的作品外，其餘十一篇都是民國七十年到民國七十五年間的作品。據作者言，踏入臺灣史學界始於台北縣新莊鎮公所之請，撰寫《新莊發展史》與《新莊志》，由那時起到現在為止已經十年了。在這十年中尹先生蒐集史料之勤、運用史料之慎、完成論文之多，在臺灣史學界來說，委實不多見。

4. 提出新論補充舊說：

Ⅰ.移民來台的原因：一班對移民來台多半以福建、廣東人口壓力及糧荒等因素，這種說法只是提出了 push 的因素，（作者認為這種看法只能說明生物層面的本能行為），沒有解釋 pull 的原因。依作者對「移入區」的驅力做如下看法：「移墾區的廣闊、地方官的招徠、鼓勵拓墾者的理想主義、士族的領導、通事的配合、經制兵之駐防北台、拓墾事業之企業化等，都是北台拓墾運動蓬勃發展的基本體系。」（頁 201）

Ⅱ.造成閩粵移民在臺灣分布的情況：一般都沿用伊能的看法：「泉人先至，開發了濱海原野；漳州人後至，

開闢近山地區；客屬各級移民最後來，才進入山區。」
作者藉三山國王廟的興衰來說明漢移民在籍貫意識發生
後，產生了種種衝突；弱者唯有他遷才能生存，因此造
成漢移民分布的情況。這是有關移民分布現象的另一種
說法。（另一種是施添福提出的，他認為決定清代在臺
漢人祖籍分布的基本因素是移民原鄉的生活方式）。

Ⅲ.清代實行「護番保產」政策，這一看法的提出，對
研究清代漢番關係提供了另一個視角。[1]

貳、1998年，戴寶村、溫振華兩教授在《大台北都會圈客家史》導論中說：

臺灣客家史研究概況，輔仁大學尹章義教授在〈臺灣客
家史研究的回顧與展望〉（《客家》86-89期，1997）
一文中有詳細的討論，不一一贅引，倒是臺北地區的客
家史相關論著甚少，尹氏從事臺北地區拓展史的研究而
注意到客家人在拓墾史上的地位，遂有系列連帶兼敘及
北臺客家史的論著，如〈臺北平原拓墾史研究〉（《臺
北文獻》53/54期合刊；1981）〈臺灣北部拓墾初期
通事所扮演的角色與功能〉、（《臺北文獻》59期，
1982）〈閩粵移民的協和與對立—以客屬潮州人開發臺
北及新莊三山國王廟為中心所作的研究〉《臺北文獻》
74期，1985），均收於《臺灣發史研究》（聯經出版
公司，1989）一書中；另有一篇〈臺灣移民開發史上與
客家人相關的幾個問題〉收於《中國海洋發展史論文集
第四集》（中研院中山人文社會科學研究所）；此外在
他主導的《新莊志》、《新店市志》、《泰山鄉志》、《五
股鄉志》等地方志書中，均特別注意到客家人活動的歷

1　許雪姬，〈尹著《台灣開發史研究》評介〉《臺灣史田野研究通訊》
　　第十四期，頁18～23，中研院臺灣史田野研究室，1990.03，台北南港。

史記錄，揭舉諸多長期為人忽略的史實。[2]

此文刊出之後，我在「彰化發展史叢書」（六本書，彰化縣文化中心，1996），《林口鄉志》（2001），《羅東鎮志》（2002），《後龍鎮志》（2002），《萬巒鄉志》，《新屋鄉志》（2009），《太麻里鄉志》（2013），《觀音鄉志》（2014），《長濱鄉志》（2015）等地方志書中，也特別注重客家人和原住民的敘述。

參、2004 年，林玉茹，李毓中在《戰後台灣的歷史學研究，1945～2000：台灣史》中說：

> 在移民祖籍分布方面，自陳正祥以來，延續日治時期伊能嘉矩的「先來後到說」，認為漳泉人因先來開墾，所以佔居海濱與平原地帶，粵人則受限於清初禁潮惠人士來臺的禁令晚來臺灣，多分佈在沿山丘陵地帶。1985年尹章義首先發難，指出先來後到說之問題。尹氏〈閩粵移民的協和與對立─客屬潮州人開發臺北〉（《臺北文獻》直 74，1985；尹氏著，《臺灣開發史》，聯經，1989），以新莊三山國王廟為例，認為閩粵移民的分布並非如伊能嘉矩所言，源於先來後到而有平原與丘陵之別，事實上移民早期共墾共處，後來因為人口漸多、墾地闢盡導致分類械鬥，而產生各祖籍民的搬移整合現象。[3]

肆、2008 年，杜文偉在〈台灣三山國王信仰研究概述〉一文中說：

> 目前台灣學界，在討論台灣開發史與地方廟宇之間的關

2　戴寶村、溫振華合著《大台北都會圈客家史》，臺北市文獻委員會，1998，臺北，第一章第一節〈臺北地區客家史研究概況〉，頁 20。

3　林玉茹、李毓中和著《戰後臺灣歷史學研究 1945-2000；第七冊　臺灣史》，頁 176-177，國家科學委員會，2004，台北。

係，往往纏繞著族群關係來論述，也就是說漢人開發臺
灣的過程牽動了族群問題，族群勢力的互動與消長，也
影響了地方廟宇的興衰。尹章義〈閩粵移民的協和與對
立〉一文可說是這類論文之中最具代表性的，尹文探討
閩粵移民在台北、新莊雜處期墾的關係，進而影響新莊
三山國王的興衰。[4]

伍、2019 年，羅列師在《客家民間信仰》〈導論〉中說：

信仰中的族群歷史線索：

以民間信仰為進路的客家研究始於歷史學者尹章義
1985 年尹章義發表了〈閩粵移民的協和與對立：客屬
潮州人開發臺北與新莊三山國王廟的興衰史〉一文，其
文以新莊廣福宮廟史為中心，依族譜、老字據與官方檔
案等資料，發現了臺北平原的拓墾者並無閩、粵、漳、
泉先後之分，亦無平原丘陵之分；拓墾之初的臺北是一
個雖有若干個體矛盾衝突，整體而言卻稱得上和睦雜處
的墾殖社會。這一各籍移民雜處的情形在清道光年間發
生變化：

道光六年今苗栗中港溪一帶閩粵械鬥，十三年桃園一帶
閩粵各莊造謠分類，互相殘殺，苗栗銅鑼一帶，靠山粵
匪無故焚掠閩莊，公然掠搶，十四年蔓延到八里坌、新
莊一帶，閩粵遂展開長達六年的纏鬥，直到道光二十年
中、英鴉片戰起，英艦進窺臺灣，臺灣情勢緊急，粵人
變賣田業，遷到今桃園、新竹、苗栗一帶的粵人區後才
停止。（尹章義 1985）

尹章義把這一段十八世紀末到十九世紀中，閩粵共同開

---

4 杜文偉，〈臺灣三山國王信仰研究概述〉《臺灣文獻》59 卷 3 期，頁
149，國史館臺灣文獻館，2008.09，南投。

發臺北，由容忍相安、矛盾衝突到對立血戰的歷史，導致粵人遷離臺北地區的史實，稱為「臺灣內部整合運動」，也因此論文名為「協和與對立」。尹文的主要貢獻為勾勒了各祖籍漢人移墾新莊平原的歷史；同時，其文也暗示了臺灣祖籍人群區域分布之態勢，係閩粵械鬥衝突導致的結果。然而，就本書之民間信仰取向而言，其文更大的影響力在於以客屬潮州人（或者潮州客家）與三山國王信仰之關係，拈出族群與民間信仰之關係這一研究議題。

祖籍人群與特定主神信仰之間的關係往往被用來區別人群的重要文化特質，常見的說法是「泉州安溪人信仰清水祖師，同安人信仰保生大帝，汀州人信奉定光古佛，漳州人信仰開漳聖王」。儘管尹文已明示「客屬潮州人」，但是上述特定族群信仰特定主神的觀念，仍引用至客家族群，產生了「客家信仰三山國王」的說法，甚至一度書寫於國民教育的教科書中，這自然是過度解讀乃至誤判的結果。[5]

羅列師指出「這自然是過度解讀乃至誤判的結果」，其實，在我後續的論文和各個地方志中，都明確的敘述了各個客家聚落的不同信仰，希望羅列師的宏論出版降低「過度解讀和誤判」的可能性。

「過度解讀和誤判」的可能性如下：

甲、

我在題目中的明確的標示「客屬潮州人」，客屬是標示「語群」，「潮州」是標示籍貫、屬地。一地之中，不盡為客家語群或福佬語群，在台灣的桃園、苗栗、台中、高雄、屏東、花蓮……等地也是相當明顯的狀況。以語群區分的辨識度高於以

5　羅列師，〈《客家民間信仰》導論〉，《台灣客家研究論文選輯7》《客家民間信仰》頁11，新竹交通大學出版社，民國108年1月初版。

地域區分也至為明顯。

康熙六十年（1921）朱一貴事件當時的閩浙總督覺羅滿保在「題義民效力議敘疏」中，曾經嘗將戶籍上的「客籍」和「客家人」釐清，他說：

> 查臺灣鳳山縣屬之南路淡水，歷有漳、泉、汀、潮四府之人墾田居住。潮屬之潮陽、海陽、揭陽、饒平數縣與漳、泉之人語言、聲氣相通；而潮屬之鎮平、平遠、程鄉三縣則又有汀州之人自為守望，不與漳、泉之人同夥相雜。……杜君英等在南路淡水檳榔林招夥豎旗……多係潮之三陽及漳、泉人同夥作亂；而鎮平、程鄉、平遠三縣之民並無入夥。三縣義民……密謀起義、誓不從賊，糾集十三大莊、六十四小莊，合鎮平、程鄉、平遠、永定、武平、大埔、上杭各縣之人共一萬二千餘名于萬丹社……分設七營[6]

覺羅滿保雖然以籍貫地域區分出亂黨和義民的不同屬性，同時也以「語言、聲氣相通」從語群的觀點，說明二者屬性的不同。不過覺羅滿保所謂的潮屬三陽、饒平等數縣人，「與漳、泉之人之語言、聲氣相通」則不盡然，因為三陽和饒平等潮州屬縣，也是客家人和汕頭系福佬人雜居的縣分，而閩南籍中也有「客家人」在其中。「三縣義民」指客家人。

乙、

很多地官方基於行政管轄處理方便，或因疏賴或不明就裏，僅以閩粵地域區分，日據時代的資料尤然。研究者若無法就早期文獻中「粵民」、「客子」、「客民」和「客家人」，區分其語意內涵，往往差之毫釐，謬以千里。若據此作為「以民間信仰為進路的客家研究」，更不可以道里計。

6　閩浙督覺羅滿保，〈題義民效力議敘疏〉，《重修鳳山縣志　藝文志》頁 339-340，乾隆二十九年（1764），民國五十七年（1968）國防研究院出版部、台北。

丙、

此外，雍正十一年（1932）「潮州府」轄境縮小。升程鄉縣（今梅縣）為嘉應州，劃平遠、鎮平和惠州府的興寧、長樂、歸嘉應州管轄，俗稱「嘉應五屬」。我在修《萬巒鄉志》的時候，在六堆從事實際調查，已經沒有人知道梅州府的大部份曾經歸潮州管轄。他們也不理解覺羅滿保為什麼說：「鎮平、程鄉、平遠三縣之民並無入夥，三縣義民……密謀起義……分設七營」，三縣不是屬於嘉應州嗎？

殊不知那是雍正十一年（1932）以後的事。覺羅滿保的奏疏作於康熙六十年（1721），當時，三縣歸潮州管轄，「與汀州之人自為守望，不與漳、泉之人同夥」，是客家語群和閩南語群的對立。時遷勢移，不瞭解行政區的改轄，自然造成「誤判」。

一般人寫作「歷史」，大體是蒐集已刊資料，抄掇成篇。筆者則效法司馬遷以實際調查和案頭作業並重的研究法。除了各圖書館、研究機構的典藏之外，一定要做廣泛而深入的實踐「實際調查研究法」，研究者要親自踏勘、訪談、探索與研究客體相關的人、時間、空間、物體、條件和演變等歷史本體基因的初始訊息，取得最近本體的文本、聲本、圖本資料來研究、分析。這樣的研究法自然要付出極大的精力和極多的時間，獲致的結果，相對的也比較具體而實在，也比較能滿足筆者求真存真的欲望。

試以新莊的三山國王廟例：

新莊三山國王廟——廣福宮，並不是一個抽象的概念，而是存在的「實體」。

走過新莊老街，從南到北三大廟，依序是武聖廟（祀關公），慈祐宮（祀媽祖），廣福宮（祀三山國王）。前兩大廟香火鼎盛、人聲喧嘩；後者清淨安寧，人煙亦罕至。

　　前二廟飛簷翹翅，剪黏浮誇；後者獨享蒼白素樸。而後者在日據時代的調查報告中，譽為「其宏觀美觀，在當時可說是全台第一」[7]。以今視昔，何其荒謬？

　　新莊人稱呼廣福宮為「客人廟」。在福佬人分布區的新莊平原上建築一座宏偉的廟宇，總該有一群富有的客家人吧？

　　同時從「廟宇」實體和「建廟者」實體，進行殊途同歸的「實際調查研究」，弄清楚了三山國王廟的興衰史，也透過「三國王會」（日據時代的神明會）和管理委員會的檔案，找到了隱沒在新莊的客家人——福佬化的客家人。並透過調查成果，在桃園龜山、觀音，新竹新埔等地，找到原來住在新莊的客家人。

　　祖墳、神主牌位、族譜和家族檔案、古契，日據時代的戶籍記錄，成為聯繫家族成員的必要線索。曾經把寫作計劃、聯絡方式，用塑膠袋包裹，放置於古墓前神案上，聯絡上不同時間去掃墓、掛紙的族裔。

　　從此展開尋覓隱沒的客家人的歷史研究。

陸、六堆開發史上的「通事」

　　2004 年，林玉茹、李毓中說：

> 清初是以漢人擔任通事職來管理番社。較早探討通事角色的是尹章義〈臺灣北部拓墾初期「通事」所扮演之角色及其功能〉（《臺北文獻》直 59/60，1982：尹氏著，《臺灣開發史》，聯經，1989）。該文是研究通事制度之力作，不但首先闡明通事制度的演變以及通事在漢番土地轉移中的角色，而且指出北臺灣地區的幾個大墾首都是漢通事出身。[8]

7　台北廳：〈社寺廟宇二關スル調查〉（中央圖書館台灣圖書館藏手抄本，無頁碼。本調查報告完成於大正四年（1915），距離廣福宮光緒十三至十七年（1887-1891）重修十三年。

8　林玉茹、李毓中和著《戰後臺灣的歷史學研究 1945-2000：第七冊 臺灣

六堆地區的開發史，難道沒有「通事」介入其中？

筆者福薄緣淺，沒有機會到六堆地區長駐，從事穿越時空的「實際調查研究法」（源自佛家三際：一前際即過去；二後際即是未來；三中際即是現在。故此法與人類學之「田野調查」———重現狀大為不同），無法了解六堆地區開發的過程及前因後果，也無法深究六堆地區從傳統社會轉型為現代社會的障礙與關鍵，遑論預測未來的發展？

民國七十八（1989）年十二月，出版了《台灣開發史研究》一書，在序言〈台灣開發史的階段和類型論〉一文中，獨缺「六堆」地區旳驗證，深以為憾！

期待有志者，尤其客籍學者，肩負歷史的使命，把六堆地區在「六堆」組織形成之前的六堆開發史研究得透徹明白。

柒、關於以契約文書研究拓墾史

2007 年，李朝凱、吳升元、吳憶雯在《戰後以來台灣古文書研究的回顧與展望》一文中說：

> 70 年代中葉以後受到本土化政策開始實行與鄉土意識逐漸興起，不少方志開始編纂。最值得重視的是，1980年尹章義撰寫《新莊志》，主張新史料的發掘與運用，動用許多助理蒐集史料，其中尹氏利用張廣福古文書對於台北平原拓墾史的釐清，在台灣史研究上引起風潮。

又說：

> 焦點重新放置於區域拓墾的研究脈絡而言，最值得注目的學者仍是 80 初期的尹章義，尹氏大量使用古代契約文書進行拓墾研究撰有〈台北平原拓墾史研究 1697-1772〉一文，他藉由墾貌的墾批、契字及合約字中分析

史》，頁 93，國家科學委員會，2004，台北。

十七、十八世紀北台灣大小墾號的組成與拓墾情形，指
出拓墾型態以合夥為主，並且拓墾者大多是縉紳階級。[9]

客家人積極參與了偉大的台灣開發史，「六堆」應該是台灣
開發史上最輝煌的詩篇。三山國王廟聳立在滿是福佬人的新莊平
原上，其殊異性誘發我研究寺廟本體和興建廟的本體——客家人
的歷史，「六堆」在台灣史上，難道不是極其重要的本體？覺羅
滿保所說的「十三大莊、六十四小莊」難道是魔法驅施，一夕成
形？沒有經歷篳路藍縷，披荊斬棘而是眾神一氣呵成？「一萬兩
千餘名，分設七營」，難道是天兵天將驟然降臨而無迹可尋？

拓墾者的成分、組織如何？資金、技術如何？彼此的競爭
分合又如何？如何建構富庶、安定的海外桃花源？又以什麼樣
的共識組成了「六堆」？

客家人冒著波濤洶湧的危險，渡過黑水溝，進入地險番猛
的高屏水源區拓墾，肯定有人導引、仲介，也必定有一番接觸、
衝突、妥協的過程。

捌、關於客家人的社會運動：

我是「知行合一」和「經世致用」的信徒，認知到客家人
和原住民族的處境，自然也採取了一些行動，除了本書收列
在附錄中的記錄之外，客家大佬范佐雙在 2010 年〈莊嚴義民
祭——地方遞嬗優於中央〉一文中也說：

> 關注客家權益的史學家尹章義教授，於十六年前撰文
> 〈客家人，不要做門神族群〉略謂「臺北市有幾十萬
> 客家人，有誰真正關心客家人的尊嚴、逐漸流失的客家
> 語文、民俗與信仰？每年臺北市府為原住民補助經費辦
> 理其慶典，而該府又為客家人作了什麼？」他非客籍又

9　李朝凱、吳升元、吳憶雯，〈戰後以來臺灣古文書研究的回顧與展望〉
　　《臺灣古文書與歷史研究學術論文集》，頁 287-288，304，逢甲大學
　　出版社，2007.12，台中。

肯為客族仗義執言，況且立論一針見血，殊堪欽佩。惟
當今物換星移，該府非但斥資補助慶典，同時大力籲請
國人向義民致敬、向義民學習並推行客語運動，頗足嘉
慰。[10]

近年，與客家人相關的社會、習俗、語言研究蓬勃發展，出版品如雨後春筍，客家史卻仍存在很大的成長空間。尤其高屏六堆地區，這裡有台灣最古老、最龐大、組織最嚴密，最安定的民間社團。2008 年出版《萬巒鄉志》，2018 年出刊〈唐山過台灣：客家人打造的桃花源——六堆〉[11]，再撰〈橫空出世的客家英雄曾中立——嘉應舉人、高屏「六堆」第三任大總理（1787～1789）在平林爽文之役中的貢獻〉，首刊於本書，對於「六堆」形成之前的開發史，卻始終懸念在心。

每逢春節，賴盟騏教授例有饋贈，並附法書春聯乙付，曾集杜工部詩「側身天地更懷古；獨立蒼茫自詠詩」。

今春則錄黃仲訓立於廈門鼓浪嶼，日光岩，「鄭延平水操遺址」門柱上所書之「出沒波濤三萬里；笑談今古幾千年」相贈。上聯出自王陽明〈泛海〉詩：「險夷原不滯胸中，何異浮雲過太空；夜靜海濤三萬里，月明飛錫下天風。」；下聯出自楊慎《歷代史略十段錦詞話》，引三國演義開卷詞，改作之〈臨江仙·滾滾長江東逝水〉開卷詞：「滾滾長江東逝水，浪花淘盡英雄；是非成敗轉頭空，青山依舊在，幾度夕陽紅。白髮漁樵江渚上，慣看秋月春風；一壺濁酒喜相逢，古今多少事，都付笑談中。」

知我者盟騏乎？也希望客家學者不要辜負我的期待，完成全台灣的客家開發史和六堆地區開發史，闡揚台灣客家人列祖、列宗、先賢之潛德幽光！

---

10 范佐雙，（中華民國立法院參事）〈莊嚴義民祭——地方遞嬗優於中央〉《全球客家郵報》第 100 期，2010.11.20，台北。

11 該文原刊《世界客家雜誌》雙月刊第 10 期，頁 42-47，2018.07，台北。

第壹篇

臺灣移民開發史上與客家人相關的幾個謎題

第一章　發現客家人移民開發史謎題的個人經驗

1980 年春夏之交，承鄭余鎮、顏伯川二先生之邀撰寫《新莊發展史》和《新莊志》，展開了我個人的臺灣史研究生涯。

依據原訂的計畫，研讀了已刊的日治時代和近人所撰與新莊有關的方志、隨筆、踏勘記錄和研究報告之後，我們在新莊平原上展開「田野實際調查研究」。在調查新莊地區各寺廟的過程中，意外的發現，新莊地區三大宮廟中，關帝廟（乾隆三十五年建、1760，主祀關聖帝君）和廣福宮（乾四十五年建、1780、主祀三山國王、是潮州人的福神）都出於客家人之手。新莊街上最古老的慈祐宮（雍正九年建、1731、主祀媽祖）也和客家人有著相當密切的關係。臺北地區的名剎－－觀音山麓的西雲寺（乾隆十七年建，1752、古稱西雲巖大士觀、位於新莊北鄰的五股鄉）和臺灣北部最古老的書院－－明志書院（位於新莊市西鄰的泰山鄉乾隆二十七年、1762），也都是汀州貢生客家人胡焯猷所捐獻的。我們所蒐集的「老字據」也說明新莊平原大部份地區是客家人開墾的，尤其是林口臺地（古稱平頂山）邊緣、水源豐富的山腳地區－－成仔寮、五股、山腳（今泰山）、十八份（今丹鳳，胡焯猷捐獻的明志書院及八十餘甲

的學田即在山腳與十八份之間）、搭寮坑（今迴龍）一帶，原來都是「客家莊」，而五股、蘆洲、三重一帶也散布著客家莊。[1] 在採訪地方耆老的過程中，某人是「汀州客」、某人是「潮州客」，某些聚落以前是「客人莊」甚至於某個公墓區每年有大量客家人回來祭掃祖墳，對於少數耆老而言是近在眼前的事，對於大多數的耆老而言，卻又茫然無所知。我們採訪這些「古代的客家莊」時，莊裡居民早已經都由福佬人取代而形成「交替聚落」，我們尋訪到的汀州客和潮州客，也已經沒有人會說客家話而成為「福佬客」。

當時，興起了一連串的問題：清康熙、雍正年間開發新莊平原的客家人，何時？又為什麼原因離開了新莊？到那裡去了？他們開發新莊的事蹟，為什麼地方志和晚近百年的研究報告都鮮有記載？

1982 年，我到臺灣中部彰化、雲林等地從事實際調查研究，發現彰、雲等地福佬人散布區中，雜居著一些既說客家話，也操口音很重的福佬話的「詔安客」和「興化客」聚落。次年，在臺北縣淡水鎮也發現「汀州客」和「惠安客」。研究淡水最早的廟宇－－福佑宮（嘉慶二年建、1797，主祀媽祖）時，史料顯示，福佑宮是由客家人和福佬人合作建立的，直到日治時代，汀州客所奉獻的廟產還可收租百餘石，是福佑宮最大一筆收入。福佑宮祭祀時的順序是：汀州人、惠安人、安溪人、晉江人和同安人[2]。淡水開發史的初步試探，也使我開始懷疑今天士林、大直、內湖一帶的大墾首－－「何周沈墾號」的領袖－－漳州府詔安縣人何士蘭[3]，是否「詔安客」？而開鑿瑠公圳的郭錫瑠是否「南靖客」？

---

1 參見拙著「臺北平原拓墾史研究（一六九七－一七七二），臺北文獻五三、五四期合刊本，七十、四。收於《臺灣開發史研究》論文集，聯經出版公司臺灣研究叢刊，七十八、十二。

2 這些資料，一九八九年三月發表於漢聲雜誌第二十期〈臺北盆地的開發〉一文中。

3 參見楊老師雲萍先生所撰，「士林先哲傳記資料初輯」，《民俗臺灣》一卷六號。

　　1985 年，漢光建築師事務所的漢寶德先生承攬新莊廣福宮三山國王廟的研究與規劃工作。為什麼在福佬人的分布區裡聳立著一座巍峨的客家廟呢？漢先生認為，這個問題或許筆者能提出合理的解釋。是年十二月，我在《臺北文獻》第 74 期發表「閩粵移民的協和與對立－－客屬潮州人開發臺北與新莊三山國王廟的興衰史」一文 [4]。在以客家人開發臺北史、客家人在臺北盆地中大略的分布情況以及全省三山國王廟的分布和建廟年代等為主要研究對象所提出的報告中，首先批判伊能嘉矩《臺灣文化志》第十四篇第四章「移殖臺灣的漢移民的原籍及其拓地年代」中所提出的閩人先到、粵人後至，所以閩人散布在「海岸平野」而粵人散布於「山腳丘原」的說法。伊能嘉矩的說法只是伊能氏粗略地觀察十九世紀末期和二十世紀初期臺灣北部閩、粵散布的大要所做的推論，並未包括臺灣中南部，更不是「拓地年代」的狀況 [5]，這種異時代的差異，被很多人所忽略；我也批判了臺灣的開發是由南而北的說法，從而提出「先住民，閩、粵移民雜居共墾」以及「根據自然、人文條件擇地拓墾」等與伊能嘉矩以下的前行學者們不同的說法。

　　從開墾初期（康熙末期暨雍正年間）新莊平原由先住民漁獵經濟轉變成漢人農業經濟型態的過程中，先住民因為清政府的「護番保產政策」而獲致相當大的經濟利益；同時待墾荒地廣大卻缺乏勞動力，因而不同的族群、語群（或籍貫）並無嚴重的利害衝突，在新莊平原上形成「莊社雜居」（福、客等各類屬漢人的墾莊和先住民武勝灣社各支社）和「家戶雜居」（同一墾首之下有不同籍貫的墾佃，新莊街上各類屬移民雜居，各

4　這篇文章也收錄在拙著《臺灣開發史研究》一書中。
5　參見《臺灣開發史》頁 358。許多學者根據日治時代昭和三年（一九二八）總督府官房調查課刊行的《臺灣在籍漢民族鄉貫別調查》一報告（昭和元年的資料）中的人口數字和「臺灣在籍漢民族鄉貫別分布圖」來說明開拓時期各籍移民的分布，都和伊能嘉矩犯了同樣的毛病；錯把二十世紀初期各籍漢民族的分布圖，當作是十七世紀、十八世紀和十九世紀的分布圖。其實各個不同的時時期都有相當大的變化。伊能嘉矩死於一九二五年，沒有機會讀到這一份報告。

類屬移民先後建立的三大寺也等距並列，並以其圍牆和灌溉渠構成一大防禦體系――大城仔）。新莊平原開發完成後（乾隆初），福、客移民由於戶籍造冊規費問題而產生摩擦。乾隆中期（二十六――三十七）福、客移民由於競鑿灌溉渠爭奪水源而形成對立的緊張形勢。乾隆四十五年三山國王廟（廣福宮）的創建，可視為「群體意識」對立的象徵。乾隆五十一年（1786）林爽文事件，臺北地區的客家人和泉州人幫助政府平亂而與漳州人對立，次年五月發生「分莊互殺」的鬥爭。嘉慶年間（1796），噶瑪蘭（今宜蘭）平原的開發，移轉了臺北地區漢移民注意力，舒緩了各類數漢移民的對立情勢。道光六年（1826）現今苗栗中港溪一帶的福、客械鬥，重燃了各類數移民對立的戰火。道光十四年至二十年（1824～1840）新莊平原上的漢移民經過長達六、七年的纏鬥之後，大部份的粵人才變賣田業遷移到今天桃、竹、苗一帶富於樟腦、茶葉之利的客屬移民區。此後到清末則是漳、泉人互鬥的形勢[6]。根據前列簡述的「雜居共墾」以及各族詳、語群關係的演變，筆者也構造出「雜居共墾→小故摩擦（群體意識高張）→利害衝突（群體對立）→留居（同化）、語群遷徙（分化）」，這樣的族群關係演變的模式[7]。

前述的「雜居共墾說」、「擇地拓墾說」和族群、語群關係演變的模式，由於筆者將開發史研究的領域逐漸擴及高雄、臺南、嘉義等地，支持前述說法的證據也日增[8]。而筆者以祖籍福神廟宇為中心，研究一地的開發史以及當地族群、語群關係

6　參見註1所示文。

7　參見拙著〈閩粵移民的協和與對立――客屬潮州人開發臺北與新莊三山國王廟的興衰史〉（《臺北文獻》74期、七十四、十二）以及「臺灣開發史的階段論與類型論」（《漢聲雜志》十九期，七十七、十二）。前示二文皆收錄於拙著《臺灣開發史研究》聯經，七十八、十二。

8　參見拙著〈臺北盆地的開發〉（《漢聲》二十期，七十八、三），〈高雄發展史〉（《漢聲》二十一期，七十八、三），〈臺南發展史〉（《漢聲》二十二期，七十八、八），〈嘉義開發史〉（《漢聲》二十三期，七十八、十二）。

演變的方法，對於學界也造成相當的影響[9]。

　　除了前述的初步研究報告之外，在研究臺灣漢人移民開發史的過程中，筆者也發現若干問題。由於能力所限或流覽未周，有的問題雖有初步心得卻難以深入研究，謹於此提出就教於方家，若因此拋磚引玉而獲致解決或因而引起同好之重視，則為筆者之大幸。

第二章　荷鄭之前客家人即已移民臺灣之謎

　　臺灣的古地名有《禹貢》揚州島夷說，《列子》岱員說，《史記》瀛洲說、《漢書》東鯷說，《三國志》夷洲說，《隋書》流求說，宋代《諸番志》毘舍耶國說。多屬望文生義、穿鑿附會之說，縱使其中一、二或即臺灣，學界爭議也多。這種現象適足以反映國人在宋代以前對臺知識的模糊性格。

　　明代中葉以後則有小東島說，雞籠、淡水說，北港說，東番說，對於臺灣漸有較為清晰的概念。萬曆三十年十二月（西元 1603 年一月）陳第隨石湖遊擊沈有容追擊海寇而至「東番」，次年春撰「東番記」一文，對於今天的臺灣才出現更清晰的描述[10]。萬曆三十二年（1604）荷蘭人韋麻郎（Wijbrand Van Waerwjjsk）聚舟澎湖，沈有容逕往交涉，直到今天，澎湖天后宮中尚存留《沈有容諭退紅毛番韋麻郎等》石碑一方。天啟二年（1622），荷蘭人攻佔澳門失利而轉據澎湖，並派員偵測臺灣，天啟四年（1624）荷蘭人轉據臺灣。從此以後，有關臺灣的文獻紀錄也逐漸的精確、豐富起來。

　　荷蘭人初至臺灣，此地的中國人除了「游移型」的漁民、商人、海盜之外，也有「定著型」的移民。根據村上直次郎摘

9　參見洪麗完：〈清代臺中地方福客關係初探——兼以清水平原三山國國王廟之興衰為例〉，中華民國臺灣史蹟研究中心編印《臺灣史研究論文集》，七十七、十二、臺北。並請參閱本書〈導讀〉所引羅列師文。
10　沈有容輯《閩海贈言》卷二所收。臺灣銀行經濟研究室編印「臺灣文獻叢刊」（以下簡稱文獻叢刊）第五六種本，頁 24。

錄翻譯的〈バタヴィア城日誌〉西元 1624 年二月十六日條所
載，荷蘭人到今天臺南縣佳里一帶的街村勘察，發現先住民對
荷蘭人抱持著恐懼的態度，另一方面：

> 各村男人的住屋中，都有一、二、三，甚至五、六個中
> 國人同居……說馬來話並使用大量的中國話成為不甚一
> 致的混合語[11]。

同一紀錄又載及荷蘭人建「臺灣砦」（今臺南安平古堡之
前身）時先住民態度的轉變云：先住民原來對於荷蘭人表示好
感，並有協助建砦之意。

> 由於中國人居間煽動，先住民改變了對我們的態度，以
> 槍、矢襲擊我們派去砍竹子的士兵而射殺了其中三個
> 人[12]。

這兩則資料顯示在荷蘭人佔領臺灣之前相當長久即已經有
不少中國人在此定居，並且對於先住民有相當的影響力，「混
合語」的形成更值得研究者注意。

1980 年冬，我讀到周學普翻譯的猶太裔德國史學家
Ludwig Riese 寫於 1897 年的《臺灣島史》，其中第一章談臺灣
遠古史，第二章談西元 611 ～ 1500 年間的馬來人佔領臺灣史。
第三章的篇名是「客家人怎樣到臺灣－－臺灣成為東亞海盜的
巢窟（1368 ～ 1600）」其中有如下的敘述：

> 從中國大陸流浪而來的客家族，散住在臺灣島西部及平
> 原的諸種族之間。到十七世紀中葉，荷蘭人與臺灣島首
> 長之交涉卻由客家族當為翻譯，他們與中國人毫無差
> 別。對臺灣物產與外國人之交易也盡了大力[13]。

---

11 村上直次郎譯註、中村孝志校註《バタヴィア城日誌》平凡社東洋文
　　庫本，一九八二，初版四刷，東京，頁 47 ～ 48。
12 同前，頁 44。
13 見臺灣銀行經濟研究室編印「臺灣研究叢刊第三十四種」（以下簡
　　稱研究叢刊）《臺灣經濟史三集》四十五、四、臺北，頁 9。又參見
　　戴國煇猶太裔德國人史學家看－－客家渡臺之原委，《漢聲》雜誌第

Riese 沒有說明資料來源，筆者又無法利用荷蘭文史料，對於 Riese 所描述的「客家人／海盜／定居型漢移民」之間的關係取材於何處一無所知。但是在前引日譯本巴達維亞城日記和許多中文史料中則有蛛絲馬跡可尋。

明末的海上巨寇多半是粵東人。嘉靖萬曆年間縱橫於中國東南沿海、菲律賓、臺灣之間的林鳳是潮州饒平人，萬曆二年（1574）即曾屯兵「東番港」（今嘉義境內）[14]。稍早於嘉靖四十二年（1563）率眾盤踞東番、屯兵打狗山下（今高雄市）的林道乾則潮州惠來人[15]。饒平、惠來都有客家人分布其間。隨林道乾、林鳳等人東來的客家人若留住臺灣，經過五、六十年的交往到了天啟年間，應當可以發揮荷蘭人所描繪的作用——產生混合語言並且能煽動先住民了。若然，則荷蘭人所謂的混合語是客家話和原住民語的混合語，當無可置疑。

由於尚未蒐集到足資證明「客家人／海寇／定居型移民」之間關係的明確史料，以上所言，不免流於推論，不過也未嘗不是一愚之得，姑置於此，或有助於同好焉。

第三章　鄭氏延平王國與客家人的關係

南明唐王隆武二年（清順治三年、1646）八月，清軍入福州，唐王出奔，死於途。鄭芝龍之子鄭森（俗稱鄭成功）起兵勤王。鄭氏，福運泉州南安人。起兵之初，游移於泉漳沿海，永曆三年（1649）轉進潮州「入粵屯田」[16]，得到第一個

二十三期七十八、十二、臺北頁 112～114。譯文採自戴著。
14　陳荊和：〈林鳳襲擊鳳尼拉事件〉，《學術季刊》二卷一期，四十三、九，臺北。收於包遵彭編，明史論叢之七《明代國際關係》頁 109～130，學生書店，19，台北。
15　周重修《潮陽縣志》（光緒十年刊本）卷十三紀事，萬曆十年條。
16　楊英《先王實錄》（福建人民出版社，八閩文獻叢刊，陳碧笙校註本，一九八一，福州）永曆三年十一月初一條（頁 7）又，癸巳八月條「稟父書」云：「兒於己丑歲亦已揚帆入粵，屯田數載矣……父在本朝時，坐鎮閩、粵」（頁 63）。

根據地，此後之抗清運動，頗得潮人、潮將以及潮餉之力，鄭芝龍、鄭森父子兩代都以潮州為根據地得潮人之助。永曆八年（1654）十一月，「漳州協守清將劉國軒獻城歸正」[17]，鄭氏遷臺之後，劉國軒漸成肱股之臣。江日昇《臺灣外紀》云：「國軒，汀州府長汀縣賴坑人……雄偉魁梧、胸藏韜略」[18] 永曆十四年底（1660～1661之間），鄭成功決定東征臺灣，先命各兵鎮「南下取糧」於潮州[19]。次年三月即出兵臺灣。

　　由鄭成功「入粵屯田」，導致「潮王」之封[20]。而東征之前，先往潮州取糧，以及軍中有汀州籍將領而言，鄭氏東征臺灣之時，除了泉、漳兵，北兵北將之外，應當也有相當多的粵東潮州等地和閩西汀州客家人隨之遷臺。

　　鄭氏東遷原因之一乃清廷封鎖政策的成功。鄭氏東遷之後，清廷更屬行「遷界」政策，嚴禁沿海各地和臺灣往來。惟有潮州府潮陽縣人邱輝所佔據的達濠例外。達濠是潮陽縣的要港，而「潮陽饒富甲于各邑」[21]，嘉靖以來即為豪強所據，邱輝為其中之尤者。《臺灣外記》載：

> 潮陽人邱輝（綽號臭紅肉）年少猛勇，糾眾出踞達濠，結第為屋；造八槳船、艪，與蛋家（蛋家即同庚船）漁船交好，引港搶掠潮陽……官軍莫禦，人眾強盛……其達濠貨物，聚而流通臺灣，因此而物價平、洋販愈興[22]

又載：

> 邱輝自踞達濠有年，橫行無忌，官軍無奈之何。所有擄掠婦女，悉係臺灣船隻販買，因而室家日多……（鄭經）

17　《先王實錄》頁97。

18　江日昇《臺灣外紀》（文獻刊第）六〇種方豪校訂本）頁142。

19　《先平王實錄》頁243。

20　桂王晉封鄭成功為潮王事在永曆九年四月（見《先王實錄》頁113）。當時成功未受。

21　《先平王實錄》頁8～9。

22　《臺灣外紀》頁238～239。

以為義武鎮，遣人齎印箚到達濠授煇，煇隻廣、惠亡命
以指助，且善為交通接濟，貨物興販而臺日盛[23]。

雄踞達濠的邱煇在清朝地方官但求苟安無事以及水師兵力
不厚的情況下，形成封鎖、遷界政策的一大漏洞。邱煇不但供
應臺灣所需要貨物，還供給臺灣最需要的「婦女」。因此，透
過邱煇的關係，不僅「廣、惠亡命」往來與臺灣，應當也有不
少粵東客家婦女到達臺灣。

《潮陽縣志》卷十三紀事志康熙八年條載：

> 邱煇綽號臭紅肉，頻年海上跳梁勢甚烈，是月由練江入
> 和平，焚劫前後諸鄉，男婦米穀悉載出海[24]

又載：

> 廣東巡撫王來任，兩廣總督周有德先後奏准復地，來任
> 血疏懇請有德繼之，得旨展復，惟達濠海島仍為界外[25]

康熙十三年（1674），鄭經應耿精忠之邀西渡，響應三藩
之亂，不過，耿精忠也只容許鄭氏在閩南泉、漳以及粵東潮、
惠等地活動。潮、惠等地客家人散布區再度成為鄭氏的根據地。
康熙十五年，鄭經以會師江南借道汀州為名，進圖閩西客家人
聚居的汀州，結果造成耿精忠和鄭氏的激烈衝突[26]。耿精忠北
抗清軍南禦鄭軍、腹背受敵，遂於是年九月降清。耿精忠降清
後，鄭經獨力難支，亦於次年正月倉皇離開廈門，興、泉、漳、
汀、邵各府隨之冰消瓦解。據守惠州的劉國軒與劉進忠相約共
同守禦惠、潮，六月劉進忠以潮州降清，則國軒不得不將惠州
交給陳璉而轉赴廈門。鄭經以劉國軒為正總督，專征伐，與清
軍週旋力圖恢復，康熙十九年（1680）二月林陞率艦隊北上迎
戰福建水師提督萬正色於海壇，林陞雖略佔上風，卻由於艦隊

23　《臺灣外紀》頁 258。
24　《潮陽縣志》卷十三頁 17。
25　同前。
26　《臺灣外紀》頁 206 ～ 209。

無處寄泊，退守遼羅（今金門料羅灣），鄭經懷疑林陞戰敗「借言塞責」而倉惶東渡回臺[27]。

鄭經、劉國軒回臺之後，久據達濠的邱煇又回到孤軍奮鬥的情勢，廣東、福建兩省聯兵進剿達濠，邱煇自忖「孤軍恐難與敵」，遂「將埠頭居民悉移東都」[28]。

《潮陽縣志》卷十三紀事志康熙十九年條載：

> 煇據達濠，久為海邊患、黨與日熾，至是決策剿除，水陸並進，鏖戰於牛田磊口，我師得勝搗其巢。

又云：

> 相持數月，煇戰敗始揚帆去。

又云：

> 故老云，經子克塽歸順之年，煇獨不降，戰死於臺灣之七鯤身[29]。

邱煇率眾東渡後，「分配屯地安插」[30] 邱煇歷年的活動範圍有閩南和汕頭系福佬語群散布區也有閩南、粵東客家人散布區，隨邱煇東渡的潮、惠客家人其數應當不少。

第四章　施琅嚴禁粵中惠、潮之民渡臺？

1987 年冬，承施偉青先生惠贈大作《施琅評傳》[31]，這是筆者首見的施琅專傳。作者將森田明作品兩篇中譯置於篇末，在正文中強烈支持森田明所謂施琅「從資金、人力等方面幫助

27　《臺灣外紀》頁 367 ～ 370。
28　《臺灣外紀》頁 376。
29　《潮陽縣志》卷十三頁 18。
30　同註 28。
31　施偉青《施琅評傳》廈門大學出版社，一九八七、七，廈門。早在筆者就讀輔仁大學史學系時，同窗施溪潭同學即曾於《中外雜誌》發表〈施琅評傳〉對施琅生平及其平臺之功過作一評斷。

赴臺的族人經營田地、水利，發展生產」；堅持施琅曾經「庇護」在彰化開鑿八堡圳的施世榜家族的發展，並且以「施氏大族化」等理由，批判了筆者 1985 年七月在「臺灣研究會」研究上當面向森田明先生所提出的以族譜證明兩個施家的關係的三個層次的質疑的第一部份[32]。筆者認為施先生以六十餘頁篇幅來批判我的幾句話，實在不敢當，因而對於《施琅評傳》也不敢贊一詞。

本文則僅止於討論「施琅嚴禁粵中惠、潮之民渡臺」此一問題，並不準備討論施琅與八堡圳的關係。《施琅評傳》頁 260 載：「清廷又頒布了禁止大陸移民臺灣的三條規定……三、潮惠之地，為海盜淵藪，積習未脫，其民禁止渡臺。」注釋中說明引自李震明《臺灣史》，轉引自黃大受《臺灣史要略》，都是近人非專業著作[33]，也未引述任何間接史料或直接史料。

筆者於 1980 年首先在《臺灣省通誌》卷二人民志人口篇第四章第三節〈附考－－臺灣與大陸之交通及遷徙之管制〉中讀到「清廷」、「嚴禁粵地人民渡臺」的說法，該書也未引證相關史料。但謂：「禁止粵人渡臺，實與施琅有關」，又謂：「據

32　筆者向森田明先生質疑的有三點：最低一層是假定森田先生所依據的族譜所載的世系假如是真的，施世榜和施琅要上溯十世才是同一個祖先，根據「五世則遷」的原則（記錄誤寫「五世則親」，施偉青先生並沒有察覺），相隔十世是否還有親屬關係？第二層次是根據兩個系統排行的昭穆不一樣，我認為兩個施家「不但三百年前不是一家，甚至五百年前也不是一家」，並且判斷這是「後來做族譜的人，順便牽上去的」。第三層次則是筆者認為森田先生「需要一些更明確的證據」才能把兩個施家牽在一起，「尤其在考證族譜的真偽上面，可能需要更加仔細」（參見臺灣風物 36 卷 1 期，頁 127～128）施偉青先生只答覆了筆者所提出的三個層次的最低一層，而且根據錯誤的記錄把問題本身都弄錯了。

森田先生和施先生：「直至目前還未發現施琅支持族人開發臺灣的資料」就推論施琅曾經「從資金、人力等方面幫助赴臺族人經營田地、利，發展生產」是相當離奇的。以筆者研究臺灣開發史的經驗，若果真「幫助」過，則必有合約、圖書、族譜等資料說明其事。以兩處施家的財勢、以及已經發現的老字據、族譜等眾多史料假如施琅真的幫助過鹿港施家卻仍然「還未發現施琅支持族人開發臺灣的資料」是不可思議的。

33　《施琅評傳》頁 260 註 3。

臺灣府志卷十（章義按：當為卷十一）義民附考云：將軍施琅之世，嚴禁粵中惠、潮之民不許渡臺；蓋惡惠、潮之地，數為海盜淵藪而積習未忘也。琅沒，漸弛其禁，惠、潮之民乃得越渡」。[34]

《臺灣省通誌》所根據的是乾隆二十七年（1762）余文儀等續修的《臺灣府志》，府志自注引自〈理臺末議〉。首任巡臺御史黃叔璥（康熙六十一，1722年任）的《臺海使槎錄》也數度引用此文，其書卷四赤嵌筆談之末為「朱逆附略」，所引〈理臺末議〉的文字比余志為多，且自注云引自〈理臺末議〉[35]。似乎余志乃轉引自《臺灣使槎錄》。引文中有「朱一貴為亂……今始事謀亂者既已伏誅」，則其文當成於康熙雍正之際。

　　根據〈理臺末議〉的說法，嚴禁惠、潮之民東度的是將軍施琅而不是「朝廷」。到底「朝廷」有沒有頒布此禁令呢？這是我的第一個問題。第二個問題是：武職的「將軍」有沒有權力禁止惠、潮之民東渡呢？

　　「將軍」不是地方有司，在制度上並無禁止粵民東渡的行政權。不過「靖海將軍靖海侯兼管福建水師提督事務」的施琅，卻經過特別授權得以管理與臺灣相關的事物。根據康熙三十五年三月施琅《遺疏》的〈君恩深重疏〉載：

> 且臣衙門更有統轄臺灣之責，彈壓之寄，出自宸衷簡在[36]。

　　顯然施琅是可以以治安為由禁止惠、潮之民移民東渡。

　　第三個問題：假如果如〈理臺末議〉所言施琅嚴禁惠、潮之民不許渡臺，「蓋惡惠、潮之地，數為海盜淵藪而積習未忘也」，那麼閩南的泉漳難道不也是「數為海盜淵藪」，而且直

34　臺灣省文獻委員會編臺灣省通誌卷二人民志人口篇案二冊頁99（六十一、六，臺北）。

35　黃叔璥《臺海使槎錄》卷四（文獻叢刊第四種本）赤嵌筆談頁93。

36　施琅《靖海紀事》（文獻叢刊第十三種本）下卷頁75。

到嘉慶、咸豐年間，仍然產出不少大海盜嗎？到底施琅禁止惠、潮人民東渡的原因何在？由於地域意識？語群隔閡？施氏與鄭氏有仇而潮人助鄭氏？還是施氏吃過潮州人的虧呢？而「隔省流寓」和「海盜淵藪」都只是藉口？或許需要學者做更深刻的研究才能解答這個問題。

第五章　客家人帶動康熙移民洪潮以及客家人對於臺灣開發的貢獻

康熙二十年（1683）施琅平臺，次年設一府三縣，招徠移民成為當時的要政，但是，成績似乎並不理想。施琅死於康熙三十五年（1696），惠、潮人由於禁令鬆弛，可以公然、大量的移民臺灣，終於造成康熙末期的移民狂潮。康熙五十年（1711）三月，臺灣知府周元文〈申請嚴禁偷販米穀詳稿〉云：

> 閩、廣之梯航日眾，綜稽簿籍，每歲以十數萬計。[37]

一年「十數萬」，比荷蘭時代和延平王國時代的總人口還要多。康熙六十年（1721）藍鼎元隨兄廷珍統軍渡臺平朱一貴之亂，曾經「上窮淡水；下盡郎嬌」、「深諳全臺地理情形」，其〈覆制軍臺疆經理書〉云：

> 國家初設郡縣、管轄不過百里，距今未四十年，而開墾流移之眾延袤二千餘里，糖穀之利甲天下……北至淡水、雞籠，南盡沙馬磯頭，皆欣然樂郊，爭趨若鶩。[38]

這一股移民狂潮與客家人東渡移民有密切的關係。

第一任巡臺御史黃叔璥於《臺海使槎錄》卷五〈番俗六考‧北路諸羅番〉之四云：

> 羅漢內門、外門田，皆大傑嶺社地也。康熙四十二年，

---

37 周元文續修《臺灣府志》卷十藝文志（中華大典方志彙編本）頁122。

38 藍鼎元《東征集》卷三（文獻叢刊第十二種本）頁34。

臺、諸民人招汀州屬縣民墾治，自後往來漸眾。[39]

汀州屬「縣民」即所謂「汀州客」。汀州位於閩西，地處韓江上游之鄞江。由汀州各縣，順著鄞江、韓江而下以潮州之汕頭為出海口，或由此轉以廈門為渡口。遠較由汀州翻山越嶺以廈門為出海口便利許多，故而汀州客家人多取道於惠、潮由汕頭、廈門出海來臺。筆者認為所謂施琅「惡惠、潮之地數為海盜淵藪而積習未忘」恐怕不能成為官式的公開的反對惠人、潮人東渡的理由，施琅果真嚴禁惠、潮人民東來，他所用的理由應當是「隔省移民」，即所謂「偷越」或「隔省流寓」[40]等違法犯禁行為。

康熙五十六年所修的《諸羅縣志》，對於客家人的移民開發情況有相當詳細的記載。《諸羅縣志》〈風俗志‧漢俗考門〉載：

> 自下加冬至斗六門，客莊，漳泉人相半……斗六以北客莊愈多，雜諸番而各自為俗。[41]

「下加冬」在今臺南縣後壁鄉，斗六門雲林縣斗六鎮，二地之間約佔所謂「嘉南平原」的三分之二。

又云：

> 諸羅土曠，漢人閒占草地……潮人尤多，厥名曰客，多者千人，少亦數百，號曰客莊。[42]

同書〈風俗志‧雜俗考門〉載：

39　《臺海使槎錄》卷五頁 112。

40　參見會典事例吏部〈邊禁〉例，戶部〈戶籍〉例，〈流寓異地〉例，兵部〈邊禁〉例，刑部〈私出外境及違禁下海〉例等各則例。輸隆四年攝理臺灣道劉良璧說明「臺童」對於「粵童」何以「攻揭惟嚴」亦謂：「溯其本源，究屬隔省流寓」（參見拙著－臺灣楠福建楠京師──「科舉社群」對於臺灣開發以及臺灣與大陸關係之影響，《臺灣開發史研究》頁 549。

41　《諸羅縣志》（臺灣研究叢刊第五五種本）頁 84。

42　同前。

凡流寓，客莊最多，漳泉次之，興化福州又次之 [43]。

《諸羅縣志》〈風俗志〉述及客家人之處，貶多於褒，未必為持平之論。同書〈兵防志‧陸路防汛門〉載：

> 大抵北路之內憂者二：曰土番，曰流民……汀漳與潮州接壤，明季數十年，汀被潮寇者十有一，漳被潮寇者十有六，而饒寇之張璉，程鄉之李四子，至於攻破城邑，洗蕩村坊，兩郡記載，班班可考也……今之流民大半潮之饒平、大埔、程鄉、鎮平，惠之海豐，皆千百無賴而為一莊。[44]

此節文字一方面說明了康熙末期臺灣中北部的開拓者「大半」是客家人；另一方面也說明了清代各類紀錄中對於客家人貶多於褒的原因，一方面是利害的衝突，另一方面往往是基於明末以來「潮寇」的歷史評價所形成的刻板印象。

無論褒貶是否摻雜了偏見，前述《諸羅縣志》的各節記載也不完全一致，但是大體透露了「自下加冬至斗六門」（今天臺南縣後壁鄉到雲林縣斗六鎮）一帶開拓者的語群組合是福、客人各半，而斗六門以北則以客家人居多。

> 假定開拓時代的人口比例就是勞動力的比例，而此比例又適足以說明拓墾者的功績，則伊能嘉矩以及前行作者們所謂的「粵人後至」，粵人居「山腳丘原」的說法顯然是謬誤的，並且忽略了粵人對於嘉南平原以及彰化以北地區拓墾的貢獻。

> 《臺海使槎錄》所引的〈理臺末議〉中說：「雖在臺地者閩人與粵人適均，而閩多散處，粵恒萃居，其勢常不敵」[45]，粵人比較團結，閩人不是粵人對手，或許這也是當時的紀錄中對於粵人貶多於褒的原因吧。

43　《諸羅縣志》頁 88。
44　同書頁 78。
45　《臺海使槎錄》頁 92。

　　客家人在今天高屏地區的比例比嘉義、雲林地區更要高。《鳳山縣志》〈風土志・漢俗門〉載:「淡水溪以南則番漢雜居,而客人尤夥」[46]。但是,康熙五十八年(1719)所修的《鳳山縣志》對於客家人的記載卻不及《諸羅縣志》來得豐富。

　　朱一貴事件之後,客家人開發高屏地區的事蹟才稍微彰顯,而相關的紀錄也不免貶過於褒。

　　《臺海使槎錄》卷四〈赤嵌筆談・朱逆附略〉載:

> 南路澹水三十三莊皆粵民墾耕。康六十,朱一貴變後,客民(原注:閩人呼粵人曰客仔)與閩人不相和協……保正里長非粵人不得承充……[47]

　　不但社會傾斜,官方也偏袒。

　　康熙六十年朱一貴事將起之前,首先告變的是粵民高永壽(康熙五十九年),藍鼎元《平臺紀略》載:

> 先是粵民高永壽在笨港負販為生,有病者於破廟餓且死,永壽活之。一日至南路,遇前所活人,欷歔感泣,引之深山中……與見朱一貴,刀鎗森列,言倡亂謀甚悉,邀永壽入伙,佯許之,乘間逃回,赴南路營告變,弗信,至府、復告之鎮道,鎮遂以為狂疾,會審嚴刑,坐妖言惑眾,將論殺,從寬責逐過海,遣回原籍[48]。

　　把義人當「狂疾」處理,高永壽差一點因「妖言惑眾」而喪命。事平之後,閩浙總督覺羅滿保請高永壽回臺指認,在臺灣南部跑了一個多月,高永壽都沒有帶官兵找到賊巢[49]。

　　朱一貴起事之後,杜君英「糾粵眾二千」響應他[50]。但是

46　《鳳山縣志》(中華大典臺灣方志彙編本)卷七〈風土志・漢俗門〉,頁80。
47　《臺海使槎錄》頁93。
48　藍鼎元《平臺紀略》(文獻叢刊第十四種本)頁5。
49　同前。
50　乾隆二十八年(一七六三)瑛曾重修《鳳山縣志》(臺灣方志彙編本)

李直三、賴君奏等人則「密謀起義、誓不從賊，糾集十三大莊、六十四小莊，合鎮平、程鄉、平遠、永定、武平、大埔、上杭各縣之人，共一萬二千餘名於屏東內埔鄉，拜叩天地豎旗，立『大清』旗號，供奉皇上萬歲聖牌，推莊民侯觀德指畫軍務……遂分設七營，排列淡水河岸、連營固守」[51]。客家義軍使得朱一貴的軍隊，無法據下淡水溪以南之地為羽翼，終致失敗。覺羅滿保奏保多人獲獎，皇上也賞賜了不少銀兩綵綢和「懷忠堂」匾額，論建忠義亭。覺羅滿保還建議「優恩蠲免差徭，立碑縣門，永為定例」[52]。

客家義軍保鄉衛國，立功之後，我們對於客家人開發現今高屏地區的情形才有進一步瞭解。結合的義民有一萬二千餘人，分屬十二大莊、六十四小莊，筆者相信，其若干村莊應當奠基於鄭氏時代甚至更早之前，這也是我們應當努力研究的課題。

《臺海使槎錄》卷三〈赤嵌筆談・物產條〉亦謂：

> 澹水以南悉為潮州客莊，治埤蓄洩，灌溉耕耨，頗盡力作。[53]

近人研究高屏地區開發史，應當致力於蒐集老字據，研究當地「水田化運動」發展史，進一步瞭解客家人開發臺灣南部的實態。雍正十年（1732）藍鼎元在廣東聽說臺灣北部發生番亂而且「南路客子豎旗同謀」。他認為潮惠人民在臺灣的「人眾不下數十萬」，「時聞強悍，然其志在力田謀生，不敢稍萌異念」，斷然認為客家人謀反之說是「謠言」[54]。是年「義民侯心富等」助官兵弭平吳福生之亂有功，閩浙總督德沛〈題議

卷十一雜志災祥門附兵燹康熙六十年條，頁272。
51　《重修鳳山縣志》藝文志所錄閩浙總督覺羅滿保〈題義民效力議敘疏〉，頁340。
52　前書人物志義民列傳頁256～257。蠲免差徭似乎未蒙准許。
53　《臺海使槎錄》頁53。
54　藍鼎元：粵中風聞臺灣事論，前引《平占紀略》附錄（選自鹿洲初集卷十一）頁63。

敘義民疏〉亦謂：

> 臺灣一郡為閩省海疆重地，番黎雜集，奸良不一。惟粵潮客民往臺耕讀急公好義[55]。

早在康熙年間就遍布於臺灣南北的客家人，不但努力開發臺灣，其盡忠向義的行為，也成為維持臺灣社會安定的主要力量，和〈理臺末議〉一文中所示施琅對於惠、潮人民的評價顯然是大相逕庭。

乾隆二十八、九年重修的《鳳山縣志》對於客家人的態度有相當大的轉變，前面所引述的史料，多半引自這部重修的《鳳山縣志》。這部書也透露出不少漳、泉人不合的訊息[56]。

康熙末期臺灣北（諸羅）南（鳳山）兩路客家人移民拓墾的情況略如前述：而臺灣中路（臺灣縣，今臺南市區一帶）在康熙末期也有相當多的客家人遷入。康熙五十九年（1720）所修的《臺灣縣志》卷一〈輿地志 · 風俗門〉：

> 客人多處於南、北二路之遠方；近年以來，賃住四坊內者，不可勝數。[57]

當時臺灣府治所在的臺灣縣轄區劃分為四坊十里、東安、西定、寧南、鎮北四坊就是當時全臺灣最繁華的市區。

康熙末年客家人進入四坊（今天臺南市區）租屋居住的已經「不可勝數」，成為修志者無法忽略的社會現象。乾隆七年（1742），潮州的客家人還捐款在小北門內（今臺南市北區西門路三段）創建了一座「三山國王廟」。潮州客家人在臺南應有相當大勢力。

55　《重修鳳山縣志》頁 341。

56　《重修鳳山縣志》〈風土志 · 風俗門〉載：「市肆之間，漳、泉二郡常犄角不相下，官司化導之，不能止也。」（頁 57）。藝文志書山、張湄〈請採買半穀按豐歉酌價疏〉載：「即如御史陳大玠生長泉州，尚疑臺郡有歧視漳、泉之見」亦顯示臺灣與漳、泉二地也有隔閡。

57　王禮主修，陳文達編纂，《台海縣志》卷一，〈輿地志 · 風俗門〉，雜俗條，頁 6。

第六章　客家人與閩南人人口比例逆轉之謎

《重修鳳山縣志‧風土志序》云：

> 臺自鄭氏挈內地數萬人來居茲地，半閩之漳泉、粵之惠潮民[58]。

前章所引述的各項史料也大體上說明清康熙、雍正年間臺灣各地移民的籍貫結構是客家人佔一半或者更多一些。這裡所謂一半或更多些只是印象式的說法，當然沒有像現代戶口登錄調查法這樣精密的數據。

乾隆五十一年底（1786）林爽文事件爆發，次年福康安率大軍東渡平亂，有不少熟習臺灣形勢的人為他籌謀劃策，鄭光策〈上福節相論臺事書〉便提出「宜招義勇以厚兵威」等六策，其中第三策是「宜通廣莊以分敵勢」，文中也談到當時福、客移民的關係和比例：

> 按全臺大勢，漳泉之民居十之六七，廣民在三四之間。以南北論則北淡水、南鳳山多廣民，諸彰一邑多閩戶；以內外論，則近海屬漳、泉之土著；近山多廣東之客莊（章義案：伊能嘉矩之說法可上溯於此，然而，上距鄭氏入台之1661年，相去已125年）。廣民驕悍騰銳、器械精良，閩民亦素畏之。前漳、泉械鬥時，廣莊不與，閩民亦無敢撓亂之者。此番逆首多係漳、泉、廣莊……未嘗投合於賊……其迫近賊界者累遭焚殺，訴援無人，不得不依違其間……[59]

鄭光策提到廣莊的處境，也提到當時，福、客人口的比例約在十之六七比十之三四之間，福佬人的比例已經比康熙、雍正和乾隆初期多得多。

58　前書頁47。
59　鄭光策〈上福節相論臺事書〉（賀長齡：皇朝經世文編，卷84。收於文獻叢刊第二二九種《清經世文編選錄》）頁17。

　　民國十七年（昭和三、1928）臺灣總督府官房調查課根據
民國十五年（昭和元、1926）的資料，刊布〈臺灣在籍漢民族
鄉貫別調查〉在當時三百七十多萬漢人中百分之四十五是泉州
人，百分之三十五是漳州人，只有百分之十五點六是廣東各籍
人。

　　日本人和清代某些官吏一樣，以簡便的籍貫分類，而不以
語言分類，何以在十八世紀佔臺灣人口「十之三四」以上比例
的粵人，到了十八世紀末期、二十世紀初期只佔「十之一二」
呢？

　　何以客家人或粵人的比例從乾隆中期以後就直線下降呢？

　　長期的械鬥阻礙了粵人東來的意願？粵人移出的意願降
低？粵人發現了更適宜的移入區？還是有其他原因？這也是有
待學者努力研究的問題。

第七章　臺灣早期文獻上的粵民、客子、客民和客家人

　　一般而言，「客家人」大體是指有「客家」血統或仍行客
家風俗、使用「客家話」的人，也有人加上一項「客家認同」。
一般學者認為「客家」一詞，源於南遷的中原族系和先住民區
分，在戶籍制度中的「客籍」有相當關係。

　　客家人的主要分在區在贛、閩、粵、湘等省鄰近地域，在
福建則和畬族的分布區部份重疊，不少地區也是閩南語系和客
家語系雜居，譬如廣東潮州府的揭陽、潮陽等縣；福建的泉、
漳和興化等府，也有客家人散其中布。因此，以戶籍所在地域
辨識所屬語群，在某些地區或許會產生相當誤差。昭和三年（民
國十七、1928）刊布的〈臺灣在籍漢民族鄉貫別調查〉報告，
就無法將泉、漳二府籍中的客家語群以及潮州籍中的汕頭系福
佬語群區別出來。

　　康熙二十三年在臺灣設置一府三縣之前，戶籍上的主、客
之分尚未形成、蔣毓英《臺灣府志‧風俗志》云：

中土之民，人世其籍、家世其業……臺灣自紅彝僭竊以來，因仍草昧，鄭氏父子相繼，民非土著，逋逃之淵藪，五方所雜處。[60]

「五方雜處」是形容詞，也頗得其實。

康熙三十四年（1695）高拱乾主修的《臺灣府志・風土志》亦謂：

隸斯籍者，非有數世高曾之土著也；有室、有家，父而子、子而孫即為真土著矣。以故家族之親少、洽比之侶多。[61]

康熙三十六年，郁永河渡臺灣，他在《裨海紀遊》書中記臺灣縣云：

臺灣縣治印府治……內地寄籍民居多焉[62]。

亦視當時臺灣的漢移民為「寄籍」而非「土著」。

殆及康熙四十年以後，汀州客家人和粵東潮州人大量東渡引發移民洪潮之後，客家人和「客籍」才引起廣泛注意。

本文第五章曾經引述康熙末年所修臺灣三縣縣志。《諸羅縣志》謂：「潮人尤多，厥名曰客」，又謂：「今之流民大半潮之饒平、大埔、程鄉、鎮平、惠之海豐」。此處所謂「客」，當指潮、惠之「客家人」而非僅「客籍」而已。《鳳山縣志》所謂：「客人尤夥」和《臺灣縣志》所謂：「客人……不可勝數」亦當指「客家人」。藍鼎元謂：「廣東潮、惠人民在臺種地傭工謂之客子，所居莊曰客莊」，此處之「客子」顯然也是指「客家人」。

朱一貴事件當時的閩浙總督覺羅滿保注意到這個現象，重

---

60 蔣毓英《臺灣府志》，廈門大學出版社陳碧笙校注本，一九八五，頁54。
61 高志頁182。
62 《裨海紀遊》頁11。

修「風縣志」所收〈題義民效力議敘疏〉中，曾經將戶籍上的
「客籍」和說客家話的客家人釐清，他說：

> 查臺灣鳳山縣屬之南路淡水，昔有漳泉、汀、潮四府之
> 人墾田居住。潮屬之潮陽、海陽、揭陽、饒平數縣與漳、
> 泉之人語言、聲氣相通，而潮屬之鎮平、平遠、程鄉
> 三縣則又有汀州之人自為守望，不與漳、泉之人同夥相
> 雜。……杜君英等在南路淡水檳榔林招夥豎旗……多係
> 潮之三陽及漳、泉人同夥作亂；而鎮平、程鄉、平遠三
> 縣之民並無入夥。三縣義民……密謀起義、誓不從賊，
> 糾集十三大莊、六十四小莊，合鎮平、程鄉、平遠、永
> 定、武平、大埔、上杭各縣之人共一萬二千餘名于萬丹
> 社……分設七營[63]。

　　覺羅滿保雖然以籍貫地域區分出亂黨和義民的不同屬性，
同時也以「語言、聲氣相通」，從語群的觀點，說明二者屬性
的不同。不過覺羅滿保所謂的潮屬三陽、饒平等數縣人，「與
漳、泉之人語言、聲氣相通」亦不盡然，因為三陽和饒平等潮
州屬縣，也是客家人和汕頭系福佬人雜居的縣分。

　　康熙末期的史料中，也有僅就官方、戶籍的觀點使用「客
民」一詞的清況。康熙四十六年任臺灣知府的周元文在〈申禁
無照偷渡客民詳稿〉中曾說：

> 此輩偷渡者，俱係閩、廣遊手之民。[64]

　　則所謂「客民」泛指「非台灣府民」，既沒有籍貫的區分，
也不按語群來區分。康熙四十九年臺廈道陳璸〈請禁販米出海
稟督院啟〉亦有「船戶張合興冒稱提督差官偷載無照客民」的
記錄[65]，此處「客民」也指未曾在臺灣設籍的偷渡客。

　　前述各名詞中，「客民」大抵用在行政、律令上，以是否

63　《鳳山縣志》頁 339 ～ 340。
64　周元文《續修臺灣府志》頁 123。
65　《陳清端公年譜》（文獻叢刊第二〇七種本）頁 60。

設籍為準,「粵民」則以省籍為準,潮州、惠州又以府籍為準,在某些場合則專指「客家人」;所謂「客子」則是福佬語群對客家人的稱呼,多多少少有些輕視的意味。至於覺羅滿保在〈題義民效力議敘疏〉中,同時以籍貫和語群兩個指標來說明朱一貴事件中,不同陣營的構成分子,在清代文獻中並不多見。這些名詞在不同的作者、不同的史料中可能有不同的指涉內涵,研究者仍以小心處理為宜。

第八章　結語

　　由於筆者的涉獵有限,在研究臺灣開發史時,對於客家人在臺灣開發史上的貢獻,所發現的問題遠比獲得的答案要多,尤其是荷蘭人、西班牙人佔領臺灣時期的狀態,因為筆者不識荷、西文字,連提出問題的能力都沒有。以上謹就個人注意所及的少許心得和若干問題,求教於同好,也盼望有更多的朋友們參與客家人移民開發臺灣史的研究工作。

　　(本文原刊於《中國海洋發展史論文集第四輯》中央研究院中山人文社會科學研究所,民國八十年三月,臺北。又收於《輔仁歷史學報(二期)》輔仁大學史學系,民國七十九年八月,臺北。又刊於《客家雜誌》第三十一期,該社,民國七十九年八月,臺北。又刊於《臺灣史研究會論文集(第三集)》該會,民國八十年四月,臺北。又刊於《中原周刊》第六七七~六八二期,民國七十九年八月廿六~九月卅日,苗栗。)

第貳篇

臺灣客家史研究的回顧與展望

第一章 臺灣客家史研究的回顧與展望

第一節 前　言

　　客家研究近年似乎有漸受重視的趨勢。

　　1989 年，華東師大成立「客家學術研究中心」，出版《客家學研究》為機關刊物（由上海人民出版社出版），1996 年又成立「客家學碩士班」（客家民系學屬於歷史學科的二級學科）嘉應、汕頭、廈門等大學也成立客家研究中心[1]。

　　1995 年，苗栗縣文化中心成立「客家研究資料中心」，1996 年中央大學（位於桃園）成立「客家研究中心」，1997 年部份客家研究工作者成立「客家研究工作會」。

1　關於大陸客家學一九八九年之後的發展，可參閱《客家雜誌》七十八期（一九九六、十二、一，臺北）魏德文〈客家學的建立與客家文化展望〉；李逢蕊〈客家學潮與客家情潮〉以及陳康宏〈上海華東師範大學客家學研究課程概況〉三文。筆者在輔仁及東海教導的學生鄭梅淑到華東師範大學史學研究所博士班，受教於吳澤教授。筆者數度至粵東、閩西客家區做實際調查並訪問華東師大，是以對於大陸客家學的發展，也有些親歷體驗。

客家研究逐漸受到重視，固然和客家意識的覺醒以及政、經、社會結構的改變有密切關係，和兩岸暗中較勁恐怕不無關係。從兩岸官立客家研究中心，都由非客家學的學者擔任（華東的吳澤、中央的賴澤涵），也可以略窺非學術因素的干預。華東師大將客家學研究置於史學研究的框架中，中央大學亦步亦趨，或屬巧合，然其中也可能有非學術的考量在焉。

質而言之，過去的客家學研究者，自主性較高，甚且具有非主流或反支配意識；今後的研究者，恐難避免非學術因素的干擾。在這個關鍵時刻，對客家學作一回顧，或有助於關心客家學術發展的朋友。

客家論述在臺灣以語言學的質量為最佳；人類學、社會學量少而尚待努力之處甚多；歷史論述量少而品質參差不齊。這是筆者主觀而粗略的看法。本文謹就筆者比較熟習的歷史論述，根據以下兩個條件，為各位敘述：

首先，除非親歷目睹，歷史訊息的來源必須交代清楚。無論是隨文註或附註，凡可資覆按、查證，而非憑空杜撰是第一前提。

其次，多多少少呈現一點新的歷史「訊息」、新資料（訊息載體）或新觀點、新見解，而非雜摭成篇、人云亦云。

這是所謂「研究」或「學術」的最基本條件，但是，有關臺灣史的論述，多半達不到這兩項要求，臺灣客家史亦然。因此，本文採取從寬的策略，儘可能的收錄客家史的書目和論文，期待產生臺灣客家史研究目錄的功能。文中所附《……》記號為專書或論文集；〈……〉則為單篇論文。

記錄出版者及地點是學術慣例，也便於讀者尋訪。以下分為地方志及史學論述兩個領域為各位敘述：

第二節　臺灣地方志書中的客家史論述

地方志是某一地方的歷史，也有人認為地方志是某一地方

的百科全書[2]，無論是百科全書式或歷史，如實反映當地的歷史，都是最起碼的要求。

話雖如此，能如實反映當地歷史的地方志並不多。臺灣方志中能如實反映客家史的更少。

筆者研究臺灣史的第一個題目是《新莊（志）》。新莊地區三大廟門，其中三山國王廟（廣福宮）是客家廟，關帝廟是以客家信徒為主的廟，而媽祖廟（慈祐宮）也以客家人為主力。新莊平原上開鑿了兩條灌溉渠，後開的張厝圳由泉州人主持，先開的劉厝圳由潮州籍客家人主持。大肚溪以北的第一家書院—明志書院，由汀州籍客家人捐獻，名剎西雲寺也由同一批人捐獻。新莊平原上散布著許多由福佬人取代客家人的交替聚落和福佬化的客家人。

以上敘述，是筆者研究的成果。在同治十年（1871）的《淡水廳志》，日據時代的《臺北廳志》和光復以後的《臺北廳志》完全看不到客家人活躍在新莊平原上的痕跡。就一個歷史學者而言，這是相當令我驚訝的。後來筆者寫《新店志》《泰山志》《五股志》，到處發現客家人活躍的實蹟，對於臺北客家史幾乎被全面抹滅的現象，終於產生「余欲無言」的感覺。

客家人活躍在臺北拓墾時代的舞台上，已經是「歷史」，客家人在臺北史上一片空白固然令人遺憾，但是在客家人仍居多數的地區，地方志中找不到客家人就太不可思議了。

以客家居民超過百分之六十的新竹縣為例，清同治十年（1871）刊行的《淡水廳志》敘及客家人和客家地區的篇幅極少，甚至連 1976 年新竹縣政府刊印的《新竹縣志》，似乎也找不到幾則和客家人相關的記錄。撰寫新竹地區志書中的人，似乎沒有覺察客家人的存在[3]。因此，在臺灣的地方志中發現有

2　可參閱拙者〈清修臺灣方志與近世所修臺灣方志之比較研究〉，原刊《漢學研究》三卷二期，一九八五、十二，臺北，收載於拙著《臺灣開發史研究》，聯經出版公司，一九七九、十二，臺北。

3　關於這一點，楊鏡汀先生曾提出強烈的批判。

關客家史的論述，就令人有彌足珍貴之感。茲分述如下：

1. 康熙五十六年（1717）陳夢林等纂修的《諸羅縣志》。

在此之前刊行的三種臺灣府志和《臺灣縣志》均未敘述客家史，此志首先論述客家人在臺灣嘉南平原和中北部地區的發展，但「述及客家人之處，貶多於褒，未必為持平之道」[4]。

2. 乾隆二十九年（1764）王瑛曾等纂修的《重修鳳山縣志》。

康熙五十九年曾經刊行《鳳山縣志》，提到客家人、客莊的不過三五句，亦多負面之辭[5]。王瑛曾等重修鳳山縣志，改正前志缺失，對於客家人在今高、屏地區的發展史，以較為持平的態度和較大篇幅來論述，甚至於對「粵籍」、「客民」、「廣民」、「閩戶」；潮州府所屬各縣民使用的語言，甚至不同語系之民與漳、泉人的關係，都有相當深刻的分析[6]。

3. 光緒二十年（1894）盧德嘉等輯《鳳山縣採訪冊》。

光緒十三年臺灣建省，十八年始修臺灣省通志。各地設局采訪，不久臺灣割讓日本，留下苗栗、恆春兩縣志、澎湖廳志以新竹、雲林、鳳山、臺東、宜蘭、彰化、安平等採訪冊[7]。盧德嘉等纂輯《鳳山縣採訪冊》，除了己部〈科目〉卷記錄閩粵人名之外，鮮少敘及客家人。據該書丙部〈圳道〉卷，「海坪圳」條之末附記云：「粵圳……遺漏甚多，因各粵紳全不到局」[8]。

又丁部《規制》卷〈書院〉條論及「會試盤費」云：「此

4　請參閱拙著〈臺灣移民開發史上與客家人相關的幾個問題〉，輔大歷史學報第二期，一九九〇、八，臺北，頁八十七。
5　《鳳山縣志》〈風土志・漢俗條〉：「客人尤夥，好事輕生、健訟樂鬥」。
6　仝註四，頁八十七～九十三。
7　仝註二，頁五〇一～五〇二。
8　《鳳山縣採訪冊》，《臺灣文獻叢刊》第七十三種本，一九六〇、八，臺灣銀行經濟研究室，臺北。頁七十一。又，盧德嘉自序云：「外里諸紳……多半置之不理……李明府飭傳各里總保、莊者按月查報，始得陸續造送疆域、田園兩項」（頁五），閩人所居各里也並不合作。

款粵亦無分，可見粵籍舉人尚有廉恥，猶勝於粵生之必加一抽分也」[9]。

又，該書壬部〈藝文〉錄下多篇閩人批評粵人的文章，有「粵匪」名目，而所錄歲貢生黃蘭所撰〈請追粵砲議〉，對於高屏地區的客家人又有如下論述：「粵莊大砲，自康熙年間存儲至今……自港西上界抵港東盡處，沿山八、九十里，美壤膏腴、悉被占住，地據上游、村莊聯絡聲息可通……鑿潤水，環其田閭，常資灌溉、變資守禦，家給戶足、藩籬孔固……以視閩莊之地廣民散……漳、泉各存嫌隙……使大砲移置之閩鄉，亦無用之物」[10]。

福、客之間長久以來的競爭、衝突，使得方志中應有的客家史被抹滅。《鳳山縣採訪冊》公然披露心聲，可說是一個特例，同時也凸顯了「在地人」修志的重大弊端。

4. 光緒二十年（1894）屠繼善等修《恆春縣志》。

恆春設縣於光緒元年（1875），設縣未及二十年就修志，主持修志的人又是浙江會稽人屠繼善；因此，西方的統埔、內埔、四重溪；東方的射麻里、牡丹灣、䴉林；南方的潭仔、墾丁等幾十個客家莊或「客番雜居莊」就和閩莊、番社一樣的載入縣志，沒有受到明顯的歧視。

5. 鍾壬壽主編《六堆客家鄉土誌》常青出版社，1973，屏東內埔。

1721年朱一貴之亂興，今高屏一帶的客家人，北起美濃、杉林、六龜，南至佳冬、新埤、滿州，為保衛鄉土依地區編組成六隊義勇（最初是七隊），俗稱「六堆」。歷來修志，除了王瑛曾等《重修鳳山縣志》之外，幾乎都將客家史抹滅殆盡。1970年客籍名醫徐傍興倡議修志，由鍾壬壽主稿，歷四年而成。第一、二篇為〈客家源流及原鄉鄉賢事蹟〉，第三～六篇

9　仝前，頁一五九。
10　仝前，頁四三三～四三四。

〈六堆開拓史〉、〈六堆之創立暨忠勇事蹟〉、〈西勢忠義祠史〉、〈六堆歷屆總理及副總理傳略〉，都是鍾壬壽的力作，也是臺灣客家史研究的重要成果，但全書都沒有說明訊息來源。

1973 年出版的《內埔鄉志》略師《六堆客家鄉土誌》，而1981 ～ 1986 年間出版的高雄縣《六龜鄉志》《甲仙鄉志》《杉林鄉志》，屏東縣《高樹鄉志》《林邊鄉志》等後出各書，都無法趕得上《六堆鄉土誌》的水平，古人說「後出轉精」，在臺灣似乎並不合轍。

6. 明治三十一年（光緒二四，1898）林百川等撰輯《樹杞林志》。

光緒十八至二十年，新竹和苗栗縣都配合修台灣省通志而有修志之舉，《苗栗縣志》（1953，苗栗文獻會排印本及臺灣文獻叢刊第一五九種本）和稍晚編輯的《新竹縣志初稿》（臺灣文獻叢刊第六一種本）都是為了修省通志做準備的採訪冊式，共同的特色是敘述偏海線福佬人的歷史而輕內陸客家史。光復以後所修的《苗栗縣志》和《新竹縣志》都沒有修正這項弊端。因此《樹杞林志》就令人有彌足珍貴之感。

明治三十一年，林百川、林學源等應樹杞林辦務署之請，以兩個月時間撰輯而成。該書〈學校志·學額〉條云：「樹杞林堡內俱係粵人，凡三年內歲科兩試，赴縣、府考，另為粵籍……」[11]。樹杞林包含現今新竹的竹東鎮、橫山鄉、芎林鄉和北埔鄉等一百七十三莊。《樹杞林志》雖然和大部份方志一樣，以採訪現況為主，但如〈學校志〉〈典禮志〉中的「祠祀」、「祠廟」條，〈武備志〉〈選舉表〉〈列傳〉〈風俗考〉〈古蹟考〉〈祥異考〉〈文徵〉和〈志餘〉等，對於客家史仍有極為重要的貢獻。

11　林百川等纂《樹杞林志》，臺灣銀行經濟研究室，《臺灣叢刊》第六十三種本，一九六〇，臺北，頁二十八。

1977 年出版的《北埔鄉志》，在客家史研究上並無太大長進，1978 年頭份鎮動員全鎮中小學教師百餘人編纂鎮志，由陳運棟總其成先製《頭份鎮志採訪資料》《頭份鎮志初稿》，1980 年出版《頭份鎮志》，凡開闢、沿革、封域、教育、人物等五志，其中開闢、人物兩志以及蒐集的各種老字據等原始文獻，對於客家史的貢獻，可媲美《六堆鄉土志》。

7. 尹章義纂修的《新莊志》《新店志》《泰山志》。

1980 年筆者承鄭余鎮、顏伯川兩先生之邀，撰寫《新莊志》，是年七月印行《新莊發展史》，次年元月續出《新莊（臺北）平原拓墾史》，89 年三月續出《新莊政治發展史》（均為新莊市公所印行）。

筆者在研究過程中，發現新莊街三大廟門中，關帝廟、廣福宮（三山國王廟）皆出自客家人之手；祭祀媽祖的慈祐宮也和客家人有密切關係。觀音山麓的名剎西雲寺（五股鄉）和北臺最早的書院—明志書院（泰山鄉）都由客家人捐建。整個新莊平原（含三重、蘆洲、五股、泰山、新莊等鄉鎮）上都散布著原居客家人，道光、咸豐之後逐漸由福佬人取代成為「交替聚落」。新莊平原上的主要灌溉渠－劉厝圳也由潮籍客家人開鑿。研究過程中也發現大批老字據和族譜，證明十七～十九世紀，客家人對於臺北平原的開闢與發展，有極為重大的貢獻。

但是前述史實在《淡水廳志》和《臺北縣志》中可以說是毫無痕跡。

由於研究三山國王廟，筆者發現三山國王廟信仰是識別福佬人與客家人的重要指標；研究關帝廟，也發現關帝信仰在角頭廟中，也與客家人高度相關。而媽祖信仰也不得視為單純的福佬人信仰，淡水（滬尾）慈祐宮，松山（錫口）慈祐宮在日據時代，客家人都拜頭香，寺產也以客家人捐助為多。

此後，筆者撰寫《新店市誌》，總纂《泰山鄉志》、《五股鄉志》都發現豐富的客家史科，在三志的開發史、著名家族、

人物志等篇章中，都有極大篇幅論述客家史。

由於撰寫鄉鎮志，對於臺北地區有較深入的瞭解，大量老字據、族譜的發掘，筆者推翻前人；閩人先至、客家後到；閩人居海邊、平原，客家居丘陵山區的舊說。對於客家人在臺北平原的發展史以及客家人的再移民史，都有相當的論述。

8. 日據昭和三年（1928）臺灣總督府官房調查課《臺灣在籍漢民族鄉貫別調查》。

這是昭和元年（1925）調查的報告，並附以《臺灣在籍漢民族鄉貫別分布圖》。

許多學者根據該調查報告來說明客家人移住臺灣史，都犯了明顯而嚴重的錯誤。該報告顯示的只是二十世紀初期臺灣居民分布的狀況，這是三個世紀以來，經過臺灣社會整合運動以及再遷徙移民的結果，十七、十八、十九世紀不同時代，福客比例和分布變化極大。可參閱拙著〈臺灣開發史上與客家人相關的幾個問題〉[12]。

此篇由於分類上的困難，姑繫於方志之末。

第三節　臺灣的客家史學論述

如前所述，客家史的論述，三百年來並沒有受到重視，縱使在客家比例較大的縣市亦然。只有像《樹杞林志》、《六堆客家鄉土志》《頭份鎮志》，這類絕大多數是客家居民的小區域，才有比較豐富的客家史論述。甚至還有許多同樣性質的小區域，也不重視客家史。

同樣的，在學術界，客家史在 1980 年以前，也是被忽略的研究領域。1980 年以後，出現在以莊英章、陳運棟為軸心；以尹章義為核心以及師大史、地兩研究所互通聲氣的三個研究群，加上北部的楊鏡汀、黃榮洛、黃卓權，南部的石萬壽以及

12　仝註四，頁七十八，九十～九一。

建築學者的加入，使得客家史的研究，逐漸形成規模，茲分述於下：

第一目　莊英章、陳運棟軸心研究群的成果

1.莊英章、陳運棟，〈清代頭份的宗族與社會發展史〉，刊於《歷史與中國社會變遷研討會論文集》，中央研究院三民主義研究所，1981，臺北。

2.莊英章、陳運棟，〈清末臺灣北部中港溪流域的糖廍經營與社會發展：頭份陳家的個案研究〉，《中央研究院民族學研究所集刊》，第五十六期，1983，臺北。

3.莊英章，〈族譜與漢人宗族研究：以臺灣竹北林家為例〉，亞洲族譜學術研討會宣讀論文，國學文獻館，1983，臺北。

4.莊英章、陳運棟，〈金廣福史料的發掘與應用〉，《史聯雜誌》，第五期，1984、六，臺北。

5.莊英章、周靈芝，〈唐山到臺灣；一個客家宗移民的研究〉，《中國海洋發展史論文集》，中央研究院三民主義研究所，1984、一二，臺北。

6.莊英章、陳運棟，〈晚清臺灣北部漢人拓墾形態的演變－以北埔姜家的墾闢事業為例〉，收於《臺灣社會與文化變遷》，中央研究院民族學研究所專刊乙種之一六，中央研究院民族學研究所，1986、六，臺北。

7.陳運棟，〈內外公館史話〉《三臺雜誌》1985，一二～連載，苗栗。

8.陳運棟，〈關西坪林范家的移墾臺灣及其發展〉《三臺雜誌》第八期～一六期連載，1986，一〇～一九八八，二連載，苗栗。

9.陳運棟〈黃祈英事蹟探討〉《臺灣史研究暨臺灣史料發掘研討會論文集》臺灣史蹟源流中心，1987，高雄。

10. 陳運棟，〈三級古蹟新埔劉家祠歷史研究〉，《臺灣省文獻委員會成立四十週年紀念論文專輯》臺灣省文獻委員會，1988、六，臺中。

11. 陳運棟，〈三灣墾戶張肇基考〉，《史聯雜誌》，第十三期，1988、一二，臺北。

12. 陳運棟，《臺灣的客家人》臺原出版社，1988年，臺北。

13. 莊英章、陳運棟，〈族群關係與清代中港溪流域內山的開發〉，收於《族群關係與區域發展研討會論文集》，中央研究院三民主義研究所，1989、九，臺北。

14. 莊英章，〈新竹枋寮義民廟的建立及其社會文化意義〉，《第二屆國際漢學會議論文集》，1989，臺北。

15. 王世慶，〈竹塹社社七姓祭祀公業與采田福地〉，平埔族群研究學術研討會宣讀論文，1984、四，臺北。

16. 張炎憲，李季樺，〈竹塹社的家族發展－以衛姓和錢姓為例〉，平埔族群研究學術研討會宣讀論文，1984、四，臺北。

17. 莊英章，《家族與婚姻－臺灣北部兩個閩客村落之研究》中研究民族所，1994，臺北。

莊英章是中研院民族所的學者，陳運棟原本是中學老師和地方志的參與者，兩人聯手的研究成果，燦然可觀，尤其是陳運棟，幾乎可以說是業餘研究者，更令人敬佩，可惜莊先生轉移注意力，在客家史研究上已著力不多，而陳先生擔任兩屆國民大會代表，研究工作受到嚴重影響，殊為可惜。

第二目　師範大學歷史所和地理所的研究成果

1. 林滿紅，〈臺灣茶、糖、樟腦的出口及生產分析〉，《臺灣銀行季刊》，第二十八卷第二期。1978，臺北。

2. 林滿紅，〈貿易與清末臺灣的經濟社會變遷〉，收於《臺

灣史論叢》，第一輯，眾文圖書有限公司，1980、四，臺北。

3. 林滿紅，《茶、糖、樟腦與晚清臺灣》，臺灣研究叢刊，第一一五種，臺銀經研室，1978，臺北。

4. 劉妮玲，《清代臺灣民變研究》，臺灣師範大學歷史研究所專刊（九），師大歷史研究所，1983、九臺北。

5. 蔡淵絜，《清代臺灣的移墾社會》，中央研究院民族學研究所專刊乙種之十六，1986、六，臺北。

6. 詹素娟，《清代臺灣平埔族與漢人關係研究》，師範大學歷史研究所碩士論文，1987，臺北。

7. 溫振華，〈清代臺北盆地漢人社會祭祀圈之演變〉，《臺北文獻》，第八十八期，1990、六，臺北。

8. 劉慧貞，清代苗栗地區之族群關係，臺灣師大史研碩士論文，1994，臺北。

9. 施添福，《清代在臺漢人的祖籍分布和原鄉生活方式》，國立臺灣師範大學地理學系地理研究叢書，第十五號，國立臺灣師範大學地理學系，1983，臺北。

10. 施添福，〈臺灣歷史地理研究箚記（二）〉，《臺灣風物》，第三十九卷第三期，1989、九，臺北。

11. 施添福，〈清代竹塹地區的「墾區莊」：萃豐莊的設立和演變〉，《臺灣風物》，第三十九卷第四期，1989、一二，臺北。

12. 施添福，〈清代臺灣「番黎不諳耕作」的緣由：以竹塹地區為例〉，《中央研究院民族研究所集刊》，第六十九期，1990，臺北。

13. 施添福，〈清代臺灣竹塹地區的土牛溝和區域發展-一個歷史地理學的研究〉，《臺灣風物》，第四十卷第四期，1990、一二，臺北。

14. 李明賢，《咸菜甕：一個沿山鄉街的空間變化》，師大地理研究所碩士論文，1991，臺北。

清末（十九世紀中葉）茶和樟腦的大量外銷，不僅影響了臺灣北部的經濟發展，也促使臺灣北部濱海和平原上的客家人因此而大量遷移淺山、丘陵內陸地區，對於臺灣社會的整合運動產生極大的影響。林滿紅的研究從比較宏觀的角度看待這個問題，值得研究者重視。

施添福教授的臺灣漢人祖籍分布的「原鄉生活觀」，他認為客家人散布在臺灣山區、丘陵地帶，是由於客家人在原鄉就是這種生活方式。

施教授的說法不僅忽略了客家人東渡移民的動機和意志－追求更佳的生活環境以及客家人曾經散布在臺北平原上的史實以及客家人仍居於臺灣中、南部水源區的事實。筆者認為施教授的說法是誤把昭和初年（1925）日本人的現況調查，誤以為是數百年來都如此的典型誤謬。由於學術的客觀主義，我們尊重施教授「有此一說」的事實以及對於施教授熱心研究新竹地區史的尊敬，筆者儘可能的蒐集施教授的相關著作目錄表列如前。

第三目　楊鏡汀、黃榮洛、黃卓權等人的研成果

1. 楊鏡汀，《內豐浩劫——北埔事件秘聞》，新竹縣大坪國小內豐分校印行，1982，竹東。

2. 楊鏡汀〈北埔事件史蹟文獻探考〉，《臺北文獻》直字七十七，七十八期。

3. 楊鏡汀，〈出土史料介紹——新埔汶水開發年代之探討〉，《臺灣史蹟源流研究會七十五年度會友年會論文集》1986，臺北。

4. 楊鏡汀，〈從臺灣建省的爭議試論新竹縣、市建制的沿革〉，《臺北文獻》第七十五期，1986，臺北。

5.黃榮洛，〈渡臺帶路切結書與中港溪流域之開拓〉，《三臺雜誌》，第七期，1986、八，苗栗。

6.黃榮洛，〈勸君切莫過臺灣——「渡臺悲歌」的發現與研究〉，收於《渡臺悲歌——臺灣的開拓與抗爭史話》，臺原出版社，1989，臺北。

7.黃榮洛，《渡臺悲歌——臺灣的開拓與抗爭史話》，臺原出版社，1989，臺北。

8.黃榮洛，〈客家人的臺灣史〉，收於《徘徊於族群和現實之間——客家社會與客家文化》，徐正光主編，正中書局1991、十一，臺北初版。

9.黃榮洛，〈竹苗地區之殘碑〉，《臺灣風物》，第四十二卷第二期，1992、六，臺北。

10.黃卓權，〈拓墾家黃南球傳〉，《三臺雜誌》，1986、十～連載，苗栗。

11.黃卓權，〈黃南球先生年譜初稿〉，《臺灣風物》，第三十七卷第三期～三十九卷一期。

12.黃卓權，〈臺灣裁隘後的著名墾隘－－「廣泰成」墾號初探〉，《臺灣史研究暨史料發掘研討會論文集》，中華民國臺灣史蹟研究中心，1987，高雄。

13.黃卓權，〈從獅潭山區的拓墾看晚清臺灣的內山墾務的演變〉，收於《臺灣史研究論文集》，中華民國臺灣史蹟研究中心，1988、十二，臺北。

14.黃卓權，《苗栗內山開發之研究專輯-附廣泰成文物史館》，苗栗縣立文化中心，1990、五，苗栗。

15.林柏燕，〈新埔鎮史〉，《客家雜誌》，第七十期起連載，1996、六，連載，臺北。

楊鏡汀是新竹地區的小學校長，黃卓權是關西農校的職員，

黃榮洛是退休的農會總幹事和碾米廠店東。三位先生都是筆者非常尊敬的業餘研究者，非常期待更多的朋友加入臺灣客家史研究的行列。

第四目　臺灣南部客家史的研究成果

1.石萬濤，〈乾隆以前臺灣南部客家人墾殖〉，《臺灣文獻》第三七卷四期，1986、十二，臺中。

2.湯熙勇，〈清代臺灣恆春地區漢人的移墾（1875～1895）〉，《史聯雜誌》第八期，1986、六，臺北。

3.劉正一，〈臺灣南部六堆客家發展史〉，《客家文化研討會論文集》，行政院文化建設委員會，1994，臺北。

第五目　青年建築學者的研究成果

1.梁宇元，《清末北埔聚落構成之研究——一個客家居住型態之探討》，1988。

2.邱永章，《五溝水——一個六堆客家聚落實質環境之研究》，東海建築研究所碩士論文，1989，臺中。

3.李允斐，《清末至日治時期美濃聚落人為環境之研究》，中原建築研究所碩士論文，1989，桃園。

4.李允斐，《從六堆的開拓歷史談六堆民居風貌的演變》，《客家雜誌》第三期，1989，臺北。

5.蘇仁榮，《日據時期新埔街莊的形成與發展》，成大建築研究所碩士論文，1990，臺南。

近年少數建築學者投入古蹟建築市以及古聚落發展史的研究工作，因此，若干青年學者受到影響而有前列的研究成果。

第六目　尹章義核心研究群成果

1. 尹章義，〈臺北平原拓墾史研究〉，《臺北文獻》，第五十三、五十四期合刊本，1981、四，臺北。

2. 尹章義，〈臺灣北部拓墾初期「通事」所扮演之角色及其功能〉，《臺北文獻》五十九期，1982、八，臺北。

3. 尹章義，〈閩粵移民的協和與對立—以客屬潮州人開發臺北及新莊三山國王廟為中心所作的研究〉，《臺北文獻》，第七十四期，1985，臺北。

4. 尹章義，〈臺灣開發史的階段論和類型論〉《漢聲雜誌》第十九期，1989、一，臺北。

5. 尹章義，〈臺北盆地的開發〉，《漢聲雜誌》，第二十期，1989、三，臺北。

6. 尹章義，〈高雄發展史〉，《漢聲雜誌》第二十一期，1989、六，臺北。

7. 尹章義，〈臺南開發史〉，《漢聲雜誌》，1989、九，臺北。

8. 尹章義，〈嘉義開發史〉，《漢聲雜誌》第二十三期，1989，十二，臺北。

9. 尹章義，《臺灣開發史研究》，（臺北，聯經出版事業公司，1989、十二，臺北）。

10. 尹章義，〈臺灣移民開發史上與客家人相關的幾個問題〉，收於《中國海洋發展史論文集》，第四輯，中研院中山人文社會科學研究所，1991、三，臺北。

11. 吳學明，〈金廣福大隘的組成及其資金〉，《史聯雜誌》，第四期，1984、一，臺北。

12. 吳學明，〈清代頭前溪中上游地區的開墾（上）、（下）〉，《臺北文獻》，直字第一〇八、一〇九期，1984、六、

1984、九，臺北。

　　13.吳學明，〈「北埔姜家史料」的發掘與「金廣福」史實的重建〉，《臺灣風物》，第三十五卷第三期，1985、九，臺北。

　　14.吳學明，〈「金廣福」墾隘與新竹東南山區之開發（一八三四～一八三五）〉，師大歷史研究所專刊（一四），師大歷史研究所1986，臺北。

　　15.黃煥堯，《清代臺灣番人與地方治安之關係》，文化大學史學研究所碩士論文，1985，臺北。

　　16.黃煥堯，〈清季臺灣番患事件之本質探討〉，《臺北文獻》，第七十九期，1987、三，臺北。

　　17.卓淑娟，《清代臺灣中部漢番關係探討》，東海大學歷史學研究所碩士論文，1988、六，臺中。

　　18.洪麗完，〈清代臺中地方福客關係初探-兼以清水平原三山國王廟之興衰為例〉，《臺灣文獻》，第四十一卷第二期，1990、六，臺中。

　　19.陳亦榮，《清代漢人在臺灣地區遷徙之研究》，私立東吳大學中國學術著作獎助委員會，1991、五，臺北。文化大學史學研究所碩士論文。

　　20.范瑞珍，《清代臺灣竹塹地區客家人拓墾研究-以族群關係與產業發展兩層面為中心所做的探討》，東海大學歷史研究所碩士論文，1995、六，臺中。

　　吳學明（師大史研究）和洪麗完（東海史研所）是筆者在東吳史學系的學生，黃煥堯、陳亦榮則是輔仁史學系的學生，兩人都畢業於文化大學史研所。卓淑娟和范瑞珍都是東海大學史研所的學生。

　　吳學明對於新竹縣東南以北埔為中心的「金廣福」墾號的開發，已有具體的研究成果，洪麗完、卓淑娟對於臺中一帶、

范瑞珍對於桃園、新竹一帶的客家史也有相當貢獻。他們若能持續研究，必有大成。

筆者以「三山國王」信仰做為識別客家拓墾史的指標，廣泛的運用在全臺各地的開發史上，而〈臺灣移民開發史上與客家人相關的幾個問題〉一文，對於過去臺灣客家史研究的一些疑問和看法，也值得關心臺灣客家史的朋友們進一步深入研究。

第七目　臺灣客家人物傳記的研究

1. 曾迺碩，〈乙未之役丘逢甲事蹟考證〉，《臺灣文獻》七卷三、四期，1956 年、十二，臺北。

2. 鄭喜夫，《民國丘倉海先生逢甲年譜》。

3. 臺灣省文獻會，《羅福星抗日革命案全檔》，1977 年，臺中。

4. 羅秋昭，《大湖英烈──羅福星傳》，近代中國出版社，1978，臺北。

5. 丘秀芷，《剖雲行日──丘逢甲傳》，近代中國雜誌社，1978。

6. 蔣子駿，《羅福星與臺灣抗日革命運動之研究》，黃埔出版社，1981，高雄鳳山市。

7. 覃怡輝，《羅福星抗日革命事件研究》，中研院三民主義研究所，1981，臺北。

8. 張良澤編《臺灣客家作家印象──前行代、新生代》美國紐約臺灣客家聯誼會印行，1982，紐約。

9. 林華，《丘逢甲先生平議》，作者自印，1986、七，臺北。

10. 徐博東、黃志萍，《丘逢甲傳》，時事出版社，1987，北京。

11. 尹章義，〈日治時代臺灣歷史人物的評價問題——以丘逢甲、羅福星、林茂生為例〉《慶祝王任光教嵩壽——中西歷史與文化研討會論文集》，輔仁大學史學系，1988、四，臺北。

12. 逢甲大學人文社會研教中心，《丘逢甲與臺灣歷史文化學術研討會論文集》，逢甲大學，1966、三，臺中。

第八目　其他學者的研究成果

1. 連曉菁，〈苗栗革命事件初步檢討〉，《文獻專刊》二卷三、四期，1951、十一，臺北。

2. 洪騰祥，〈臺灣割讓前的隘制研究〉，《大陸雜誌》，1964 第四期，臺北。

3. 連文希，〈客家人墾臺灣地區考略〉，《臺灣文獻》，第二十二卷第三期，1971，臺中。

4. 連文希，〈客家之南遷東移及其人口之流佈〉，《臺灣文獻》，第二十三卷第四期，1972、十二，臺中。

5. 李紹盛，〈臺灣的隘防制度〉，《臺灣文獻》二十四卷三期，1973、十二，台中。

6. 賴勝權，《牛眠村：一個漢化的巴宰族村落》，臺大考古人類學研究所碩士論文，1973，臺北。

7. 許嘉明，〈彰化平原福佬客的地域組織〉，《中央研究院民族學研究所期刊》，第三十六期，七十五年秋季。

8. 戴炎輝，《清代臺灣之鄉治》，臺北，聯經出版社1979、七月初版。

9. 盛清沂，〈新竹、桃園、苗栗三縣地區開闢史〉，《臺灣文獻》，第三十一卷第四期；第三十二卷第一期，1980、十二月～八一、三。

10. 衛惠林，《埔里巴宰七社志》，中研院民族所專刊之二十七期，1981，臺北。

11. 張家銘，〈農產品外賣與城鎮繁興－以清末臺灣北部地區的發展為例〉，《東海大學歷史學報》，第七期，1985、十二。

12. 林文龍，〈客家移民與龍潭地區的開發〉，《史聯雜誌》，第十八期，1991、六，臺北。

13. 張明雄，〈晚清時期臺灣通商口岸的開放與社會經濟的變遷〉，《臺灣文獻》，第四十二卷第三、四期，1991、十二，臺中。

14. 李豐楙，〈臺灣中部客仔師與客家移民社會———一個宗教、民俗史的考察〉，《第一屆臺灣經濟研討會論文集》，中正大學歷史研究所，1993，嘉義。

15. 彭啟原，〈怒問客從何處來——雲嘉南消失的客家人初探〉，《客家雜誌》第二十二期，1992、三，臺北。

16. 《人間》雜誌 39 期「台灣客家—歷史、革命和族群認同特輯」，1989 年 1 月，台北。

17. 《漢聲》雜誌 23 期，「台灣的客家人專集」，1989 年 12 月，台北。

第九目　參考目錄

1. 羅香林，《客家研究導論》，1933。

2. 羅香林，《客家源流考》，1950，臺灣版 1975 古亭，1992 南天。

3. 張奮前，《客家民風民俗之研究》，臺經，1960，臺北。

4. 楊兆禎，《客家民謠》，天同，1979，臺北。

5. 賴碧霞，《臺灣客家山歌》，百科文化，1982，臺北。

6. 楊兆禎，《臺灣客家系民歌》，百科文化，1982，臺北。

7. 高賢治，《客家舊禮俗》，眾文，1986，臺北。

8. 羅肇錦，《客家語法》，學生，1988，臺北。

9. 黃秋芳，《臺灣客家生活記事》，臺原，1993，臺北。

10. 黃恆秋，《客家臺灣文學論》，苗栗縣文化中心，1993。

11. 楊國鑫，《臺灣客家》，唐山，1993，臺北。

12. 簡榮聰，《臺灣客家農村生活與農具：傳統臺灣客家農具與農村生活初探》，中華民國史蹟研究中心，臺中。

13. 戴國煇，〈臺灣客家的認同問題〉，蒐於《臺灣結與中國結》，遠流，1993，臺北。

第十目　結　論

我們不知道的並不表示是不存在的。

觀察法是近代科學發展的基石。但是，觀察法的缺點也正如它的貢獻，我們觀察所得，未必比所失為多。

關於臺灣客家史的研究成果，筆者疏漏之處必然不少，希望各位方家愿諒並不吝指正，補充。

1997 年四月底，本文在清華大學社會人類學研究所、臺灣研究室所辦的客家研究工作會議上宣讀，承台灣文獻會主委謝嘉樑和客家雜誌總編輯邀稿，而有機會發表於兩刊物上，謹此致謝。本文發表之前，為了因應讀者可能的需求，增加第四章「參考目錄」，把一些客家研究的作品附列於此，供各位「參考」。

臺灣客家史的研究者不多，客籍的研究者尤少。以莊英章與筆者為例，我們參與客家史研究「純屬巧合」，很難呈現持續性的熱情，對於客家史的貢獻也有限。期待大批客籍人士和

青年學子參與，以地利之便和學術熱情，專心一志、全心全力，為拓展臺灣客家史研究的領域而努力，則臺灣客家史的研究的成果必可大豐收。

（本文原刊於《臺灣文獻》四十八卷二期，民國八十六年六月，臺中。又刊於《客家雜誌》八五期，民國八十六年八月，臺北）

第二章 新北市客家歷史研究 [13]

臺灣研究中，客家研究是較弱的一環；客家論述，以民俗、歌謠為多，語言、文學較少，歷史研究更是稀少。客家史研究可以說是台灣研究中最弱的領域。

關於台北地區的客家史研究，戴寶村和溫振華兩教授在《大台北都會圈客家史》（民國 87 年，台北市文獻會）〈臺北地區客家史研究概況〉（20）一節中說：

> 臺灣客家史研究的概況，輔仁大學尹章義教授在〈臺灣客家史研究的回顧與展望〉（《客家》886-89 期，1997）一文中有詳盡的討論，不一一贅引。值得注意的是，臺灣較明顯的客家人分佈地區，大多有人進行研究，倒是臺北地區的客家史相關論著甚少，尹氏從事臺北地區拓墾史的研究而注意到客家人在拓墾史上的地位，遂有系列連帶兼敘及北臺客家史的著述，如〈臺北平原拓墾史研究〉（《台北文獻》53/54 期合刊，1981）、〈臺灣北部拓墾初期通事所扮演之角色與功能〉（《台北文獻》59 期，1982）、〈閩粵移民的協和與對立——以客屬潮州人開發臺北及新莊三山國王廟為重心的研究〉（《台北文獻》74 期，1985），均收於《臺灣開發史研究》（聯經出版公司，1989）一書中；另有一篇〈臺

13　發表於「新北市客家之回顧與前瞻論壇」，新北市政府客家事務局主辦，民國 101 年 12 月 22 日於新北市客家文化園區。

灣移民開發史上與客家人相關的幾個問題〉收於《中國
海洋發展史論文集第四集》（中研究中山人文社會科學
研究所）；此外在他所主撰的《新莊志》、《新店市志》、
《泰山鄉志》、《五股鄉志》等地方志書中，均特別注
意到客家人活動的歷史記錄，揭舉諸多長期為人所忽略
的若干史實。

　　由於歷史研究必須以充分的原始且細部的史料為前提，譬
如(1)老字據文書檔案，(2)地方和中央政府檔案，(3)不同時
代的調查報告（調查報告只反映調查當時的斷面），(4)族譜
（三級資料，判讀與查證很重要）以及(5)運用前述資料所提
供的訊息所撰寫的地方志（轉手四級資料）和寺廟中所保存的
資料。（前述 1.2.3.5. 類資料，碑碣、匾聯比較重要，作偽的
很多，要仔細判讀與查證比對）因此，自戴、溫兩教所敘述的
時代至今，臺北地區客家史的進步有限，有必要根據《淡新檔》
中街莊別戶口資料，1926 年的《臺灣在籍漢民族鄉貫別調查報
告》以及歷次的《莊街別祖籍調查表》，以及光復後歷次籍貫
調查報告和客家委員會《99 年至 100 年全國客家人口基礎資
料調查研究》，做「回溯追蹤研究」（Retrospective Prospective
Study），以此為指引，深化臺灣客家史和台北客家史的研究。

　　敝人所著的《臺灣客家史研究》（台北市政府客家事務委
員會，民國 92 年 12 月）和戴、溫兩教授所揭示的各文、各書
和地方志，都可供各方參考。

　　正如前述，客家歷史的研究難度最高，「新北市家之回顧」
歷史研究當然更需要投入更大的人力與財力，尤其要有中期和
長期的計畫、持續努力，才可能逐步做出明顯、可信的成果。

第三章 「桃園學」的成果與客家史研究 [14]

壹、階段性的桃園學

「ology」是學門、學科的意思，通常當接尾辭用。一個名詞「○○」接上「ology」，就成為「○○學」或「○○論」；通常是指對於「○○」範疇的系統性知識 [15]。「○○」是實體也是主體。「○○」隨著時間產生質變與量變，「○○學」的內涵與外延也隨之而變。

「桃園」是個名詞，後來成為地名和行政區的名詞，因為時間不同而有不同的形式和內涵，「桃園學」的知識系統也隨之改變。

原住民時期的「桃園學」，因為缺乏文字紀錄，已杳然難察，漢人最早的桃園學或許是郁永河的《裨海記遊・採硫日記》。茲摘錄有關今桃園區的記載如下：

> 社人云……前路竹塹、南崁，山中野牛甚多，每出千百為群，土番能生致之，候其馴，用之」；「馳至南崁社宿。自竹塹迄南崁八九十里，不見一人一屋，求一樹就陰不得；掘土窟，置瓦釜為炊，就烈日下，以澗水沃之，各飽一餐。途中遇麖、麞逐隊行，甚夥，驅獫猲獟獲三鹿。既至南崁，入深菁中，披菁度莽，冠履俱敗；直狐狢之窟，非人類所宜至也 [16]。

假設這是筆者所界定的「關於桃園的系統性知識」，那麼，

14　發表於「第 2 屆桃園學研討會」專題演講，桃園學研究協會籌備會主辦，106 年 12 月 2 日於國立武陵高級中學。謹以此文獻給亡友張福祿先生（1915 ～ 2008）。

15　「research」是「search」（探索）之前冠以「Re」，成為反覆探索的意思，中譯「研究」，鑽研透澈的意思。研究是動詞，學問是名詞，是兩個不同範疇的概念。

16　郁永河著、方豪校訂，《裨海紀遊》，頁 22。台灣銀行經濟研究室《台灣文獻叢刊》第 44 種本。

以上所錄，就是康熙三十六年（1697）極其簡略又充滿偏見和矛盾的「桃園學」，也是「桃園學」的初始狀態。

經過三百餘年的發展，民國一〇三年底（2014）桃園升格為六都之一的直轄市。三百餘年前繁榮昌盛的府城台南在民國九十九年（2010）升格為直轄市；昔日麋、麞成群，不見一人一屋（郁永河的台南學和桃園學）的桃園也升格為直轄市，可見桃園飛躍的發展，超越了台南。

直轄市自有直轄市的規模和格局，既富且庶之後，文藝繼之，首任市長鄭文燦就推動「桃園學」並為之倡導，「桃園學」跨入前所未有的新境界。

2016 年 3 月的《文化桃園》，刊出〈《桃園文獻》創刊建構桃園學〉一文，高舉「桃園學」大旗。是年 6 月舉辦「天光雲影：桃園地方社會學術研討會」，邀請許雪姬以「台灣學、地方學、桃園學」為題，發表專題演講（講稿發表於《桃園文獻》第二期，2016 年 9 月）是年 10 月又舉辦「2016 桃園研究論壇：歷史與文化」，邀請戴寶村以「桃園歷史與文化的回顧與展望」發表專題演講。是年 12 月，國立台灣大學客家研究中心主辦「2016 桃園學研討會」，桃園學隆重登場。主辦單位邀請吳學明以「桃園研究與桃園學芻議」為題，發表專題演講。（刊於研討會論文集）

陳世榮 2019 年 9 月，在「二十年來台灣區域史的研究回顧學術研討會暨 2013 年林本源基金會年會」上所發表的〈桃園區域史方法論與研究觀點之分析〉，刊於《桃園文獻》創刊號，頓時成為關心桃園學的學者們關注的焦點。

桃園的外延，隨著行政區的調整而改變，桃園豐富而複雜的內涵，吸引學者們的注意而進行各式各樣的研究。2015 年之後，直轄市政府高舉「桃園學」的大旗往前衝；2016 年 3 月《桃園文獻》刊出陳世榮的論文，沒有順勢改題，仍然堅守學者的本分，以「桃園區域史」為題；許雪姬、戴寶村也小心翼翼。

2016 年 2 月，台大客家研究中心舉辦的研討會，才隨著行政單位的企圖心，標舉「桃園學」的大旗；而吳學明的專題演講，仍然以戒慎恐懼的心情提出「芻議」。可見「研究」者受到學術規範的約束自縛手腳；行政單位為製造亮點而馳聘想像「建構桃園學」，鑼鼓喧天，呈現行政掛帥的現象[17]。

執政者倡導藝文，促使文藝勃興的現象，世界各國所在多有，值得鼓勵，台灣也不乏其人。以筆者為例，若不是鄭余鎮鎮長和顏伯川先生堅邀撰寫《新莊志》，也不會一頭栽進台灣史的領域；若不是各地鄉鎮長要創造佑文的政績，也不可能撰寫十幾部鄉鎮志。因此，大開大闔的鄭文燦市長和莊秀美局長，應該得到熱烈的掌聲。

關於桃園學的研究史，陳世榮的論文已經燦然可觀，許雪姬、戴寶村、吳學明相繼補苴也可圈可點，其不甚周全之處，異日自有繼踵者。至於從郁永河到鄭文燦，能充分反映桃園發展史各個階級桃園學，則是桃園學學術史的系統性知識的具體呈現，也是 2016 年行政單位和學者們的自勉與期待，自應歡欣鼓舞合手稱慶。

台灣各地，近年出現難以數計的「學」，五花八門，無奇不有，其中以地名稱學者，大至台灣學、台北學，小至海山學、淡水學、深坑學和新店學，具體而言，都是微型地方性知識。桃園以院轄市堂堂正正的推出「桃園學」，理直氣壯，誰曰不宜？

貳、台北學者與桃園精英合作的經驗

筆者最初涉入「台灣學」是在民國六十九年春（1980），接受鄭余鎮鎮長和顏伯川先生的邀請，撰寫《新莊志》。研究助理賴麗卿小姐在「張廣福墾號」的後裔家中發現一份：康熙

17　筆者於 2012 年 10 月在香港《明報月刊》447 卷 10 期，發表〈修志是香港特首無與倫比的政績〉。執政者昌明學術，功德無量也為自己留下無法抹滅的政績。

四十八年（1709）十一月，陳賴章、陳國起、戴天樞三墾號「合
夥招耕」的合約，以此為契機，我展開了「台灣學」和「台北
學」的研究，《台灣文獻》和《台北文獻》成為我的主要舞台。
民國九十四年，台北市文化局召開「第一屆台北學國際學術研
討會」，《台北文獻》的封面也加上了「漫遊前世　管窺未來
　台北學由此入門」一語，宣示「台北學」的成立。

　　新莊老街北端有一所宏偉壯觀三山國王廟，平日杳無人跡，
只有一老嫗長住其中，新莊人稱之為「客人仔廟」。既有客家
廟，當有客家人，詢之耆老，無人能答。筆者撰就〈閩粵移民
的協和與對立——客屬潮州人開發台北與新莊三山國王廟的興
衰史〉一文，從此展開台灣客家史、族群互動以及與宗教寺廟
的關係的研究[18]。

　　新莊發展史上最值得稱道的是：乾隆二十八年（1763），
汀州貢生胡焯猷捐獻了八十多甲水田和自己的莊園，創辦了明
志書院；乾隆三十四年（1769），雲霄監生郭宗嘏又捐獻了
一百六十二甲餘的田和二十九甲餘的園給明志書院[19]。明志書
院是大肚溪以北最早成立的書院，比艋舺的學海書院（道光
二十三年，1843）早八十年，比官方的淡水廳學（嘉慶二十三
年，1818）早五十五年。

　　胡、郭二人所捐的學田，每年可收學田租 1,664 石餘，歷
任淡水同知都視此為利藪，乾隆四十六年（1781）遷建竹塹（今
新竹市），歷任同知又藉各種名目消耗租穀[5]。日治初期，艋
舺人和竹塹人互爭學產，只剩九百餘石，客家人慷慨捐獻的學
田，竟然成為新竹和艋舺兩地福佬人控爭的產業[20]，令人浩嘆！

　　我在明志書院的所在地（今新北市泰山區）找到胡焯猷的

18　筆者在民國九十二年十二月，由台北市政府客家事務委員會出版《台
　　灣客家史研究》，330 頁；新北市政府客家局客家局網頁，也蒐羅論文
　　及書目數十條，供各方參考。

19　陳培桂等《淡水廳志》卷五〈書院志〉，頁 80-81，台灣銀行經濟研
　　究室《台灣研究叢刊》第 46 種本。

20　《明志書院案底》（台灣總督府圖書館抄本）第二冊，頁 16。

後人[21]；郭宗嘏的田園則散處於今新北市新莊、泰山、八里、林口和桃園市的南崁、大園等地，要找郭氏後人，無異大海撈針。無巧不成書，七十年春節前後，我在舊貨商手中，買到幾十張郭家的古契，落在今桃園市的大園、中壢一帶，尋找郭宗嘏的後人露出一線曙光。我找出民國六十七年出版的《大園鄉志》，書中並沒有我需要的線索；立刻趕到鄉公所，公所人員送給我一本六十八年出版的《大坵園鄉土誌》，告訴我：潮音國小的鄭明枝校長熟悉鄉內情況，或許幫得上忙。沒有等我開口，他就拿起電話和潮音國小連繫，十幾分鐘，鄭校長騎著摩托車趕到鄉公所，兩人一見如故。鄭校長說：大園是鄉下，潮音在海邊，你沒有交通工具，就坐我的摩托車吧！

鄭校長是最佳的在地資源，他帶我找到郭宗嘏的後裔，郭家的人又帶我到八里的長道坑和龍形、渡船頭找郭氏族人和郭宗嘏墓園，再到台北市南京東路找他們族長，在族長家找到厚厚一冊古舊的族譜。

民國七十四年（1985）鄭校長自費出版《郭氏家族北台移民拓墾史》，今年（106）還應大園區公所和市立圖書館之邀，以「大坵園史話」和「許厝港的開發」為題，做了兩場演講。這是外來學者和在地學者合作，彼此增長的例子。鄭校長為我建立的人脈，對於我研究台灣高僧斌宗法師在中壢圓光寺、大溪齋明寺的駐錫事蹟以及進一步調查桃園地區的「菜堂」，也有莫大助益。

民國 94 年 1 月，我們和新屋鄉簽訂合約，98 年 1 月，800 頁的《新屋鄉志》出版；102 年 4 月和觀音鄉公所簽訂合約，104 年 11 月，787 頁的《觀音鄉志》出版。我們秉持一貫的「人民的歷史」和「因地制宜，呈現各地不同的特色」的精神，首先蒐羅了各階段「桃園學」的成果，再實施「實地調察研究法」，洞察陂塘、祠堂和家族史、開發史的關係，寺廟與祖籍的關係，加上調查所得的族譜、古契，試圖重建兩地的開

21　參見拙著《泰山志》〈拓墾與家族志〉。

拓史與家族史，語群的分布圖等，都得到公所同仁和地方精英廣泛的協助，終於順利完成，非常感謝！

《新屋鄉志》和《觀音鄉志》給我們深入掌握「桃園學」成果的機會。

參、桃園學的興味

攸關桃園的系統性知識，必然隨著桃園發展的不同階段而呈現不同的樣態。

研究者除了不同的動機和機緣之外，發展知識的興味也是不可或缺的動力。

以下，筆者摘要敘述研究桃園學的興味，其間不免和陳世榮、許雪姬、戴寶村、吳學明等人的論述有重疊之處也不避諱。撇開桃園的自然環境暫且不談，先談與人相關的議題。

其一，關於「桃園人」

桃園是移民、再移民和現代新移民之鄉。

開闢之初，原住民與漢移民雜居，漢移民日多，福佬人與客家人雜居，清代中葉，械鬥民變不斷，擾攘不已，台北地區的客家人大量移入桃園，客家人的比例大增，一般人以為是閩人分布區的大園，1981 年筆者從事調查時，南港、田心、埔心、橫峰、果林等里，自認為詔安客或繞平客且有族譜、神主為証者，竟然為數不少，撰寫《觀音鄉志》時，客家人竟然過半，而新屋多半為客家人，則是眾所周知的事實。

民國七十一年（1982）月，筆者發表〈閩粵移民的協和與對立——以客屬潮州人開發台北以及新莊三山國王廟的興衰史〉（《台北文獻》57、58 期合刊），在「先住民、福、客移民雜處共墾關係的演變」一節中，筆者批評伊能嘉矩所謂的泉人先至，據海岸平源，漳人後至，據近山地區，粵人最後至，

據「山腳丘原」之說是：「謂之信口開河亦不為過」[22]。除了近年的人口調查和祖籍信仰，古代的紀錄和古契、族譜之外，我在舊台北縣濱海聚落和桃園沿海鄉鎮的實際調查研究，是最重要的依據。至於南桃是客人區，北桃是福人區，甚至中壢是客人區等說法，福、客的比例究竟如何？恐怕都經不起實證研究的挑戰。

1960 年以後，軍事機構逐漸由台北遷入桃園，軍眷村也日增，浸至 1990 年代，軍人與軍眷加上滇緬等處撤回的民人，已超過桃園人口的四分之一。移工開放之後，桃園幾成移工城，不僅大學開設移工就學的科系，桃園各處也布滿移工休閒、購物的店家。

以人為中心的流動、競合、互動，甚至因此而導致的社會經濟變遷，都耐人尋味。

其二，關於桃園的家族制度

桃園的家族制度，每屆選舉都引起廣泛關注。除了族譜、宗祠、寺廟之外，最外顯的現象，表現在陂塘文化上。陂塘受到自然環境影響自不待言，陂塘文化和埤圳文化之不同，除了自然環境之外，最重要的是陂塘是以家族為中心而埤圳則以流域為中心而聚合若干家族始得鑿成。桃園大圳無法完全取代陂塘是明顯的實體證據。桃園有若干近乎平行的溪流而缺乏有如淡水河的水系，又是先天難以克服的限制，陂塘的多元價值被過分低估。

若干專家學者提倡村里史做為桃園學的基礎，在筆者看來是忽略了桃園的社會結構而指錯了方向，或許研究家族史，更形要。前者是建制分劃，後者是基於血緣關係的自然團體，資料的蒐集也較為簡便，祭祖、掃墓都是良好的時機。

22　拙著《台灣開發史研究》頁 358。聯經出版公司《台灣研究叢刊本》，民國七十八年十二月，台北。

其三，關於產業發展

在農業時代，桃園和台北、新竹比較，陂塘就是明顯的區別，在近現代，桃園的傳統產業和新竹的電子產業之間的差異更為明顯。桃園的傳統產業，不但吸引了島內移民，更吸引了大量東南亞移工，改變了人口結構和社會樣貌，也促進桃園的急速發展和遽變，都值得專家學者探索。

至於航空站的設置，到底對於桃園、新竹、台北三地，何者較為有利，也值得專家學者重審。桃園航空城計劃的擬定和推動，曾經轟動一時，對於桃園是福是禍，至今論者莫衷一是。在筆者看來，執政者在土地開發一利之外，對於是否有條件產生航空製造相關產業，亟宜深思，做廣泛而深入的研究。昔日有所謂六大亞太中心，有規劃而終究一事無成，殷鑑不遠。

其四，關於平埔族、山居原住民、都市原住民

1980 ～ 1981，筆者在桃園瀕海鄉鎮從事調查，目標有二，一是郭宗嘏與客家人，二是郁永河筆下的南嵌社和古契中的「坑仔口」。林口台地西側蘆竹鄉境內即有外社、山腳、坑口；八里鄉境內長道坑也有坑口，都不宜忽略。我研究張士箱家族，他們與龜崙社關係密切，研究「通事」又兼及蕭裡社，三者都沒有深入，反而是撰寫《新店志》，對於插天山系各族群，因為經常縱走烏來到復興鄉的關係，有較多著墨，尤其是抗日史。大溪鄉更有平埔族和山居住民散布，台北大學歷史系已多所涉獵，桃園學學者不宜忽略。

散處城市中的原住民不少，在社會變遷中扮演不容忽略的角色，應當可以引起學者的興趣。

其五，關於客家

客家研究若依人口比例，相形見少，屏東、苗栗、新竹、桃園、台北皆然，福佬客猶未計入。筆者曾經廣泛調查桃園的

「菜堂」，研究菜堂何以聚集客家婦女甚多，也曾指導桃園客家學生陳麗如，研究客家婦女的教育問題[23]。從開發史到家族史到客家婦女的社會地位，已不是學問興味而已，兩性關係是我們極待積極努力的項目。

其六，關於眷村與所謂「外省人」

所謂「外省人」多半遷移來台七十年以上，仍以戶籍制度上的非本省籍稱之，恐怕是我們社會中最大的問題。1990 年代雖然實行「土斷」政策，一旦選舉動員，政治人物就區分本省人和外省人來瓜分選票，製造「敵體」。

國民黨執政時代，視眷區為禁臠，如今經過兩次政黨輪替，中央和桃園都是民進黨執政，應該打破禁區，公開資訊，讓有興趣的人可以一窺堂奧。甚至七八十年來的眷區政策，本身就是一塊有趣的研究領域。佔約四分之一以上的桃園人，不容忽視。

肆、野人獻暴—桃園學可大可久之計

台灣各地之地方知識（Local knowledge）或族群知識、語群知識之號稱為〇〇學的不知凡幾，多半因為缺乏調查、研究，未曾積累資訊或未作系統性的整理而難以彰顯。有的則是敲鑼打鼓而後繼乏力，隨之偃旗息兵徒留空名。

地方志通常是地方知識系統化最具規模也最能彰顯的著作體裁，經章學誠、梁啟超的努力而形成方志學[24]。具有源遠流長，數量多，分布廣以及內容豐富龐雜等特色[25]。周憲文民國

23　陳麗如，《台灣北部地區客家婦女生活的演變——以婚姻和教育為中心所作的研究》，民國 100 年，中國文化大學史學所碩士論文。

24　拙著〈台灣地方志的數量、品質與方志學的發展——《台灣方志錄》試析〉，第一章〈地方志的形成與發展〉，國史館台灣文獻館，《方志學理論與戰後方志纂修實務國際學術研討會論文》，2008 年 5 月，南投。

25　拙著〈清修台灣方志與近卅所修台灣方志之比較研究〉第壹章〈我國

四十五年出版《台灣方志叢刊》，在序言中認為地方志「無異是一定地方的百科全書」[26]。其實，方志是百科全書系統化的著作體裁，宋代的地方志有多達二十六個子系統，以現代語言來說，地方志包括了二十六個學門或學科。

民國九十三年～九十六年的《新修桃園縣志》就有地理、開闢、住民、社會、行政、地方自治、經濟、交通、教育、宗教禮俗、人物和《贅錄志》（記載縣志編纂經過、鄉鎮之花、歌、吉祥物和相關法規、方案）共十五志十一個知識系統。

《桃園文獻》創刊的計劃的主持人李力庸教授感嘆：「之前桃園縣志最近一次的修纂，她與吳學明、鄭政誠教授，當時都參與了編修工作，由於長時間未修地方史，以致史料亡佚，缺乏有系統的徵集史料，是當時編修桃園史很大的遺憾」[27]。

不知以上所錄是否李教授所言之全貌或真相？編修者應該自行「有系統的徵集史料」，恐怕也是無可推卸的責任。但細檢《新修桃園縣志》各志除了少數一二志書之外，特別是《贅錄志》所附「參考文獻」，也確實史料不足，所謂「田野調查資料」只有二則口述訪談，而「影象資料」也只有一則，也不只是「不足」一言可以蔽之。

桃園本身的發展，超越了台南、嘉義、雲林、彰化、苗栗等地。桃園市首任市長鄭文燦、文化局長莊秀美，桃園的研究者和全體市民，希望桃園學能夠迎頭趕上台灣學或台北學，也是理所當然。若要研究者人人都自行「有系統的蒐集史料」，恐怕也是強人所難，而且所下的功夫也不免重複。筆者積多年研究台灣學和纂修地方志自行「有系統的徵集史料」的經驗，為了能吸引較多研究者參與，俾便桃園學能迎頭趕上並永續經

方志的傳統及其特色〉，原刊《漢學研究》3 卷 2 期，民國 74 年 12 月。收於《台灣開發史研究》一書，頁 477-526。

26 周憲文，〈台灣方志刊重刊贅言〉《淡水廳志，卷首》，台灣銀行經濟研究，民國四十五年，十二月，台北。

27 許靜雯，〈《桃園文獻》創刊建構桃園學〉，《文化桃園》第 4 期，頁 51-58，2016 年 3 月春季號，桃園市政府文化局。

營，提出幾項淺見供各方參考。

一、儘速設置「桃園學數位圖書館」，俾便學者利用，縣民閱覽以吸睛

桃園已經設置市立圖書館，但所藏紙本書籍、論文……既不足以供桃園修志所需，更不足以支持桃園學的發展。當然，我也懷疑全世界到底有哪幾個圖書館本身就足以供學者所需？學者們不僅要跑很多圖書館，還要到實地去做調查研究！要求桃園市立圖書館能滿足桃園學的需求並不切實際。

由於科技的進展和網路的無遠弗屆，儘速的成立一個「桃園學數位圖書館」或「桃園學電子資料庫」卻不是難事。現在已經設置的數位（電子）台灣資料庫數以百計，我們把其中與桃園學相關的資料揀出，聚集成「桃園學電子資料庫」，譬如中研院台史所的「台灣史檔案資源系統」、台灣大學的「台灣歷史數位圖書館」、中研院史語所的「台灣歷史檔案資料網」、國家教育研究院的「台灣方志網」……只要能得到「網主」授權（政府網主多半免費），即時傳輸便可彙整。尚未建檔的桃園學資源，為了儘可能保持原貌以免失真，則儘可能利用掃描技術，建立圖文檔（PDF）上傳。

桃園學的研究者，需求者，無論身在何處，人在何時，只要進入「桃園學」（名稱可以另議，以易記及易於辨識為主），需求即可一鍵搞定，方便利用，對於桃園學的發展，必然大有助益。

歷次所修桃園志書和轄下各鄉鎮志，可優先處理。

二、蒐集桃園地區的族譜、老字據和地方檔案、史料

桃園市內各宗親會的勢力，每屆選舉備受矚目。其實，無論桃園拓墾史、發展史，家族都扮演重要的角色。蒐集桃園地區的族譜、族史、老字據（契約文書）對於桃園學無比重要。

若干學者借助於地方文史工作室，其實各宗親組織（名目不一）和鄉鎮公所、學校、農會（水利會）的工作人員，尤其是在地出身的工作人員更為重要，他們知道研究者在老字據、老地方志、檔案（如淡新檔）上發現的古老家族散居何處，找到古老家族多半都是史料的寶庫。筆者撰寫二十餘部鄉鎮志，得到許多原始資料，都得助於他們。桃園的《新屋鄉志》和《觀音鄉志》也都是得助於他們，非常感謝。

有一些住昔的研究禁區，民進黨在中央以及桃園執政，應該可以突破。桃園地區的眷區，求助於眷管位和眷村自治會也必有所得。筆者撰寫《泰山志》時，採訪新設的民進黨黨部，該黨欣喜若狂；採訪國民黨黨部，一概以事關機密，必須經上級許可作答，筆者據事直書，《泰山志》出版後，各級長官紛紛致電道歉，隨後撰寫《五股志》，地方黨部便不再以機密為理由來搪塞。

動員地方基層人員加入建構桃園學的行列，最為重要，因為他們散布最廣也和市民接觸最多。從前沒有動員宗親和行政系統的力量，非不能也，是不為也。因為不是日常的例行工作，不至於增加太大工作量，只要給予適當的訓練和獎勵，不難竟其功。筆者沒有行政資源，過去的做法是：炒熱修志的氣氛，讓地方基層工作人員樂於參與，書成之後，在「後記」中，逐一寫出姓名道謝，所謂得道者多助，下一個地方志就吸引更多人參與。

已經發表、出版或數位化的資料，對於研究者而言，是立足點的平等和均質化的基石；但在桃園地區調查所得的資料，則是桃園學的獨得之秘，不但支撐桃園學的發展，也成為耀眼吸睛的成果。彙入桃園學資料庫，更能讓其他地域的學者可以輕易的鍵入資料庫，吸引大家加入桃園學。

三、設置桃園學博、碩士論文獎助學金

很多〇〇學大張旗鼓，熱鬧一時，不久就偃旗息兵，一方

面是資訊有限；另一方面是後繼乏人。

一般學者，研究者堅守固有領域，轉業為難；參與○○學研究，偶一為之尚可，若資料貧乏，必須費大力自行蒐集資料，就棄之如敝屣。如何培養生力軍？在筆者看來，莫若吸引博士、碩士生進入桃園學的行列。每名獎助若干，分三階段補助：提出研究計劃，經審議通過，補助三分之一；撰妥初稿補助三分之一；論文通過上傳學審網同時上傳桃園學資源網再補助三分之一。

具有潛力的博士或碩士，有很大的機會成為桃園學的健將，為桃園學大放異彩。

四、成立桃園學研究基金會

邱榮舉副院長提倡成立「社團法人桃園學研究協會」，筆者甚表贊同。筆者擔任「兩岸關係文教基金會」執行長；「福祿文教基金會」董事和「社團法人台灣史研究會」理事長之經驗是：會務的推動非錢莫辦，財源穩定非常重要。

發展桃園學的恆久之計，是由市政府編列一定金額並向轄內工商界募款，成立「桃園學基金會」（實際名稱另議），每年再編列定額預算捐助，基金會也可以向外募款。至於基金會要承辦哪些業務，在章程中規範可也。

由於基金會自有主管機關，每年也都要向該管地方法院報帳，一旦解散，所有財產歸諸國有，不虞中斷。既有穩定財源，即可根據章程之規範運作。譬如擬定桃園學的發展方向與策略、發行研究成果的刊物、設置論文獎學金、舉辦桃園學研討會和研習營，進行地方學學術文流等等。

成立桃園學研究基金會，既名曰研究，即是專業導向，籌謀畫策，與時俱進，促使桃園學蓬勃發展是可以預見的成果。

伍、結語

桃園學不止是一個名詞，也是一個宣示和期待。桃園學不但在地域空間上有獨特的範疇，桃園的發展也有不同於他處的特殊性。

桃園學超越地方志的格局，是關於桃園各種領域的系統性知識。民國 103 年 12 月 25 日桃園升格為直轄市，在首任市長鄭文燦和文化局長莊秀美的倡導下，桃園學也於民國 105 年在各界熱列研討之後水到渠成。

但是，桃園學不是空洞的名詞，也不是虛無飄渺的宣示和期待，自有其特定的外延與內涵，必須集眾人之力，經歷持久和繁雜的過程才能粗具規模。身為曾經涉獵桃園學的一份子，對於桃園學有很高的期待，希望桃園學在執政者的大力推動下，能迅速茁壯，成為人人稱羨的地方學。

第參篇

從民間信仰入手研究客家史

第一章 福、客移民的協和與對立：以客屬潮州人開發臺北以及新莊三山國王廟的興衰史為中心所作的研究 [1]

第一節 以「三山國王」為主神的宗教信仰

廣福宮又名三山國王廟，以「三山國王」為主神。「三山國王」是粵東潮州府轄下九縣客家人的福神。關於「三山國王」信仰的起源和東傳臺灣的情形，乾隆 9 年（1744）在臺南三山國王廟裡所立的一方古碑《三山明貺廟記》有相當詳細的描述，其原文如下：

> 潮之明貺三山之神，其來尚矣。夫潮屬之揭陽，於漢為郡，後改為邑。邑兩百里有獨山，越四十里有奇峰，曰玉峰；玉峰之右，有眾石激端，東潮、西惠，以石為界，渡水為明山；西接梅州，州以為鎮，三十里有巾山，地名霖田。三山鼎峙，英靈所鍾。當隋時失其甲子二月下

1 本文原刊登於《臺北文獻》，1985，74 期，頁 1-27。因收錄於本專書，略做增刪，謹此說明。作者尹章義為中國文化大學史學系退休教授，撰稿時為輔仁大學史學系教授。

旬五日，有神三人，出於巾山。自稱昆季受命於天，分
鎮三山，託靈於玉峰之右，廟食於此地，前有古楓樹，
後有石穴。降神之日，上生蓮花絳白色，大者盈尺。鄉
民陳姓者白晝見三人乘馬而來，招己為從者。未幾，陳
遂與神俱化。眾異之，乃即巾山之麓，置祠合祭。既而
降神以人言，封陳為將軍。赫聲濯靈，日以益著，人遂
尊為化王，以為界石之神。唐元和十四年，昌黎韓公刺
潮州，霪雨害稼，眾禱於神而響答：爰命屬官以少牢致
祀，祝以文曰：「淫雨臨齊，蠶穀以成，織女耕男，欣
欣衎衎。其神之保庇於人，敢不明受其賜！」宋藝祖開
基，劉鋹拒命，王師南討。潮守王侍監赴禱於神，果雷
電風雨；鋹兵遂北，南海乃平。迨太宗征太原，次於城
下，忽睹金甲神人揮戈馳馬，師遂大捷，魁渠劉繼元以
降。凱旋之日，有旌見城上雲中，曰「潮州三山神」。
乃命韓指揮舍人，詔封巾山為「清化威德報國王」、明
山為「助政明肅寧國王」、獨山為「惠威弘應豐國王」，
祀廟額曰「明貺」；敕本部增廣廟宇，歲時合祭。明道中，
復加封「靈廣」二字。蓋肇跡於隋，顯靈於唐，受封於
宋，數百年來，赫赫若前日事！嗚呼！神之豐功盛烈，
庇於國、於民亦大矣哉！

潮之諸邑，在在有廟，莫不祇祀，水旱疾疫，有禱必應。
夫惟神之明，故能鑒人之誠；惟人之誠，故能格神之明。
神人交孚，其機如此，謹書之，俾海內人士歲時拜於祠
下者，有所考而無慚於誠焉。

賜進士第、資德大夫、正治上卿、太子少保、禮部尚書、
前左春坊左庶子、翰林侍讀、經筵講官同修國史郡人盛
端明撰。

三山國王者，吾潮合郡之福神也。自親友佩爐香過臺，而赫聲濯靈遂顯於東土。蒙神庥，咸欣欣建立廟宇，為敦誠致祭之所；但往往以神之護國庇民、豐功盛烈未知備細為憾。勵等讀親友來翰，適得明禮部尚書盛諱端明所作廟記一篇，甚詳且悉。因盥手繕書，敬刊於左上之廟中。俾東土人士亦有所考而無憾於誠者，未必非神之靈為之也。

時乾隆九年歲次甲子上元吉旦，沐恩弟子洪啟勵、陳可元、許天旭、周突沛、梁朝舉、洪肇興、伍朝章、舉義忠、陳傑生、曾可誠、洪良舉。[2]

臺南三山國王廟是乾隆 7 年臺灣知縣楊允璽、鎮標左營遊擊林夢熊等潮籍官吏倡導捐建的寺廟，同時也是潮州同鄉會館，是地方色彩很濃的祖籍廟。

《三山明貺廟記》原來是明代弘治年間（1488 — 1505）進士盛端明的作品。盛端明是潮州饒平人，字希道，號玉華子，好道術，自稱能煉製長生不老的藥，因而受到皇帝的寵信，嘉靖 24 年（1545）得任禮部尚書。[3]

盛端明是第一個將「明貺三山之神」信仰系統化、理論化的人。《三山明貺廟記》原碑，在潮州揭陽縣界巾山之麓阿婆墟的祖廟中，臺灣的潮州同鄉籌建三山國王廟，才託人從故鄉抄錄寄到臺灣來，刻碑立匾的日子——乾隆 9 年（1744），大約就是三山國王廟落成的時間。

中國民間信仰的神祇包含自然神和人格神。也就是通常所謂的天神、地祇、人鬼三界神靈。天神包括玉皇上帝、日月星辰和風伯雨神等神；地祇則包含土地、社稷、百物和山岳河海

---

2 原碑為木質，懸於臺南市立人街三山國王廟內，稱之為匾也無不可。碑文採自《臺灣文獻叢刊》第二一九種（臺灣南部碑文集頁 36 37）。
3 明史卷三百七佞倖列傳頁 29。

等神；人鬼則包含先王、功臣、先祖、先師以及一切知名或不知名的具有超人能力的「神格化人」或「鬼格化人」。

根據盛端明的說法——這也是三山國王信仰的主旨——三山國王顯然最初是獨山、明山、巾山三山的自然神（山神、地祇），後來加上陳姓鄉民的「人鬼」，日久「靈驗」之蹟累積，達到「人神交孚」的地步，而成為一個具有地祇、人鬼雙重性格的神。

近世有一些人或許認為三個山和一個陳姓無名鬼「神氣」不足，於是附會南宋的亡國之君趙昺為巾山神，忠臣張世傑為獨山神，陸秀夫為明山神；不過，凡是讀過盛端明《三山明貺廟記》的人，大抵都不採此說。[4] 至於日久以忠臣取代無名鬼之說是否能為大家所接受，那就有待時間的考驗了。

中國的「神界」也直接反映「人間」的一切，崇敬一神，往往也將「人間」的人事關係如妻妾、子女、僚屬、賓客等配屬於該神，因此，民間信仰的寺廟主神如為男神，大抵都有後殿以配祀其妻妾子女。三山國王的性格雖如上述的三個自然神加上一個無名鬼或者一個亡國之君加上兩個忠臣，但是一般百姓只求靈驗，而並不細究，往往視「三山國王」為三「男神」，而以三個女性「三山國王夫人」配祀，臺南的三山國王如此，[5] 新莊廣福宮亦然。

第二節　客屬潮州移民的拓墾與三山國王信仰在臺灣的傳播

康熙 22 年（1683）延平王國敗降。施琅復臺，此後即積

4　譬如日本學者國分直一、前島信次和中國學者連景初都未採此說（見連景初：三山國王廟，臺灣風物二十三卷一期）。採此說的大抵都未曾讀過盛端明的《三山明貺廟記》或乾隆 9 年的碑記都無引述必要。此為乃引自廣福宮管理委員會民國 66 年 7 月所填的「臺灣省臺北縣寺廟調查表」。不過，民國 69 年 11 月 21 日上午筆者研究助理賴麗卿訪問連文輕時，連氏兄弟仍據盛端明的《三山明貺廟記》，敘述「三山國王」的由來。

5　連景初前揭文所錄國分直一調查報告。

極從事撫輯、招徠的工作。〈靖海將軍侯施公功德碑〉曾說明施琅「念弁目之新附未輯也，兆庶之棄業虧課也，則又委參將陳君諱遠致者，加意鈐束之，殫心招徠之」。[6] 首任臺灣總兵楊文魁曾立了一個〈臺灣記略碑〉。也說：「靡蕪極目，藉人耕墾始無曠土：奈阻於洪濤，招徠不易」。[7] 康熙 55 年（1716）纂修的諸羅縣志秩官志立傳的只有兩人；其一以經始臺灣府志入傳，另一個是康熙 29 至 34 年間任諸羅知縣的張玿，以「見邑治新造多曠土，招徠墾闢，撫綏多方，流民歸者如市」入傳，[8] 足證招徠墾闢是當時的要政。

康熙中葉，移民東渡的大抵都是閩南人，郁永河到臺灣來親見：「臺民皆漳、泉寄籍人」，[9] 康熙 40 年（1701）以後，惠、潮粵籍人才逐漸東移。第一任巡臺御史（康熙 61 年任）黃淑璥的《番俗六考》北路諸羅番之四載：

> 羅漢內門、外門田，皆大傑巔社地也。康熙四十二年，
> 臺、諸民人招汀州屬縣民墾治，自後往來漸眾。[10]

「汀州屬縣民」即所謂「汀州客」，即閩籍客人，因此惠、潮客家人也當於此時東渡。康熙 50 年（1711）3 月，臺灣知府周元文〈申請嚴禁偷販米穀詳稿〉云：「閩、廣之梯航日眾，綜稽簿籍，每歲以十數萬計」。[11] 康熙 60 年（1721）藍鼎元隨兄廷珍統軍渡臺平朱一貴之亂，曾經「上窮淡水；下盡郎嬌」

6　高拱乾：《臺灣府志》卷十藝文志（中華大典方志彙編）頁 255 錄其碑文。

7　前書頁 259 錄其碑記。

8　周鍾瑄：《諸羅縣志》卷三秩官志列傳（臺灣銀行經濟研究編印臺灣方誌彙刊本）頁 49。

9　郁永河：《裨海紀遊》卷下（臺灣文獻叢刊第四四種方豪校訂本）頁 32。

10　黃叔璥：《臺海使槎錄》（臺灣銀行臺灣文獻叢刊第四種本）卷五番俗六考北路諸羅番四附載，頁 112。

11　周元文：續修《臺灣府志》卷十藝文志（中華大典方志彙編本）頁 122。

「深諳全臺地理情形」，[12] 其〈覆制軍臺疆經理書〉云：

> 國家初設郡縣、管轄不過百里，距今未四十年，而開墾
> 流移之眾延袤二千餘里，糖穀之利甲天下……北至淡
> 水、雞籠，南盡沙馬磯頭，皆欣然樂郊，爭趨若鶩。[13]

黃淑璥又謂：「南路淡水卅三莊皆粵民墾耕」，[14] 陳夢林
於康熙 55、56 年間撰述《諸羅縣志》時亦謂：「今流民大半
潮之饒平、大埔、程鄉、鎮平、惠之海豐」。[15] 陳夢林、黃叔
璥都是康熙末期、雍正初期親自到臺灣目睹實際情況的人，因
此，閩西汀州客民和粵東潮州、海豐客家人對於臺灣的開拓貢
獻極大是毫無疑問的。[16] 黃淑璥所謂的「南路淡水卅三莊」，
指今高雄、屏東一帶；陳夢林所謂「流民」的活動區則指今彰
化一帶，正是今天三山國王廟的主要分布區。

由於三山國王是客屬潮州九縣人民的福神，潮州人要移民
外出時，往往都帶著三山國王廟的「爐香」做為護身之用。移
民臺灣時也如此，臺南三山國王廟中乾隆 9 年所立的碑後附有
「跋文」，文中曾謂「三山國王」：「自親友佩爐香過臺而赫
聲濯靈遂顯於東土」。能安全抵達臺灣的，都以為是得到「三
山國王」神的保佑，所以「咸欣欣建立廟宇」，因此，三山國
王的信仰就隨著潮屬九縣客家人的腳步，散布於全臺各地。

興築或維持一座三山國王廟必須有相當數量的客屬潮州九
縣移民並有相當的資金足以建廟。因此我們可以視三山國王廟
的分布為研究潮屬九縣移民的一項重要資源。由於三山國王
廟的創建時間有先後，而乾隆末期以後，臺灣又經過長時期的
內部整合運動，若干地區由昔日的福、客雜處，慢慢形成分區
而居的形勢。譬如原先散布於臺北平原各處的客人經過嘉慶、

12　藍鼎元：東征集卷首（臺灣文獻叢刊第十二種本）藍廷珍序。
13　前書卷三頁 34。
14　黃叔璥前引書頁 93 自記語。
15　《諸羅縣志》卷七兵防志陸路防汛，頁 78。
16　此節參見拙著〈北臺拓墾初期通事所扮演之角色及其功能〉一文（臺
　　北文獻直字第五九、六十期合刊本，71 年 6 月）第四章。

道光年間激烈的整合運動之後，多半遷徙到今天的桃、竹、苗和宜蘭等客屬地區，少數留在臺北平原上的客家人，由於人數較少，反而坐看閩南人自行拚鬥，有時候也幫助其中一方與他方拚鬥，這些少數客家人多有「福佬化」的傾向而成為「福佬客」，其中也有人已經杳然而不知自己原為客屬了。在這種情況下，客屬潮州九縣人民所信仰的三山國王廟和其他的地方性神祇一樣，他們所代表的歷史意義就相當複雜。

根據民國 48、49 年劉枝萬先生所作的調查；三山國王廟分布較密的地區是今天的宜蘭、屏東、彰化、新竹四縣，其次是臺中、高雄、嘉義、雲林等四縣。屏東的佳冬有 4 座三山國王廟，萬巒、內埔有 3 座，潮州、高樹、新埤兩 2 座，屏東、恆春、長治、九如、麟洛、竹田、林邊、車城各 1 座。其中屏東的三山國王廟成於乾隆 16 年，林邊的忠福宮、佳冬的干山公侯宮、國王宮、王爺廟、車城的保安宮都成於乾隆年間，而九如的三山國王廟比前述各廟更早，顯示這些地方是潮屬客家人移民早而且多的地區，與黃叔璥在《番俗六考》中的敘述相符。

彰化的永靖 4 座三山國王廟，竹塘 3 座，彰化市、員林、埔鹽、埔心 2 座，溪湖、社頭、田尾、溪州各 1 座。此外彰化市也有祠汀州客屬人士的福神——定光佛的定光廟 1 座。其中員林的廣寧宮成於雍正 13 年，彰化的福安宮、埔心的霖鳳宮、霖興宮、社頭的鎮安宮都成於乾隆年間，鹿港的霖肇宮更是霖興等宮的祖廟，年代當更早，正是陳夢林在《諸羅縣志》中敘述的景況。

新竹的竹東有 4 座三山國王廟，橫山、芎林 3 座，寶山兩座，峨眉、新埔各一座。竹東的國王宮成於嘉慶年間，新埔的廣和宮，寶山的新豐官宮成於道光年間。宜蘭的冬山有 9 座三山國王廟，員山 7 座、蘇澳 4 座、礁溪 3 座、宜蘭市 2 座，羅東、三星各 1 座。蘇澳的保安廟成於嘉慶 20 年，羅東的興安宮成於道光年間，蘇澳的王爺廟和員山的讚化宮成於咸豐年間，其

他的都是光緒以後才新建的。[17]

　　新竹的丘陵區和宜蘭地區開發較晚，兩地的三山國王廟，除卻少數幾座成於嘉慶末年和道光年間外，多半的都成於咸豐、同治以後。劉枝萬於 1959 年前後調查的三山國王廟分布情形與日治時代 1927 年（民國 16、昭和元年）左右所作的「臺灣在籍民族鄉貫別調查」報告中，客屬潮州人的分布情形一致。[18]二者都顯示今天的新竹丘陵區和宜蘭地區，是臺灣住民內部整合運動時期和第二波拓墾運動時期客屬潮州人的新天地。

　　根據劉枝萬的調查，臺北平原上也有兩座以「三山國王」為主神的廟，其一為位於今新莊市新莊路的廣福宮，其一為土城鄉土城村的慶安宮。兩廟由於信徒人數太少，連平日香火都難以維持，更無力整修早已呈現破敗的情況，慶安宮的「神明」由於乏人祭拜，無法維持且有「福佬化」的傾向。

　　新莊廣福宮三山國王廟原是一相當壯麗精緻的廟，慶安宮也不是最簡陋的廟，當年興建的時候，必定有相當多的客屬潮人信徒而且必定達到一定的生活水平，才可能產生像新莊廣福宮這樣美輪美奐的三山國王廟。什麼歷史背景之下興建了廣福宮？何以廣福宮又因為乏人奉祀而破敗呢？這不僅是有關廣福宮興衰的問題，也是有關臺北開拓史和客屬潮州人在臺北平原上發展史的問題。

第三節　先住民、福客移民雜處共墾關係的演變

　　有人說：泉州人先至，開發了濱海原野；漳州人後至，開闢近山地區；客屬各籍移民最後來，才進入丘陵山區。這種說法對於初至的拓墾者必先尋求水源，而以山腳、坑口最為優先

17　以上大抵是根據劉枝萬：臺灣省寺廟教堂名稱主神地址調查表（臺灣文獻十一卷二期，49 年 6 月）所作的分析。

18　該報告於昭和 3 年（民國 17 年、1928）由臺灣總督府官房調查課編印出版。

這一特色缺乏基本的認識；另一方面，也忽略了 18 世紀末期綿延至 19 世紀中期的長期械鬥所導致的臺灣社會整合運動的重要現象——大遷徙，而以為 19 世紀末期以來的漳、泉和福、客移民分區聚居的現象就是 17 世紀、18 世紀臺灣拓墾時期的現象。更重要的是：這種說法自伊能嘉矩以來，都缺乏實徵研究的支持，謂之信口開河亦不為過。[19]

關於早期拓墾區的散布，康熙末期完成的《諸羅縣志》是人盡皆知的重要史料，該書封域志山川門有拓墾區的紀錄，由南而北，摘記於下：

> 琅包山：「下有曠埔，漢人耕種其中」。關仔嶺山：「下有漢人耕種其中」。梅仔坑山：「山之西有漢人耕種其中」。阿拔泉山、竹腳寮山：「內有林（王翼）埔，漢人耕作其中」。貓霧揀山：「東有曠埔，漢人耕作其中」。眩眩山：「下為竹塹埔，漢人耕種其中」。

《諸羅縣志》記載的「港」——海灣、潮汐影響所及的河，則不外是「商船輳集」、「捕魚」。鹿港、二林以北的商船「載脂麻、粟豆」，笨港以南的商船才「載五穀貨物」。比較特別的是淡水港，「澳內可泊大船數百，商船到此載五穀，鹿脯貨物」。[20]

---

19 持此說皆直接或間接襲自伊能嘉矩，再加以膨脹、曲解，故此處不必一一列舉。伊能嘉矩之《臺灣文化志》（昭和 3 年、刀江書店）第十四篇第四章「臺灣に於ける移殖漢民の原籍及拓地の年代」極為簡略，全章僅 9 頁，其中七 7 頁半為拓殖年代表，一頁半敘述閩先至、粵後至以及閩人在「海洋平野、粵人在『山腳丘原』。全章未引證任何文獻，與伊能氏一貫的風格不符。

且年表中所列拓殖年代也與同篇第一章『開墾の沿革』中所記載的各地拓殖年代也不同。此章若非伊能氏初至臺灣未經深入研究時的草稿，則是後人失察所竄入。近人寫有關臺灣史的文章，多以抄襲、編譯伊能氏的著作為能事而缺乏實徵精神，既不尋求原始史料深究史實又欠思辨。因此，此說雖然錯得離譜，卻仍瀰漫於文獻界的出版品甚至學院的論文中。

20 見於《諸羅縣志》每一封域志山川門頁 33-37。

讀過前述《諸羅縣志》，應當不致於仍有「開發了濱海原野再進墾近山地區再進墾丘陵山區」的純以地理差異為推理基礎的簡單想法；而應當從事以拓墾者的需求——亦即以人文主義為基礎的思考與研究。

筆者對於臺北地區拓墾史以墾照、開墾合同等老字據所作的實徵研究，也證實拓墾者首先考慮的是水源問題。因此，今天長道坑、五股、泰山、樹林地區的開發就遠早於今天三重、蘆洲地區；而今土城、中和一帶的開發也早於板橋、永和地區。[21]

其次再談籍貫問題：

如前章所述，康熙 40 年（1701）以前的移民多是閩南的泉州、漳州人，拓墾區大抵侷限於今臺南一帶。康熙 40 年以後，福建汀州和廣東潮州、惠州、嘉應州的客屬移民大量東渡之後，新墾區就形成各籍移民雜處的局面了。

陳夢林說諸羅縣境內：「今之流民大半潮之饒平、大埔、程鄉、鎮平、惠之海豐」；黃叔璥說：「南路淡水卅三莊皆粵民墾耕」。也就是說，除了現在的臺南一帶以外的新墾區，康熙末期拓墾者的語群結構已經大變；現在的高、屏地區，以客家移民為主而間雜以福佬移民，現在的嘉義、彰化和彰化以北的諸羅縣轄區，則大半是客家移民，部分為福佬移民。

我們必須牢記郁永河康熙 36 年來臺時，在《裨海紀遊》一書中所描述的情況：郡治臺灣府城是漢番雜處，諸羅、鳳山兩縣不僅極少漢移民，連兩縣衙署、學官也都在臺灣縣內，[22] 因此，前述福、客移民籍貫的變化，散布在整個臺灣西部平原上，相對於先住民而言，仍是少數人的質量變化。

在移墾社會中，血緣和地緣關係固然是一種凝聚力，但是，不同宗、不同籍貫也並不構成拒斥的理由。相對於番人，同為

---

21 參見拙著：〈臺北平原拓墾史研究〉（1697 — 1772）載於臺北文獻直字第五十三、五十四期合刊本，70 年 4 月。

22 郁永河：《裨海紀遊》（臺灣文獻叢刊第四四種本）頁 11、頁 16。

漢人也形成另一層次的凝聚力。在已經開發的臺灣縣如此，沃野千里、需要大量勞動力的諸羅、鳳山兩縣新墾區尤其如此。

《諸羅縣志‧風俗志漢俗考》對於當時血緣、地緣關係的發展留下深刻的記錄。關於血緣在「婚姻喪祭」門中有如下記載：

> 凡祭於大宗……臺無聚族者，同姓皆與焉。

社會上又盛行螟蛉之風，「以非我族類承祀」，甚至「援壯夫為子，授之室而承祀」（雜俗門），不僅是血緣團體駁而不純，一家之中也是眾姓並陳。關於地緣關係的情況在「雜俗」門中有如下記載：

> 土著既鮮，流寓者無期功強近之親，同鄉井如骨肉。凡流寓，客莊最多，漳、泉次之，興化、福州又次之。初闢時，風最近古，先至者各主其本郡，後至之人不必齎糧也，厥後乃有緣事波累，或久而反噬，以德為怨，於是有閉門相拒者。

同鄉關係固然是一種凝聚力；一旦，利害衝突，也必然形成拒斥力。顯然，利害關係在拓墾者做選擇時，其優先秩序高於地緣關係。此外，在新墾區移民身處番社、荒埔之中，亟需勞動人口又不容易見到漢人，因此勞動力成為優先考慮的對象，同為漢移民也成為凝聚力。《諸羅縣志‧雜俗門》載：

> 失路之夫，不知何許人，纔一借寓，同姓則為弟姪，異性則為中表、為妻族，如至親者然，此種草地最多；亦有利其強力，輒招來家，作息與共。[23]

「不知何許人」也可以「如至親然」，顯然「漢移民意識」高於語群、地緣和血緣關係，而利害關係又高於前者。綜前所述，臺灣荒地廣闊，只要得到番社允諾，移民之間沒有土地資

23　本處所引皆見於《諸羅縣志》卷八風俗志（臺灣研究叢刊第五五種本）（頁 84-89）。

源缺乏和分配不均的問題；反而有勞動力不足的問題。優先考慮利害關係的結果，同語群、同鄉、同姓固然是一種凝聚力，「漢移民意識」也是另一種凝聚力，不同語群並不構成拒斥的原因，利害衝突才造成「閉門相拒」的情況。因此，各語群移民合作開墾或互為主佃，彼此相安合作，不僅是臺稱西部開墾時的普遍現象，晚期的宜蘭平原、新竹一帶的丘陵區和埔里盆地群的新闢地也莫不如此。只是相安一段時間之後，彼此的矛盾逐漸激起了各自的「群體意識」——特別是「漢移民意識」之下的「籍貫意識」，[24]遂因利害的衝突致使「語群意識」、「祖籍意識」高漲而導致激烈的拼鬥。

由於近年有關若干地區開發史的實徵研究陸續有了結果，也使我們對於拓墾初期各籍移民彼此相安、協力開發臺灣的情形瞭解的更深刻。此處僅就筆者研究所得摘要敘述。

首先以客屬潮州移民為領袖的臺中平原開發史為例：

張達京是潮州大埔人。精通番語、瞭解番情，是清初著名的「通事」。來臺之初，在今天彰化員林、埔心、社頭一帶拓墾，正是陳夢林在《諸羅縣志》中所描述的「潮之大埔流民」。後來又到今天臺中一帶發展。康熙54年（1715）臺中平原上的「岸裡大社」番「內附」，張達京就是第一任通事，而且一任五十八年，直到乾隆38年（1773）死時方休。康熙54年之前，岸裡社經他「傳譯教導飲食、起居、習尚、禮義、倫理」，他也教導番眾「耕種、鑿飲、開闢」，因此「前為化外異類，今則為盛世王民」而成為化番。[25]張達京也是番駙馬，所娶的

---

24 籍貫意識不止是臺灣一時一地的產物，也是中國歷史的產物。籍貫意識不僅是感性的產物，也涉及賦稅、科學名額等實質利益。參見拙著：〈張士箱家族移民發展史——清初閩南士族移民臺灣之一個案研究〉（1702—1983）第二章第二節清初閩南士人東渡移民臺灣的原因。以及乾隆20年諸羅縣邑立「嚴禁冒籍應考條例碑記」（臺灣文獻叢刊第二一八種：臺灣南部碑文集成，頁384-385。

25 伊能嘉矩：臺灣蕃政志（臺灣總督府殖產局、明治37年3月）卷下第四篇第一章第一節「岸裏社總土官に給やし信牌」。

番女，直至他死時至少還有兩位健在，[26]乾隆16年（1751）地方大吏認為他和另一通事林秀俊（成祖，漳州人）「充北路通事數十年，田園房屋到處散布」，而有意密訪二人「勾結民番盤剝致富實蹟」，最後又因不得不依賴二人偵破「柳樹湳」一帶「番漢勾結成黨與另一股番漢勾結成黨，相互殺戮且戮及官兵」的大刑案而作罷。

張達京和客屬潮州人當時的力量顯然不足以開發臺中平原，於是連絡了所謂「六館業戶」──包括不同籍貫、不同語群和不同職業的六股投資者──和岸裡等社番共同開發臺中平原。[27]

臺北平原的情形和臺灣各地也無不同。林秀俊（成祖）是與張達京齊名而且關係密切遇事，林秀俊不僅對於大甲、後壠、苗栗一帶的開發有很大的貢獻，對於臺北的淡水、八里、士林、新莊、板橋、中和、永和、新店安坑、內湖以及臺北市區的開發也有很大的貢獻，[28]「張廣福文件」編號（3－B1－3），乾隆2年所立的一份配股合約中，就很明白的留下康熙59年（1720）他與陳夢蘭、朱煜侯、陳化伯等合作開墾「北路淡水大加臘、八芝連林、滬尾、八里坌、興直等五莊草地」的紀錄，[29]大加臘即今臺北市區，八芝連林即今士林，滬尾即今淡水，八里坌即今八里鄉，興直即今新莊市。

林秀俊是漳州府漳浦縣人。[30]

康熙末期著名的淡水社通事賴科以及他所組成的許多墾號

26 臨時臺灣舊貫調查會第一部調查第三回報告書：臺灣私法附錄參等書第二章第一節第二款第一段田園の業主權，第五十八之二例，大租權找絕杜賣例。

27 參見前提「通事」一文第八章「張達京之通事生涯及其與臺中平原拓墾之關係」。

28 參見前揭「通事」一文第七章「林秀俊之通事生涯及其與北臺拓墾之關係」。

29 拙著：〈臺北平原拓墾史研究（1697－1772）〉，（臺北文獻直字五十三，五十四期合刊）一文所附圖版五。

30 同27。據林氏子孫所藏「漳浦盤龍社林氏宗族」。

合夥人，目前還都沒有史料足資斷定他們的籍貫，只有承接陳和璧號所墾「海山莊、內北投、坑仔口三處草地」之一海山莊的胡詔，我們知道他是泉州同安烈嶼人（今金門人）。[31]

海山莊的鄰莊是興直莊，那是客屬汀州貢生胡焯猷帶頭開墾的。

汀州貢生胡焯猷是最常為人所稱道的拓墾者，乾隆 17 年（1752）獻地建大士觀於興直山西雲岩。胡焯猷獻建奉祠觀音菩薩的大士觀之後，人們就逐漸習稱八里坌山為觀音山了。

乾隆 25 年（1761）胡焯猷又在新莊米市倡建關帝廟，[32] 28 年（1763）又呈請捐獻水田 80 甲零和平頂山（今林口台地）腳的莊園、房舍、水塘等創辦了「明志書院」，[33] 明志書院是大肚溪以北第一個書院，其次的「學海書院」較它晚了將近百年。繼胡焯猷之後，捐獻龐大產業（田 160 餘甲、園近 30 甲）給明志書院的監生郭宗嘏則是漳州府龍溪縣人。[34]

在今臺北縣新店市開鑿青潭大圳（俗稱瑠公圳）灌溉今天臺北市區的郭錫瑠則是漳州南靖人。[35]

以上都是根據族譜、老字據、官方檔案考證而得的拓墾者籍貫和語群，顯然他們既沒有福、客；漳、泉先後之分，而且同在臺北平原之中，更沒有平原、丘陵之分，當時的臺北是一個和睦雜處的墾殖社會。

31　余文儀：《續修臺灣府志》（乾隆 30 年）雜記志寺廟、頁 650。

32　新莊關帝廟內同治 7 年捐建武廟碑：「自乾隆二十五年間，董事胡焯猷等建立武廟一間於米市，此權輿託始之意也」。又，淡水廳志典禮志祠祀頁 149 同。

33　余文儀德修府志卷二十二藝文志（三）閩浙總督楊廷璋：「明志書院碑記」以及中央圖書館臺灣分館藏：「明志書院案底」（臺灣總督府圖書館抄本）。

34　鄭明枝：《郭氏宗族北臺移民拓墾史》（74 年 1 月作者自印本）第五章頁 60。

35　同 28 揭文第八章第一章「金順興、金合興與大坪林、青潭大圳（瑠公訓）」。

與新莊、土城兩地三山國王廟相關的客屬潮州人又如何呢？

由於嘉慶、道光以後激烈的整合運動，使得臺北平原上的客家人大多數都遷到今天宜蘭和桃、竹、苗地區去了，因此，我們能得到的資料很少。可是臺北地區既然在新莊、土城地區存在著祭祀客屬潮州人的福神三山國王的宏偉廟宇，則客屬潮州人在此區必定有極大的勢力。

新莊三山國王廟與潮州移民在臺北平原上極有勢力的劉姓家族有密切的關係，劉家在新莊平原上開鑿劉厝圳（萬安圳）的年代（乾隆 28 年，1763），比泉州張姓家族所鑿的張厝圳（永安圳）的年代（乾隆 30 年—37）還要早。劉厝圳完成後，潮州莊的旱田成為水田，生產力大增，促使三山國王廟於乾隆 45 年（1780）創建，比位於淡水的鄞山寺——以汀州人的福神定光佛為主神，兼為汀州會館——的創建年代（道光 2 年，1822）早了將近 40 年，而且贏得「宏壯美觀實為全臺第一」的美譽，[36] 都足以顯示潮州人財力與氣勢非凡，這 一些暫且留待下一節敘述。

第四節　客屬潮州人開發臺北、新莊平原史

新莊平原是臺北最先開發的地區。

不同地區的移民和不同語群移民雜居共墾是臺灣拓墾史上普遍的現象。新莊亦然。

新莊街在雍正、乾隆年間是北臺的政治、社會、經濟中心，有三座宏偉的廟宇幾乎以等距離聳立在新莊街上。最先是雍正 9 年（1713）建的以媽祖為主神的慈祐宮，媽祖原是閩南討海人的福神。其次是乾隆 25 年（1760）客屬汀州貢生胡焯猷倡

36　這段文字出自「臺北廳－社寺廟宇：關スル調查」（中央圖書館臺灣分館藏手稿本，無頁碼。這份調查報告是大正 4 年（1915）年完成的，距廣福宮光緒 15 年至 17 年（1891）重修才 13 年，應當是可靠的調查報告。

建的關帝廟，關帝廟位於慈祐宮之南，所奉祀的關羽是全國性的神祇，該廟現存同治 7 年重立的《張穆奉獻錫口田園碑》序文中，亦有「廣東嘉應州鎮平縣人張穆將錫口莊田園獻於廟內以為香祀之資」的記錄（鎮平原為潮州府屬，雍正 9 年（1731）新設嘉應州，改隸），錫口即今台北市松山區。當時張穆所獻的地「每年得收園稅銀共叁拾陸員」，足以顯示客籍移民在臺北地區的雄厚財力與慷慨大度。

其次則是乾隆 45 年（1752）的三山國王廟，廟在慈祐宮之北。此外，乾隆 17 年（1752）觀音山麓西雲岩的大士觀和乾隆 27 年（1762）的明志書院，都是客家人胡焯猷捐獻的。

以上所舉，都曾在歷次所修《臺灣府志》和同治 10 年所修「淡水廳志」 中留下明確的記錄，足以顯示客籍移民當時的社會、經濟力量。

根據筆者實際調查研究的結果，新莊平原由南而北各籍、各語群移民的分布情況大略如下：

土城、柑林到樹林彭厝一帶是客屬潮州人集中的地方；[37] 樹林、後港、瓊林、新莊以及中港厝一帶是閩南漳、泉人比較占優勢的地區（著名的墾首有漳州人林成祖、泉州人張必榮、張廣福、胡詔和漳州人郭宗嘏）。[38] 稍北頭、二重埔是平埔番武勝灣北勢社的分布區，[39] 而今新莊、三重、五股的接壤區則是南港社的分布區。[40] 今二、三重埔和蘆洲、五股一帶則是客屬潮州人較多的地區。而林口臺地邊緣、水源充分的泰山、五

37　此區調查尚未得到原始資料。此處根據客籍潮州人祖墳以及土城村的三山國王廟所做的推斷。口碑中也得到相同的結果。此外，昭和 3 年出版的「臺灣在籍漢民鄉貫別調查」報告，臺北州海山郡有潮州人五百、嘉應州和惠州人各一百（頁五），亦可作為佐證。

38　參見拙著：《新莊志卷首——新莊（臺北）平原拓墾史》，第四、五、六章（新莊市公所，70 年 1 月）。

39　前揭臺北平原拓墾史研究第八章第三節〈番耕、番墾與番仔圳〉頁177-178。

40　前書第七章頁 112。

股地帶則是以客屬汀州人為主的地區（以胡焯猷為代表），新莊街則是各籍移民集中的商業區、貨物集散地、吞吐港。[41]

當然，前述只是大略的情況。筆者蒐集的胡焯猷、林成祖、劉和林、張必樂等人的佃戶名冊中雖有詳細的田畝紀錄，卻沒籍貫紀錄。由於嘉慶、道光以後的移民整合運動，客屬移民大抵都遷往他處，相關史料的蒐集倍感困難。

所幸樹林泉州人大墾首張必榮的裔孫張福錄所寶藏的原始資料中有一份「永泰租業淡水契總」，其中「撥歸三股內小租契券」第一契即為乾隆 18 年正月劉偉近典賣海山莊櫃樹林水田三甲餘的賣絕契。劉偉近是乾隆初期客屬潮州移民的領袖，也是興建三山國王廟的頭人，他向泉州人胡詔「承贌海山櫃樹林埔地一所墾成水田經丈六甲三分」，劉偉近墾成的田賣給洪敬侯，再賣給泉州人張必榮。[42] 此契很明顯的說明了客屬潮州人和閩南泉州人在今新莊瓊林地區雜居共墾的情形。

日人領臺後兩三年（光緒 23、24 年，1897 — 1898）山田伸吾奉命調查臺北縣的農村經濟，他所寫的《臺北縣下農家經濟調查書》，為我們留下幾件關於客屬潮州人劉氏家族拓墾北新莊平原的原始文件，其中乾隆 43 年劉世昌與武勝社番所立的合約敘事最詳，甚至精詳地描繪當時北新莊平原的地理形勢，是瞭解古代北新莊平原的重要史料，筆者將它節錄於下：

> 同立合約字南港通事貴天、萬宗、加里珍業戶劉世昌等
> 曰昌祖劉和林，雍正年間，明買社番君孝等荒埔一所，
> 座落土名武勝灣，東至頭重埔崁下古屋莊角瀉水溝為
> 界，西至興直莊為界，南至搭流坑溪為界，北至關渡為
> 界，原價補償銀兩，載明契內，年納社番銀參拾兩，番
> 租粟伍十石，二次報陞共開五十甲零，乾隆二十六年，

41　參見拙著《新莊發展史》（69 年 7 月 1 日新莊市公所）以及《新莊志卷首新莊（臺北）平原拓墾史》（70 年 1 月 20 日新莊市公所）。

42　永渠租業淡水契總原抄本。參見前揭臺北平原拓墾史研究第五章第三節頁 68。

昌父承續費用工本，開築埤圳灌溉，至三十二年墾成水
田，昌叔承傳遂首請前分憲段丈明，續報田一百九十二
甲，詳報陞科，因先後互控，蒙前府憲鄒恤番至意駁議，
將續報一百九十一甲零歸番，原報五十甲零歸傳……契
界尚有河垻新浮沙埔水窟……二比又在前憲任內互控，
但該處實係水沖沙湧之地，三冬一收，溪埔眾番共見，
原屬傳契界內之地……墾蒙淡分憲兼理番憲成明斷，傳
之姪世昌，每年加貼番租四十石，永為定例，……

乾隆肆拾參年拾貳月　　日 [43]

這份合約告訴我們以下的事實：

一、劉和林於雍正年間（1723 — 1735）直接自南港社番
取得北新莊平原的開墾權，他在雍正與乾隆初年陸續報陞五十
甲。乾隆 26 年其子承續「開築埤圳灌溉」，至 32 年報陞水田
一百九十二甲，財力大增。

二、樹林頭莊（在今五股與珍村）以北至洲仔尾、關渡一
帶，原屬「水沖沙湧」、載沉載浮的河埔新生地（地理學家稱
之為「零公尺地帶」海拔 0 公尺之謂也），經劉承傳兄弟「開
築堤岸」之後，可以種「地瓜什物」，但仍然是「時有時無」
不堪丈報。

三、墾號與社番之間的地權之爭，若無番契為依據，雖然
「詳報陞科」，亦難抵擋社番的控訴，雖然劉氏屢次反訴，歸
番之田，番仍得收旱租。顯示政府對於護番政策相當堅持。

劉和林康熙末年到臺北任通事，雍正年間取得新莊平原北
部墾權，乾隆 18 年（1753）曾經豎旗舉事，要「統領八社番民，
以剗貪官」[44] 而震驚地方並達及北京的中央政府，閩浙總督的

43　所引合同見於山田伸吾所著「臺北縣下農家經濟調查書（明治 32 年 8
　　月，臺灣總督府民政部殖產科發行）第四章第五節「北臺大小租、蕃
　　租、水租之起因」。附參考資料（一），頁 41-43。
44　清高宗實錄卷四四七乾隆 18 年 7 月「是月」條。

奏摺中轉引淡水同知的詳文，認為劉和林的動機 是「欲奪郭騰琚所充通事」，發展自己的勢力。[45] 由以上簡單的資料看來，劉和林在此以前既為八社通事，他取得的墾區必定不止「加里珍莊」一處而已。

劉和林父、子、孫三代除了開墾幾百甲土地之外，最大的貢獻是開鑿了「劉厝圳」。

劉和林所墾位於今五股的加里珍等莊，所需水量既大，距離水源既遠，所需圳地亦鉅，又得跨越多條溪澗和他人所鑿的圳渠，工程之浩大可想而知，他的長子劉承纘積極準備開圳。乾隆 24 年 8 月內山洪水泛濫，將海山莊東南勢一帶田園沖崩 200 餘甲，石頭溪且因而改道。由於當時的八里坌巡檢包瀜曾經屢次諭令各業戶開圳灌田，劉承纘認為這是絕佳的機會，便向包瀜具呈，請得開圳許可告示，就在石頭溪頭潭底界內「率眾數百人壅水築圳」。當時海山莊管事洪克篤，莊佃劉此萬、蕭氏、姚氏等佃戶與小租戶心有未甘，便到八里坌巡檢司去控告劉承纘，並和他發生衝突。包瀜既然鼓勵業戶鑿渠灌溉，劉承纘又曾得到他的許可，便在「業戶張必榮」的狀紙上批：「爾等沖失之田，可成水道，或以價買，或以田換，則當成人之美，慎勿忌而阻之。」在莊佃劉此萬的狀紙上批：「已經沖廢不能墾復處所，聽人引水灌溉，令彼以田折半對換，庶幾兩有裨益。」張必榮墾戶上告於淡水廳同知，也被歷任淡水同知擱置。劉和林父子就全力進行鑿圳的工作，劉承纘毅然以高價買斷蕭、姚的小租權，減少鑿渠的阻力。開鑿一段之後，因為乏資，幾乎停滯。眾佃戶集資支援，終於在乾隆 28 年鑿成，定名為「萬安陂大圳」，萬安圳長二十里許，南起潭底石頭溪，北達二重埔、加里珍、洲仔尾，貫穿了整個新莊平原，總灌溉面積在一千三百甲左右，嘉慶 8 年劉建昌和佃人整理大租和水租，重立了一份合同，合同內容顯示，劉厝圳已由四個水汴增加為八個水汴，灌溉區應當也擴大不少。

45　前書卷四三七乾隆 18 年 4 月「是月」條。

　　劉家「不惜巨資用銀購地開鑿水圳」（嘉慶8年重立合同語），直到嘉慶8年（1803），不僅能和番社和平相處，得到灌溉區內移民的愛戴，也長享墾殖之利，造福地方。[46]

　　劉厝圳的開鑿使新莊北部的生產力大增，加上乾隆中期臺北平原全域的重大水利設施都完成了，[47] 全部旱田都水田化，單位面積的產量倍增，使得客屬潮州移民感謝神恩，也有足夠的財力興建一座美侖美奐的廟宇來奉祀他們的福神——三山國王。

　　三山國王廟的完成，在北臺灣史的發展上是一個重要的預警號誌，它顯示了不同祖籍、不同語言族群移民的「群體意識」的高張。

　　潮州系劉厝圳的開鑿，分享了泉州系張厝圳的水源，劉家「率眾數百人壅水築圳」，已經呈現強烈的暴力傾向，纏訟數年，雖以分水、付水租給張家收場，但是已使福、客之間形成難以彌補的裂痕。出錢、出力、合作、抗爭終能完成大水圳這種「眾志成圳」的快感與實利，使「群體意識」更形高張，也促使新莊平原上的客屬移民放棄原來的協和路線——捐修全國性主神的大士觀和關帝廟——而走向表現「群體意識」，顯示不同籍貫移民彼此對立的路線——興建祖籍地方和不同語群色彩強烈的「三山國王廟」。

　　福客移民拓墾新莊平原的初期，由於土地資源的豐富和勞動力的缺乏，籍貫和語群不成為相互拒斥的理由，彼此也沒有強烈的衝突。但是，不同籍貫、不同的習俗和宗教信仰的不同語群，終究仍有若干矛盾存在。移民漸多、土地資源的分配漸趨穩定，彼此相處日久而逐漸各自形成「群體意識」，競鑿灌溉渠、互爭水源利益的衝突，使「群體意識」高張，也使同籍

46　本節文字乃節錄自拙著：《臺北平原拓墾史研究（1697 — 1772）》第七章第一節「劉和林、劉承纘與萬安圳」，引文部分不贅注，請參閱原文。

47　參見前文各章有關水利開發部分。

移民更形團結而升高了不同語群的對立形勢。新莊三山國王廟
的興建，一方面顯示了不同語群移民間從容忍相安以至矛盾、
衝突、對立的過程，一方面也加強了不同祖籍移民的「群體意
識」，昇高了對立的情勢，種下了福、客移民分類械鬥的遠因，
終使客屬潮州移民不得不離開興建了奉祀客屬潮州人的福神
——三山國王廟的臺北平原。

第五節　福、客移民的矛盾對立與新莊三山國王廟的興衰史

　　福、客移民的矛盾可上溯自乾隆初年。新莊三山國王廟中
現存一方乾隆 15（1750）所立的「奉兩憲示禁碑」是研究福、
客移民之間的矛盾和新莊三山國王廟創建年代的重要史料，茲
將該碑的釋文節錄於下：

> ……本年三月十八日據淡水子民劉能詒、黃其進、黃初
> 日等稟稱，緣淡水兩保地方離治避遠，向遭虎保藄粉，
> 庄民奉上造冊，敢每名苛銀三錢六分；又另索戶頭谷一
> 石，民難堪命。乾隆十一年保內劉偉近等願炤通台大例，
> 每名給紙張銀三分僉呈前憲勒碑，新直街土地祠豎立示
> 禁，暫得兩年平安。殊虎保鷹眼未化，乘十三年火災，
> 新直街借修土地祠為名，欺前憲陞任，將禁碑碎滅，仍
> 叛前禁、苛派如故。詒等慘受剝膚難堪，抄粘禁諭、匍
> 控憲轅，查案示禁、除害安民等情。據此案查，先為匿
> 示不挂等事，於乾隆十一年八月初八日，據淡水保民劉
> 偉近、吳成龍等稟稱：「切冊費原有定規，四縣例同一
> 體。獨近等淡水兩保……苛派，近等於本年五月內赴憲，
> 稟請示禁……差貪兜留至今，覬抗無間。」茲值隆冬在
> 邇、冊費將收，若不預行張挂，庄民無知，疇不復遭酷
> 剝，懇飭垂示等情。據此業經前任曾示禁在案，茲據劉
> 能詒等具稟前來，合再給示嚴禁。乾隆十五年參月　日
> 給閣淡子民
> 　　偉近　曾國揚
> 劉　　　　　　　等同立石
> 　　能詒　林日暢

　　碑文告訴我們客屬潮州移民領袖劉偉近、劉能詒、黃其進、黃初日、曾國揚、林日暢等人不甘被地保勒派，自乾隆 11 年起，再三向淡水同知請願，一再立碑禁止勒派的故事。

　　碑文中說乾隆 11 年〈勒碑新直街土地祠豎立示禁〉，又說「乘十三年火災新直街，借修土地祠為名，欺前憲陞任，將禁碑碎滅」，顯示乾隆 11 年的示禁碑立在土地祠中而不似〈奉兩憲示禁碑〉置於三山國王廟中而有所依託。福、客移民因戶稅而產生矛盾，客屬潮人爭來的示禁碑又因立於土地祠中缺乏護恃而遭毀損，「群體意識」抬頭和亟需建立奉祀原籍福神寺廟的要求也由此顯現。

　　新莊的三山國王廟興建於何時呢？《淡水廳志 • 典禮志》祠廟門國王廟條載：

> 國王廟：一在新莊街，乾隆四十五年粵人捐建；一在貓裏街，道光元年劉蘭斯等捐建。主祀三山國王，乃潮人所奉。三山者，即潮之明山、巾山、獨山也。[48]

　　大正 4 年（民國 4 年，1915）《臺北廳的寺廟調查報告》（手稿本）載：

> 廣福宮，俗稱國王廟。乾隆四十五年粵東潮州九縣籍移民捐金數萬元興築，其宏壯美觀，在當時可說是全臺第一。[49]（原為日文，筆者中譯）。

　　新莊三山國王廟的興築，如前所述，是「群體意識」高張和水利設施完備、生產力倍增、儲蓄遽長的結果，有一定的社會和經濟條件。其創建年代《淡水廳志》和日治初期的調查報告都有明確的記載，素無異辭。民國 52 年 6 月，有人到新莊三山國王廟走了一遭之後，竟然宣稱：「據其廟內古碑所載，其創建時期為清乾隆十五年三月」。[50]

48　《淡水廳志》卷六典禮志祠廟門頁 86。
49　前揭臺北廳寺廟調查報告。
50　林衡道：《臺北近郊史蹟調查》（臺灣勝蹟探訪冊頁 90）。

　　筆者民國 69 年數度到新莊三山國王廟調查，並沒有見到一方古碑說明該廟創建於乾隆 15 年 3 月，《淡水廳志》的纂修人和日治時代的調查人，顯然也沒有見過這樣一方碑。筆者所見的前述〈奉兩憲示禁碑〉固然是立於乾隆 15 年 3 月，但是它是禁止勒派的碑，而碑的內容，卻正顯示客屬潮州人缺乏奉祀本籍福神──三山國王──的廟來護持禁碑。因此，民國 52 年的「調查者」，若不是見到另一方古人和筆者都未曾見過的不知碑文內容的碑；那就是只看碑末年代而不讀碑文內容就信口開河。可惜的是近年談論三山國王廟的作者們，只抄襲該「調查人」錯得離譜的報導，而不實地勘察，為世人憑添不少困擾。

　　廟中的另一方古碑，因風化太甚、字跡漫漶，僅能確認是劉炎光、劉南山等數十人樂捐題銀明買廟前店地的碑，但是碑後的年代已經無法確認。[51] 此碑說明建廟之後，曾經有增購廟前店地之舉，是否為擴大廟前廣場之用抑或作為廟產以生息作香火之用則難斷定。

　　乾隆 51 年林爽文起事，淡水王作、林小文等漳州人響應，泉州人與客家人為義民助官兵平亂。漳州人因而與泉、客家人生隙，52 年 5 年，今天臺北縣土城與臺北市內湖一帶福、客人雜居的地方發生「分莊互殺」的情形，[52] 與康熙末年朱一貴事件時臺灣南部為平亂生隙而發生福、客械鬥的情形類似，視之為林爽文事件的一部分可，視之為分類械鬥之舉亦無不可。[53]

　　嘉慶初年，以漳人為首，與泉、客家人合作入墾今頭城、

51　漢光建築師事務所拓本。

52　淡水廳志卷十四祥異考兵燹門，乾隆 52 年 5 月 8 日條。

53　（1）尹章義，2012.09，〈從天地會「賊首」到「義首」到開蘭「墾首」──吳沙的出身以及「聚眾奪地，違例開邊」的藉口〉，《臺北文獻》直字第 181 期，頁 95 ～ 157，台北市文獻委員會，台北。

　　（2）尹章義 2013.12，〈吳沙出身研究之補遺與訂正──以史學方法論和歷史訊息傳播理論為基礎所做的反省〉，《臺北文獻》直字第 186 期，頁 217 ～ 247，台北市文獻委員會，台北。

以上兩文對於北台的天地會之亂以及福、客械鬥有比較深入的研究。

宜蘭一帶，其中領袖之一的趙隆盛就是潮州系劉厝圳水利系統中的大地主，[54] 嘉慶 4、5 年間因分地不均而發生客泉人械鬥，漳人調和之，因為規模很小，隨即相安無事。[55] 此後，宜蘭械鬥不已、三籍人互有分合，都是因利害關係而分類械鬥，沒有專因籍貫不同而起釁相鬥的。

此時，新莊平原尚是一片和睦，如前所述，劉厝圳業主與租佃之間還重立合同，而張穆也將錫口莊業獻給新莊關帝廟。

道光 6 年（1862），今苗栗中港溪一帶，福、客械鬥，[56] 13 年，桃園一帶「閩粵各莊、造謠分類、互相殘殺」，苗栗銅鑼一帶「靠山粵匪無故焚掠閩莊，公然掠搶」，[57] 14 年（1834）蔓延到八里坌、新莊一帶，福、客遂展開長 達六年的纏鬥，直到道光 20 年（1840）中、英鴉片戰起，英艦進窺臺灣、臺北情勢緊急，客家人變賣田業，遷到今桃園、新竹、苗栗一帶的客人區之後福客械鬥才停止。[58]

客家人遷離後，臺北漳、泉人拼鬥不已。泉屬之三邑人（晉江、南安、惠安）和同安人亦拚鬥不休（俗稱頂下郊拼），咸豐年間，幾乎居無寧日，新莊關帝廟於咸豐 3（1853）年因械鬥而燒燬，臺北地區最高的行政長官新莊縣丞的衙門也不能倖免，[59] 直到同治 5 年（1866）署理縣丞張國楷才勸捐重建縣丞衙門。[60] 由此觀之，客家人之棄地遠颺，未嘗不是明智的抉擇。

潮屬客家人離去後，三山國王廟的香火立衰，廟也乏人照

54　見拙著〈臺北平原拓墾史研究（1697-1772）〉第七章第一節頁 117。
55　姚瑩：《東槎紀略卷三》噶瑪蘭原始頁 71。
56　同註 51。
57　《淡水廳志》卷十五文徵附婁雲所撰「莊規禁約」（頁 169）。
58　淡水廳志卷十四祥異考兵燹鬥道光 14 年條。淡水廳志記載此事甚為簡略，日人伊能嘉矩研究稍詳。章義按：與三山國王廟關係密切之黃氏家族，有一部分人謙即遷往今竹北（據連文輕藏：黃氏家譜）。
59　關帝廟內同治 7 年重修武廟碑。
60　淡水廳志卷三建置志廨署門艋舺縣丞署條，頁 46。參見拙著〈新莊縣丞未曾移駐艋舺考〉〉（臺北文獻直字第五七、五八期合刊本、73 年 3 月出版）。

顧，直到光緒 8 年（1882）6 月 16 日為附近民宅火災波及而
燬於大火。[61] 有人說道光 26 年（1846）此廟曾經重修，依常理
而言，此廟創建於乾隆 45 年（1780），距此已達 60 餘年，局
部整修是理所當然，惟筆者未得確證，姑誌於此，以待來茲。
不過，潮客人棄地、方去未久，新天地尚未妥適，且不及新莊
一帶肥沃繁榮，是否有心關注於此廟之整修？是否有財力整
修？都不能無疑。假若曾經整修，可能也是局部性的。

　　光緒 8 年（1882）三山國王廟燬於大火之後，無人整修，
直到光緒 14 年（1888），才由新埔潮籍士紳陳朝網（調查書
如此寫法，疑為朝綱之誤）出面，[62] 領導潮籍客家人士捐金重
建。本章前此曾譯引日人調查報告，接著譯引如下：

> 明治廿一年（光緒十四年、戊子、1888）六月廿日，新
> 竹廳新埔街紳士陳朝網等潮屬九縣民釀金著手重新建一
> 座三山國王廟，其結構之美觀比前廟稍微遜色，但是其
> 宏壯堅固，較之昔日未嘗稍讓」（筆者中譯）

　　從日治時代的調查報告看來，並無道光 26 年重修的說法，
縱使曾經整修，可能範圍因為不太大而為人忽略。光緒 8 年
（1882）的大火則是徹底地焚燬，因此日人調查報告的原文是
「新築」。我們現在所能見到的三山國王廟的基本印象，無疑
是光緒 14 年（1888）重建新廟的印象。光緒 14 年 6 月 20 日
動工建廟，建築的時間前後長達數年，以石柱上對聯所刻的年
代為例：

　　正門對聯是光緒 17 年辛卯（1891）；廟內第一對柱聯是
光緒 16 年庚寅（1890），第二對是 17 年辛卯，第三對是 16
年庚寅，第四對是 17 年辛卯，第五對是 17 辛卯，第六對是
16 年庚寅。木結構上則有「光緒庚寅年」（光緒 16，1890）

61　日治時代臺北廳調查報告。
62　黃煉石：南莊開闢來歷緣由（中央圖書館臺北分館藏手稿本）有「地
　　方紳士陳朝綱及黃南球……」之記載。按我國命名原則，以朝綱為宜，
　　朝網可能是錯寫。日人原稿中即將粵東誤為奧東。

以及「重脩大廟」兩個標識。光緒 17 年仍在建築中當無疑問。

廟內木結構未經油漆粉飾，有人說這是全省唯一未經油漆的白木殿建築，恐怕也是信口開河，應當是沒有立意不加油漆粉飾的道理，因為油漆不僅是為了美觀、也是為了保護木結構經久耐用，彩繪是傳統廟宇很重要的一部分。根據實際調查所得，於此有二說：一說謂廟尚未建妥釀金用盡，待再募得油漆費用，臺灣已經割讓給日本了，兵馬倥傯中已無人主持其事[63]一說謂油漆費 190 銀元為劉某帶走而無法油漆。[64] 孰是孰非已無從查考。

民國 25 年（1936）又有重修之舉，除了少數仍留在臺北（尤其是新莊）的客屬潮州人子孫外，[65] 住在新莊閩南後裔都不願出資，而由當時在「新莊街役場」任「助役」的鄭福仁聯絡客屬同學、友人到各客家莊募捐才得順利整修。[66]

日治時代三山國王廟信徒組織神明會「三山國王會」管理三山國王廟，由黃新本任代表人。[67] 光復初期由黃新本繼任總經理人。[68] 現任（1980）管理人則為連文輕。[69]

第六節　結論

臺灣是閩、粵外海的新墾區，除了康熙 23 ─ 35 年（1684 ─ 1696）間施琅限制粵人移民臺灣外，閩、粵百姓都將臺灣視為他們在海外的樂土，他們在臺灣拓墾時，也不因為籍貫的不同而有先後以及平原、丘陵之別。他們依到達的先後，

63　民國 69 年 11 月 26 日，賴麗卿訪問三山國王廟管理人連文輕之訪問紀錄（臺北市柳州街）。

64　民國 69 年 11 月 26 日賴麗卿訪問廟內廟祝劉張心富之紀錄。

65　民國 69 年 11 月 26 日連文輕曾提供一份名單，皆為黃姓，似為同一家人。

66　民國 70 年 3 月 19 日賴麗卿訪問鄭聯鈞之訪問紀錄（臺北市士林仰德大道）。

67　連文輕所藏日治時代帳目收據上明示「三國王代表者黃新本殿」。

68　見該廟諸派下人決議書。

69　連文輕為黃新本親子，從母姓。

透過請墾的過程並得到番社的允諾，雜居共墾、互為主佃、彼此相安，共同努力開闢沃土。

雜處既久，移民漸多，易墾地開發殆盡，土地資源的分配漸趨穩定；不同籍貫不同的習俗和宗教信仰的不同語群，由於「群體意識」的高張，而形成若干矛盾現象，再加上彼此的利害衝突，同語群、同籍人乃團結援引，更升高了彼此的對立，形成一觸即發的緊張情勢，終於導致普遍而漫長的整合運動，不僅福、客互鬥、漳泉相拚，最後還分縣、分姓、分街莊拚鬥，甚至街莊中各自拚鬥；而最初福、客械鬥時期逐漸遷徙聚居的客家移民，反倒成為旁觀者。

新莊的三山國王廟的興建顯示了臺北平原上福、客移民從容忍相安以至矛盾、衝突、對立的過程，成為客屬潮州人「群體意識」發展到巔峰的象徵，同時也是福、客對立達到高潮的象徵。經過乾隆末期，嘉慶年間以至道光年間的長期紛爭，客家人終不敵福佬人之力而他遷。

客屬潮州人他遷之後，新莊的三山國王廟乏人奉祀、香火立衰。臺北平原成為福佬人天下之後，三山國王廟破損、焚燬，福佬人以為非我福神，不願醵金修建而任其腐朽燬損，三山國王廟卻得依賴遠處桃園、新竹一帶的客屬人士的捐獻才能重建和整修。

新莊三山國王廟的一頁滄桑史，不僅反映了客家人參與開發臺北的歷史，也反映了不同語群的移民由容忍相安、矛盾衝突到對立、血戰的歷史。新莊三山國王廟昔日的巍然壯麗與今日的朽損殘破相映，令人不由得興起何勝浩嘆之感。逝者往矣，如何記取教訓、避免無謂的相殘互損，恐怕是今人最重要的課題。

1985 年 11 月 16 日

開票完畢鞭炮聲中於新店萬山千水樓孤燈下

第二章　從三山國王、三官大帝、定光佛、民主公王、神慧大帝、武聖廟到義民爺

一、江夏黃氏黃公峭〈遣子詩〉

初見於後周太祖廣順年間（951 — 953），黃氏子孫謂之「認祖詩」，廣為流傳，載於黃氏族譜（以峭公派下為主衍於各派甚至異姓，用字遣詞微異，有溯及春申君黃歇，漢代黃霸或唐永徽年間—高宗—泉州黃守恭者，唯峭公派族譜傳承較為明確）

駿馬登程出異方，任從隨地立綱常；

年深外境猶吾境，日久他鄉即故鄉。

朝夕莫忘親命語，晨昏須薦祖宗香，

但煩蒼天垂庇佑，三七男兒總熾昌。

二、客家人移民台灣、台北

1.閩西、粵東客家人鄭氏延平王國時代移民史：

甲、1646、國姓爺起兵時，閩南各地為諸叔輩所據，南下潮州，以揭陽為根據地（台灣三山國王廟之祖廟即揭陽河婆墟之三山國王廟）。潮州客家人從之者甚眾，起兵時之樓船鎮林習山一族，入墾六堆。

乙、1654　汀州長汀長賴坑人劉國軒起兵助國姓爺。

1661　國姓爺東渡，次年劉國軒屯半線（今彰化市）。

1678　鄭經以劉國軒為正總督專任征伐，以潮州為根據地。

1680　鄭經、劉國軒東渡，劉國軒任東寧總制。

1683　（康熙 22 年）施琅東征平台。

丙、1666　邱輝集惠潮民助鄭經。

　　　1674　邱煇任果毅左鎮。

　　　1680　邱煇移達濠及潮惠民東渡，屯左鎮。

　2.康熙五十六年（1717 年）之《諸羅縣志：風俗志、漢俗考》：

　「自下加冬至斗六門，客莊，漳泉人相半……斗六以北客莊愈多」。又云「諸羅土曠，漢人間占草地、潮人尤多」。（下加冬即今台南縣後壁鄉、斗六門即今雲林縣斗六鎮）《諸羅縣志、兵防志》：「大抵北路之流民，大半潮之饒平、大埔、程鄉、鎮平、惠之海豐」諸羅縣轄區為急水溪以北，含今台北、基隆、宜蘭。（參考拙著〈台北平原拓墾史研究（1697 — 1772）〉）

　3.清初台北地區的客家墾首舉例（請參考拙著《台北家客史研究》，台北市客委會。2003 年、台北）：

　甲、開發新莊平原、捐建西雲岩（觀音山）、明志書院、關帝廟。胡焯猷是汀州貢生（泰山、五股、新莊南）郭宗嘏繼之。

　乙、開發新莊（北）二重、三重一代的劉和林（萬安圳—劉厝圳、三山國王廟、先嗇宮—神農大帝）。

　丙、開發錫口（松山）的張穆是嘉應州鎮平人。

　丁、新店：粵籍墾首廖簡岳、蕭妙興等，開鑿大坪林五莊圳。

　戊、安坑：廖游邱等，建潤濟宮、祀三官大帝。

　己、郭錫瑠，南靖人，南靖是福、客混合區，有如今台灣之桃、竹、苗三縣。倡鑿青潭大圳（今瑠公圳）、開闢中崙。南靖西鄰永定，南界平和，梅林、書洋等地是客家分布區。而郭錫瑠與客家人合作並交換水源，故而可能為客家人，未獲進一步資料之前，難以確定。新店大坪林地區開鑿「金合興五莊圳」的墾首蕭妙興、簡書、曾鎮、陳朝誇、江游龍等為客家人，乾隆三十八年（1773）所訂《大坪林五莊全立公訂水路車路合約》，且明訂祭祀皇天神祇和被番損失難民的規費、儀典。（參

見拙著《新店市誌》，民國八十三年初版，並參閱第四篇。）

庚、三鶯走廊：1896 年日本侵台，三鶯走廊客家人激烈抗日，日人三次大屠殺；山根信成燒夷村落「煙火蔽天」，內藤正明「屠殺敵人三、四百人，傷者無算，燒毀家屋一千以上」；松原暖三「屠殺賊民數百，燒毀家屋數千，三角湧附近方圓數里不見人影。」（參見拙著，《日本人屠殺了多少無辜的台灣人？》《歷史月刊》，226 期，頁 49-50，引《警察沿革志》）。1928 年祖籍調查，台北地區汀州人三千二百餘人，粵人兩千三百餘人，集中在鶯歌、三峽、土城是為劫後遺子，新莊、中和、松山、淡水各若干（台北人口的 1.3%）。

辛、芝蘭二、三堡（淡水、三芝），汀州客家人眾。淡水福佑宮因客家人捐獻較多，祭祀時之順序為汀州、惠安、安溪、晉江、同安。（日人之寺廟調查報告）

淡水又有鄞山寺（汀州會館），三芝有民主公王廟（永定分靈）。

（以上略述概要、不贅舉，詳拙著《台灣開發史研究》，《台灣客家史研究》（《泰山志》、《五股志》、《新店市誌》、《林口鄉志》）及近年發表論文）。

三、客家人的遷移與隱沒（福佬化）

1. 推力：乾隆末期（林爽文事變）以後的械鬥，尤其是道光 13 年至 20 年的福客大械鬥（1833 — 1840）

2. 拉力：沿山地區（三峽、大溪、桃、竹、苗）樟腦業和茶葉的興起，創造新財富、新機運。

3. 鴉片戰爭：英國人攻台（1840 — 1842），迫使客家人賣卻田產，遷往桃、竹、苗客家聚落。轉業樟茶，留住民福佬化。

四、客家人對於台北故鄉的回饋

1. 樟腦、茶業的興盛與巨額的出超，造就了台北的繁榮。乾隆十一年（1733）年設置八里分巡檢。乾隆五十四年（1789）升格為新莊縣丞，至咸豐、同治年間，經濟急遽繁榮。光緒元年（1875）沈葆楨建議設府，光緒四年（1878）設府。八到十年建城（1882-1884）。台北迅速取代台南成為台灣首善之區。

2. 新莊三山國王廟和土城慶成宮朽壞，移出客家人以新埔陳朝綱為首，捐款重建或整修。

3. 漳泉械鬥時，出兵協助待客家人較友善之泉人。

4. 中法戰爭時派兵協助劉銘傳抵抗法軍，由於山區作戰經驗豐富，在滬尾（淡水）大捷中表現特優。（參考拙著：1.〈閩粵移民的協和與對立—客居潮州人開發台北與新莊三山國王廟的興衰史〉；2.《新莊政治史》。3.〈東、西洋人筆下的劉銘傳〉，《台北文獻》1189 期、2014 年 9 月、台北；4.〈大清帝國的落日餘暉—台北設府城史新証〉，《台北文獻》188 期、2014年 6 月、台北；5.〈台北的歷史飛躍與台北人的精神特質〉，《台北文獻》154 期、2005 年 12 月、台北。）以及第三篇第五章所列與吳沙、天地會相關之論文兩篇。

五、客家人的回歸與遷徙

1. 日治時代客家人待遇的改善

甲、日本統治者沒有福佬／客家，閩／粵的歧見

以光緒七年至十年（1881 — 1885 年）的台灣道劉璈為例，他雖然是湖南人，卻痛批「粵官」、「粵黨」與「粵勇」，清代地方和文集中，類似的例子，不勝枚舉。

乙、日治時代以日語日文為官方語文，對於福佬或客家人而言，都不是母語，都必須從頭學習新語文，閩南語失去絕對優勢，客家語言島的孤立形勢也被打破，彼此在立足點迹近平

等的基礎上競爭。

丙、臺北增加許多產業和就業機會

2. 光復以後客家人與福佬人公平競爭

甲、客家人與福佬人都以國語（北京話）為共同語言。

乙、在就學、服兵役、高普考、就業各方面，無差別待遇，（選舉時福佬人和客家人在某些地區彼此抵抗）客家人獲得擔任公職、公務員、教職的機會。而臺北為中央政府所在地，客家人相對集中於台北。

丙、臺北為首善之區，都市化的過程中，增加許多行業和就業機會，以務農為主的客家人，得到從事工、商業的機會，客家人也相對集中於台北（1899 年，日人調查臺灣的市街，共五十一處，其中只有四個市街屬於客家區；樹杞林街，今竹東，260 戶 1252 人；北埔街，719 戶 1402 人；九芎林街，146 戶，609 人，規模甚小）。

六、客家意識的覺醒，客家人運動與義民祭

客家人境遇的改善，並不能解決客家人數較少，在社會上屬於劣勢的狀態。

1980 年代，台灣民主運動勃興，帶起台灣的社會運動，客家人和原住民由於族群的凝聚力，特別突出。1987 年臺灣結束戒嚴，客家社團媒體（平面和電子）如雨後春筍。

1988 年 8 月 19 日，台北地區各客家社團，在當時有民主聖地之稱的金華國中對面空地集結，舉辦「義民爺出陣」的義民祭，象徵客家人群眾運動的登台。

義民信仰源自於枋寮義民祠（今新埔褒忠亭義民廟）。乾隆五十一（1786）底，林爽文事變爆發，北路會黨王作等攻陷淡水廳城（今新竹市），竹北二堡陳資雲、劉朝珍、林先坤等組成義勇軍（稱義民），先後陣亡數百人，枋寮戴元久獻地葬

之，乾隆帝賜褒忠二字（非專主枋寮、模寫多份，不分福客，贈賜各地義莊）此即褒忠義民亭之由來，祭祀圈逐漸擴大，遂有十三莊之目，近年已達二十鄉鎮（參見伊能嘉矩《臺灣文化誌上卷》頁 898-899）。

臺灣客家地區鄉團，組織最嚴密，戰鬥力最強者，莫過於今高屏地區之「六堆」。六堆之登上歷史舞台，源自於康熙六十年（1721）之朱一貴事變，惟其聚義誓師皆在內埔天后宮（其緊鄰即昌黎祠），事變後雖有忠義亭，卻未形成宗教信仰性質之祭祀圈。故而，枋寮義民廟具有強烈之戰鬥性與區域性。

客家運動初起之時，參與者多桃竹苗地區之客家人，「義民爺出陣」自有其時代性與代表性。當年「義民爺出陣」宣揚客家意識，爭取客家人權益，又以「還我母語」運動最具代表性（1988.12）。惟「義民爺出陣」宣揚客家意識，獨樹一幟，頗受福佬人之非議，故興起「義民性格」之大辯論，以「執政者的幫兇」批判客家運動之獨樹一幟，而不為政治運動所脅從。殊不知政治運動以奪權當政為提；而所有的社會運動本質上都是反現實的反政府運動。

其實得到褒忠、義民獎賞的福佬莊比客莊更多（雲林褒忠鄉及其一例），只是桃竹地區十三大莊以義民爺為團結抵禦福、客械鬥之號召，而形成具有強烈宗教性格之義民爺信仰，南部六堆和福佬莊未曾將義民宗教化而已（參見范振乾，邱榮裕等之論著，不贅舉）。

近年各方倡導族群和穆，客家人的際遇也大幅改善，故而「義民爺出陣」之義民祭，逐漸轉向嘉年華會之色彩，充滿歡樂氣氛，一去肅殺之氣，也反映客家人融入台北社會，因地制宜和與時推移之作用。

七、結論

1992 年筆者應臺灣省文獻會之邀請，發表〈台灣發展的

軌跡與台灣人的精神特質〉一文（《臺灣文獻》43 卷 2 期，1992，06，台中）。總結：

甲、不滿現實，勇於批判。

乙、獨立自主少依賴。

丙、積極進取冒險犯難。

丁、不安短視、衝動。

戊、定居移民者的兩面性。

2005 年又應臺北市文獻會之邀請，又發表〈台北的歷史飛躍與台北人的精神特質〉一文（《臺北文獻》154 期，2005，12，台北）。再提出：

1. 利益導向的務實主義。

2. 求新求變的包容精神，以解釋臺北無民變少械鬥且能突飛猛進，超越中、南部而成為台首善之區的原因。

客家人以弱勢之姿重回台北，昔日的鄉黨語群主義自然淡薄，務實主義和求新求變的包容精神也深植心胸，「我是台北的主人」，以臺北意識取代鄉黨語群主義，客家文化必然與時俱進，客家嘉年華節的歡樂氣氛融入汀州人的定光佛和潮州人的三山國王信仰，更能顯現現代台北客家人的胸襟和遠大的眼光，黃峭公分遣諸子向外發展，〈遣子詩〉所謂：「任從隨地立綱常」，以現代語言來說，就是把移居地當作故鄉，與當地社會融為一體，建立新的人生觀與價值觀，勿拘泥於往日情懷，創造新機運。當然值得重回台北，作台北主人的客家人深思。

（本文為 2013 年 12 月 14 日「新北市客家之回顧與前瞻論壇」開幕演說之大綱）

第肆篇

客家人與臺北新店的開發

第一章　新店是臺北開發較早完成水田化運動的地區

　　新店是台北盆地東南的角盆地，四面環山，一水中流，水青山秀。新店東南山區是台北盆地的集水區，匯入翡翠水庫，是台北的水源地。

　　由於秀朗社民和漢人的關係相當友善，且既有青潭溪、新店溪等水源，順著新店溪而下，和淡水河聯絡，水路交通相當方便。在臺北各區，除了新莊、北投、石牌、士林開發較早，新店和板橋、松山、萬華等地同時開始開發，比景美、南港和大部分臺北市區來得早。

　　郁永河當年經陸路從今天的臺南北上採硫，沿途很少遇到漢人，過了大甲溪之後，連番社都常是空屋，「得見一人則喜」；自竹塹（今天的新竹市）到南坎（桃園），則「八、九十里不見一人一屋」。郁永河到臺北之後，除了陪他採硫的淡水大社通事，只有幾個漁人在今天八里（淡水河南岸台北縣八里鄉）一帶搭寮捕魚，嘗為土番射鹿矢箭所傷。安平水師撥兵十名守

＊　本文採自拙著《新店市誌》（新店市公所，民國八十三年二月，臺北）
　　第二篇第三章。

護水域，半年換班，結果戍兵每次乘船到淡水之後，住一個晚上就南下回安平，因此淡水城已經十五年沒有官兵戍守了；也就是說，清朝將臺灣收歸版圖（康熙二十三年；1684）之後，固定班兵就沒有在此駐防。臺北當時是凱達格蘭族淡水二十三社的天下。

墾號在性質上類似今天的開發公司。康熙四十年（1709）八月，賴科等人組織「陳賴章」墾號，申請到「上淡水大佳臘地方」的開墾執照，所開列四至東至雷厘（今臺北市公館一帶）、秀朗（今臺北縣永和市南邊），西至八里坌（今臺北縣八里鄉），南至興直山腳（今臺北縣泰山鄉、五股鄉），北至大浪泵溝（今臺北市大同區基隆河邊）。同年十一月，陳賴章墾號的夥友又招股合作，組成「陳賴章」和「陳國起」、「戴天樞」三個墾號，開墾蔴少翁（士林）、大佳臘（臺北）與淡水港南（八里）等三個地方。康熙五十一年（1712）賴科結合先住民和漢移民興建靈山廟（關渡媽祖宮），五十四年（1715）改建為磚瓦新廟。

康熙五十二年（1713）賴科和王謨、鄭珍、朱焜侯等人合組「陳和」墾號，開墾海山莊（臺北樹林、土城、新莊一帶）、內北投（台北市石牌）和坑仔口（桃園縣蘆竹鄉）等三個地方。因此，康熙五十四年（1715）冬天，臺灣北路參將阮蔡文率眾到臺北巡視，已興起「近日流亡多」之嘆，所見已非郁永河時代可比！

康熙五十九年（1720）另一個著名通事漳州人林天成（成祖）和陳鳴琳、鄭維謙等合組墾號，開發大加臘、八芝連林（士林）、滬尾（淡水）、八里坌、興直（新莊）等五個墾莊。林成祖接著又開發擺接莊（板橋）和漳和、永和、永豐三莊，漳和莊在今天中和一帶，永和莊在今天中和中原村一帶，永豐莊則在中和的枋寮、南勢角一帶。林成祖也進入當時稱為暗坑的安坑地區參與開發。乾隆初年（十八世紀三十年代）更以今天的碧潭為水源，開鑿永豐圳，灌溉安坑、南勢角和中和地區，

至乾隆十八（1753）年全圳鑿成[1]。林成祖在中和、新店開墾
的，都是先住民秀朗社的土地。秀朗社和漢人的關係相當良好，
漢人進入新店角盆地開墾大致相當順利。唯凱達格蘭族秀朗社
是漢化較早的熟番化番，與秀朗社為鄰的卻是當時頗稱強悍的
泰雅族生番，一旦漢人越過秀朗社領域，或泰雅族人接近漢人
聚落，衝突便很難避免了。

第二章　客家人開發新店大坪林地區

　　新店角盆地古稱拳山堡，清末改名文山堡。同治十年
（1871）出版的《淡水廳志》大略記載有暗坑仔隘和永豐、暗
坑、瑠公、大坪林等圳。最早而比較仔細的新店開發史敘述，
則見於伊能嘉矩的《大日本地名辭書・續編》（宣統元年；
明治四十二年，1909）〈文山堡〉條[2]：

> 雍正七年，粵籍墾首廖簡岳溯淡水河、新店溪而上，企
> 圖進墾此區，因為和土著平埔番秀朗社發生衝突，百餘
> 人被殺害，和番人媾和之後，才慢慢的開發土地，開鑿
> 灌溉渠。

> 乾隆元年，閩籍安溪人組一拓墾集團由大加蚋進墾，自
> 恃人多勢眾而與粵人爭地，敗退引去，此地由粵人領有，
> 從此開始大規模開發。新店溪畔現存的公館街名，正是
> 當時墾戶所建公館的遺跡。其時，郭錫瑠築一大圳，引
> 新店溪水而得灌溉之利，也因為此圳所架設的跨越景尾
> 溪的水梘而出現梘頭和梘尾的地名。也因此開發了大半
> 的大坪林莊。乾隆中葉以後，林姓一族進墾新店溪北岸。

　　伊能氏的著作很多，大多皆有所本而不致於空穴來風，卻

1　本文採自拙著《新店市誌》（新店市公所，民國八十三年二月，臺北）
　　第二篇第三章。
2　《大日本地名辭書續編》（昭和十四（一九三九）再版本），第三〈臺
　　灣〉之部〈文山堡〉條，頁三二。

往往未說明歷史訊息之來源，難以證實。惟以一人之力研究全臺歷史，總不免有所疏漏。根據我們後來蒐集到的史料，便發現伊能嘉矩敘述瑠公圳和大坪林莊開發頗有些問題。首先，「墾首廖簡岳」無論是個人或公司，伊能皆無必要虛構。但是新店角盆地既是秀朗社土地，秀朗社與漢人移民關係良好，且其社僅有四、五十人，若真有粵人被殺，應是住在是深山裡的泰雅族人所為。其次，安溪人「與粵人爭地，敗退引去」的講法也很值得懷疑。根據日治時期的調查，新店莊一萬八千一百人中，有安溪人一萬三千，漳州人四千八百，同安人三百而無粵人。佔上風的應是安溪人。何況開闢之初不乏土地，並沒有「爭地」的必要，且秀朗社人的權利也不是漢人所能剝奪的。

除了伊能的說法，瑠公水利會〈瑠公沿革〉一文也常被引用來講述新店的開發史，如《臺北縣志・水利志》、《臺北市志・農林漁礦篇・水利章》，立在碧潭瑠公圳入水口的〈瑠公史蹟碑〉（臺北市瑠公水利會民國六十四年（1975）立），以及臺灣大學校門口的〈瑠公圳原址碑〉（臺北市文獻委員會民國七十二年（1983）立）等是。這些論述往往強調郭錫瑠開發水圳的功勞，而忽略了大坪林五莊對開拓新店的貢獻。在此僅以碧潭邊的〈瑠公史蹟碑〉為例：

> 乾隆初，先生定居於臺北中崙附近，後首開興雅莊一帶圳路，繼引青潭溪水而拓石空頂圳，後以水量不足復於新店溪東岸建堰截水，將新店溪拆東匯合於青潭溪，是名大坪林合興寮石空頂圳，於乾隆十八年完成，數年後，先生仍感水量較少，復又引新店溪之水匯合於已成圳路，是為大坪林圳……工程進行中資產短絀，遭受挫折……於乾隆二十五年完成。

小小一段紀念碑文有不少錯誤：一、當時既沒有「石空頂圳」，也沒有所謂「大坪林合興寮石空頂圳」；二、引青潭水灌溉的是「大坪林五莊圳」，而不是瑠公圳；三、郭錫瑠完成的是以今天碧潭為水源的「金順興圳」（俗稱瑠公圳）；四、

郭錫瑠只開鑿過金順興圳，灌溉大坪林的「金合興大坪林五莊
圳」與郭錫瑠無關。

其實，日本占據臺灣第五年（光緒二十五年；明治三十二年；
1899）所出版的《臺北縣下農林經濟調查書》已刊布《大坪林
五莊全立公訂水路車路合約》，是新店開發史上最重要的文獻。
以下便是合約全文[3]：

> 全立公訂水路車路合約字人大坪林五莊墾戶首金合興即
> 蕭妙興、股夥朱舉、曾鎮、王綸、簡書、陳朝誇、吳德
> 昌、江游龍、林棟材等，切為先前墾戶首金順興即郭錫
> 流、自乾隆五年（1740）前來青潭口、破土鑿坡圳、無
> 如地險番猛、樹林陰翳、屢次興工、損失不貲，因遲之
> 悠久。延至乾隆十七年（1752）、再行開築、均未得成
> 功。妙興思圳不成、與荒陂無異、雖欲耕得乎？搔首踟
> 躕、奈何奈何。爰率業主與流相商、情願將大坪林地界，
> 聽流開鑿圳路、通流溉灌外莊。併指獅山邊大潭設立陂
> 地、付流防築，以補元前作事謀始之奇功，流以青潭所
> 創坡地，交興等續接、實為兩便。興欲合眾人之力、即
> 將墾首金順興改為金合興、是日也、向官稟請告示牌照，
> 給定圳路、率股夥深入其境，周章四顧、眾皆曰：潭深
> 山高、圳路皆石、難矣哉！興勸于眾曰：磨杵可成針、
> 琢石可以成磚、要心堅耳、心堅則愚公可移山，有何難
> 哉？隨擇日興工、設流壯為護衛、倩石匠以開鑿、勞心
> 焦思、無一暇刻。興日日指麾、勉于眾曰：生番咆哮兇
> 惡、狡計百出、前后夾攻、埋伏截殺、路有神出鬼沒之
> 機、雖孫臏吳起再生、難以獲料；我等深入其境、宜慎
> 宜慎！自乾隆十八年（1753）續接、日與血戰、多歷年
> 所，至乾隆廿五年（1760）圳路穿過石碠、石匠鐘阿傳

3　見山田伸吾，《臺北縣下農家經濟調查書》（臺灣總督府民政部殖產
　課，明治三十二年（一八九九））。第三篇〈水利〉，頁一一二至
　一一七。

等、即將乾隆廿五年、刻字渤石於圳傍、以垂萬世不朽。興思開鑿以來損失少而成功多，究之成功則天也、非人之所能為也、天也其呵護之乎！越年餘，五莊大小圳路開闢成功。圳成則眾喜、而興有憂焉，憂之惟何？兩邊岸界未定耳，此時蔓草荒煙、盡屬無人之境、他日山場開闢、依山一帶圳頂混耕佔界、有掘泥壅塞水路之憂；依溪一帶、有搬石運土、務滋他族、實逼處此、與我合興爭此土也！那時或塞或崩、悔莫及矣！兩邊有碍、即一條之水路受害，水路害則源流絕、五莊田疇、其涸也可立而待也，籌之宜早矣！而幸也清丈田賦秋胡二委員來矣、興率股夥朱舉等、乘勢將兩邊圳岸稟官定界、蒙本廳憲李批准在案、親臨到此、率同二委員、至青潭口、闊視指界、畫地分管。自青潭坑口起、直透至獅山外止，依山一邊、圳頂定十丈，留樹木以衛圳路、土番不得爭奪、奸民不得給耕、水流入圳者、均歸合興寮界管、依溪一邊圳岸斜灣至牛角、按崙尾比齊、俱至大溪為界，定十丈留樹木以衛圳岸、庶民不得斬伐、硬僕不得藉言溪邊混界處插居、以絕戕害圳岸之患、俾水源通流、國課有賴。自乾隆三十八年（1773），五莊經官丈明、配租納課。興又率股夥分莊定界、照田按甲、照甲定汫分水、歷年每甲定圳租三石。公訂分莊大車路、自首至尾、每條二丈闊、以便牛車相遇通行，公訂公圳、圳底一丈四尺闊、兩邊圳岸各五尺、私圳圳底、定一尺半、不論何人田地均照式開圳通流。即先前草創寮地、今再邀請明師林濃、擇日翻建、革故鼎新、師美其地、將合興二字贈為聯云、合和一家同一力、興發萬代皆萬金。興又念前此開莊、我眾等與木石居、與鹿豕游、斬以高蒿篳而共處之、困苦艱難、備嘗之矣。今日水圳告成、千斯倉、萬斯箱、與汝共慶年豐也，豈非皇天庇佑、乃得造此丕基乎、茲當春光和煦、共慶告成、叩答上帝神祈、

公仝立約照式行事。由是官照既難分撤于前，私約自可執憑於後、約存則千載常新、世遠年湮古則長在、倘遇違約混界、那時稟管律究、明察之官、明並日月、前事有知、安忍於我遐棄也！敢云人往性風微、萌蘖傍出、別生道理乎？而今而後、凡我有業有產者，務宜重禮教、崇信義、爾時父教其子、兄勉其弟、而使之家喻戶曉、則我莊成仁里、三代之淳風不既復覩于今茲哉。迄今恐其久而差也、故將開闢事情而筆之於書、凡我世世子孫、共守承于勿替云爾。口恐無憑、爰率股夥、仝立公訂水路車路合約字一樣五紙、五莊各執一紙、永遠存照行、

一批明五莊公立合約五紙、分恭、寬、信、敏、惠為記、恭字十四張莊朱舉、吳德昌、陳朝誇收存、寬記二十張莊蕭妙興收存、信記十二張莊曾鎮收存、敏記七張仔莊王綸收存、惠記寶斗厝江龍、林棟材收存。批照：其告示一紙、官照一紙、共二紙、墾戶首蕭妙興自收、日後要用、聽付五莊取出、不得刁難再照行。

一批明茲當春光和煦、寮建重新、後若損壞、就四百六十甲攤出、不得異言、聲明照行。

一批明分莊大車路、自首至尾、公訂二丈闊、兩邊田鄰、不得掘壞、如違公罰、批照行。

一批明歷年十月十五日、禮祭皇天神祈、公訂牲豬全付、買金紙佛銀四員、七月十五日禮祭被番損失難民、買金紙佛銀六元、照行。

一批築陂鑿圳、今日幸得告成、大有功勳、功大者、水甲陰多、功少者、水甲陰少、以補昔日創建奇功。倘日后子孫不才、將田變賣、就田價定高低、水甲隨業而去、賣主不得兜留勒租、買主始免驚疑、水甲無配、下手相接、顧陂之人亦不得藉言有水無水租、此係公議、倘有姦狡、敢犯眾議、即將約執憑、呈官律究再照行。

一批明信記約一紙簡書與曾鎮全收批照行

一批明大坪林五莊共水份四百六十甲、自青潭口陂頭起、至獅頭山腳首汴止，水末入莊、實咽喉重地，陂長當巡視其兩邊官定十丈、留樹木及寮地，前後左右界內、不許外人亂掘戕傷、敗壞地理，俱交陂長守顧、如敢有違，聞眾公誅。自首汴以下水流入莊者、每莊各設圳長、照顧分管水路、照田定甲、照甲定汴分水，無論圳有水頭水尾、均照汴分流灌溉，每年訂於三月間、五莊公設禁水戲全枰，以杜攔截汴面、偷漏汴腳情弊，如違例禁、聞眾公罰。其東南山腳畏番、田開未成；西南近溪、界外田亦未開，日後二處、若田開闢、不得混奪、我等水源。如有前來對合興寮補給水甲者、即聽照汴分流，以共體天無私覆、地無私載、日月無私照之公心云爾、照行。

一批明其圳路、經已請官定界存案，自青潭口起、至獅頭山外止，依山一帶、圳頂水流入圳者、均歸合興寮界管、依溪一帶、圳岸俱至大溪為界、與牛角坢崙尾比齊，亦均歸合興寮界管、續後倘敢違約混佔、如有破費、五莊水甲攤出、批照行。

一批明我莊當革濁揚清、不許窩藏勾引匪類、間游賭博等項、如違稟究。前此逐兇番、斬荊棘、兵革持身、似化外頑民；今日削平土宇、除劍戟以鑄農器，宜讀孔聖遺書、守朝廷聖訓，使智愚賢否、共歸大中至正之途、仁義忠信、樂喜不倦，先修天爵、日後地靈人傑、各莊出仕、則人爵自至。因附錄林濃先生所美我莊云：統覽我莊地勢、山川懷抱、日后富貴取全。獅頭山主從東方發祖、來南方吉地、南屬火、獅頭是火山，天機活潑、貴龍旺相，淡地可推為第一名山。當前則案山重重、兩邊則轉翼對耦、大貢山之峰秀麗、左班供立、錫口山之

尖鬼奇、右班隨侍、外有觀音大屯、相對守門戶、為外
關鍵；遠代高官，內有尖山拳山對峙、把溪門為內關鍵、
鎮尖山鳳嘴把大溪、近代文官、拳山眾管，鎮小溪；遞
代武將、遠近次第出仕。溪名乾溪、實半月沈江、莊中
萬金不斷；山連七山、即七星墜地、日后二甲聯芳，特
舉大概以附錄之、以記不忘、誠哉是言也、徐以待之可
也。我等相勉為善也可、批照行。

一批明蕭妙興蔭水份六甲、田在二十張莊，曾鎮即曾振
聲蔭水份四甲、田在十四張莊；朱舉蔭水份一甲五分、
田在十四張莊，簡書蔭水份壹甲、田在十二張莊，合共
十甲又貳甲五分，公仝立約付執再照行。再批明：每甲
水定水租參石，歷年每甲抽出水租二斗，以便積聚坡寮
顧坡之人、每年每甲應得工資粟、貳石八斗，上下手相
承、不論何人、均照例通行、不得違約、再批明照行。

乾隆三十八年、季春三月日、仝立公訂水路車路合約字
人：墾戶首金合興即蕭妙興、（福）股夥簡書、　朱舉、
　　曾鎮、　王綸、　王奇勳、　林棟材　親筆、吳德昌、
　　陳朝誇、　江游龍、

　　根據這份合約，我們可以排列出開鑿大坪林五莊圳和金順
興號開鑿瑠公圳二事的時間次序：

　　一、郭錫瑠所代表的「金順興號」原擇青潭坑口（今新店
市青潭斗門頭）為入水口，鑿陂開圳。乾隆五年（1740）起，
屢次興工，由於「地險番猛」，損失頗鉅，遂擱置多年。

　　二、乾隆十七年（1752）再行開鑿，「均未得成功」。

　　三、大坪林平原上，十四張、二十張、十二張、七張仔、
寶斗厝等五莊的拓墾者在蕭妙興的領導下，合組「金合興號」。
鑿圳時「草創寮地」，稱「合興寮」，圳成後「翻建鼎新」，
稱「合興館」，意即金合興號之公館。

　　四、「金合興號」以「大坪林地界」，「聽流開鑿圳路」，並在「獅山邊大潭」（即今碧潭）以「設立陂地」，「付流防築」為交換條件，取得青潭口陂地的使用權與開鑿大坪林圳的權利。

　　五、自青潭坑口至今天新店舊市區光明街口之首汴一段，圳路所經，必須鑿石穿山，工程艱鉅，且得防範「埋伏截殺」，故自乾隆十八年（1753）起，至乾隆二十五年（1760）始克完成石堤、石磄工程，以後繼續開鑿大坪林平原上的公、私水圳。

　　六、大坪林圳灌溉五莊，共有水分四百六十甲，於乾隆三十年（1765）全部完工，呈請清丈、定界、陞科，經秋、胡二姓委員清丈後，乾隆三十三年（1768）署理淡水同知李俀批准並親自到青潭口勘察，劃地分管定案，即可避免外人（特別是郭錫瑠的金順興號）與金合興爭地，又可以確定五莊內部地界合約。合約便是在乾隆三十八年（1773）一切談判妥當後簽定的。

　　又根據合約所敘，大坪林五莊莊民主要得克服如下困難：其一、潭深山高，從攔水壩、斗門頭到第一汴（分水閘）之間，都是砂岩和頁岩，要鑿明渠（圳路），也要鑿暗渠（石腔、隧道），請石匠鐘阿傳等人開鑿了七年才完成。其二、青潭和生番接壤，鑿渠築陂的工作常受騷擾，人員屢被埋伏的生番截殺。大坪林五莊莊民「設流壯為護衛」，挑選身體強壯者輪流巡察防禦，血戰經常發生，「逐兇番」、「斬荊棘」，因鑿圳而犧牲的莊民被合葬在五莊圳管理機構合興寮前（在今天瑠公紀念大樓前）。

　　即因前述困難，郭錫瑠的鑿圳事業「遲之悠久」。大坪林五莊既和錫瑠交換水源，也經過漫長的七年，「日興血戰」，犧牲了許多生命，才完成青潭到新店這一段穿石為渠的艱鉅事業。近百年來，人們膨脹郭錫瑠的功勞而忽略大坪林五莊莊民的血淚、毅力和智慧，實在不甚公道。瑠公圳取得今天碧潭為水源之後，既沒有與生番衝突的問題；從碧潭到臺北，一路平

坦，故也沒有開山鑿石的問題。除了跨景美溪和沿著蟾蜍山的
梘道（輸水道），施工上並沒有更特別的困難，在當時的臺灣
是相當普通的工程。

合約也提到莊民們宏大久遠的規劃與理想：

一、五莊莊民既在合作開墾和開鑿五莊圳的過程中，學習
了更強的組織、經營能力，彼此也更加團結，遂將「金合興墾
號」改為常設管理機構，並建立合興館為辦公處所，管理水圳
維修和五莊的治安、公共事務。當時人又稱合興館為「大宅」。
日治時代又成為文山水利組合會址之所在。寮下五莊各設圳長
一人，照顧各莊分管的水道。莊眾田畝每甲收圳租三石，其中
二石八作為合興寮的經常費用。五莊圳權益若遭受侵害，交涉、
對抗所需經費由各莊分攤。

二、設置水圳沿岸保護區。由青潭圳頭到獅頭山腳頭汴為
止，兩岸各寬十丈的土地為禁區，不許採樵、採砂石或掘土。
各莊間的牛車路寬兩丈。各莊分圳的圳底一丈四尺寬，兩岸護
岸各五尺，每家的私圳圳底寬一尺半。無論是水圳或車路，都
不可違背規定，任意占用土地，更不可以破壞水圳。

三、由於大坪林五莊開莊時「與木石居」，「與鹿豕游」，
備嚐艱難；開圳時「兵革持身」，「似化外頑民」，經常在戰
鬥中度日；一直要到水圳完成後，水田的生產力大量提高，生
活也才安定下來，故希望莊民要「讀孔聖遺書」，「共歸大中
至正之途」，「仁義忠信喜樂不倦」，成為有知識、有操守的人，
進而參加科舉考試，出仕任官，成就大坪林「地靈人傑」的美
名。

〈合約〉留下一些重要領導人物的名字，最重要的有二十
張莊的蕭妙興，十四張莊的簡書、朱舉、吳德昌、陳朝誇，
十二張莊的曾鎮（振聲）與七仔莊的王綸、王奇勳，與寶斗厝
莊的江（游）龍、林棟材。

大坪林五莊莊眾在〈合約〉中稱獅頭山為「淡地第一名山」

莊眾也相信自己一手創建的家園,「山川懷抱」,「日後當富貴收全」,真是一群樂觀、剛毅、自信,又對未來有無限憧憬的拓墾者。

更令〈合約〉顯得特殊的是,五莊莊民完成土地開發,五莊圳開鑿後,敦請地方長官淡水廳同知親臨勘察定界,以便清丈「升科」(繳納田賦),此舉固然是援引國法確保圳權和土地所有權的手段。但是,較諸清代全臺只有十三分之一的田園升科,臺灣北部的升科地尚不及三十分之一的情況,大坪林五莊莊民呈請「清丈田賦」,真是一件不容易的事情了。

〈水路車路合約〉又制定了一年三次的重大宗教活動:

一、時當每年三月缺水期,五莊公設「禁水戲」全臺,一方面,「以杜攔截汴面」,「偷漏汴腳情弊」,提醒大家用水要公平,不可私下偷水,同時也是農忙期間莊眾的娛樂。

二、每年十月十五日「禮祭皇天神祇」。十月十五為「下元節」,相傳為三官之一水官大帝大禹的誕辰,俗稱「三界公生」。三官即天、地、水,自張道陵布教始,魏時配以三元。上元賜福天官紫薇大帝(正月十五生),中元赦罪地官清虛大帝(七月十五生),下元解厄水官洞陰大帝(十月十五生)。水官下降,校對人間善惡,除災厄,是大坪林地區規模最盛大的祭典。

三、七月十五是地官大帝生。相傳帝舜因開墾土地有功而授地官大帝。當天也是「鬼節」,民間普渡設壇,頂桌拜地官大帝,下桌拜孤魂野鬼。每年的這一天。合興寮都要祭拜「被番損失難民」。

大坪林五莊建福德正神祠三所,一在七張莊,一在十二張莊,另一在二十張與十四張莊交界處,即通往今天中和南勢角的交通要衝的渡船頭,仍然形成「店子街」,店子街的崁腳渡船頭即「店子腳」。嘉慶二十三年(1818),黃朝陽等聚眾仿蛤仔堆(今宜蘭)「結首制」,開發直潭、青潭一帶,在碧潭、

獅頭山之間的入山口，又形成小市街，相對於二十張的「店仔街」，俗稱「新店」。

五莊莊民開鑿青潭至新店間石渠、隧道時，於石腔口設一小祠祭祀盤古以求庇蔭。石腔完工後，石匠鐘阿傳等又立碑圳傍。小祠即今天新店開天宮的前身。

〈水路車路合約〉雖然縝密宏偉，日子久了，子孫們忘卻當初開拓的艱辛，土地轉手，更不願信守舊約。至光緒十六年（1890），為維護水圳和莊眾之間的和諧，五莊之間重新訂立一份《嚴禁合約》，詳細規定陂長、圳長，以及農戶應遵守的規則和罰則[4]。大坪林圳為五莊共有，另設「顧圳人」管理，當時五莊圳由劉廷達、高亦飛、高鐘猛、劉長慶、劉五典、王智平、陳奎輝等人組織的「新合興館」管理經營[5]。光緒二十一年（1895）臺灣割讓日本，日本人高橋利吉知道：只要不遇到特別厲害的大水災，管理水圳即有厚利可圖，遂聯合臺灣人劉隆俚於光緒二十四年（明治三十一年；1898）六月取得五莊圳的管理經營權[6]。原來五莊圳的領導人，姓蕭、簡、朱、曾、王、林、吳、陳、江，新的領導人姓劉、商、王、陳，起了極大變化，是客家人離開了，形成交替聚落？還是新興家族取代原來的始墾者，只有等待將來有機會，再深入考察了！

日本治臺之後，先於光緒三十二年（明治三十九年；1906）指定瑠公圳為主的十一條埤圳組成「公共埤圳瑠公圳組合」，成為非營利性法人[7]。兩年後，大坪林五莊圳也被指定為公共埤圳[8]。光復以後，又分別改組為瑠公及文山水利委員會。民國四十五年（1956）文山水利會併入瑠公水利會，稱「臺灣

---

4 見前書，頁一一七至一一九。

5 前註3引書，頁一一九至一二二刊印劉廷達等人光緒六年（一八八一）所立的〈守顧坡圳合約〉。

6 註3引書，頁一二二至一二三刊印了一份劉廷達退辦，高橋利吉和劉隆俚接手承辦的〈合約字〉。

7 參考註1引文，頁一四九至一五一。

8 《臺北縣志·水利志》，頁二至三。

省瑠公農田水利會」，五十七年（1968）又改為「臺北市瑠公農田水利會」，大坪林五莊莊民的財產終於變成臺北市轄下水利會的財產。2020 年，執政的民進黨將全台 17 個水利會改為公務機關，人民私有的土地和圳、陂國有化。

　　大坪林五莊莊名充分顯示當初結夥經營，合作開發新店的情況。二十張是二十張犁的簡稱，意指二十人共墾，每張犁以田五甲計，實際上都遠超過五甲；七張、十四張、十二張都是相同的意思；寶斗厝則位於景美溪曲流低地，形如寶斗而得名（位於瑠公圳景美溪上「水梘」的「梘頭」，梘頭的水汴頭稱斗門頭或寶斗），另外，寶斗也是財富匯聚的象徵。

　　現在通用電子公司一帶，因在寶斗厝之東，舊稱「東勢角」。寶斗厝北邊靠近景美溪一帶是瑠公圳水梘的梘頭，故名「梘頭」，梘過溪後即「梘尾」。「梘尾」至日治時代改稱「景尾」，即現在「景美」地名的由來。十二張莊和十四張莊之間，現在耕莘護校一帶，昔日因為有高大的九芎樹而得「九芎腳」之名。「店子街」在溪園路，與南勢角尖山遙遙相對，順流而下即今古亭、艋舺，對岸即中和、永和。此地既在二十張莊和十四張莊之間偏北的地方，又位處通往秀朗社和今天中和、永和的交通要衝，於是有人在這裡開店，叫出了「店子街」的地名；靠近「店子街」的渡船頭則稱為「店仔腳」[9]，對岸即是秀朗社址—外挖仔（河彎處）。嘉慶二十三年（1818）黃朝陽等聚眾入山開墾，加上此前青潭、直潭一帶也有不少漢人移民和番人交易，於是有人在新店溪出山口一帶狹窄的河階地上開店，這裡和下游的「店子街」相比，是比較新的商店區，所以稱「新店」，是今天新店地名的由來。道光九年（1829）已出現新店莊的名稱，光緒年間（十九世紀七十年代以降），新店街更有頂街（南段、高處）、下街（北段、平緩處）之分。

9　大坪林地區地名參見《臺灣堡圖集》，頁五至二十一。

第三章　新店安坑地區的客家人與福佬人

開發大坪林的同時，漢人移民也進入安坑，沿著今天的安坑溪和五重溪進行拓墾。

以位在今天安坑國小一帶的公館崙為界，上游五重溪河谷（安坑通谷）以三城客家人廖家為中心的車子路、頭城、二城、三城與四城是所謂的「內五張莊」，公館崙下游安坑溪流域（沖積三角洲）則稱為「外五張莊」[10]。

安坑原來也是秀朗社的土地，除了開發今天中和、南勢角一帶，通事林成祖（秀俊）也帶領漢人移民開發安坑一帶。開拓之初原稱「暗坑仔」──暗坑莊，嘉慶六年（1801）林天成的孫子林登選覺得「暗坑」（原意森林蒼鬱不見天日的山谷）不雅，遂改名「安坑」[11]。

內五張莊南、北山區都有生番，南側山區更住著強悍的泰雅族，墾戶遂採用防禦功能較強的石牆「土圍」形式住宅，於是以「城」為名；外五張莊情況稍好，但是靠南的山區也是生番出沒的地帶，因此赤塗崁（紅土小斷層的意思）、大坪頂一帶也以頂城、下城為名，開發的時間也比較晚[12]。安坑設有隘寮、隘丁，《淡水廳志》曾經載入；民間進行土地買賣，合約裡也一定有申明貼納隘丁費用或隘租的條款[13]。

10　臺北廳，《社寺廟宇二關スル調查》（中央圖書館臺灣分館藏稿本，大正五年（民國五年；一九一六））安坑公學校校長所做有關「潤濟宮」的調查報告；以及乾隆六十年（一七九五）十一月「暗坑仔外五張赤塗崁溪洲佃人林運、王桃、王君仁、蘇西、吳發、沈都、林瑛、黃知、王便、廖前等人」的〈請約字〉。

11　參考註1引文，頁一○○至一○一。

12　日本學者富田芳郎注意到這種情形，也在安坑的三城、車子路、大坪頂等地做過詳細的調查。參見氏著「〈北部臺灣に於自衛ける的農村聚落の一例〉（《地理學》，三卷四號（上）和五號（下））。

13　道光十七年（一八三七）鄧開元、鄧漢中伯姪二人「分產立石定界合約」，有關暗坑莊大坵園的土地，就有大租、屯租和隘丁莊例的規定。同治元年（一八六二）游源易、曾傳篇、范清科等八股四圍分頂城、下城、大坪頂、大湖底等處興建太平宮之剩餘土地所訂合約，也詳列番大租和隘丁租等名目。

　　五重溪下游，公館崙以北，沿溪南分柴埕、石頭厝、大楠坑、外挖仔、內挖子於雍正、乾隆之交（十八世紀三十年代左右）已逐漸開墾成田；赤塗崁五十六分、九甲三一帶卻因缺水灌溉，只能墾成旱田。乾隆初年（1736）墾民向秀朗社番潤福請得開墾新店溪畔「埔地」的「墾批」，也因為無水灌溉而「十作九荒」。

　　林成祖為了灌溉南勢角和中和一帶，利用新店溪（今碧潭）的水源開鑿永豐圳。乾隆十八年（1753）大坪林五莊莊民把碧潭水源換給郭錫瑠後，林成祖不得不也把水源移往上游。暗坑墾戶羨慕永豐莊的水源豐沛，於乾隆六十年（1795）由張仲裔領導出資・和林登選合夥，以乾隆十八年（1753）以後荒廢的永豐圳故道為基礎，開鑿「安坑圳」，分享新店溪水源。當時參與此事的有廖前、林運、王桃、林璞、王君仁、吳發、蘇西、沈都、黃知、王便等個人或墾號[14]，其中「王君仁」是王國香、許君嚴、黃君佐等合作開墾「九甲三」的墾號。「九甲三」即今天下城安平路德安宮和永吉宮一帶。王君仁開墾之後，請地方官吏清丈，面積九甲三分，是「九甲三」地名的由來[15]。當時主要由張仲裔包辦灌溉渠道的開鑿工程[16]；「修理保固」的工作則由賴發承辦[17]。至嘉慶元年（1796），林登選收購九甲三一帶兩丈寬的土地，另開一條支圳，灌溉溪洲、十四分、石頭厝一帶埔地[18]。

　　到了嘉慶六年（1801），安坑外五張莊一帶的水利灌溉系

14　見於乾隆六十年（一七九五）年十一月廖前、林運、王桃、林璞、王君仁、吳發、蘇西、沈都、黃知、王便等人的〈請約字〉。

15　嘉慶元年（一七九六）二月〈王國香、許君嚴即黃君佐全立杜賣圳路契〉。

16　乾隆十六年（一七九五）九月，漢業主林登選田著王鑾振、林運、林璞、蘇西、曾〈仝立請約字〉。

17　嘉慶六年（一七九六）十一月賴發所立〈承領修理保固字〉。又同年十一月范元生、范廷輝、王國助、林國，周百鳳、曾阿九、王大便、陳真、廖前、廖再、周陳等全立〈請約字〉。

18　同註15。

統全部完工，維修系統也已建立，莊眾感念開漳聖王的保護，乃於嘉慶十二年（1807）集眾商議，在新店溪畔大坪頂興建今稱太平宮的開漳聖王（陳元光）廟。秀朗社潘開鳳和合夥開墾的漳州人游源昌、曾傳篇、范清科、林漤水、吳以文、蔡廖記、張馥元、王三升等夥友皆預其事。他們集資建廟，開墾附近頂城、下城、大湖底、大坪頂一帶，闢成農田和茶園做為廟產。道光二十二年（1842）一部分廟產土地被分給賴發；次年，又從其中丈出「聖王公香祀田」；最後剩下約六甲田園也於同治元年（1862）按八股四均分 [19]，這是頂城、下城、大湖底、大坪頂一帶被稱為「八股四莊」的由來 [20]。

太平宮是外五張莊的信仰中心，每年有春、秋兩祭。根據日治時期的調查，正月初五由大坪頂、頂城、下城、溪洲、十四分、石頭厝、內挖仔、外挖仔、豬肚山（今天及人中學一帶）、柴埕街與公館崙一帶居民每年輪值一姓，依序是林、廖、王、曾、吳、陳姓、雜姓與賴姓合辦。七月十五秋祭則由溪西、車仔路、薏仁坑等地五大族主辦，每年一族推派代表為爐主，其他四族代表分任主會、主醮、主壇及主普 [21]。

至於內五張莊，則以二城的潤濟宮為信仰中心，其〈中興碑銘〉載 [22]：

> 茲我安坑內五張莊當未成莊以前，林密谷暗，山面一帶，兇蕃盤踞，風土未純，民屢受困。咸謂：不藉神力，不能安居樂業以保境而庇民乎？從茲假堂而尊奉三官大帝，始時當嘉慶年間。向後凡遇防番災厄，每禱必驗，

---

19 同治元年（一八六二）十二月張馥元、吳以文、蔡廖記、曾傳篇、范清科、林漤水、游源昌、王三才〈仝立分鬮定界分管約字〉（曾傳篇約末為曾合記，蔡廖記約末為廖仁記，其他各名號亦各有代表人簽署）。
20 〈臺北縣志・開闢志〉，第二十章〈新店鎮・頂城里條〉，頁三四。
21 仝註 10 引安坑公學校校長對太平宮所做的調查報告。
22 仝註 12 引文，頁八九四。

莊民深信賴之，於是逐年實行四季福祭。

興建此宮之議始自道光十二年（1832）。當時三城頭人廖世協、二城頭人游學海、頭城頭人邱神恩，車子路頭人林青露等發起建廟奉祀三官大帝，動員莊民捐款，得銀元一百，購買陳雄雅年可收租六十石的墾業做為「香燈業」（奉祀基金）。至道光十五年（1835），又集資三百一十元，興建潤濟宮。

潤濟宮的祭祀範圍包括車子路、頭城以西以至五城一帶，據日治初期的調查，約有居民四百戶。一年主要有四季福祭和年終祭。上、中、下元天、地、水官三官生日前一日的祭祠，加上八月十五中秋前一天的祭祠，是為四季福祭。每年上元正月十四春祭時，在神明面前選定當年的值年爐主一人和俗稱頭家的首事二至五人，他們代表莊民祈天降福；該年往後三祭便由爐主按時主持；等到謝平安的年終大祭，除了爐主、首事，也邀請地方官吏、士紳參加。[23]

新店的大坪林、安坑和中、永和的南勢角都奉祀三官大帝。

同治十年（1871）三城廖看家請來唐山客廖大龍和廖小龍兄弟，聚集一批無賴，掠奪莊民和鄰境，嚴重危害當時新店地區的治安。光緒八年（1882）廖氏兄弟更率領黨羽，遠襲艋舺後圍仔（今天臺北萬華康定路一帶）的大鴉片行裕源號，搶了不少銀子。這件發生在台北府城的大案子，驚動了地方長官，官兵包圍廖看家，逮捕廖小龍及其黨羽二十餘人，廖大龍則乘隙逃走[24]。顯見，此時安坑廖家已經由墾首、業主、富族，發展成豪族。

23　仝註 21。
24　仝註 22，頁八九五至八九六。

第伍篇

汀、潮客入墾臺北泰山與明志書院爭奪史

第一章　汀、潮客開發泰山

第一節　汀、潮客入墾泰山的歷史背景

　　康熙中期以前，臺灣的開發仍局限於現今臺南一帶。康熙三十五年（1696）冬，福建省城火藥庫炸燬，郁永河慨然請行，於次年（1697）春，從福建到臺灣採取硫礦，當時臺灣設置了一府三縣，以臺灣縣（現今臺南市一帶）為中心，北部的諸羅和南部的鳳山兩縣政府仍「寄居郡治臺邑之地，若僑寓然」[1]，對於臺灣北部的雞籠（今基隆一帶）、淡水（今臺北一帶），時人則視若絕域，「人至即病，病則死。凡隸役聞雞籠淡水之遣，皆欷歔悲嘆，如使絕域，水師例春秋更戍，以得生還為慶」[2]，郁永河循陸路北上，「自竹塹迄南崁八九十里，不見一人一屋」[3]，北部地區還談不上拓墾。是年五月初二穿越干答門（今關渡），見到臺北平原及康熙三十三年（1694）大地震所

1　郁永河，《裨海紀遊》，頁三〇（方豪校堪本，《臺灣文獻叢刊》，第四四種）。
2　同註1，頁一六。
3　同註1，頁二二。

造成的臺北大湖：在郁氏所著《裨海紀遊》（即《採硫日記》）中，有關漢人活動的紀錄相當少，更無漢人在臺北平原從事拓墾活動的紀錄，郁永河亦認為自己是「蹈非人之境」[4]。康熙六十一年（1722）首任巡臺御史黃叔璥著《臺海使槎錄》，在〈北路諸羅番〉篇的附載中，引《裨海紀遊》有「武勝灣、大浪泵等處，地廣土沃，可容萬夫之耕」的紀錄[5]，已然發現臺北平原農業發展的潛力。

康熙四十九年（1710），陳璸擔任臺灣廈門道長官。正逢海盜鄭盡心自遼海南竄，陳璸奉令搜捕雞籠淡水地區，發現「淡水一汛即鹿仔港汛」（淡水在台灣北部，鹿港在台灣中部，二地鳥飛距離超過150公里），應令其「常川駐防，加強巡查」，並請添設大肚社以北塘汛，「以防番社」[6]。陳璸往淡水搜捕海盜鄭盡心時，康熙五十年「調佳里興分防千總移駐淡水，增設大甲溪至淡水八里坌七塘」[7]。陸路設防，淡水八里坌官兵一百二十名，其中分南崁各塘七十名，淡水實兵只五十名[8]。兵力雖薄弱，但卻是清代經制兵駐防臺北之始。設防的原始動機是防止淡水成為海盜淵藪，但是因緣際會卻吸引了大批拓墾者北上[9]。朱一貴事件時，康熙六十年隨兄征臺的藍鼎元也說：「若安設官兵，則民不待招而自聚，土不待勸而自闢。」[10]：「地無美惡，經理則善，莫如添兵設防。」[11]

4　同註1，頁四〇。
5　黃叔璥，《臺海使槎錄》，〈番俗六考，北路諸羅番十 ‧ 附載〉，卷六，頁二二A。
6　陳璸，《陳清端公文選》，臺灣文獻叢刊，第一一六種，頁一五～一七。
7　《諸羅縣志》，卷七，〈兵防志 ‧ 總論〉，頁七七七。〈兵防志 ‧ 管制 ‧ 陸路防汛〉，頁七八八。
8　《諸羅縣志》，卷七，〈兵防志 ‧ 水師防 ‧ 附考〉，頁七九八。
9　尹章義，〈臺北平原拓墾史研究（一六九七～一七七二）〉，收入《臺灣開發史研究》（臺北：聯經出版事業公司，民國七十八年十二月，初版），頁四八。
10　藍鼎元，〈謝郝制府兼論臺灣番變書〉（《治臺必告錄》，卷一，收入《鹿洲文案》，中央圖書館臺灣分館藏，同治六年刊本），頁七八A。
11　藍鼎元，《東征集》（雍正十年刊本），卷三，〈覆制軍臺疆經理書〉，

　　康熙五十五年（1716）正月，陳璸入閩接印任福建巡
撫[12]，是年五月與閩浙總督覺羅滿保合疏奏請添設淡水營[13]。
康熙五十七年（1718）五月，正式核准「設立淡水營」，「移
興化城守右營守備駐防淡水，於臺鎮標中營撥千總一員，臺協
左營撥把總一員為淡水營千、把，每半年分防雞籠」[14]。朱一
貴事件後，首任巡臺御史黃叔璥目睹北臺「業戶開墾，往來漸
眾」，於雍正元年（1723）奏請增設彰化一縣[15]；「八里坌巡檢」
也於雍正九年（1731）三月由巡臺御史夏之芳奏准[16]。

　　在番多民少的北臺拓墾初期，漢人不斷地移入，自必引發
民番之間的緊張關係，而滿清政府對此所採取的態度，可從陳
璸的〈經理海疆北路事宜〉條陳中，〈禁冒墾以保番產〉一條
看出，陳璸對於平埔族各社的土地所有權的看法如下：

> 內地人民，輸課田地，皆得永為己業而世守之，各番社
> 自本朝開疆以來，每年既有額餉輸將，則該社尺土皆屬
> 番產，或藝雜籽，或資牧放，或留充鹿場，應任其自為
> 管業。且各社毗連，各有界址，是番與番不容相越，豈
> 容外來人民侵占[17]。

　　這種視番民為天朝赤子，肯定納稅輸餉即擁有土地所有權
以及保護番產的思想，正是「護番保產」政策的理論基礎，和

12　同註6，〈陳清端公年譜節略〉，頁九一。
13　同上，頁九四，繫於康熙五十五年五月條。
14　《大清聖祖仁皇帝實錄》，卷二七九，夏五月己未條（臺北：臺華文
　　書局影）。
15　黃叔璥，《臺海使槎錄》，卷一，〈賦餉〉，頁二四B，自注云：「余
　　奏准半線分設彰化縣，尚在經理，故仍三縣之稱。」《淡水廳志》，
　　卷八，〈職官表・官制〉謂雍正元年御史吳達禮奏設，頁一A。
16　閩浙總督那揭帖，《臺案彙錄》丙集，卷八（臺灣文獻叢刊，第
　　一七六種），頁二九三。又〈世宗實錄〉卷一〇三，繫其事於雍正九
　　年二月甲辰，並謂：「從福建總督劉世明請也。」蓋劉採納夏之芳之
　　意見奏請也。
17　陳璸：〈條陳經理海疆北路事宜〉（收入《陳清端公文選》），頁
　　一六。

十六、十七世紀，葡萄牙、西班牙、荷蘭、英國等帝國主義的
殖民思想比較，可以說是相當尊重先住民的人道主義思想。另
一方面，平埔人為了維護自己的生活資源，自然也不容許外人
侵犯。因此拓墾者在取得官方的「墾照」（官方許可開墾的執
照）、「告示」（公告周知的文件）之外，必須取得「番社」、
「番人」或「番業戶」的允諾，取得「墾批」、「墾字」（允
許開墾的字據），輸番餉，納番租，才能合法的從事拓墾，才
能避免民番衝突[18]。與平埔族人溝通，則需透過「通事」。

漢人殖民台灣和先住民的關係，遠較世界其他殖民地和睦，
關鍵就在於征服者的態度，先住民的因應以及「通事」的磨合
與潤滑功能。請領墾照，往往是「有力之家，視其勢高而近溪
澗淡水者，赴縣呈明四至，請給墾單，召佃開墾」[19]，墾首請
得墾照之後，必須「招股」籌得資金，「召佃」從事開墾。有
身家產業的農民安土重遷，畏難觀望；遊手好閒之徒又不耐勞
苦，是以有「招勇則易，招農則難」之嘆[20]，因此佃墾者必須
是能耐勞苦、富進取心，對於未來滿懷希望與憧憬的篤實農
人[21]。

募得佃墾者之後，必葺屋為寮，結厝為莊，預備耕牛、種
籽、農具、和糧食。始墾之際「墾首」負擔的比例較大。若是「易
開平原」，每墾一甲地，「約須人力一百工」[22]，開墾三年後
才能勘界定租，若遇洪水沖崩，一切又得重新開始，這當然需
要龐大的資金，若不是有遠見、有魄力的「有力之家」熟能備
辦？假若要開鑿埤、圳，水利工程的技術水平很高，其工本更
鉅，牽涉更廣，更需要具備組織長才和今人所謂「企業化經營」

18　同註9，頁五九～六〇。
19　尹秦（雍正五年巡臺御史），〈臺灣田糧利弊疏〉（收入《淡水廳志》，
　　卷一五附錄，中央圖書館臺灣分館藏，同治十年刊本），頁六A。
20　《臺灣私法・物權編》，臺灣文獻叢刊，第一五〇種，第一節〈土
　　地開墾之沿革所錄南路招墾委員之稟呈〉，頁二。
21　同註9，頁六〇。
22　同註20，頁一。這是光緒二年臺灣中、南部的情形。康熙末期，還涉
　　臺北，其工本當不止於此。

的能力。

有的墾首「離莊窵遠」（即「遙領墾首」），既得招股、招佃，籌措資金和拓墾工具，也得擔當成敗的責任與風險。有的墾首則與佃墾者同駐墾莊，即「在地墾首」[23]，責任更重。

> 其勤樹藝也，雖荊棘草萊，必鋤而夷之，其籌灌溉也，雖迂迴阻隔，必視而通之[24]。

他們對於臺北平原的田土化與水田化過程，都有無比的貢獻。

始墾之區必「勢高而近溪澗淡水」，但是具備「天泉水堀」之利的土地終究不多，偌大的平原若盡是仰賴天時的看天田而不能興水田之利，自非「墾首」和佃墾者所能忍受。臺北平原的拓墾者既是梯山航海，渡越千里，挾智慧、勇氣、勤奮與資金而至的健者，他們在開鑿陂、圳灌溉工程方面的成就亦自不凡。

康熙三十六年（1697）郁永河駐在北投時，臺北平原尚無明顯的拓墾跡象，康熙四十九年（1710）陳璸到臺灣後，發現拓墾者請領墾照北來拓墾的事實，又因備禦洋盜鄭盡心之便，在北臺置分防千總和一汛七塘之後，臺北才有經制兵駐防，「民不待招而自聚」；拓墾者紛紛到臺北平原來，他們或來自閩粵，或來自南臺；或以家族、鄉親為中心，組成拓墾集團——墾戶，或以幾個墾戶組成大「墾號」，葺屋為寮，結厝為莊，而他們的墾莊，往往散布在臺北盆地內各平原之上，互助合作、共負成敗的責任；另一方面，一個平原上，往往也有不同的墾戶在競墾[25]。而新莊平原的拓墾，是以泰山山腳一帶為最早，向營盤、海山、五股、新莊中港厝、頭前、二重埔方面發展。因為新莊、頭前、二重埔所依傍的臺北大湖是個鹹水湖，食用水和

23　同註9，頁六一。
24　《淡水廳志》，卷十一，〈風俗考〉禁事條，頁一Ｂ～二Ａ。
25　同註9，頁六一～六二。

灌溉水取得不易。平頂山腳的泰山原野以當時的條件而言，取水最為便利。[26]

第二節　陳賴章、陳國起、戴天樞三墾號與大佳臘墾荒告示以及北臺開墾合約（1709）

現今所知有關臺北平原的拓墾文件，當以康熙四十八年（1709）陳賴章墾號請得的〈大佳臘墾荒告示〉為最早。

〈大佳臘墾荒告示〉原件藏於艋舺洪文光氏，原文刊布於明治三十五年（光緒二十，1902）二月出版的《臺灣慣習記事》第二卷第二號上[27]，至今猶未見早於此者，因關係臺北平原拓墾史至為緊要，茲全錄如下：

> 臺灣府鳳山縣正堂紀錄八次署諸羅縣事宋，為懇給單示以便墾荒裕課事，據陳賴章稟稱，竊照臺灣荒地現奉憲行勸墾，章查上淡水大佳臘地方，有荒埔壹所，東至雷厘、秀朗，西至八里坌、干脰外，南至興直山腳內，北至大浪泵溝，四至並無妨礙民番地界，現在招佃開墾，合情稟叩金批給單示，以便報墾陞科等情，業經批准行查稟者該社社商通事土官查勘確覆去後，茲據社商楊水祚、夥長許總、林周、土官尾恔斗謹等覆稱；祚等遵依會同夥長土官，踏勘陳賴章所請四至內高下不等，約開有田園五十餘甲，並無妨礙，合就據實具覆各等情到縣，據此，合給單示付墾。為此示給墾戶陳賴章，即便招佃前往上淡水大佳臘地方，照四至內開荒墾耕，報課陞科，不許社棍閒雜人等騷擾混爭。如有此等故違，許該墾戶指名具稟赴縣，以憑拿就。該墾戶務須力行募佃開墾，毋得開多報少，致干未便。各宜凜遵毋忽！特示。

26　尹章義，《新莊發展》（新莊市公所，民國六十九年七月一日，初版一），頁二一。

27　《臺灣慣習記事》，第二卷第二號，〈臺北地方開墾に關する老子據〉，頁三五。據稱：告示原件寬三尺長五尺餘，上有諸羅縣印。

康熙肆拾捌年柒月　　日給　發淡水社大佳臘地方張掛 [28]

　　這份示文有幾點值得吾人注意：

　　一、請墾「四至」分別涵蓋了郁永河、陳夢林所謂的武勝灣（新莊平原）和大浪泵（狹義的臺北平原，下同）兩處可容萬夫耕的平原；但不包括奇里岸、蔴少翁（士林平原）。

　　二、奉署諸羅縣事宋永清行票查勘的只有社商、通事、土官，並無鄉保族正。顯然漢族農民社會尚在形成階段。

　　三、請墾四至內已「約開有田園五十餘甲，並無妨礙」，這些田園開在何處才無妨礙呢？這告示是「發淡水社大佳臘地方張掛」，又指定墾戶陳賴章「即便招佃前往上淡水大佳臘地方」去開荒，都避開了新莊平原和士林平原，五十餘甲田園自以墾於上述二平原才可能「並無妨礙」。

　　四、此區尚有其他社商、通事或其他漢人競墾。

　　五、宋永清認為陳賴章墾戶有不努力「募佃開墾」的可能。

　　六、「四至」涵蓋至廣而開墾標的止於大佳臘某一地區，正具有高拱乾所謂「開墾止於一方而霸占遂及乎四至」的企圖 [29]。

　　民國六十九年筆者撰述《新莊志》，訪得康熙四十八年（1709）十一月的一份合約，移錄於下 [30]：

> 同立合約載歧伯、陳逢春、賴永和、陳天章，因請墾上淡水大佳臘地方荒埔壹所：東至雷匣、秀朗、西至八里坌、干脰外，南至興直山腳內，北至大浪泵溝，立陳賴章名字。請墾淡水港荒埔壹所：東至干豆口，西至長頸溪南，南至山，北至滬尾，立陳國起名字。又請墾北路

28　同註27，頁三六。《清代臺灣大租查調查書》，第一章第一節〈墾照〉（三）錄此告示，實則此乃墾荒告示，非墾照。

29　同註9，頁六四。

30　同註9，頁六五～六六。

蘇少翁社東勢荒埔壹所：東至大山、西至港、南至大浪泵溝北至蘇少翁溪，立戴天樞名字。

以上參宗草地，俱于本年柒月內請給墾單參紙，告示三道，茲相商既已通同請墾，應共合夥招耕，議作五股公業實為友五人起見，而千斯倉萬斯箱為吉兆矣。則凡募佃以及創置農器等項，照股勻出，所謂通力合作。至於收成粟石納科之外，又當計得均分，毋容紊亂，一有涉私以及遇事推諉不共相為力者則擯而逐之，各無後悔。總以同心協力共成美舉、相期永遠于無替耳。所有墾單告示陸紙，各收壹紙，開列于後，今有欲有憑。公立合約，各執為炤。

今開

戴岐伯收蘇少翁墾單壹紙

陳憲伯收上淡水港南墾單壹紙告示壹紙

陳逢春收大佳臘告示壹紙

陳天章收大佳臘墾單壹紙

賴永和收蘇少翁告示壹紙　　　　　　　　　　　陳天章

康熙肆拾捌年拾壹月　　　　　　　日同立合約陳逢春

　　　　　　　　　　　　　　　　　　　　　　賴永和

　　　　　　　　　　　　　　　　　　　　　　陳憲伯

　　　　　　　　　　　　　　　　　　　　　　戴天樞

　　合約長約四十公分，寬約四十四公分，各人名字之下各有花押。這件合約可能是今存拓墾史料中年份最早的原件。它顯示了以下幾點：

　　一、「大佳臘墾荒告示」是此合約中所著錄的六份文件之一，而陳賴章是墾戶的名字，不是人名。

二、康熙四十八年（1709）柒月有三宗或三宗以上的請墾案，而這三宗請墾案原來可能造成激烈競爭，然而彼此衡量情勢發現「既已通同請墾，應共合夥招耕」，故而「議作五股公業」「通力合作」共籌資金、募佃，共負成敗的責任。

三、請墾的時間早於簽合同，簽妥合同之後才「募佃以及創置農器」，實際開墾的時間當晚於此。

四、墾戶陳國起的「港南墾單」墾地在關渡口以南，依山面水的荒埔，惟「西至長頸溪南」，而長頸溪是否即今八里鄉長道溪之誤？亦無可據。

五、墾戶戴天樞的墾地，由其四至觀之，是蔴少翁社址也就是在今天士林平原東部[31]。

第三節　汀州貢生胡焯猷開發泰山、建書院、建廟

汀州貢生胡焯猷是最常為鄉里所稱道的拓墾者。乾隆十七年（1752），胡焯猷獻地建大士觀於直山西雲岩[32]。乾隆二十五年（1760），胡焯猷又在新莊米市倡建關帝廟[33]；二十八年（1763）三月廿四日，又呈請捐獻水田八十餘甲和平頂山腳的莊園、房舍、水塘等[34]，創辦了「明志書院」。八十年後，北臺才有第二間書院出現。後又捐「八里坌保坡角十八份塚地」，為鄉民「送死埋葬之區」[35]。當時彰化知縣胡邦翰

31　同註9，頁六七。

32　余文儀，《續修臺灣府志》，臺灣文獻叢刊，第一二一種，頁六五〇。又陳培佳，《淡水廳志》，卷十三〈古蹟考・寺觀〉，臺灣文獻叢刊，第一七二種，頁三四五，謂「胡林獻地建置」。

33　邱秀堂編，《臺灣北部碑文集》（臺北：臺北市文獻委員會，民國七十五年六月），貳、記事碑，第四五、新莊武聖廟木碑云：「自乾隆二十五年間，董事胡焯猷等建立武廟一問於米市，此權輿託始之意也。」同治七年陽月（按：十月）立，碑今存廟內。又陳培桂前引書，卷六〈典禮志・祠祀〉，頁一四九。

34　中央圖書館臺灣分館藏，《明志書院案底》（臺灣總督府圖書館抄本），頁二九～三六。

35　邱秀堂前引書，查、示禁碑、第三二、禁止墓地踐踏碑，謂「原自開

嘗言「其慕義無窮，實所罕覯，異日人才輩出，莫非該紳為之始基。」[36]

乾隆三十四年（1769），另一位拓墾功臣郭宗嘏也捐了兩百甲田園給明志書院（詳第四節）。乾隆三十年（1765）以後歷任的淡水同知，相繼謀求將明志書院遷往他們的駐在地——竹塹，四十六年（1781）事成。道光二十三年（1843），艋舺也成立了學海書院。光緒十八年（1892），兩地的縉紳之士，為了爭奪胡、郭二人的捐獻而大打官司，「控爭興直、擺接、八里坌等處應收書院租穀」。中央圖書臺灣分館藏有《明志書院案底》的抄本，紀錄了自乾隆二十八年捐建明志書院直到光緒二十一年正月（1763～1895 的爭控官司全部檔案。根據這《案底》才能進一步了解胡焯猷的成就。

《案底》中錄有胡氏呈文，自謂：「青年創業，已荏苒乎七旬；白手成家，實經營乎半世。」[37]，半世是個概約的數詞，無法採得確實的年代。接受他的捐贈並實地踏勘他的田宅的彰化知縣胡邦翰說「興直莊貢生胡焯猷」：「以四十餘年手創基業，不私於子孫。」[38]，如此推算，自乾隆二十八年（1773）逆數四十，正是雍正元年（1723），也就是說，胡焯猷是康熙末年到泰山拓墾的。乾隆十三年（1748）胡焯猷和林作哲、胡習隆三人合組「胡林隆」墾號，而他所捐出的「瓦屋一進五間，旁有廂房十二間，前鑿池塘，上接山水，下落莊田」[39]，以當時的水準而言已頗具規模。

胡焯猷捐水八十餘甲給明志書院做維持費，可收租六百零六石九斗多，年納番租二十三石三斗四升，社餉銀八兩三錢三分四釐，他留下做為生活費的水田，可收二百一十多石的

闢之初、係蒙胡林業主施捨……迴來百年餘年矣。」該禁碑於同治六年春月置、逆推百年，則是乾隆三十二年。

36　同註 34，頁一 B。
37　同註 34，頁二六。
38　同註 34，頁一六。
39　同註 34，頁三六。

租 [40]，換算成水田，將近二十八甲，合起來是一百零八甲，這還不包括他對於大士觀和關帝廟的捐獻，這些水田只是胡焯猷所擁有的三股之一，僅以一股一百零八甲計，胡林隆號開墾的水田已超過三百二十四甲 [41]。胡焯猷所獻的八十甲水田上的佃農，有胡旭盧等二十七戶 [42]，總計三百二十四甲水田的佃農，當在一百一十戶以上。胡焯猷「所捐田畝坐址貼近山腳」[43]，胡林隆號拓墾的土地，大略散布在今成子寮、水碓、山腳、貴子坑、坡角、營盤一帶，正是林口臺地與山腳斷層的交接處，也正是擁有「天泉水堀」的易墾地。其拓墾的田地有納「番租」和「番餉」兩項，可知該地原有武勝灣社的平埔族人經營漁獵和原始農業。

乾隆十三年（1748）胡焯猷和林作哲、胡習隆三人合組「胡林隆」戶，據林博文所藏的《林氏家譜》在「九世作哲公」項下有如下的記載：

> 作哲公，乳名明，字君視，號濬泉，德玉公長子，歲進士特授永安縣儒學司訓陞署正堂，生于康熙丙戌年七月十六日午時，卒于乾隆己丑年三月十七日酉時，葬赤山保林鳳營莊西勢園內。[44]

林作哲生於康熙四十五年（1706），卒於乾隆三十四年（1769），死後葬赤山保林鳳營莊，即今臺南六甲，是典型的遙領墾首。合組「胡林隆」墾號時 [45]，林作哲年四十三歲，族譜中載「開基臺灣」祖為林作哲祖父林志道（1637～1691），生二子，長曰德懋（1682～1734），次曰德玉

40　同註34，頁六Ｂ。

41　尹章義，〈臺北平原拓墾史研究（一六九七～一七七二），收入《臺灣開發史研究》（臺北：聯經出版事業公司，民國七十八年十二月，初版），頁七四。

42　同註34，頁一三Ｂ。

43　同註34，頁一〇Ｂ。

44　林博文先生藏，《林氏族譜》，未刊本，手抄本，無頁碼。

45　乾隆十三年以前僅胡林二人組「胡林」業戶，似是至乾隆十三年胡習隆才加入一股，然尚待進一步資料證明。

（1685～1754）；德玉生三子，長子作哲，次子天錄（1708～1774），三子天錫（1713～1771），林作哲是移民第三代[46]。

乾隆七年（1742）十一月，李俊因為年齡大了，要回內地，將二處水田賣給本家族兄上苑，立根契字載：

> 立根契人本家族弟俊，有自墾坡水田壹處坐落：土名楓樹下屋門口一處，兩圳為界，南至胡宅田為界，北至大圳為界；又壹處坐在港墘，東至大港為界，西至中圳為界，南至鄧宅為界，北至胡宅田為界，四至分明。經丈壹甲玖分捌厘，載租壹拾伍石捌斗四貞……[47]。

上述合約中記錄了泰山楓樹腳一帶當時已開鑿「大圳」闢成水田，並有「胡林業主」朱印。據《淡水廳志》言：

> 淡北……近港水田，實稱沃壤，蓋自內山水源錯出，因勢利導，通流引灌以時宣洩，故少旱澇，此陂圳之設，為利最溥。……凡曰陂（一作埤），在高處鑿窪瀦蓄雨水，寬狹無定，留以備旱，此旱田之利也。凡曰圳，在水源所出處屈區引導，或十里、或二三十里，灌溉田甲，此水田之利也。陂必有圳，圳不必有陂；二者相需，而圳之利為尤廣[48]。

上述合約中所言「港墘」即河邊，為塭仔渡一帶。所言「大圳」，即「大窠口圳」，為大窠坑溪「自內山水源錯出，因勢利導」，引溪水灌農田的人工灌溉渠道。明治三十六年版的《臺北廳志》第六項、產業，第二目、水利，「大窠口圳」條有詳細記載，節譯如下：

46　同上。

47　鄧旭容先生藏，乾隆七年（一七四二）十一月〈李弟俊盡根契字〉，民國八十二年四月七日，閻萬清採訪。

48　陳培桂，《淡水廳志》，臺灣文獻叢刊，卷三建置志，水利門，附考，頁 57。台灣方志彙刊卷一，台灣銀行經濟研究室，民國四十五年十二月，台北。

雍正五年（1727）八里坌堡店仔腳莊總理林聯錫開鑿，
灌溉店仔腳莊、楓樹腳莊、溝子墘莊、大窯口莊水田
一百四十八甲，水租谷二十五名三斗，現由聯錫子孫林
弼卿、林和尚管理，明治三十四年劃規公共埤圳 [49]。

林弼卿與林和尚為林聯錫五世孫。昭和九年的《臺北州水
利梗概》更詳載，雍正二年（1724）十月開鑿，迄雍正五年
（1727）完工 [50]。不知《臺北廳志》所言何據，林聯錫不知是
人名亦或墾戶名？尚待資料證明。

山腳莊一帶在雍正五年即引大窯坑溪水源，化地為田，
較劉承纘乾隆二十六年至三十二年（1761～1767）始鑿成
之劉厝圳（又名萬安圳）早四十年 [51]，較張必榮乾隆三十年至
三十七年（1765～1772）陸續完成之張厝圳（又名永安圳）
早四十五年 [52]。

民國八十二年的實際調查，訪求了胡旭廬的後代，據其族
譜所載，胡旭廬（1702～1763），汀州永定人，於「乾隆年
間始渡臺建業」[53]，與胡焯猷同鄉，可能亦有親戚關係，在胡
焯猷捐設明志書院那年底去世 [54]。胡旭廬為小租戶，亦在地耕
墾，對早期泰山開發有不可忽視的貢獻。

第四節　龍溪監生郭宗嘏開發新莊捐鉅資予明志書院爭取設
　　　　立淡水廳學

乾隆三十四年（1769）十二月，監生郭宗嘏繼胡焯猷之後，
也捐獻了龐大的產業給明志書院，今存的發佃執照較多，其中

49　臺北廳總務課編，《臺北廳志》，明治三十六年（臺北：成文，
　　一九八五年影印），頁四二。
50　臺北州編，《臺北州水利梗概》，昭和九年十月十六日，頁一八。
51　同註 41，頁九七～一〇八。
52　同上，頁一〇八～一一五。
53　胡丕烈先生藏，《旭爐號純厚美玉公胡氏派下家譜》，手抄本，頁一
　　之一。
54　同上，頁二之一，謂：「卒於乾隆癸未年柒月二十九日卯時」。

批給佃戶陳闡的執照，仔細地紀錄了郭宗嘏當時的產業：

> 照得長道坑、滬尾、八里坌等莊田園，係監生郭宗嘏自
> 置施茂戶郭林莊業，乾隆三十四年十二月內，據該生赴
> 前道憲蔣呈請，願將自己田園內除出一百零一甲一分八
> 釐零、園四甲三分，共徵租六百二十石，內番租二十石，
> 餘租穀六百石留為自己養贍外，所有長道坑、八里坌等
> 莊計田一百六十一甲六分零，計查二十九甲二分，每甲
> 田徵租六石，每甲園徵租三石，共徵租一千五十七石二
> 斗九升九合六勺，悉充學租……所有各佃承耕田園，合
> 行給發佃批[55]。

這是乾隆三十六年（1771）任北路淡防分府的宋學灝所
頒的佃照。佃照中顯示，郭宗嘏在乾隆三十四年（1769）
底捐獻產業為學田時，所擁有田達二百六十二甲七分八釐，園有
三十三甲五分，共徵租一千六百七十七石二斗九升九合六勺。
八里坌在今臺北縣八里鄉，長道坑亦屬八里鄉，在林口臺地西
側，面海。

乾隆二十二年（1757），郭宗嘏將原本要設立租館的一片
土地，寬四丈八，長三十六丈，捐獻為福德祠的基地，並將興
直堡中港厝莊「有憑官給戳開墾成地一所」、「自莊頭起至莊
尾，逐年應得地租銀八兩二錢正[56]」全部獻給福德祠，作為春
秋二祭之資。乾隆二十七年（1762），又將興直保七嵌仔莊「自
七坎仔起至莊尾止，逐年應得地租銀六兩八錢正[57]」獻給福德
祠，以舒「歷年祭祠之資尚多不足」之困，他也強調「保此業
係宗嘏自己開墾之地」，兩筆土地都署名「業主郭宗嘏」。

拓墾中港厝莊和七坎莊，加上長道坑、滬尾、八里坌等地
二百六十二甲多田和三十三甲五分園。這只是「施茂戶郭林莊

55　《臺灣私法物權編》，臺灣文獻叢刊，第一五〇種，第四章第二節〈學
　　事〉，第十一〈執照〉，頁一四一二～一四一三。

56　《清代臺灣大租調查書》，頁八八一，〈喜獻祠地及地租字〉。

57　同註55，頁一三七～一三八，〈再喜獻地租字〉。

業」的一半「業主郭宗嘏」的成就[58]。

雍正元年六月，黃彥夫出賣五分之一股權的賣契上說：

> 有先年用銀同陳憲伯、周瑞生合本當官承坐施茂上淡水
> 草地參所[59]。

從這個賣契上的記載看來，施茂墾號早在康熙末期就到了
臺北，郭宗嘏是雍正以後到新莊平原拓墾的，而他是「在地墾
首」，親自參與開荒工作，所以他可以很自傲的說：

> 保此莊業係宗嘏自己開墾之地。

2018 年 12 月 25 日，再度到八里區渡船頭參郭氏家廟，
拜謁郭宗瑕墓園。郭墓在淡水河口河岸平台上。

古代五術界流傳諺語：大師觀星斗（規劃台北城的台北知
府陳星聚）；師傅看水口（改變台北城風水結構的台灣道劉敖）；
痞子拿著羅盤滿山走。

郭宗瑕墓坐南朝北，背靠觀音山，分金（中軸線）南指觀
音山鐵漢嶺下山坳，東西兩翼重砂形成半月環抱；明堂開濶，
近畽八里渡船頭（郭家設置），淡水街，遠眺七星山（介於觀
音、大屯二山之間），中有淡水一河，河寬二公里，自東南西
北流，又兩公里入大海。

日據時代，軍方在墓埕設砲台，下掘密道及彈藥庫、兵房，
可見其地勢之險要。

郭宗嘏夫人並未附槨，墓園則循淡水河、基隆河、南港溪、
四份子溪至南港四份子小盆地，溪水九曲，諸山拱照，一水中
流，為純陰至柔之絕佳風水。

二墓首尾呼應，陽陰合體，全台僅見。

58　尹章義，〈臺北平原拓墾史研究（一六九七～一七七二）〉，收入《臺
　　灣開發史研究》（臺北：聯經出版事業公司，民國七十八年十二月，
　　初版），頁七六。

59　《張廣福文件》，第一號，〈雍正元年六月黃彥夫賣契〉。

2019 年 01 月 01 日與郭掌從見面，受贈精裝《郭氏族譜》一冊。（民國 103 年 4 月，桃園，郭氏族譜編輯委員會）筆者根據該書增補郭宗嘏與明志書院事蹟如下：

> 郭宗嘏，生於清雍正元年，歿於乾隆四十一年（1723-1776），（據郭氏宗祠內神主牌所記）大墾戶郭光天四子，原籍漳州府龍溪縣昇平堡岱山社，社內建橢圓形大土樓——齊雲樓（61.1m*49.1m）至今完好如初。郭光天雍正六年入墾南坎社（桃園大園、蘆竹）、芝芭里社（觀音、新屋）、澗仔壢社（中壢）等處。郭宗嘏繼之，北墾八里坌、長道坑（新北市八里區、興直堡中港厝、七崁、柏仔林（今新莊正轄內）坪頂山腳（泰山、五股）。

> 郭宗嘏之所以為人所稱道，成為歷史人物，並非只因為他是巨富豪農，而是他做了一件在淡水廳歷史上，令淡水廳轄內士紳領和學子激賞敬的大事。

> 雍正九年（1731），大甲溪以北之地，從彰化縣分出，獨立為淡水廳，但是，並未設置淡水廳學，淡北地區的生童必須到彰化考生員（學生弟子員之簡稱，俗稱秀才）。

> 乾隆三年（1769），郭宗嘏捐給明志書院 161.6 甲水田，園 29.2 甲，總共田園 190.8 甲，共徵租 1,057.3 石。次年，郭宗嘏領銜向台灣道蔣允焄陳情，淡水廳考生就近考送，蔣允焄核准了，淡水同知宋應麟辦了三科；三十八年（1773）同知宋學灝以「無廩生保結」為由，仍歸彰化考送（《淡水廳志》、學校志、學額），好不容易爭取到的廳學廳試又奉送給彰化縣，豈不荒唐？其實只是方便長官們挪用明志書院的財產罷了。

> 乾隆四十六年（1781），淡水同知成履泰將明志書院遷往竹塹（淡水廳，今新竹市），興直堡舊地「留為租館」繼續收租。胡焯猷的捐項，每年收穀「三百伍拾三石」，

郭宗嘏的的捐項，每年收穀「壹仟零伍拾柒石」，同治
十一年（1872）修《淡水廳志》時，只剩「陸佰餘石」
（學校志、書院目）！

光緒五年（1879）在艋舺設台北府，下轄淡水（台北）、
新竹、宜蘭三縣和基隆一廳，分別學並改訂學額（生員
數額），從此，艋舺、新竹兩地的士紳，開始爭奪明志
書院的產業，日據初期還在打爭產官司（《明志書院案
底》），直到日本的台灣總督府將學產劃規政府公有才
止息。

　　胡焯猷、郭宗嘏兩位客家人捐獻的產業不還給山腳（今新
北市泰山區）的明志書院，卻任由新竹和艋舺福佬人搶奪，豈
不諷刺？

第五節　鄧禹善家族入墾泰山

　　民國八十二年調查同榮村與楓樹村時，訪得鄧禹善後裔鄧
旭容先生所藏數件老字據，始能明瞭乾隆初年泰山地區的拓墾
情形。

　　乾隆七年（1742）十一月，李俊因年老要回內地，將二處
水田賣給本家族兄上苑，立根契字載：

> 立根契人本家族弟俊，有自墾坡水田壹處坐落：土名楓
> 樹下屋門口一處，兩圳為界，南至胡宅田為界，北至大
> 圳為界；又壹處坐在港墘，東至大港為界，西至中圳為
> 界，南至鄧宅為界，北至胡宅田為界，四至分明。經
> 丈壹甲玖分捌厘，載租壹拾伍石捌斗四貞。今因年邁，
> 要回內地，托中送典本家族兄上苑，前來出首承買，當
> 日三面言定，出得時值田價銀肆拾參兩正……其田係俊
> 自墾，上年業主租課俱一完足，其現年租課係苑兄自
> 納……口恐無憑，立根契一紙為炤[60]。

60　鄧旭容先生藏，乾隆七年（一七四二）十一月〈李弟俊根契字〉，民

合約長約四十七公分，寬約四十六公分，各人名字之下各有花押，業主為胡、林，並蓋有「業主胡林圖記」朱印，胡即胡焯猷。

鄧氏族人於雍正年間來臺上淡水，後至山腳地區開墾，約與胡焯猷同時，上述合約中也記錄了泰山楓樹腳一帶當時已闢成水田，據《淡水廳志》言：

> 淡北……近港水田，實稱沃壤，蓋自內山水源錯出，因勢利導，通流灌以時宣洩，故少旱潦，此陂圳之設，為利最薄。……凡曰陂（一作埤），在高處鑿窪潴蓄雨水，寬狹無定，留以備旱，此旱田之利也。凡曰圳，在源所出處屈區引導，或十里、或二三十里，灌溉田甲，此水田之利也。陂必有圳，圳不必有陂；二者相需，而圳之利為尤廣[61]。

上述合約中所言「港墘」，即河邊，為塭仔渡一帶。所言「大圳」，為大窠坑溪「自內山水源錯出，因勢利導」，引溪水灌農田的人工灌溉渠道，即「大窠口圳」，雍正二年十月業主林聯錫出資開鑿，迄雍正五年（1727）完工[62]，灌溉店仔腳莊、楓樹腳莊、溝子墘莊、大窠口莊水田一百四十八甲，水租谷二十五石八斗。山腳莊一帶在雍正五年即引大窠坑溪水源，化地為田，較劉承纘乾隆二十六年至三十二年（1761～1767）始鑿成之劉厝圳（又名萬安圳）早四十年[63]，較張必榮乾隆三十年至三十七年（1765～1772）陸續完成之張厝圳（又名永安圳）早四十五年[64]。

國八十二年四月七日，閻萬清採訪。

61　陳培桂，《淡水廳志》，臺灣文獻叢刊，第一七二種，頁八十。

62　臺北州編，《臺北州水利梗概》，昭和九年十月十六日，頁十八。又臺北廳總務課編，《臺北廳志》，明治三十六年（臺北：成文，一九八五年影印），頁四十二。

63　尹章義，〈臺北平原拓墾史研究（一六九七～一七七二）〉，收入《臺灣開發史研究》，頁九七～一〇八。

64　同上，頁一〇八～一一五。

四年後，乾隆十一年（1746）十一月，李上苑亦回唐，將田地賣與鄧禹善和李弘英，立賣絕根契載：

> 立賣絕根契人李上苑，有自置水田壹處，坐址興直莊，土名楓樹下門前……（按：田地四至與上手契同）今欲回家，情願出賣，托中送與鄧禹善仝李弘英，前來出首承買，當日三面言定，出得絕契，田價銀陸拾兩正……立賣根絕契付永遠為炤 [65]。

鄧禹善（1693～1756）父仕恩（1664～1730）[66]，乾隆七年（1742）的契約，代書人為鄧仕拱，似是鄧禹善之叔伯。乾隆十三年（1748）八月，〈淡防廳二百七十號合同契稅單〉，上載「給付業戶鄧禹善」，「每兩契稅參分共該稅銀壹兩捌錢」[67]，原件長約五十八公分，寬約四十公分。

又過三年，乾隆十六年（1751）十一月，李弘英「欲回唐」，將二分之一的股份賣與鄧禹善姪鄧阿京，立賣絕根契載：

> 立賣絕根契人李弘英文英兄弟，善等有自置水分田壹處，坐落土名楓樹下門前……（按：田地四至與上手契同）原納大租壹拾伍石捌斗肆升，又水分壹分：善、英二人均分。英欲回唐□已壹半□情願出賣，托中送與鄧阿京前來出首承買……口恐無憑，立賣絕根契一紙，永遠為炤 [68]。

此合約即明載大租與水分。

禹善子復利（1716～1771）於乾隆三十六年去世。嘉慶二年（1797）十一月，復利妻呂氏立鬮書分家：

> 立合同鬮書母呂氏……今日席請族戚前來，仝海河二男焚香告稟　祖宗，合立鬮書壹樣貳紙，將　先夫遺創田

---

65 同註 60，乾隆十一年十一月，〈李上苑賣絕根契〉。
66 鄧旭容先生藏，《鄧氏族譜》，手寫本，無頁碼。
67 同註 60，乾隆十三年八月，〈淡防廳二百七十號合同契稅單〉。
68 同註 60，乾隆十六年十一月，〈李弘英賣絕根契〉。

業屋宇，及我創置田業果園家物等項餘銀，除老身養葬祭之外，其餘田園屋宇，當　祖先拈鬮，照鬮書管業為憑……祈后裔管業山高水長，二男甘愿今口有憑，合立鬮書貳紙壹樣，各執壹祇付執為炤。

即日批定長房男振海，坐陂角果園壹契，所有園內檳榔果子屋宇家伙等，交振海管業付炤。

二鬮定男振河，坐楓樹下水田屋宇，交振河收租管業，付炤。

再議定餘銀壹千餘元，留存伯姆二老，養贍葬祭之需……

再議定抽出餘銀參百元，付長房孫燒香之需……

……

再批明母親二老蒸嘗，實存銀壹千貳百伍拾元，存在母親手內生放批炤[69]。

鄧禹善有二子，長子復利，次子復環。從鬮書中可知至媳呂氏二子振海、振河時，已開墾楓樹下水田及陂角果園，然而這可能只是鄧禹善業戶的二分之一。振河於嘉慶二十一年去世，後子孫成立「鄧合源祭祀公業」，將蘇厝窠小租谷作祖先祭祀之資[70]。振河育有三子，次子舉，文舉文子士英，士英在晚年曾立《豫為子分定田業書》，該書中明載：

……批明父士英，明買鄧三江田地一段，址在山腳莊土名店仔街公厝……批明祖先憑鬮遺下明買簡永瑞田地壹段，址在山腳莊土名店仔街公厝南畔……又祖先遺下明買園地貳股三三又父親士英明買園地九股正，俱址在山腳莊土名店仔街公厝後……又抽起大窯口、枋樹腳田租

69　同註60，嘉慶二年十一月，〈合同鬮書〉。

70　同註60，昭和十二年一月五日，〈鬮分合約字〉。

拾石正，又抽起外藤寮坑田租貳拾石……批明祖先遺下
承買胡紹傑等田地屋宇壹份，又承買族親振行等田地壹
份，又承買族親振宗等田地壹份，合共三份，址在山腳
莊大窠口，每年共計租粟貳百貳拾石正……又祖父遺下
承買族親三江等田地屋宇壹份，又承買族親添財等田地
屋宇壹份，合共參份，址在廷寮坑土名外藤寮坑，每年
共計得租粟貳百九拾石正……[71]。

其拓墾區域包括楓樹腳、店仔街、蘇厝窠、大窠口及擺接
堡塔寮坑。鄧禹善子孫歷經百餘年努力經營，至清末乙未割臺，
已有相當成就。鄧士英並在立《豫為子分定田業書》中深深期
許子孫，繼續營先祖辛勤開創之基業：

順當懍遵毋違，惟冀克儉克勤，宏開富有，克昌厥後，
大振家聲。

第六節　胡瑞銓墾號

《張廣福文件》中有「墾戶胡瑞銓」的紀錄，乾隆四十一
年（1776）正月，許鳳信、黃士雄拆夥分地字載：

立合仝分單字人許鳳信、黃士雄二人合夥，先年乾隆
三十七年冬，合本買得黃阿門、黃阿強兄弟手內，前向
業主胡瑞銓在興直山腳大窩裡承懇有樹林埔地壹所；其
界址俱載原契分明，前經墾主增洗壹次茲買契併增契共
有契參張，因合夥各人一姓，恐日久難以同飧共室，今
將前合本所買山埔，聽從公親禱神拈鬮為定，分作上下
兩截，上截管至土地公石為界，分在雄前去管執為業；
下截分在信，管至上面土地公石為界，掌執為業，各人
前去承築成業，永為子孫已業，日後二比不敢言長言短，
口□有憑，立合仝字貳紙，各執壹紙，雄並上手母契共
貳紙，信並上手買洗貳契共參紙，為約執正管業為炤。

71　同註60，〈豫為子分定田業書〉。

業戶　　　清賦驗訖

在場　羅天生

公親　管朝宗、陳立身

代筆姪　文標

乾隆肆拾壹年正月　　　　　　　日立分字人　許鳳信、黃士雄再批上手老契共參紙內找契壹紙，許良旺收老契一紙找契一紙共貳紙黃繼蔥收上手契壹紙，日後子孫要用之日，取出不敢刁難再炤

批明正室三間合夥同蓋，今雄愿將厝壹半，交信前去為業又批先年信、雄二人合夥同蓋茅屋三間，其基地憑圖分在信分管業茲憑公親處斷，信出銀肆錢與雄收入，其基地茅室，盡歸于信，日後二家俱不異言，立字再炤[72]。

　　原件長四十六公分，寬四十四點四公分。上有業戶「胡瑞銓記」朱印及「清賦驗訖」朱印一。黃繼蔥一名在族譜中有記載，為紹老公派第十八世孫[73]。

　　又據本契之上手老契《張廣福文件》第三號，乾隆二十八年（1763）十一月胡新福賣契載：

　　胡新福有自置樹林地埔壹處，坐落土名興直莊楓樹下大窠尾，坐至伯公窠壹所，西至山崗為界，南至坪頂埔，北至大溪唇高坎為界……送與黃拔朝前來出首承買……其樹林地埔開承田園，子孫永遠管業……[74]。

　　原件長四十四公分，寬二十三點九公分，乃破損殘片，其

72　《張廣福文件》，第七九號，乾隆四十一年正月，〈許鳳信等合全分單字〉。

73　黃英傑主編，《黃氏大宗譜》（臺北：臺北黃氏宗親會，民國六十三年十二月，初版），系五五頁。

74　《張廣福文件》，第三號，乾隆二十八年十一月，〈胡新福賣根契〉。

左邊空白部分斷失，上有業主朱印一方印文字體與前件稍異，
當即另一「胡瑞銓記」之印記，又有「清賦驗訖」朱印一。

根據前引的兩件《張廣福文件》，我們知道楓樹下大窠尾
的開墾者當為黃拔朝、黃阿門、黃阿強父子，業主則為胡瑞銓，
胡瑞銓與胡焯猷同時存在，或非焯猷之繼承人。[75]

第二章　臺北泰山的客家家族與人物

一、潮州鄧氏

鄧氏家族，自西漢以上不得而知，自東漢以來始有記載，
其祖鄧禹，「居湖廣長沙溴沱河白水鄉蕪亭……吾祖禹公為丞
相，領尚書事，后錄功臣。」[76]此後，世代更替，至「志齋公、
生九子福建汀州府寧化縣，民籍，登進士第，榮任廣東提舉
司……公游潮州之程鄉，至松口，誌曰：「此處山水秀麗，星
辰照耀，後當有宰輔之生，據是居焉。」[77]故自志齋公以降，
鄧氏即遷居廣東潮州。

泰山鄧家是十三世鄧禹善的後裔，他生於康熙三十二年
（1693），卒於乾隆二十一年（1756）。《鄧氏族譜》中說，
鄧仕秩的三子禹盤（1718～？），妻王氏「卒於臺地」，其子
後遷臺東開墾。鄧仕秩是鄧禹善的三伯。禹善五弟禹勢，他的
次子明芝「在淡水居住辭世」。禹善六弟禹祿，他的次子復芝
「在上淡水娶室」。實際渡臺時間，族譜中並未記載，但據上
文推測，鄧氏族人約於康熙末年雍正初年來臺上淡水，後移至
山腳地區開墾。

鄧禹善來泰山開墾，育有二子，長子復利字伯禮（康熙
五十五年～乾隆三十六年，1716～1771），次子復環字伯繞。

75　尹章義，〈臺北平原拓墾史研究（一六九七～一七七二），頁
　　一四二。
76　鄧旭容先生藏，《鄧氏族譜》，手寫本，無頁碼。
77　同註76。

鄧伯禮死後即葬在大窠口[78]，「公未有生下男，立房弟伯勝之次子名振海為嗣，在臺灣居住，又立其弟伯繞之子名振河為嗣。振海（乾隆三十二年～道光二十五年，1767～1845）振河（乾隆三十五年～嘉慶二十一，1770～1816）時，已開墾楓樹下水田及陂角果園。振河於嘉慶二十一年去世，後子孫成立「鄧合源祭祀公業」。

二、永定胡氏

泰山胡家，祖籍福建省汀州府永定縣忠坑鄉金豐里交潭中。九世祖胡鐵緣，生十子，七子字旭盧[79]，號純厚、美玉。族譜中說：

> 九世祖考鐵緣公妣朱婆太，生十子，柒屘字旭盧，號純厚、美玉，公十世祖在清乾隆年開始渡臺建業，設址泰山鄉貴子坑村（即現在明志工專校址）拓墾定基。[80]

胡旭盧乃胡家之開臺始祖，死後葬在八里坌堡貴子坑（後因該址建明志工專，遂遷葬桃園龜山大埔水尾公墓），生三子，長子喬應，次子斗祿，三子斗福。喬應與斗福因無傳記故而譜牒中斷，斗祿生有一子連進。

胡家自胡旭盧來臺耕耘，至胡連進，歷經三代，已有相當的基礎。連進生有三子，長子萬春，次子萬溪、三子萬來。三子各有成就，分家後，各自立業，並建舍自居。萬春與萬溪於貴子坑建屋毗鄰而居，萬來則往台北發展。

78 　同註 76。

79 　胡丕烈生生藏，《旭爐號純厚美玉公胡氏派下家譜》，手抄本，頁二之一。族譜中記載胡旭盧（封面卻作「旭爐」）「生于丙午年，卒于乾隆癸未年柒月廿九日卯時，壽六十二歲」，乾隆癸未年為乾隆二十八年（一七六三），上數六十二年則為康熙四十一年壬午年（一七〇二）：丙午年是雍正四年（一七二六），下數六十二年則為乾隆五十二年丁未年（一七八七），有誤，待考証。

80 　同上，頁一～一。

三、陸豐張氏

陸豐張氏，原籍廣東省惠州府陸豐縣。因明朝年間適逢水患，開基傳下五世祠堂被毀，族譜失落，而以第七世張南溪為始祖。十一世張卿南生三子，長子毓拖，次子阿寅，三子大猷（乾隆二年～嘉慶四年，1737～1799）。張氏族譜中記載了乾隆十一年（1746）張大猷及其親人渡臺的事情：

> 為早裘其媽陳氏媽，乾隆十（按：漏「一」字）年丙寅夏，與陳家胞弟，卿南公春仲舅公祖，攜帶二個兒子，由廣東航渡臺灣，在新莊山下下坡角居住。……長子毓拖年二十一，次子留祖地，三子大猷年十一[81]。

「山下」下坡角即「山腳」下坡角。張大猷曾於乾隆五十二年（1787），回唐重修祖宗墳墓。他的母親陳氏，死後葬在觀音山旗杆湖，大猷死後葬泰山墓園。[82] 現子孫仍居下坡角。

四、饒平林氏

據《林氏祖譜》記載：

> ……原隆之父，初來溪東，生四子，長子世居溪東，次子與三子俱居饒平縣之南陂，四子即吾族之始祖公也。……肇基始祖，原隆林公，行四十三……[83]

故該族始祖，乃林原隆，其「初居溪東，而居大保寨坑子尾，後乃潔家居二都林婆社大塘唇，時在元之末世，至二世祖，將居此地名下坪林，即今之南陂樓內地也，嘉靖以前，屬漳州漳浦縣……。」[84]

亦即林氏一族，淵源於元末，初時居溪東，後遷至南陂，

81　張文成先生藏，《陸邑張氏歷代族譜》，民國六十九年印，無頁碼。
82　同上。
83　林義修先生提供，《林氏族譜》，未刊本，無頁碼。
84　林義修先生提供，《林氏族譜》，未刊本，無頁碼。

明嘉靖以前，南陂屬漳州府漳浦縣。

據族譜所載：

> 拾壹世祖宗彪，光抱次子，號炳文，娶張氏，生男求、
> 劈虁、果[85]。

> 拾貳世祖心果，彪四子，號義直，生於康熙辛卯八月
> 十九日，卒于乾隆辛丑四月二十二日，葬在大姑坎三層
> 埔（筆者按：今桃園大溪）。娶張氏謚惠淑，……葬於
> 龜崙克仔坑（筆者按：今桃園龜山）：[86]

> 拾參世祖諱期脈，生于乾隆丙子年六月十三日，卒於
> 道光九年己丑三月初八日。……光緒拾四年戊子七月
> 二十二日進葬在海山佳灰窰坑口莊……[87]。

> 汝本，期脈次子，生於乾隆甲辰年六月二十一日，卒於
> 嘉慶丙寅年九月二十二日，光緒柒年八月拾參日進葬在
> 海山佳大利崁栗仔園崁眉……。[88]

林原隆之後代，何人首先渡臺經營，族譜未載，可知者，
唯第十二世之後，皆葬於臺灣。

五、大埔黎氏

泰山黎氏家族、鼻祖為黎天麟，據《黎氏族譜》中說：

> 公生宋末，由福建寧化縣石壁村，仕于粵為佐尹，後遂
> 家於梅州平遠大石柘鄉。[89]

可知黎氏的原籍地是福建寧化，梅州大柘則為始遷地。

---

85 林義修先生提供，《林氏族譜》，未刊本，無頁碼。
86 林義修先生提供，《林氏族譜》，未刊本，無頁碼。
87 林義修先生提供，《林氏族譜》，未刊本，無頁碼。
88 林義修先生提供，《林氏族譜》，未刊本，無頁碼。
89 黎雙貴主編，《黎氏族譜》（中壢：中壢印刷文具行，民國六十一年），
頁一〇。黎志偉先生提供。

> ……至文舉公後歷饅頭公（奕士公）佐明太祖渡江時，以肉為饅頭救駕，致寧天下，後敘隨征有功，而得褒封三世，號為饅頭公，而據我舊譜有謂逸士公姅羅氏生五子，曰一二三四五朗。念一郎公謚康怡號興源，姅黃氏，而公任平遠府君後，住大埔縣三河。……惟溯我大埔縣三河開基祖自四世起至十二世止之世系，歷經世年湮……枝分派別，昭穆弗詳，無從查據，以致斷續失傳……。[90]

由此可知，黎氏自四世至十二止之世系，失傳無從考查，至十三世黎永起，世系方得再續。黎氏自四至十二世止之世系，失傳無從考查，至十三世黎永起，世系方得再續。黎永起生三子，士達、士聰、士顯。黎士顯生四子，文潤、文韶、文岳、文鳳。黎文岳生六子，玉琮、玉珮、玉碗、玉琰、玉珩、玉瑤。黎文岳生於康熙四十一年（1702）十二月初一，卒於乾隆四十三年（1778）十二月初二，「七旬餘來臺，是為我五大房派下渡臺始祖。」[91]其中黎玉珮十八歲即隻身渡臺，住在彰化，據族譜記載：

> ……十六世祖玉珮公，生于大埔縣三河霸陰那口、於弱冠之年隻身渡臺、卜居彰化有年，嗣後曾回內地省親，迨至三十歲再來臺灣，擇居上淡水灣仔內莊，務農為業，三十七歲時方娶黃氏媽為妻、時黃氏媽年僅十五歲，不幸十六歲時早喪，迨四十歲復娶張氏媽，年二十六歲，乃南靖縣人也，生五子……由耕嫁繼以經商，便遷居錫口街經營泰和號米鋪[92]

黎玉珮自娶張氏之後，遂由耕種轉而經商，從事米糧生意自此家道日隆。其後，

---

90 同註89，頁二一。
91 同上。
92 同註89，頁二一。

一日，適祖文岳公由內地來臺，而公隨即接入家中奉養，
以盡孝道焉，乾隆五十六年（1791），復遷居武勝灣田
心仔莊（今新莊區），住有年餘，乃卜宅在山腳莊（即
現在之泰山鄉），承買張阿四之山林屋地一所、便建造
房屋一座。……嘉慶十一年（1806），享壽八十歲，無
疾而終，騰岫兄弟，因承先人之遺教不忍分居，農工商
各盡其職，道光六年（1826），因遭亂以致屋宇盡廢，
不得已兄弟遂各分居別蓋。[93]

黎玉珮約生於雍正五年（1727），乾隆十二年左右渡臺，
乾隆五十六年（1791）遷居山腳田心仔莊，時年約六十四歲，
卒於嘉慶十一年（1806）。

民國五十七年（1968），農曆二月十五日，黎氏一族，
召開各房代表及宗親代表多人商議籌組黎文岳之祖塔興建委員
會，於農曆三月十五日在臺北縣泰山鄉明志村，明志路（舊名
義學村麻竹坑）興工破土，歷時半年完成，後請祖骸進塔安位。

除興建祖塔外，族人並提議重修祖譜，而將修譜一事，專
責委於黎雙龍，黎雙貴二人。重修之《黎氏族譜》，於民國
六十一年十一月編修完成。

六、汀洲胡焯猷

福建省汀州府永定縣人，官方文書中稱「永定縣貢生」[94]，
生卒年不詳，據乾隆二十八年（1763）胡焯猷給新莊巡檢的一
份呈文稱「青年創業，已荏苒乎七旬，白手成家，實經營乎半
世，茲將歸里」[95]則可推斷其生年大約在康熙三十二年（1693）
前後，至於他在臺北的開墾的事業，可能起源康熙五十三年

93　同上。
94　《明志書院案底》（中央圖書館臺灣分館藏抄本），頁五A。查乾隆
　　十七年修的《汀州府志》（臺北，成文出版社影印同治六年刊本）選
　　舉志，則未見有胡適的記載。
95　《明志書院案底》（中央圖書館臺灣分館藏抄本），頁五A。

（1713）之後，亦即是生於十七世紀末葉，十八世紀初葉至臺灣開墾，十八世紀中葉，回歸故里。

胡氏來臺時間不詳，乾隆十三年（1748）與林作哲，胡習隆共組墾號「胡林隆」[96]，這個墾號的規模，土地大約分布在今成子寮，水碓，山腳，貴子坑，田心仔和陂角，丹鳳，營盤。[97]

由於開墾事業的成功，使得胡焯猷累積了財富，也成為當地的領袖人物，參與多項公益事業：

一、乾隆十七年（1752）獻地建大士觀於興直山西雲巖[98]

二、乾隆二十五年（1760）「董事胡焯猷等建立武廟一間於米市」[99]，武廟即今日新莊市的關帝廟。

三、乾隆二十八年（1763）呈文捐獻水田八十甲，和山角的莊園，房舍，水塘等，建立明志書院，成為北臺第一書院，當時閩浙總督楊廷璋亦立碑記此盛事。[100]

四、又新莊市十八份塚地《禁止墓地踐踏碑》：「原自開闢之初，係蒙胡林業主施捨，以便送死埋葬之區」[101]，文中的胡林業主，應即指胡焯猷和林作哲二人。

七、饒平鄧士英

鄧士英，又名永抱，八里坌堡山腳莊店仔街人，祖籍廣東省潮州府饒平縣，道光二十四年（1844）十月二十二日生[102]。

96　《明志書院案底》（中央圖書館臺灣分館藏抄本），頁五Ａ。
97　尹章義《新莊志卷首，新莊（臺北平原）拓墾史》（臺北：新莊市公所，一九八一）頁四四。
98　余文儀《續修臺灣府志》（臺北：銀行經濟研究室，臺灣文獻叢刊第一二一種）頁六五〇，又陳培桂主修《淡水廳志》（臺北：國防研究院，一九六八）頁三四三，謂「乾隆三十三年胡林獻地建置」。
99　同治七年〈新莊武聖廟木碑〉邱秀堂編《臺灣北部碑文集成》（臺北：臺北市文獻委員會，一九八五），頁一一〇。
100　胡焯猷捐產興學的事蹟，請參見教育志相關章節的記載。
101　仝註35。
102　鄧旭容先生藏，《鄧氏族譜》，未刊本，無頁碼。民國八十二年三

父舉文，家世簪纓，以名族稱。自幼讀書，博通經史，列舉府學秀才，後補廩生，附貢生[103]。主持「鄧合源」公業。同治十三年，山腳明志書院建敬文亭，以「鄧合源」為首事，捐助尤力。[104]。

乙未鼎革時，推選山角莊保良局長，安撫人心，維持地方，盡瘁最著。明治三十二年（光緒二十五年、1899）六月，授佩紳章。養德保壽，棲情物外，真邑中耆儒[105]。大正十二年（民國十二、1923）十二月十一日去世，享年七十九歲。[106]。

八、饒平鄧岸登

鄧岸登，名添立，八里坌堡山腳莊人，祖籍廣東省潮州府饒邑縣人，道光二十五年（1845）九月二十五日生。[107] 聯興三子，家世以儒著，光緒己卯（五年、1879）秀才。光緒十八年（1892），曾上請歸復山腳明志學院。[108]

明治三十年（光緒二十三、1897）十二月，授配紳章，[109] 三十四年（光緒二十七、1901），九月十五日去世，享年四十六歲。[110]

月二十八日，閻萬清採訪。

103　據鄧士七英墓碑上刻文，中刻「饒邑顯考附貢生官章士英鄧公墓」，右刻「大正甲子春建」，民國八十二年四月十日，閻萬清採訪。

104　〈敬文亭碑〉，收入邱秀堂編，《臺灣北部碑文集成》（臺北：臺北市文獻委員會，民國七十五年六月），頁一七五。

105　臺灣總督府編，《臺灣列紳傳》（臺北：臺灣日日新報，大正五年），頁三十八。文中記載「資產約二萬圓」。

106　仝註102。

107　鄧旭容先生藏，《鄧氏族譜》，未刊本，無頁碼。民國八十二年三月二十八日，閻萬清採訪。

108　《明志書院案底》，第二冊，頁三A。

109　臺灣總督府編，《臺灣列紳傳》（臺北：臺灣日日新報，大正五年），頁四〇。

110　同註107。

九、潮州劉建忠

劉建忠，興直堡頭前莊小田心仔人，祖籍廣東省潮州府，同治六年（1861）生。光緒癸巳年（十九年、1893）舉縣學生員[111]。並曾在山腳明志義塾授徒[112]。

明治三十年（光緒二十三、1897）四月，授佩紳章。四十年，任山腳公學校漢文科教員[113]。明治四十五年四月退職[114]，大正四年（民國四、1915）七月去世。享年四十八歲[115]。

十、永定胡彩鳳

胡彩鳳，祖籍福建汀州府永定縣，昭和五年（民國十九、1930）二月十五日生。昭和十七年，畢業於第三十七屆山腳國民學校，後就讀新莊公學校高等科，二年畢業後，進入私立淡水高等女子學校（即純德女中，今淡江中學），正值臺灣光復改制，未能完成學業。就學時曾加入臺北縣第一至四屆排球代表隊，參加第二至四屆全省運動會，本擬至南京參加全國運動會，卻因中共叛亂軍興而作罷。在擔任縣議員期間，於東海中學完成高中學業，並取得檢覆合格。[116]

初時，謝文程妻經營泰山戲院，邀請胡彩鳳共同經營。謝文程當選縣長後，謝妻將經營權轉讓胡彩鳳。胡彩鳳全力投入，起初外國影片尚無翻譯，便將簡介譯成閩南語給觀眾聽。

民國五十年（1961）六月一日，當選第六屆代表會副主席，為全省第一位女性副主席[117]。任內擴大自來水供應區，由於第

111　臺灣總督府編，《臺灣列紳傳》（臺北：臺灣日日新報，大正五年），頁三九。文中記載「遺產約五百圓」。

112　《新泰豹》，第五三期，民國六十九年九月二十～二十六日，記者劉嘉俊專訪李莆田先生。當年李氏八十五歲，回憶十二至十六歲時，曾受教於劉建忠。

113　《新莊山腳公學校沿革史》，頁一二一。

114　同註 112，頁二五二。

115　同註 111。

116　胡彩鳳女士口述：民國八十二年二月十三日，曾仁枝、鍾佳伶採訪。

117　徐清和先生口述：泰山鄉志第一次座談會，民國八十二年八月十二

五屆鄉代會所設的自來水未能普及，因此第六屆代表會便積極努力此項工作，使自來水擴大供應至五股等地區。並配合謝文程縣長的泰山鄉農地重劃工作，然而謝縣長未竟業而溘然長逝，胡彩鳳繼續爭取補助經費，以利農地重劃工作之進行 [118]。

五十三年（1964）二月，就職第六屆臺北縣縣議員。五十七年，連任第七屆臺北縣縣議員。先後歷任中國國民黨臺北縣黨部第十一（泰山）區黨部常委、泰山鄉民眾服務分社理事長、臺北縣黨部委員、臺北縣婦女會常務理事，在縣議會兼任黨團幹事，並進入革命實踐研究院第九期，是本省光復後中國國民黨最先培養的婦女領導人才之一。在縣議員任內，建樹頗多，如爭取農道間的橋樑經費；蘇清波縣長時期，有鑑於警察機動力薄弱，力促縣府編列專款為本縣三、四級鄉鎮分駐所，配置機車，以利執行公務；並爭取縣府補助，成立山腳活動中心 [119]。

七十一年（1982）一月，退休在家 [120]。

第三章　明志書院的設立與產權爭議

第一節　中國傳統的科舉與書院教育

台北盆地淡水河流域在十八世紀上半期湧入了大量的移民開墾，隨著漢人鄉民社會的建立，中國傳統的文化亦影響及本地。

《大清會典》載：「直省府縣衛，各於所治立學，皆祀先師以崇矩範，闢黌舍以聚生徒，時肄習以廣衛業，勤訓迪以儲

　　日，閻萬清採訪。
118　胡彩鳳女士口述：泰山鄉志第一次座談會，民國八十二年八月十二
　　日，閻萬清採訪。
119　徐清和先生口述：泰山鄉志第一次座談會，民國八十二年八月十二
　　日，閻萬清採訪。
120　胡彩鳳女士口述：民國八十二年二月十三日，曾仁枝、鍾佳伶採訪。

人才」[121]，因此清朝治理臺灣，於府、縣、廳均須設立儒學，一方面是訓迪人才，以備科考，另一方面則是維繫以孔子為代表的傳統道德、倫理。這也代表清朝官方的教育構想，統合了人民教化並從中拔取人才。

儒學是清朝唯一的正式的教育機構。但在實際的教育上，又有書房、義塾、書院等機構。

連橫在《臺灣通史‧教育志》中謂：「四民之子，凡年七、八歲，皆入書房，蒙師坐而教之，……肄業十年，可以應試。」應試即指科舉考試，中式則可進入縣、府儒學，乃至國子監，成為生徒，最後，則取得功名，擔任官職。[122]

四民之子固然可以入書房就讀、學習舉業，但清朝官紳不願受教育的機會局限於富有之家，因此又提倡設立義學，康熙五十二年（1713）禮部議准：「各省府州縣應多設立義學，延請名師，聚集孤寒生童，勵志讀書」[123]，在臺灣任職的官僚更認為臺灣應多設義學。雍正六年（1728），來臺參贊戎務的藍鼎元在〈經理臺灣疏〉中說：「再令有司多設義學振興教化，集諸生講明正學……而平日好動公呈、交結胥役、出入衙門之習，當可以漸消」[124]，因此義學的設立，除了幫助孤寒生童，更重要的是教化的社會功能[125]。

121　《大清會典》儒學制規。

122　連橫，《臺灣通史‧教育志》，臺灣文獻叢刊第一二八種，頁二六九。
　　關於台灣的科舉制度，請參閱拙著：〈台灣←→福建←→京師—「科舉社群」對於台灣開發史以及台灣與大陸關係之影響〉，近代中國區域史研討會宣讀論文，收錄於該會論文集，頁153-191，1986.08，中央研究院近代史研究所，台北。又收於《台灣開發史研究》，頁527-583，聯經出版公司，1989.12，台北。

123　轉引自《臺灣省通志稿‧教育志制度沿革篇》（臺北：臺灣省文獻委員會，一九五七）頁三三。

124　藍鼎元，《經理臺灣疏》，收入氏著《鹿洲奏疏》。

125　如道光十八年（1838）監察御史杜彥士〈通籌臺灣利弊以靖海疆疏〉亦以為「今欲使臺民之安靜，莫如修教化，欲修教化，莫如設義學」，轉引自莊金德編，《清代臺灣教育史料彙編》（臺北：臺灣省文獻會，

　　除了義學外，性質相類似的是書院，《大清會典事例》在禮部學校項下，即分別有「各省書院」、「各省義學」條目，以條目內所收的上諭分析，如雍正十一年（1733）上諭在各省省會建立書院[126]，乾隆元年（1736）上諭：「書院之制，所以導進人才，廣學校所不及，……書院即古侯國之學也」[127]，因此書院主要在行政中心如省會設立的機構，至於義學則多指在邊區由官、民捐設。[128]

　　清朝中央對書院、義學既有分別，至於臺灣，則似乎有時含混，如周元文《重修臺灣府志》卷二規制志「書院」條下所列各書院「實則為當時之義學，而具有書院之名稱而已」[129]，再以當時人的看法為例，雍正二年（1724）藍鼎元有〈與吳觀察論治臺灣事宜書〉，其中謂「臺邑鳳山、諸羅、彰化、淡水各設義學凡有志讀書者皆入焉，學行進益者，升之書院為上舍生」[130]，這也許只是一人的看法，但是書院的位階較義學為高，則似乎是和清朝官方看法一致。

　　因此書院和義學在經費上、管理上也許相同，但以今日觀念設想，義學偏於初等、啟蒙的教育，書院則較為正式，較受官方和士紳重視，因此泰山的明志書院在光緒二十一年（1895）臺北知府的正式札文中即明白規定「新莊山腳義塾係

一九七三），第三冊，頁八二九。

126　轉引自清光緒二十五年刻本《欽定大清會典事例》，（臺北：新文豐出版公司），頁一〇三二一。

127　轉引自清光緒二十五年刻本《欽定大清會典事例》，頁一〇三二一。

128　參見清光緒二十五年來刻本《欽定大清會典事例》，頁一〇三二七～一〇三三〇。

129　編者按語，見莊金德編《清代臺灣教育史料彙編》，頁六九七。臺灣研究書院的人有時對書院、義學不加分辨，如以康熙四十三年創建的崇文書院為「臺灣之有真正的書院」，其實崇文書院最初官方視為義學，參見黃秀政〈書院與臺灣社會〉（《臺灣文獻》，三一卷三期），頁一三及郭嘉雄〈清代臺灣書院沿革初稿〉（《臺灣文獻》，三八卷下期），頁一六五。

130　藍鼎元，《鹿洲初集》卷二。

新竹明志書院之移廢舊址，此後應稱新莊山腳義塾，不得再稱
舊書院，以杜影射」[131]，明志書院於乾隆中期被官方接收，遷
移到淡水廳治的竹塹（今新竹市），舊址繼續辦理的書院，原
創明志書院，竟然被地方官宣告為冒牌貨，天下寧有是理乎。
被官方明令改稱「新莊山腳義塾」，今日泰山才有義學的地名
稱呼。

第二節　明志書院的創設

　　十八世紀初期，大陸的福建、廣東人大量的移入臺北平原
開墾，隨著漢人社會的建立，大陸漢人的生活習慣、社會風俗、
文化亦相繼引入臺灣，前文提到的藍鼎元以為：「臺民未知教
化，口不道忠信之言，耳不聞孝弟之行，……臺屬四縣及淡水
等市鎮村莊多人之處，多設講約，著實開導，……則風俗自化
矣」[132]，藍鼎元是因朱一貴事變時，為平亂來臺，他認為臺灣
的動亂根本原因是未知教化。

　　即使沒有亂事，受了中國傳統經書教育的官僚、讀書人亦
覺得教化的重要，乾隆時「護理臺灣府北路淡防同知印」的胡
邦翰以為：

> 淡為臺北邊隅，地方荒陋，雖新莊諸處戶口日繁，要
> 皆經常耕種之人居多，士子捧手橫經以絃誦相勵者蓋
> 寡。[133]

　　乾隆二十八年（1763）胡焯猷以大甲溪以北均無學校，捐
貲興學：

> ……孤寒負笈，苦於道遠，是以有志之士難得成材可
> 造之資，嘗多中輟也。猷籍隸汀州，寓居淡水，青年

131　《明志書院案底》，第二冊，〈補授臺北府正堂札文〉（中央圖書
　　　館臺灣分館藏抄本），頁一七。
132　藍鼎元，《鹿洲初集》卷二。
133　《明志書院案底》，第一冊，〈謹將永定貢生胡焯猷建立明志書院
　　　案底呈文〉，頁一A。

創業，已茌苒乎七旬，白手成家，實經營乎半世，茲將
歸里，……猷願將手置興直保興直莊竹圍，房屋、魚池
等項充作義學，又年收租穀陸百餘石，永作膳脩膏火之
資。[134]

胡焯猷是汀州府永定縣貢生[135]，約在康熙末年到新莊平原
拓墾，與林作哲、胡習隆三人合組「胡林隆」墾號，開墾的土
地分佈在今日迴龍、丹鳳，經過泰山、新莊，一直至五股，
乾隆十七年（1752）獻地建大士觀於觀音山，乾隆二十五年
（1760）在新莊街倡建關帝廟[136]，到乾隆二十八年（1763）
他年過七十，竟然將半生辛苦建立的產業絕大部份捐獻建立義
學。

先是在乾隆十一年（1746）當時八里坌巡檢虞文桂曾於新
莊街尾設立義學一所，後巡檢移駐該街，遂以義學為衙署[137]，
胡焯猷有見於「義學久湮，以致師承無自」，而北臺又不可無
學校，慨然捐出一生經營所得。

至於胡焯猷所捐產業，可分兩部份敘述，一是房屋，即今
泰山明志書院現址，及附近之「外垣蓻竹，內瓦屋，壹進五間，
旁有廂房十二間，前鑿池塘」，至於田業，則是：

（乾隆十三年）原與林作哲、胡習隆合置之業，合將
畫分三分之一，內胡焯猷自存養贍田計租貳百壹拾餘
石外，……實捐八十甲零四釐三毫一絲，佃戶二十七
戶，……年共收租陸百零陸石玖斗玖升六勺，除輸正供
壹百貳拾柒石柒斗三升九合，應納丁耗共銀拾兩參錢陸
分零，又貼番租貳拾參石參斗四升，社餉銀八兩參錢參

134　同上，頁二 A。
135　當時官方文書均稱胡焯猷汀州府永定貢生，《臺北縣志》以為是「生
　　　員納貲為例貢」。
136　有關胡焯猷的記載，參見尹章義，《新莊志卷首》，頁四二～四四。
137　〈府正堂核議〉，《明志書院案底》，第一冊，頁一〇 B ～一一 A。

分四釐外，餘谷存充經費（自乾隆二十九年起始）。[138]

自乾隆二十八年（1763）三月二十四日胡焯猷正式呈文淡防同知胡邦翰，至同年八月初四日文移至閩浙總督，後發下淡防同知「逐一確查繪圖定議」，此時淡防同知已改為夏瑚，夏瑚以「該處設立義學，誠為淡北之要務」，建議：

> 應請於正屋之中堂崇祀朱夫子神位，於臺郡廩增生員中延請官音一人為塾師，左為講堂、右為寢室，兩旁廂房均為學舍，……書院之前週以垣，中設立正門，門之上額以書院名目，……遴有董事何捷成，……向後收租納課及義學支用，切令該董事管理，……仍於每年早晚二季收租……其該生所請立碑之處……請大憲撰發碑文，開列官銜，廳加匠鐫刻之碑書院之側……並請錫以書院嘉名[139]。

淡防廳的建議得到上級的同意，現存有乾隆二十九年（1764）閩浙總督具銜的〈明志書院碑文〉：

> 興直保者，遠隸臺灣，僻居淡北，風土秀美，氣象鬱蔥，髦俊萃臻，炫歌聿起，向文慕義，實繁有徒……標明志之名，冀成致遠之器，於戲！往昔荷蘭鳩據，鄭氏蝪爭，斯固虎狼之窟宅，鯨鯤之淵藪也，今則海不揚波，野皆樂土，易戰攻以禮樂，化甲胄為詩書……樂觀書院之成……是舉也，舍宅捐租，永定貢生胡焯猷功不可泯，書以為來者勸。

刻育規條十二條，除收租、納供、勻丁耗羨、番租、社餉等規定外，又有：

> 一朱夫子春秋二祭，每年應貼谷二十石

138　夏瑚，〈夏分府詳文〉，《明志書院案底》，第一冊，頁八Ａ～八Ｂ。
139　楊廷璋，〈明志書院碑文〉，《明志書院案底》，第一冊，頁一二Ａ～一三Ｂ。

一延師束脩，每年議谷一百二十石

一董事辛勞，每年議谷三十二石

一修葺房屋，每年議谷三十石以為經費，俟將來房屋增添，另議酌增

一童冠膏伙，每年上下二季除額費外，餘剩谷石照人數均分

一租谷每年，正二季各要乾淨量交，不得虛濕

一租斗依照布政司頒給倉斗平大，不得大小

一佃交租谷，每斗用斗蓋蓋平，不得淋尖不蓋

一二十七佃，田經丈定，租已核實，永遠不得加減

一義學竹圍內二口池塘之水，原灌義面前田畝，雨晴聽蓄，決不得藉養魚阻擋。[140]

在這碑文中明確規定了書院的收入、支出、至於朱夫子春秋二祭時間應在每年陰曆二月、八月的第一個丁日。[141]

在中央圖書館臺灣分館藏有一本《明志書院案底》，裡面不僅保存了當時胡焯猷捐獻產業時的官方來往公文，亦收藏了胡邦翰〈募題建立義學簿序〉，頌揚胡氏此舉是「開臺北未有之宏規，實為不朽盛事……今胡君樹之先聲，我知必有慕義無窮聞風興起者，則擴而充之，他日設縣議行，安見發軔之甚，不即為邑博士弟子負舍菜地哉。」[142] 對胡氏推崇備至。

胡邦翰又寫有〈明志書院引〉，以其在護理淡防同知任內有胡焯猷義舉，使「淡北人有蔚焉興起，洵合淡第一盛事也」。在乾隆二十九年（1764）他卸任將西渡大陸時「思其功、重其

140　同上。

141　《新泰豹》，第五三期（民國六十九年九月二十〜二十六日），記者劉嘉俊專訪胡水報導。

142　胡邦翰，〈明志書院引〉，《明志書院案底》，第一冊，頁一六 A。

人」，遂題「文開淡北」四字的匾額贈胡焯猷[143]。

由於在議立明志書院時，官方即注意到應獎勵胡焯猷的壯舉，決定由「憲臺給發匾額以昭獎勵」，故有福建分巡臺灣道兼理提督學政覺羅四明頒的「義篤甄陶」匾額，又有時任護理臺灣府淡防廳的陶紹景頒的「慕義與仁」匾額[144]。胡焯猷的義舉很快的引起「聞風興起者」，五年後又有郭宗嘏捐獻明志書院學田。；郭氏是監生，曾於乾隆二十二年（1757）在今新莊中港厝捐地建福德祠[145]，當時的一份佃照記載了此事，茲引述如下：

> 照得長道坑，滬尾、八里坌等莊田園係監生郭宗嘏自
> 置拖茂戶郭林藥莊業，乾隆三十四年（1770）十二月
> 內，據該生赴前道憲蔣呈請，願將……所有長道坑，八
> 里坌等莊計田一百六十一甲六分零，計園二十九甲二
> 分，每甲田徵租六石，每甲園徵租收三石，共徵租穀
> 一千五十七石二斗九升九合六勺，悉充學租[146]。

由於胡、郭兩人的捐獻，當時明志書院擁有的田產約有二百七十甲田與園，以一甲合十一畝計算，計約三千畝學田，數量可謂驚人。泰山地區的士紳雖有興學的期待，但等到將田產交由官方經理，官方對辦學，卻有官方的考慮。

清朝規定「凡書院、義學，令地方官稽察焉」[147]，乾隆中期雖有巡檢駐守新莊街，但八里坌（後改新莊）巡檢品秩甚低，

---

143 胡邦翰，〈募題建立義學簿序〉，《明志書院案底》第一冊，頁一四 B～一A。

144 見《明志書院案底》，第二冊，頁一A。

145 郭宗嘏，〈喜獻祠地及地租字〉、〈再喜獻地租字〉，收入《臺灣私法物權編》（臺北：臺灣銀行經濟研究室，臺灣文獻叢刊第一五〇種，民國五十二年），頁一三七、一三八。

146 〈淡防同知宋學灝發佃執照〉收入《臺灣私法物權編》，頁一四一二、一四一三。

147 轉引自清光緒二十五年刻本《欽定大清會典》，卷三二，頁三四四。

且專司稽查、巡防[148]，明志書院的稽察管理遂由更高一級的官吏負責。

先是雍正九年（1731）割大甲溪以北，並刑名、錢穀悉歸淡水同知管理[149]，此時北臺的行政長官便是淡水同知，也因此胡焯猷捐產業時，是由擔任淡水同知的胡邦翰負責呈文，郭宗嘏捐田後，原佃戶的佃照亦改以淡水同知名銜發下，凡此均說明新設置的明志書院正是由淡水同知負責稽察，而由同知的立場設想，書院的設置自然與其駐地相近為宜，特別是明志書院的學租相當的可觀，胡焯猷所捐地每年實收四百餘石，郭宗嘏部份實收一千零五十七石，同治十年（1871）修《淡水廳志》，明志書院條的記載，總數年可收穀六百六十七石有餘[150]，已經減少了近千石。因此，注定了明志書院要南移新竹的命運。

第三節　明志書院的遷設竹塹與產權之爭

淡水同知設官以來或駐彰化、沙轆，乾隆二十一年（1756）移治竹塹（今新竹市）[151]，二十八年胡焯猷捐地，隔年總督立明志書院碑，第三年（乾隆三〇年、1765）起，主管的同知多有移地興建的想法，當任同知李俊原建議在新竹「南門內別建」，後任的同知宋學灝將原本郭宗嘏捐獻作為「崇建書院」的經費，以設學未成，請將租穀積貯廳庫，「四十二年（1777）同知王右弼牒將胡焯猷捐積穀價為移建費」，「四十三年成履泰撥出積穀價銀肆千陸百貳拾玖圓為移建書院費，於四十六年興工，是年即竣」[152]。

在多任同知的努力下，明志書院終於遷移新竹，成為北

148　參見尹章義、陳宗仁，《新莊政治發展史》（臺北：新莊市公所、一九八九）第二篇第二章第二節〈八里坌巡檢的設置與改制〉。

149　參見范咸，《重修臺灣府志》，卷三，職官志文職官制門淡水同知條。

150　陳培桂主修，《淡水廳志》（臺北：成文出版社影印，清同治十年刊本，民國七十二年），卷五，學校志明志書院條，頁三四六、三四七。

151　參見尹章義、陳宗仁，《新莊政治發展史》，第二篇第三章第二節（淡水同知北駐的影響），頁四八～五二。

152　陳培桂，前引書，卷五，學校志明書院條，頁三四五、三四七。

臺一重要的書院，至於泰山明志書院舊址因「距新建書院較遠，留為租館，仍聽生童照舊肄業」，至同治時期（1862～1874），「僅存正屋三間，中廳供朱子神位，歷年就學租內抽出銀拾伍圓交董事經理、春秋祭祀，餘屋久圯」，而胡、郭二人所捐租穀，原本實收一千四百餘石，至同治時僅實收六百六十餘石[153]。

胡焯猷捐產設學，原是不忍見到臺北地區的年輕生童失學，或者必須遠赴彰化求學，既由淡水同知接辦，遷設在竹塹，對泰山或臺北地區的人來說，等於把胡、郭等人的產業強行移轉給竹塹人利用，台北人依舊虛空，可謂依法有據而無理之至！

至於胡氏舊宅任令頹圯，更是有愧前賢。

光緒四年（1878）淡水同知裁撤，北臺改設一府三縣，次年新竹縣、淡水縣分立，以淡水縣的學租供應新竹的書院之用遂成一可議的現象。

於是引起兩地士紳爭租的紛爭：

> 淡紳張鳳儀等以胡焯猷、郭宗嘏捐充……等款，原屬新竹胡志書院經費，今淡新分治，該租項皆在淡邑界內，請改歸學海書院，而新紳鄭如雲等以該租項本繫新竹書院經費，若改歸淡，則新竹書院經費無資[154]。

這兩派士紳爭的是學租的分配，為的是艋舺的學海書院和新竹的明志書院，淡水縣生員鄧岸登等卻注意到舊明志書院的沒落，稟稱「八里坌保專有義塾，因撥歸新邑，致該保舊章久廢，培養無資，懇恩核案，迅飭歸復」[155]。要求把產業交還給原來的泰山明志書院。

---

153 陳培桂，前引書，卷五，學校志明書院條，頁三四七、三四八。

154 光緒十八年九月廿三日署理臺北府事陳仲英，〈札淡水縣知照〉，《明志書院案底》，第二冊，頁四 A。

155 光緒十八年九月廿二日陳仲英批文，《明志書院案底》，第二冊，頁五 A。

官府令兩地士紳商議解決辦法，最後各自妥協，決定新莊山腳、八里坌及臼仔林三處租額共收一千一百一十六元，新、淡兩邑約各得其半，其中撥五百七十元給新竹明志書院，學海書院得三百元，至於新莊山腳舊明志義塾得一百六十元，以為「會文膏獎及歲修、春秋二季之用」，其餘則歸董事所有 [156]。胡、郭所捐產業至此只有約十分之一用於泰山的舊明志書院。

泰山的明志書院真正存在的時間應在乾隆二十九年立碑至四十六年新竹明志書院落成（1764～1781）之間，亦即是十八年左右的時間，乾隆四十六至光緒二十一年（1781～1895）日本據臺期間，只是泰山地方的義塾。

光緒二十一年（1895），臺北知府規定泰山的明志書院只能稱做新莊山腳義塾，這一年年中日本人進入臺北城，臺灣改歸日本統治，山腳義塾仍維持有教學的功能，即日本人所稱的「書房」，目前已知曾擔任塾師的有胡乾生 [157]、劉建忠兩人 [158]，民國六十九年一位當年八十五歲的李莆田先生回憶十二至十六歲（約在 1910 年前後）時曾受教於劉建忠先生，學費是當時的幣值兩元 [159]。

156　同註 154。

157　參見吳學明，〈北臺灣第一書院—泰山明志書院沿革之研究〉，《臺北文獻》直字第八六期，頁一一八。

158　〈臺北縣志・人物志〉，（臺北，成文出版社影印，林興仁主修，民國四十八至四十九年排印本），頁五一八五，有關陳獻琛條，語意不明，不能斷定陳氏是否曾在明志書院教過書，原文是「管理擺接堡番仔園學租徵收，及新竹明志與淡水縣學海二書院膏火月課，兼及新莊山腳義學等」，參考《明志書院案底》第二冊所錄光緒二十一年正月〈臺北知府札文〉，頁一六 A～一七 B，可知陳獻琛在當時曾負責管理新竹明志書院、淡水學海書院及山腳義塾的學租，《臺北縣志》的依據似乎出自此，但陳獻琛是否負責山腳義塾「月課」，則尚乏直接證據；參考陳獻琛孫陳榮鑫主編之《豐溪藍園陳氏族譜》，頁七一～七二，大正六年陳獻琛自撰「迨乎帝國領臺，課徒訓子之外……」，則又有其可能性，姑記於此，以待將來查詢。

159　《新泰豹》，第五三期（民國六十九年九月二十～二十六日），記者劉嘉俊專訪李莆田先生。

　　大正九年（民國九、1920），泰山士紳胡全 [160] 發起募捐重建，得到同為鄉紳的林知義、吳愚、王乾生及村人的支持，但以經費限制，只建一進三間以供奉朱子及胡焯猷，除了教學的功能外，也延續了清朝立學以來的祭祀傳統。據耆老回憶，日治時期「每年春秋都舉行大祭，祭祀時，由各家出少許錢給爐主，由其主祭孔子公（孔子公是地方人的俗稱）、胡焯猷，普渡後各家再予餐聚」，民國三十四年（1945）臺灣光復後，改為每年農曆九月十五日大祭一次 [161]，民國七十六年（1987）改為陽曆的九月二十八日祭祀 [162]。

　　至於大正九年以後的管理人似乎由胡全及其弟胡卯成（一作胡老成）擔任，民國六十三年（1974）胡卯成過世，六十五年（1976）由泰山鄉公所、鄉代表會及民眾服務分社推選胡彩鳳任臨時管理人 [163]。

　　然而隨著現代教育的普及，明志書院早已喪失義塾的功能，管理人胡卯成死後，書院乏人管理，幾年後明志書院的管理人、信徒、發生了產權爭執。

　　民國七十年（1981）三月二十五日公告由胡彩鳳任臨時管理人的明志書院信徒名冊，有王氏提出異議，同年胡彩鳳雖提出申覆書 [164]，但信徒及管理人的認定已引起疑義，七十二年（1983）臺灣省第四次寺廟總登記，明志書院並未辦理 [165]，七十三年報紙反映因信徒及管理人未能確定，使得書院因天

160　據臺北縣警察局泰山鄉戶政事務所戶號「北縣泰貴戶字第○八五號」戶籍資料，胡全生於「民前參捌年拾月拾貳日」，即一八七四年，清同治十三年。

161　《新泰豹》，第五三期（民國六十九年九月二十～二十六日），記著劉嘉俊專訪胡水的報導。

162　《中國時報》，民國七十六年九月二十七日。

163　臺北縣泰山鄉公所，〈七六北縣泰鄉民享第四四四七號文〉，民國七十六年四月二十二日、現存於泰山鄉公所。

164　據民國七十年八月二十六日胡彩鳳申覆書原件，現存於泰山鄉公所。

165　民國七十六年八月二十六日王國珍發函臺北縣政府〈緊急陳情書〉，現存於泰山鄉公所。

災，逐漸毀損，政府單位雖欲維修，亦難以從事[166]。七十六年（1987）明志書院一度因欠繳地價稅遭查封[167]，地方人士又有重修之意，爭議再起，公文往返又轉為懸案，此時胡彩鳳將臨時管理人一職委託胡卯成之子胡家興代理執行[168]。

民國八十年（1991）十一月泰山鄉長黃中興有鑒於明志書院院舍及碑文受到損壞，深恐先人史蹟淪為荒廢，召開「明志書院修建工作籌備會」，泰山的民意代表、民間社團負責人、各級學校代表、地方人士參加了這一次會議，然而此時的明志書院已取消了「古蹟」的資格，且遭法院查封，問題難以解決，會中雖提出了興建圖書館的意見，但終以缺乏對明志書院的管理權，一切仍須從長計議[169]。

自乾隆二十八年（1763）胡焯猷捐地成立明志書院，百餘年後，有關明志書院士地共有五筆，在民國三十五年、三十六年土地登記時，所有權人屬明志書院（管理者分別為胡乾生、胡老成、李景喜）[170]。

（本文取材自《泰山志》第二篇第三章、第七篇、和第五篇第二章，臺北縣泰山鄉公所，民國八十三年七月印行。本人擔任總編纂，主要撰稿人為閻萬清，助理陳宗仁、洪建榮、李逸峰等出力甚多）

166　《中國時報》、民國七十三年二月九日。
167　臺灣臺北地方法院板橋分院囑託查封登記書，民國七十六年七月三十一日，影本，發文字號不清楚，今存於泰山鄉公所。
168　民國七十六年九月十九日胡彩鳳委託書原件，今存於泰山鄉公所。
169　民國八十年十月六日〈泰山鄉明志書院修建工作籌備會會議記錄〉原件，胡彩鳳委託書原件，今存於泰山鄉公所。
170　臺灣省臺北縣土地登記簿泰山鄉義學段義學頂小段拾壹、拾貳之壹、拾貳之貳、拾貳之參、拾參地號所載記錄。關於土地問題又可參閱《新泰豹》，第五三期（民國六十九年九月二十～二十六日），記者劉嘉俊專訪胡水的報導及訪問王秦妹的報導。

第陸篇
潮州、汀州客家人與臺北五股的開發

第一章　五股的自然環境

五股什麼時候開始有漢人開墾？

我們先從十七世紀末的一次大地震說起，康熙三十三年（1694）臺北盆地發生了一次大地震，郁永河曾描述當時的情形：

> 張大云：「此地高山四繞，周廣百餘里，中為平原，惟一溪流水，蘇少翁等三社，緣溪而居，甲戌四月，地動不休，番人怖恐，相率徙去，俄陷為巨浸，距今不三年耳。」指淺處猶有竹樹梢出水面，三社舊址可識。[1]

這一次地震導致臺北的地形變動－「俄陷為巨浸」。臺北盆地因斷層作用而形成，康熙三十三年的地震，盆地又因斷層的關係，再度下陷成大湖。

下陷的程度，學者估計略有不同，地理學者陳正祥以為湖水淹沒了臺北盆地的西北大部，面積約有一百五十平方公里，

---

[1]　郁永河，《裨海紀遊》，頁 61。

舊武勝灣社（約在今新莊）以北，盡為海域。[2]

　　臺北盆地直到目前為止仍是屬於較低的地形，根據地質學者林朝棨的研究，臺北盆地形成後，曾發生輕微的傾動運動，其傾動方向為東南向西北，亦即盆地的東南側相對上升，西北側相對下降[3]。所以士林、北投一帶以西，海拔就低於五公尺，且多在三公尺以下，而和尚洲西部屬塭子川流域部，海拔亦皆在二點五公尺以下，最近數十年發生多次的水災[4]。

　　所以在地形上，五股東邊的蘆洲、三重一帶是比較低窪，特別是在十七世紀末的那一次地震中，這一區為水所浸，因此到了十八世紀初期漢人前來開墾時，五股即可能成為開墾較早的地區，因為五股西面有林口臺地，東面為臺北大湖，頗符合當時人所說的「勢高而近溪澗淡水者」，這樣的環境會吸引「有力之家」的墾首前來開墾[5]。

第二章　清代文獻中的五股聚落

　　五股和淡水河西岸平原其他地區一樣，在清康熙末期到雍正年間（1720～1730年代）進入大規模的開墾，漢人在此落地生根，人數聚集逐漸形成聚落，因此聚落發展是開墾成果的最好指標，能成功墾田鑿圳，聚落就會快速增加，以下根據清朝的文獻資料來探討五股聚落的形成。

　　1.康熙二十四年（1685）蔣毓英修《臺灣府志》中，在今臺北地區只記載上淡水社[6]。

2　陳正祥，〈臺北盆地之構造與成因〉，《學術季刊》，2卷1期，1953年9月，頁89。
3　林朝棨，《臺北縣志》地理志，頁625。
4　陳正祥，〈臺北盆地之構造與成因〉，頁88。
5　引文係雍正五年尹秦〈臺灣田糧利弊疏〉中所載，參見陳培桂《淡水廳志》（臺北：臺灣銀行經濟研究室，臺灣文獻叢刊第172種，1963），頁372。
6　蔣毓英，《臺灣府志》，《臺灣府志，三種》，頁27。

2. 康熙三十三年（1694）高拱乾修《臺灣府志》，記載同上 [7]。

以上兩條顯示清朝官方對臺北盆地的了解遠不如荷蘭人，因為荷蘭人的資料裡相當清楚的記載了臺北盆地內的社群、戶口人數。

3. 康熙三十六年（1697）郁永河著《裨海紀遊》，記載淡水二十三社，其中「武勝灣社」、「八里分社」。五股可能屬於上述兩社所有。[8]

4. 康熙五十六年（1717）陳夢林修纂的《諸羅縣志》，有「武勝灣社」[9]。

5. 乾隆五年（1740）劉良璧等修《重修福建臺灣府志》，在淡水海防廳淡水保下載有加里珍莊、興仔武勝灣莊、興直莊、山腳莊、海山莊等二十五莊，屬於漢人聚落。其中加里珍莊約為今五股的興珍村一帶，興直莊可能也包含了五股部份地區。這是官方文獻中，最早記載五股漢人聚落的地方志。此外又記有武勝灣、八里坌等番社。[10]。

因此，五股地方漢人聚落應該出現在 1717 年到 1740 年之間，而這是根據官方的地方志來推斷，此時的聚落應已甚具規模，所以才會在 1740 年刊的臺灣府志被採錄。至於聚落的形成應遠早於 1740 年。

6. 乾隆二十五年（1760）余文儀等《續修臺灣府志》，在淡水廳下載有加里珍莊、塭仔莊、海山莊、中港厝莊、新莊街、山腳莊、武勝灣莊、和尚洲莊等漢人聚落（均在淡水河西

7　高拱乾，《臺灣府志》，頁 38。1712 年周元文等修的《臺灣府志》，有關坊里記載與高志相同，不贅述。

8　郁永河，《裨海紀遊》，頁 62。

9　陳夢林，《諸羅縣志》，規制志，坊里，頁 29。

10　劉良璧等修，《重修福建臺灣府志》（臺北：臺灣銀行經濟研究室，臺灣文獻叢刊第 74 種，1961），頁 80、82。稍後，乾隆十年（一七四五）范咸等重修的《臺灣府志》有關新莊地區的聚落記載與劉志相同。

平原），又有武勝灣，八里坌等番社[11]。其中五股地區除了加里珍莊，塭仔莊應也在五股。

7.同治十年（1871）陳培桂纂輯《淡水廳志》，記載興直堡下轄十九莊，其中洲仔尾莊、中塭莊是在五股[12]。不過廳志所附的圖上，在五股一帶卻標上塭仔莊、草尾莊、更寮莊[13]。

8.光緒十二至十八年（1890 年代）官方清查編製《淡水縣簡明總括圖冊》中，五股分屬兩個堡，其中興直堡的共有十五莊，其中有關五股的聚落有舊塭、新塭、樹林頭、羅古、更寮等莊，另外在八里坌堡有水碓窯、石土地公、洲仔、塭底、牲仔寮、觀音坑、獅仔頭等莊也在今天的五股地方[14]。

在上述八段文獻記載中，1717 年以前，五股地方只有武勝灣社的先住民聚落，而至少到了 1740 年時，五股出現了第一個漢人聚落—加里珍莊，因此 1717 年到 1740 年間是五股聚落史上一個重要的轉變時期，亦即從先住民優勢期轉為漢人逐漸優勢。但這段關鍵時刻卻缺少官方文獻記載，無法由此知道這段期間確實的聚落演變情況。

表 2-3-1：日治時期五股地區土名表（一九二一年）

堡名	大字名	土名
興直堡	更寮	更寮、鴨母港、下竹圍、洲仔尾、羅古、樹林頭、褒仔寮
	新塭	新塭、舊塭
	觀音坑	中坑、崩山、內岩、坑口、福隆山、直坑、田子埔
	洲子	洲子、御史坑

---

11 余文儀，《續修臺灣府志》臺北：臺灣銀行經濟研究室，臺灣文獻叢刊第 121 種，1962），頁 77、78、82。

12 陳培桂，《淡水廳志》，頁 60。

13 陳培桂，《淡水廳志》，頁 5。

14 〈光緒十二至十八年〉官方清查編製《淡水縣簡明總括冊》。

八里坌堡	成子寮	成子寮、獅子頭、北勢坑
	五股坑	五股坑、壟鉤坑、冷水坑
	石土地公	石土地公、蓬萊坑、外寮
	水碓	水碓、水碓窠、塭底

＊資料來源：臺灣總督府財務局稅務課校閱，臺灣日日新報社編纂，《新舊對照管轄便覽》，臺灣日日新報社，1921.08，台北。

不可諱言的是清政府對於北台灣的增兵設防和八里坌巡檢的設置，對於康熙末雍正年間的拓墾浪潮，也起了推波助瀾的功能。

康熙五十五年（1716）陳夢林已經在《諸羅縣志‧兵防志》中記錄了台北拓墾大增的形勢，建議增兵設防。隨兄入台平朱一貴之論的藍鼎元「尤大聲疾呼」，實踐的是台廈道陳璸，康熙四十九年（1710），「調佳里興分防千總移駐淡水，增設大甲溪至淡水八里坌七塘」，以及雍正元年（1723）增設「淡水同知」於竹塹，雍正十一年（1733）設「八里坌巡檢」於今八里區。保境安民，輯和漢番關係。地方治安有了依賴，拓墾事業，因而大興。參見拙著：尹章義，〈新莊巡檢之設置及其職權與功能—清代分守巡檢之一個案研究〉，《食貨月刊》，11卷8期，頁5-24（上）及11卷9期，頁1-16（下），1981年11月及12月，食貨月刊社，台北。收入《台灣開發史研究》，聯經出版公司，1989.12，台北。

第三章　潮州劉家入墾五股加里珍莊

目前已知，在一七二、三〇年代時，淡水河西岸平原有兩個開墾集團－楊道弘墾號與林天成墾號競相招佃開墾，兩方為了爭地，甚至還彼此興訟。

楊道弘與林天成開墾的地域大致在今新莊、泰山一帶。至於五股的平原地帶則由另一開墾集團－劉和林墾戶進行拓墾。

以下引述幾份與五股開墾有關的文件，首先是乾隆四十三年（1778）的一份原住民與漢人業主劉世昌簽定的合約字，由

於此合約相當重要，茲全文引述如下：

> 同立合約字南港通事貴天、萬宗、加里珍業戶劉世昌等
> 曰，昌祖劉和林雍正年間（1723～1735）明買社番君
> 孝等荒埔一所，坐落土名武勝灣，東至頭重埔崁下古屋
> 莊角潟水溝為界，西至興直莊為界，南至搭流坑溪為界，
> 北至關渡為界。原價、補償銀兩載明契內。年貼納社番
> 餉銀參拾兩、番租粟伍十石。二次報陞共開五十甲零。
>
> 乾隆二十六年（1761）昌父承續費用工本，開築埤圳灌
> 溉，至三十二年（1767）墾成水田，昌叔承傳遂首請前
> 分憲段丈明，續報田一百九十一甲，詳報陞科。因先後
> 互控，蒙前府憲鄒恤番至意，駁議，將續報一百九十一
> 甲零歸番，原報五十甲零歸傳，經前分憲宋割佃分收，
> 並蒙前道憲奇判，佃課內之田，傳按甲收大租、水租共
> 八石，歸番之田，番收旱租，傳收水租，經取其二比依
> 結繳詳在案。
>
> 但契界內尚有中塭、舊塭，其中塭田，番收旱租，傳收
> 水租，舊塭田止食水尾，餘按甲番收三石，傳收三石；
> 契界內尚有河墘新浮沙埔水窟，自樹林頭莊背、古屋莊
> 角潟水溝至洲仔尾、關渡一片，乃係水沖沙湧之地，及
> 傳兄弟用工本開築堤岸，招佃耕種地瓜什物，無議貼租。
> 二比又在前憲任內互控，但該處實係水沖沙湧之地，三
> 冬一收溪埔，眾番共見，原屬傳契界內之地。茲章等眾
> 番情願，將樹林頭莊背、古屋莊角潟水溝至洲仔尾、關
> 渡一片埔地歸還承傳管業，時有時無，不堪丈報，懇蒙
> 淡分憲兼理番憲成明斷，傳之姪世昌每年加貼番租四十
> 石，永為定例，日後不得爭多刣減。
>
> 自立約之後，二比各遵約字管業，眾番不得混爭界地，
> 而世昌亦不得拖欠租粟，此係二比甘願，永遠和睦，倘
> 昌首報租部餉，番等甘願具結，不敢推接（章義按：應

為誤字），今欲有憑，仝立合約字一樣二紙，各執一紙，永遠為照行。

乾隆肆拾參年拾貳月　日仝立合約字　　舊通事章天

武勝灣社土目　武勝灣社番君納

武勝灣社番差吾棉　代書人林德輝[15]

在這件契字中可以了解到五股平原地區的開墾情形，最早是在雍正年間，業戶劉和林向武勝灣社君孝買到一大片荒埔，位置在土名「武勝灣」這個地方，埔地四界，東邊大約到今新莊頭前一帶，西邊與泰山為界，北到關渡，南到新莊的塔寮坑溪。依估計，應包含了五股的平原地帶，還有三重、蘆洲西邊、新莊東北邊的長方形區域。

這塊埔地從一七二、三〇年到一七六〇年代（雍正年間到乾隆二十六年），業戶劉和林向官府申報開墾完成的土地共有五十甲，從乾隆二十六年到三十二年（1761～1767）年間又開墾了水田一百九十一甲。

而就在這時候，五股的舊塭地方位在水尾（即水圳尾），耕作的條件較差，原本業戶開圳完成後，每甲地要向佃戶收大租四石、水租四石，此時只好向舊塭的佃人收大租三石、水租三石。

而在舊塭的東方，從樹林頭、古屋（可能為今之羅古地方）往北到洲仔尾一帶，還是淡水河邊新堆積浮出的沙地，在一七六、七〇年之際，由劉和林的兒子劉承傳兄弟花錢請人開築堤岸，招佃耕種地瓜之類的雜糧，不過劉家花錢開墾了這片河埔新生地，武勝灣社原住民要求業戶劉家要繳納一些稻穀，否則土地要還給原住民。

所以乾隆四十三年（1767）時，業戶劉家與武勝灣社的原

15　山田伸吾，《臺北縣下農家經濟調查書》（臺北：臺灣總督府民政部殖產科，1899），頁 41-42。

住民領導人通事貴天、萬宗、社番君納、番差吾棉等人訂立了上述的合約契字，兩方同意舊塭這地方的田地，每甲原住民收租三石，劉家收三石；至於樹林頭、羅古、洲子這片河埔地，則每年繳交給原住民四十石租穀。

這張契字透露了幾點訊息，相當值得重視：

一、五股平原地區原來是屬於原住民凱達格蘭族武勝灣社的土地，在距今約二百七十年前，原住民將這片地賣給了劉和林。

二、劉和林在此建立了「加里珍莊」，招佃開墾，乾隆五年（1740）刊的《重修福建臺灣府志》，在淡水保下紀錄了「加里珍莊」，顯示開墾有成，已在今興珍村形成了聚落。同時劉和林在乾隆二十六年（1761），向官方申報了五十甲新墾地升科。

三、乾隆二十六年開始，劉和林的兒子劉承纘、劉承傳開鑿水圳，使得一百九十一甲田地得水灌溉，可以種植經濟價值較高的水稻。但劉氏兄弟的成就也引起了原住民的垂涎，於是雙方向官府投訴。

四、等到上述的控訴告一段落，乾隆三十二年（1767）時，劉家又與武勝灣社協議處理舊塭、樹林頭、洲仔尾這一帶的土地。現在這些地方被劃入二重疏洪道，仍屬於低地或草地，二百五十年前的劉和林家族卻努力地開築水圳或修建堤岸，想要將這一片地區開墾成可耕地。

舊塭的開墾與「食水尾」有很大的關係，本來是旱田，因為開圳引水就變成水田，劉和林家族鑿圳也牽涉到二重埔、三重埔與今興珍村一帶的開墾。

第四章　潮州客開鑿劉厝圳與泉州人的衝突

現在老一輩的五股人應該都還記得後村圳，近百年來，這

條水圳灌溉著淡水河西岸地區的三千二百甲土地[16]，灌溉區域分布在新莊、三重、五股等地。

後村圳的前身是由兩條大圳－張厝圳、劉厝圳合併而來，1900 年代初期（明治三十四年至三十七年）時，官府徵收了這兩條圳，重新整理淡水河西岸平原的水利系統，廢除劉厝圳的部份圳路，擴張張厝圳，兩圳路線相同的部份即改由張厝圳取代[17]，從此兩條水圳合而為一，而這樣的發展大概不是二百年前兩條圳的開鑿者所能想像的，因為當初在開這條圳時，劉家和樹林的張家還聚眾對立，甚至勞動官方調解。

乾隆二十四年（1759）八月，大料崁溪兩岸因洪水沖刷成災。今樹林鎮潭底一帶田地、房屋遭到洪水沖崩，田地損失二百餘甲，男女慘亡數十人，同時洪水沖出了一條新的河道。兩年後，樹林地方農民劉此萬等告官，說有西保之興直保武勝灣莊業戶劉承纘混思妄想，將萬等所崩田屋沖成一條溪，欲就此溪頭率眾數百人壅水築圳[18]。

原來是五股業戶劉和林父子帶著數百人想要鑿圳，他們乘著水災，特地到今樹林鎮潭底鑿圳，引水灌溉三重、五股的田地，由於佔用了受災沖毀的農地，遂引起了樹林地方農民的反彈，並向官方提出控訴。

劉和林等人的作法被認為是「混思妄想」，並引起了官司，但從乾隆二十四年開始，劉家仍持續的鑿圳，到了乾隆二十八年（1763）水圳完成，劉和林與合力開圳的佃農共同立下了一份合約[19]，除了記載開圳經過外，並分配灌溉用水，茲引述如

16　據一九五四年臺灣省新莊水利委員會統計，後村圳灌溉面積為三千一百八十一點九甲地。參見臺灣省新莊水利委員會編，《新莊水利》（臺北：編者自刊，1954 年 8 月），頁 23。

17　詳見臺北廳總務課編，《臺北廳志》（臺北：編者自刊，1903），頁 304。

18　《永泰淡水租業契總》所附《抄錄水圳原由便覽》，乾隆二十六年二月海山莊佃劉此萬告狀。

19　山田伸吾，《臺北縣下農家經濟調查書》，頁 124-126。

下：

> 仝立合約字人業主劉和林同頭、二、三汴眾佃人等，因
> 林在石頭溪（按：即大料崁溪）開築糧埤壹座，灌蔭我
> 莊中課田。要開圳路，歷來工本費用寡，不能開透至加
> 里珍莊，林即招眾佃人公仝相議，眾皆喜悅樂從，備出
> 佛銀貳千六百大員，開築成圳，透至加里珍莊。

> 通流灌溉之日，各業各節分汴定規：其萬安坡大圳水計
> 貳百陸拾甲、……此係上流下接，永遠定例，不得爭佔
> 寸尺，亦不得增多剋減滋事，但恐有相礙水道之事，務
> 必業佃公同相議，或致控公廷，費用銀員，照田甲均攤，
> 不得臨時推諉，……

代書人　劉鴨之

乾隆貳拾捌年十一月　日仝立合約字人業主　劉和林

劉士和　　　　　詹既明　劉珍祐

劉道立　張　蔭　劉如盤　劉重慶

劉子忠　劉為山　黃志學　劉如重

盧伍福　劉盤龍　劉湧亭　劉和參

頭汴佃人　第二汴佃人劉前漢

第三汴佃人劉立上　劉武略

劉向日　劉　是　劉美山　趙隆盛

趙隆盛　劉承宗　劉敦吉　劉霏軒

黃兆炳　劉高氏　劉長發　劉路盛

夏堯哲　　　　　劉飛泉　劉如盤

　　根據這份合約的記載，說明了在乾隆二十四年（1759）
以來，業主劉和林投資開圳，卻有資本不足的危機，無法從樹
林鎮開挖水道，直透加里珍莊，於是招請佃人共同出資佛銀

二千六百大員投入開圳事業，並在乾隆二十八年（1763），完成萬安大圳。

萬安大圳（即劉厝圳）的規模，據合約所載，有水二百六十甲，假如每一水甲可供五甲水田灌溉，則萬安大圳提供了一千三百甲水田用水[20]。

在同治年間陳培桂等纂修的《淡水廳志》中有載：

> 萬安陂圳（又名劉厝圳），在海山堡，廳北一百里，圳二十里許。乾隆二十六年業戶劉承纘鳩佃所置，其水自擺接堡古寧莊下，鑿引擺接溪而入，至興直堡新莊，以八分之一灌中港厝田；其餘七分化為二百三十甲。至頭重埔又分六十二甲，付張必榮灌二重埔之田，餘直灌至加里珍，通計灌溉二百六十餘甲，年納水租六石，別抽二石給顧圳者為修費。[21]

前文提到，劉厝圳道通過蕭、姚兩姓的土地，自然須賠償蕭、姚兩姓的損失，所以劉承纘以高價買斷二氏的小租權[22]，同時又為賠償張廣福家族的大租損失，每年由劉承纘交納水租粟六百石給張家，相當於一百五十甲水田一年的收入，額數不可謂不大，但爭執數年的控案總算了結。

五股的加里珍業戶劉和林家族開鑿了一條劉厝圳，使得中港厝（今新莊市中港里一帶）、頭重埔（今新莊市頭前一帶）、二重埔（今三重市西南側）、加里珍、古屋莊、樹林頭、新舊塭、更寮莊（以上五聚落均在今五股鄉）等地方的田地有水可以灌溉，佃農可以改種稻米增加收益。而劉家除了每甲三至四石的大租收益外，又有三至四石的水租可收。

20　尹章義，〈臺北平原拓墾史研究（1697－1772）〉，《臺灣開發史研究》，頁107。

21　陳培桂，《淡水廳志》，〈建置志‧水利〉。

22　《永泰淡水租業契總》所附《抄錄水圳原由便覽》，乾隆二十九年二月夏瑚讞語。

　　前文提到日治時代劉厝圳被併入後村圳，所以舊的圳路多有改變，根據民國四十三年新莊水利委員會出版的灌溉區域圖，在圖中的第一劉厝支線、第二劉厝支線及二重埔支線均屬原劉厝圳圳路，大致可以想見當年劉厝圳的規模，畢竟，在二百多年前，靠著人力開出水圳，從樹林鎮一直綿延到五股來，即使在現代都是一項浩大的工程，更遑論當年了。

　　十八世紀泰山地區業戶林作哲後代林世澤所藏資料，相當重要，茲引述如下：

> 乾隆三十三年五月奉撫部院批，仰布政司速查報等因，今此案劉承傳之父劉和林于雍正十二年間買埔地，雖以三十兩之價購享二百四十餘甲之租，是屬價輕業重，該府斷令，將報陞五十甲零歸管，餘埔還番，似屬公允，但買既在例前，而開墾費有工本，且該廳勘明，並非越佔，若竟議斷歸番，一旦銀業兩空，亦與情理未平，合將原卷逐一檢齊封固，隨文附送，火速□，如遲，一定參處

> 查現奉新例，乾隆三年以前民番地，逐一清出兩為立界，其例後私□及債剝估抵各園，仍行還番，本人逐令過水，又淡防廳稟請議准通行，前項田園清出還番，內有該番不能自耕，情愿給與原墾各戶承耕者，准其向番承佃耕種，完納番租，照依臺例，每甲田納大租八石，每甲園納大租四石。[23]

　　以這篇的文意來看，像是一份公文抄本，而且是基層官吏的語氣。

　　在這一公文抄本中，最重要的一點，是說明業戶劉和林是在「雍正十二年（1734）買埔地」，其他的相關文獻都沒有如

23　本文出自林世澤先生提供的資料集，該資料集未編頁碼，沒有書名，似為抄撮公文而成（1996年7月1日，洪健榮訪得）。

此精確的記載[24]。

其次，有關劉家莊業的處理，參照這份文件與前引乾隆四十三年（1778）南港通事與加里珍業戶合約字的記載，可以知道以下幾點：

一、雍正十二年（1734）劉和林向武勝灣社買得埔地，範圍大約在新莊、三重與五股一帶的長方形土地。當時雙方約定，每年貼納武勝灣社餉銀三拾兩、租粟伍十石。

二、在乾隆二十八年（1763）萬安大圳開通之前，劉家申報了五十甲田地，水圳完成之後，又於乾隆三十二年申報一百九十一甲水田。

三、武勝灣社向政府提出控訴，官方認為，劉家每年僅付三十兩的價銀，竟然享有二百四十餘甲水田的租額收入，顯然是「價輕業重」，於是在隔年（乾隆三十二年，1767）五月，官方要求劉家收管先前報陞的五十甲地，而將新增的一百九十一甲地歸還原住民。

四、經劉家爭取，最後的決定是「續報一百九十一甲零歸番，原報五十甲零歸傳」。不過，歸原住民掌管的田地，水租仍由劉家收取。而參與這項判決的官吏有臺廈道奇寵格、臺灣府鄒應元與淡水海防同知宋學灝[25]。根據三位長官任官的時間判斷，這項判決大致是在乾隆三十六年（1771）形成。

經過此一判決，處理了劉和林莊業在三重埔一帶的土地歸屬，同時，對於土地紛爭，劉和林與武勝灣社的通事、土官亦傾向於兩方協調，遂又在乾隆四十三年（1778）簽署了一項合約，處理的是五股地方的舊塭、中塭、樹林頭、古莊與洲仔尾等地的土地歸屬與租額問題，其中舊塭與中塭比照以前的

24　提到劉和林開墾事蹟最直接的史料是乾隆四十三年南港通事與加里珍業戶的合約字，但在此契字亦僅記載，兩者的土地交易是發生在雍正年間，而無詳細年代。

25　宋學灝，鑲紅旗漢軍舉人（一載貢生），乾隆三十六年任淡水同知。參見陳培桂，《淡水廳志》，頁208。

一百九十一甲水田之例，即劉家收水租，武勝灣社收田租，至於樹林頭、洲仔尾一帶，則因為新開闢，收成不穩定，每年劉家付交四十石租穀。這也是有關五股鄉東邊開墾最早的記載。

兩年後（乾隆四十五年）劉家又與武勝灣社訂約，將與劉家有關的二百四十五甲水田的歸屬問題重新釐定清楚：

> 同立合約字加里珍業戶劉世昌南港通事傳祖等，緣昌祖父劉和林雍正年間（十二年，1734）明買社番君孝等荒埔壹所，坐落土名武勝灣，東至頭重埔崁下古屋莊角瀉水溝為界，西至興直莊為界，南至搭流坑溪為界，北至關渡為界。原價、補價銀兩載明契內。年貼納社番餉銀參拾兩、番租粟伍拾石正。二次報陞課田五拾甲零。

> 至乾隆參拾貳年（1767）昌叔承傳首請前分憲段丈明，續報陞科田一百九十一甲零申詳牒府。蒙前府憲鄒駁議歸番，將續報壹百九十一甲零歸番，復蒙前道憲奇判，報課之田，承傳按甲收租捌石，歸番之田，番收旱租，承傳應收水租，經取其二比依結在案。但經前憲宋割佃分收，未蒙立碑定界，以致社番濕粟四十三年蒙分憲兼理番憲成堂訊，立碑定界：課田五拾甲零之佃人姓名開列于後，每甲納租捌石，歸昌收租輸課，其歸番壹百九十一甲零之佃，佃人姓名甲數開列于（疑漏後，每甲納等五字）番旱租四石，昌收水（疑漏租四石三字），經所各佃依結在案，確據。

> 但契界內尚有中塭之田，番收旱租，昌收水租，舊塭之田，只食水尾，按甲番收租三石，昌收租三石。至洲尾一片，係昌祖原契界內之地，尚有河墘新浮沙埔，自樹林頭莊、古屋莊角瀉水溝，以至關渡一片，乃係沙湧之地，三冬一收，不堪報陞，係昌叔承傳兄弟用工本築成堤岸，招佃耕種地瓜，歸昌管業，茲蒙淡憲成明斷，昌年加貼番租四拾石，永為定例，日後不得爭多剋減。雖

有海枯石爛，萬世不易，自立合約之後，永遠照約管業，
不得混收混稟，今欲有憑，仝立合約，寫貳紙，各執壹
紙，永遠為照行。

　　　　乾隆肆拾伍年捌月　日仝立合約字　　加里珍業戶

　　　　　　　　　　　　　　　　　　　　南港通事

　　　李光成課田一甲

　　　劉佐廷田番四甲二分六厘七

　　　曾宗、劉託課田八分三厘

　　　劉子忠歸番田八甲三厘

　　　葉山林課田四甲一分二厘

　　　劉元齡課田一甲

　　　黃世道課田一拾一甲三分二厘

　　　鍾飛麟課田一甲

　　　劉向日課田九甲二分一厘

　　　朱潮歸番田二甲五分

　　　唐惠葵、李禮生課田一甲

　　　劉士度課田三甲

　　　鼓永來課田三分七厘五毫

　　　劉尚璋課田二甲六分八厘

　　　林木桂課田一分八厘四毫半

　　　黃彰沛歸番田四甲四分三厘

　　　林英開課田一分六厘半

　　　劉子作歸番田一拾二甲五分

　　　劉承祖課田一甲二分

　　　劉承宗歸番田五甲一分

　　　劉延厝課田一甲二分

　　　劉仁軒歸番田四甲六分

　　　盧吳氏課田六

　　　劉春山歸番田六甲二分○五

夏堯哲課田三甲二分

劉為山歸番田十七甲五分

陳贊課田三甲三分二厘

黃寔歸番田四甲七分六厘八

郭連生、高富課田六分九厘六毫

劉美山歸番田十二甲

劉立承歸番田四甲三分

劉立上、劉如盤歸番田六甲三分四厘

劉仲木歸番田二甲零五厘

林琚歸貓田五甲二分五厘

黃志學歸番田一甲七分四厘九

沈楚、張蔭歸番田八甲七分五厘

劉協恭歸番田四甲二分三厘二

何珀、石芝歸番田四甲六分□五毛

陳贊歸番田四甲三分四厘半

黃彩章歸番田四甲六分一厘二五

劉奇珍歸番田四甲六分四厘

劉普照歸番田四甲九分

劉如盤、劉煥平歸番田四甲二分二厘

柯登歸番田一甲七分五厘

盧文岳、盧廣福歸番田四甲六分七厘

柯福歸番田三甲九

劉子信歸番田二甲五分

王天息歸番田三甲九分

鄭學輝課田五分一厘五

莊魏歸番田三甲九分

劉擔謀田六分七厘

陳朝、梅蓆歸番田三甲九分

趙隆盛歸番田四十七甲一分八厘

黃文錦、馮捷歸番田三甲九分

詹已明歸番田四甲二分五厘[26]

　　於是原住民的要求下，加里珍業戶劉世昌與南港通事傳祖共同立下這份合約，在這一份合約中，可以見到六十四個佃戶（有些戶是兩姓合墾）中，劉姓有二十六戶，將近一半，這些佃戶可能與業戶劉和林家族同宗或是同鄉。

　　漢人與原住民的土地產權、番大租權、小租權和使用權的處理，以劉和林家族為例，從雍正十二年（1734）到乾隆四十五年（1780），經歷了三代人，四十六年之久，才逐步釐清，由此觀之，漢人想要侵占原住民的土地產權、番大租、小租，非常困難！

　　在乾隆四十五年（1780）的合約字簽署後，加里珍業戶與武勝灣社之間的土地糾紛已告一段落，對於劉和林家族來講，接著的問題就是如何開墾其餘尚未開墾的土地，將水圳延伸到五股各處，使五股的平原地帶也能得水灌溉。因為直到乾隆四十五年為止，加里珍莊業的水田大致分布在三重一帶，五股可能僅佔一部份，甚至五股的舊塭還只能食水尾。

　　這項工作在嘉慶八年（1803）時，終於又告完成，因為在這一年，業主劉建昌與五股的佃農又簽定了一份合約字：

> 仝立合約字人業主劉建昌、佃人鄭承武、趙隆盛、詹既明、李助、鄭慎、趙德壽、李興容、緒義、李元景、李繭、葵會、柯登壽、陵斷、楊仰峰、周成、黃道世等，緣我加里珍及中港厝、古屋莊、樹林塭、新舊塭、更寮莊各等莊，原係旱荒埔地，水導不通，稻田不植，惟有栽種地瓜、麻、苣什物，全無地利之收，共與曠野之嗟。
>
> 茲有業主劉建昌目睹時艱，不惜巨資，用銀購地開鑿水圳，由海山保梧苓腳大溪起，直至洲仔尾止，開成大圳一條，終分小圳，引水通流灌溉，俾各莊旱荒之地俱為

26　山田仲吾，《臺北縣下農家經濟調查書》，頁 43-45。

良田，經圳水到田之日，即請業主劉建昌丈明甲數，歷
年向業主劉建昌完納租，由頭汴起至四汴止，每甲納水
租四石，由五汴起至八汴止，每甲納水租三石以貼業主
劉建昌開圳損壞自己田園及購地、買他人圳地，並開鑿
工費等款之資。……

嘉慶捌年四月　　日全字合約字人　佃人

（以下人名與合約字內文人名相同，省略不錄）[27]

在這一份契約中提到，五股東部一帶，原先是乾旱的埔地，
只能種些地瓜、麻、豆等雜糧，無法種植稻穀，不能盡地利。

而領導佃農開墾的業主投入巨資，開築水圳，才使得五股
東部埔地能夠栽種水稻，增加了農民的收入，提高土地使用價
值。由這一份契字，可以看到五股有些地區的開墾其實是處在
極為不利的環境中，但因為漢移民來此，特別是業戶劉和林家
族的努力，與原住民交涉、投入資本開圳，終使得佃農們能夠
在較佳的水利條件下，將五股東部平原地區開墾成田。

第五章　汀州胡氏入墾五股

在臺北平原拓墾史上，汀州貢生胡焯猷是最常為人所稱道
的拓墾者。康熙末年，胡焯猷到興直地區拓墾[28]，乾隆十三年
（1748）與林作哲、胡習隆三人合組「胡林隆墾號」，據《明
志書院案底》的記載：

至該戶田業，乾隆十三年胡焯猷與林作哲、胡習隆三人
合置之產，該生應得三股之一，……戶名胡林隆。[29]

乾隆十七年（1752），胡焯猷獻地建大士觀於新直山西雲

27　山田仲吾，《臺北縣下農家經濟調查書》，頁 45-46。
28　尹章義，〈臺北平原拓墾史研究（1697─1772）〉，《臺灣開發史
　　研究》，頁 73。
29　中央圖書館臺灣分館藏，《明志書院案底》（臺灣總督府圖書館抄
　　本），頁 3a。

岩（今西雲寺）；乾隆二十五年（1760），胡焯猷又在新莊米市倡建關帝廟；乾隆二十八年（1763）三月二十四日，又呈請捐獻水田八十甲和平頂山腳的莊園、房舍、水塘等，創辦了北臺第一的明志書院。

胡林隆墾號所捐出的「瓦屋一進五間，旁有廂房十二間，前鑿池塘，上接山水，下落莊田」，以當時的水準而言頗具規模。

胡焯猷捐水田八十甲給明志書院做維持費，可收租六百零六石九斗多，年納番租二十三石三斗四升，社餉銀八兩三錢三分四釐，他留下做為生活費的水田，可收二百一十多石的租，換算成水田，將近二十八甲，合起來是一百零八甲，尚不包括他對於大士觀與關帝廟的呈獻。這些水田只是胡焯猷所擁有的三股之一，僅以一股一百零八甲計，胡林隆號開墾的水田已超過三百二十四甲，佃農當在一百一十戶以上[30]。

胡林隆墾號拓墾的土地，大略散布在今成子寮、水碓、山腳、貴子坑、田心仔和坡角、丹鳳、營盤一帶，約在今五股鄉、泰山鄉及新莊市北邊，正是林口臺地與新莊斷層的交接處，也正是擁有「天泉水崛」的易墾地。而其拓墾的土地有納「番租」一項，可知該地原有武勝灣社的平埔族人經營著原始農業。[31]

第六章　客家「細戶」入墾

十七、八世紀時，有很多漢人來臺灣開墾，在當時的農業移民中，他們的身份大致上可以分為兩種－業主（墾首、墾戶）與佃人（佃戶）。

像前文提到的胡焯猷與劉和林家都是業主，在開墾活動中，當他們相中一塊地方，向官府報墾申請墾照，而官府會要求必

30　尹章義，〈臺北平原拓墾史研究（1697 — 1772）〉，《臺灣開發史研究》，頁 74。
31　尹章義，《新莊（臺北）平原拓墾史》，頁 43-44。

須先取得當地原住民的同意，取得墾批、墾字。所以，如何週
旋於官府與原住民之間，便成為業主的要務，這也使得擔任業
主的人通常都要有錢打點，也要有關係，才能知道原住民社群
的狀況，以便能夠順利取得土地，而同樣重要的，就是最好有
功名、懂文字，兼會寫公文。

以淡水河西岸地區的開墾為例，像開墾興直埔（新莊）的
楊道弘、開墾新莊的林成祖、張廣福（墾號）都是有功名的個
人或家族，同時他們在臺灣中部開墾成功，累積了資本，因此
他們很順利的前來臺北主持墾務，得到成果。

至於佃人，他們可能是業戶的親屬、本家或同村的人，跟
隨著業主來到臺灣開墾，他們很少在歷史文獻中留名，當某地
的業主取得大塊土地後「招佃」，而需要土地耕種的人則會向
業主「承佃」，在前列的幾份合約中，佃戶卻因這幾份合約而
留下名字。

第一節　劉美山

以下就是發生在五股地方的一件承佃契字，業主當然就是
劉和林家族。

> 淡水武勝灣加里珍等莊業主劉給出犁分壹張，付細戶劉
> 美山前往墾耕，奉丈伍分正，議過，不論年冬豐薄，遞
> 年應納業主大租粟貳拾石正滿斗，永為定例，不得增多
> 剋減，其粟務早粟壹半、冬粟壹半，要鼓風乾淨，任業
> 主調撥，車運至公館或本莊各處港口交納，不得藉詞推
> 諉，其田底隨付佃人管守，永為己業，其佃人如要別創；
> 卻退犁頭工本銀兩，應託誠實之人，先赴業主認佃，方
> 許承頂，不得擅招匪互之入莊，以及窩匪聚賭打架滋擾
> 生事等弊，如敢故違不遵，任從業主會同莊眾呈官究治，
> 公革出莊，不敢逞強阻，希此係二家甘愿，今欲有憑，
> 合給佃批一紙，付執為照

右批給佃戶劉美山執照[32]

在這件給佃執照中，佃戶劉美山被稱為「細戶」，用現代話來說，就是小戶人家。文中的「加里珍等莊業主劉」就是劉和林，劉家給出「犁分壹張」的地，犁份是當時衡量土地的單位，指的是一張犁所能夠耕作的面積，大約是五甲地。

業主劉家要求劉美山在耕地之後，每年一定要繳納二十石稻谷，作為大租。在臺北，當時稻米一年有兩收，所以二十石稻谷分為早晚永繳納，並且要聽從業主的指示，用車運到收租的公館或指定的港口。佃戶取得佃地後，假如不想繼續耕作了，可以自己找人頂替，只要替代的人不作奸犯科，業主並不干涉。

佃戶劉美山其實在前文討論中也出現過，在現存乾隆二十八年（1763）業戶劉和林與萬安大圳頭、二、三汴眾佃人等同立合約字中，劉美山也參與簽定了這份合約，顯示在萬安大圳的開鑿過程中，劉美山也同加里珍莊其他佃人一樣，出錢、出地投資在水圳工程中。

另外，在乾隆四十五年（1780）加里珍業戶劉世昌、南港通事傳祖等同立合約字中，劉美山有田地十二甲，是屬於「歸番」的田地，說明劉美山參與了萬安大圳的開鑿、水圳完成後，加里珍莊新增加了一百九十一甲水田，也包含劉美山的十二甲田，卻因武勝灣社索回土地，而被官府判歸屬原住民，所以他每年每甲田要給原住民旱租四石穀，再給業主劉家水租四石穀。

佃戶除了向業主佃地外，也要靠業主開鑿水圳，才能增加產能和土地價值。但開圳需要一定的資本投入，並有適當的水源與圳地，對於佃戶來講，田地在平原之中，無水可接，固然束手無策，即近溪流，也怕洪水衝刷，毀壞入水口等設施，用地取得已不易，龐大資金的籌措更難，因此由佃戶獨力開圳，

---

32 原契上有「淡水加里珍等莊業主劉和林圖記」，契字原載《中和莊志》，轉引自盛清沂總纂，《臺北縣志》卷五開闢志，頁66。

可能性相當小。

第二節　張華日（漳州平和縣人）

　　現存乾隆三十年（1765）佃人陳時興、鄧文光、張華日等立認水租字，其中載：

> 立認水租佃人陳時興、鄧文光、張華日等，緣光等同耕武勝灣二重埔番業，因乾隆二十六年（1761）鄰莊劉承傳就海山莊地界開水圳，作分股均分，除中港厝佃得一股外，其餘七股水額至加里珍莊大汴頭化為二百三十二分，立汴均分。光等乾隆二十八年（1763）公眾與劉承傳買過七股額內水分，共六十二分，開鑿私圳灌溉，每分水每年春冬二季共貼納水租谷四石，不論年冬豐歉，不得增多減少，歷年無異。
>
> 緣圳頭在張源仁海山莊界內開鑿，蒙前憲夏堂斷，年貼納圳頭水租谷六百石，茲劉承傳聽公親調處，將光等六十二分水，依原約舊額圳路水汴分灌，其租二百四十八石，經三面對交海山莊業主張源仁收取，永為定例，不得增多減少，光等年應照例依春冬二季，車至新莊街公館交納，不得短欠、今欲（疑漏一有字）憑，同立認水租字為炤
>
> 另批：水到莊過汴，約以一寸四方為一甲定例批照
>
> 　　　　　　　　乾隆三十年十二月　日立
>
> 　　　　　　　認佃字人陳時興　鄧文光[33]

　　陳時興、鄧文光與張華日等三個佃人在二重埔耕種「番業」，即向原住民租地耕種之意，乾隆二十八年劉承傳開鑿萬安大圳後，陳時興等三人雖然不是向劉家佃地耕種，但卻買了六十二分的水，買了水之後，佃戶還要別鑿私圳，才能將大圳

的水引進自己的田。

根據張華日後人張方鏗編的《張氏祖譜》載，張華日生於康熙五十四年（1716），雍正、乾隆年間帶著二弟張華勳、三弟張華立、四弟張華任渡海來臺，初落籍在二重埔，後遷至五股坑尾一帶，慘淡經營，擁有田園百甲[34]。張華日卒於乾隆四十一年（1776），葬於五股坑[35]。

從張華日開墾的例子可以說明，十八世紀在臺開墾的佃人和現在的佃人並不相同，現代所謂的佃人是向地主租地耕種，可能會受到地主的剝削，但在十八世紀臺灣的佃人表面上仍是向業主租地耕種，但對田地卻有部份的自主權，同時繳給業主的大租相當低廉（約佔收成的十分之一），所以像張華日這樣的移民，四兄弟來臺開墾，終能累積百甲以上的田地，這是那一時代漢移民典型的「臺灣夢」。

第三節　劉光異

業戶主持開墾時，通常會牽親引戚，從大陸原籍地找來自己的宗族或同鄉，一起參與開墾，開墾五股、三重有功的業主劉和林顯然也招來自己的宗族，參與加里珍莊業的開墾，前文引述的乾隆四十五年（1780）加里珍業戶、南港通事同立合約字中，即可見到加里珍莊的佃人中，劉姓比例非常高，幾佔所有佃戶的半數，以下介紹佃人劉光異，他在洲尾仔開墾，受到了劉和林的照顧：

> 立給出墾內劃斷一段青埔屋地字人開墾業主劉和林，有淡水武勝灣加里珍莊樹林頭洲尾埔莊劃斷一段青埔、屋地，界址東至小陰壢為界，南至小路直透為界，西至小路尾曲轉陰溝為界，北至陰溝崁為界，四至界址踏明。

34　張方鏗撰，〈張氏遷臺始祖墓誌銘〉，祭祀公業張華日管理委員會，1985 年 8 月。

35　張方鏗編，《張氏祖譜》（臺北：1980 年 9 月，張葉阿月、張榮富提供，李逸峰、洪健榮訪得），頁 34。

今因劉光異有在墾內開闢田業，年載已滿，一應分還業
主掌管，和林帶念異係叔姪之情，將墾內物業路明界址，
劃斷一段歸送於姪劉光異前去掌管，架造房屋，安身居
住，永為己業。遞年納課開墾業主大租銀三角正，給單
執照。保此業委係和林叔自己開墾，在墾內之物業亦無
重張包給他人為礙等弊，俱各分明，其此業劃斷給出，
千休永斷，瓜藤永斷，叔永遠不敢向討取贖，並及子孫
人等亦不敢言生端滋事。此乃甘願，各無反悔，口恐無
憑，立給出墾內劃斷一段青埔屋地字一紙，付執為照。

乾隆（癸酉）十八年（1753）十月　　日　　姪　禮興

在場男　光剛

立給出墾內劃斷一段青埔屋地字人開墾業主　劉和林 [36]

原來劉和林在洲仔尾有一塊還沒有開墾的埔地，交由他的
姪子劉光異開墾了幾年，照劉和林與其他佃戶的約定，開墾年
限一到，田要還歸業主，可是劉光異是業主劉和林的姪子，乾
隆十八年（1753）期限到了，劉和林不忍心將姪子的墾地收回，
於是立下這張契字，決定割劃一段莊業，送與姪子劉光異掌管，
讓姪子可以在此架設房屋，安身居住，劉和林之子劉光剛和侄
兒禮興在場見證，就是避免日後惹事生非的意思。

就業主與佃戶間的關係來講，這也是一個很好的例子，兩
者除了是靠契約（招佃字）來訂定彼此的權利、義務外，業主
與佃戶可能還存在著親屬或朋友關係，可以說大家是齊心在臺
灣開墾新家園。

第四節　趙孟江

十八世紀時，業戶劉和林家族在五股、三重可以說是「喊
水會結凍」，佃戶向他租地來耕，有時候還要向業主借錢，甚

36　《清代臺灣大租調查書》（臺北：臺灣銀行經濟研究室，臺灣文獻叢
　　刊第 152 種，1963），頁 816-817。

至業主可以歸一塊地給佃戶親戚居住。

在加里珍莊出現了佃戶與原住民連手對抗業戶的事件，現存一件原住民發出的給佃批記載了這件事：

> 立給佃批武勝灣社番業主通事萬宗，有承祖遺下湳塭地
> 一所，坐落加里珍莊尾，前年劉承傳父劉和林給佃開墾，
> 茲蒙列憲斷歸番收管，以給社番口糧。茲有佃趙孟江前
> 來請給，緣劉和林不肯，狼貪田地，以致互控……全賴
> 趙孟江之力，歸番收掌，宗感其情，願將此二甲之大租
> 奉送趙孟江，而孟江不敢受領，當日宗憑眾佃，願將此
> 二甲租銀折定六圓，喜捨中塭莊福德爺，以為遞年香燈
> 緣銀，永遠定例，日後眾番等不敢取給口糧，此係業佃
> 兩願，合給佃批，永遠執照行。
>
> 乾隆三十九年八月　　日給
>
> 代筆陳遜候 [37]

趙孟江是一位佃戶，他想向武勝灣社原住民佃一塊地來開墾，因為那時，不僅漢人可以當業戶，連原住民亦逐漸熟悉漢人農業開墾的經營手法，自己也當起了業戶，當時的人稱之為「番業戶」。

趙孟江想出佃的是一塊有爭議的土地，原來加里珍業戶劉和林的莊業最初也是向武勝灣社買來的，但後來雙方卻爭地，直到乾隆三十六年（1771），才由官方判定土地的歸屬，武勝灣社爭取到了一百九十一甲水田的「旱租」。

官府又將這塊地判歸武勝灣社，由於排印版的契字中有刪節，使其中的過程無法了解，但無論如何，原住民爭到了這塊地，乾隆三十九年（1774）武勝灣社番業主通事萬宗立下這份給佃批，他很感謝在互控過程中，全賴趙孟江之力，才使地歸

37　據乾隆三十九年八月「武灣社番業主通事萬宗立給佃批」中載，二甲
　　大租銀折定六圓，即一甲田約值銀三圓。這份契字收在《清代臺灣大
　　租調查書》，頁653。

原住民收掌，原住民業主萬宗感其情，決定將兩甲地的大租奉
送給趙孟江。趙孟江自謙不敢受領，於是業主萬宗決定將這兩
甲的大租額捐給中塱莊的福德爺（土地公廟），兩甲地的大租
額約值銀六圓，作為祭拜福德神明的花用，因而留傳了這份契
字。

　　至於中塱這個地方的業主權要到乾隆四十三年拾貳月才解
決，雙方決定原住民收旱租，業主劉承傳收水租，當時每甲佃
戶繳六石穀，雙方各得三石[38]。

第五節　南靖許氏

　　祖籍福建省漳州府南靖縣馬坪。南靖太始祖若公，字子順，
「為漳南列十三世猷公之子，因南詔兵革，乃徙遷龍溪徐翔，
由徐翔轉居田源，田源即是漳州府南靖縣馬坪之稱」[39]許若生
三子、三子天成單傳士祥，士祥單傳惟祿，惟祿舉子二，長許
否，次許昂，《洲子許姓族譜》記載五世祖許否昆伸渡台拓墾
事蹟稱：

> 臺灣溝洲子太始祖否公乃南靖四世惟祿之子，於清康熙
> 四十年辛巳年（1701）即清平臺灣後十八年西元一七〇
> 一年，率幼弟昂帶天成公、士祥公、惟祿、慈惠許媽陳
> 氏、慈勤許媽李氏、閨名嬰坦等六位神牌由南靖馬坪遷
> 至清臺灣府淡水廳內港八里坌堡大牛椆洲子莊定居。日
> 據時代改稱臺灣臺北州新莊郡五股洲子莊。臺灣光復後
> 改稱臺灣省臺北縣五股鄉成州村洲子字洲子，……世世
> 代代務農為業。[40]

　　開台祖許否定居洲子一帶，育有一子祐霸，祐霸舉四子，

38　《清代臺灣大租調查書》，頁653。

39　磧地銀，臺灣南部稱壓地銀，等於是佃人向小租戶佃耕時的「押金」，
　　由小租戶無息使用，佃耕年限到了，再還給佃人。

40　許朝更編，《洲子許姓族譜》（自印本，出版年月不詳）頁6。由許
　　健光先生提供，民國八十五年七月五日，洪智棠採訪。

有德、江良、三法，長子有德遷往桃園龜山鄉，子孫各自謀生，
後散居台北縣市、桃園縣各角落 [41] 三子三法傳下榮和、和賓、
永來三房、部份子孫尚留居洲子克紹租業。[42]

　　為保持血統倫常並增進敦睦親情，來台第九世許朝奉洲子
許姓宗祠管理委員會之請，重修宗譜，民國八十二年間完成《洲
子許姓族譜》。[43]

第七章　潮州、淡水兩地往來置產

　　和臺北盆地其他地方的開墾一樣，五股在十八世紀中葉以
前，大都是處於墾荒、鑿圳的狀態。從十八世紀初起，漢人漸
漸移民來臺北，到了一七二、三〇年代，出現了所謂的業戶主
持開墾，他們可能是擅長和原住民打交道的「通事」，有功名
的士紳或是在臺灣中南部開墾有成的業主，這些人紛紛投入臺
北的開墾，使得五股平原地區也這種環境下，由業戶劉和林向
武勝灣社買得。

　　此時買到的土地屬於荒埔草地，於是就由業主招徠佃人開
墾，此時的田地大部份屬於旱田，只有少數田地能得水源，成
為水田。但是旱田只能種些雜糧如地瓜、豆類等，不像水田可
以栽種稻米，賣到比較好的價錢，增加農民收益。於是 1760
年代，在業戶劉和林家族的領導下，和佃戶們共同開闢了一條
萬安大圳，遠從樹林引大料崁溪水來灌溉，這也就是筆者所謂
的「水田化運動」。

　　自此以後，開墾活動即步入成熟穩定期，在開墾初期居於
領導地位的業主漸漸與開墾活動疏離，蛻變成只是坐領大租的
地主，甚至家族財產因為不斷分家而分散。

41　《洲子許姓族譜》，頁 6。
42　許石義，〈許姓族譜序〉，《許姓族譜》（自印本，出版年月不詳）。
　　由許健光先生提供，民國八十五年七月五日，洪健榮採訪。
43　《洲子許姓族譜》，頁 4。

　　從十八世紀末到十九世紀，真正負責開墾活動的人是小租戶與佃戶，這些人的活動也構成十九世紀五股的開墾史。以下引述一張嘉慶五年（1800）的契字來看當時的轉變：

> 立退歸三房掌管字人劉嘉盛，竊與三房兄弟有承祖父遺下公田及竹圍、厝宅、牛埔、羌園、後頭坡田壹應在內，所址在淡水武勝灣莊，年贌佃耕，可收小租粟六百四十石，三房均分，每房每年應分谷貳百壹十參石。盛係帶三房同胞兄弟四人，每人每年分谷五十參石零。歷分無異。

> 緣盛于乾隆五十七年（1792）贌耕公田，年年破耗，積欠三房兄弟應分租額，又有借欠業戶劉世昌銀元俱未清楚，迨嘉慶五年（1800）兄弟自籍來淡理討租額，致控公庭，經蒙淡分憲吊訊，斷令盛侵欠三房兄弟租額無力備還，姑免致議，所有備欠劉世昌銀壹千五百元，著盛坐還銀捌百元，胞兄時魁堂斷貼盛銀五十元，長、二房兄侄坐還銀四百元，胞弟玉瓚坐還銀參百元，湊共銀壹千五百元，清還劉世昌借項；又欠佃人謝娘磧地銀貳百元，著盛自己坐還，押令會算清楚遵還完案等因。……

> 茲盛在臺並無私置己業堪以變還，只有每年應分公租五十參石，欲將此租變賣，只值銀六百元，還債不敷，爰托公親勸長房兄會一、探驪、二房關守、三房胞兄弟時魁、雲鳳、玉瓚及兄弟至親，公議出銀壹千零三十元，代盛坐還以上債項，盛願將名下應得帶淡公租五十參石及應分竹圍壹段，厝宅壹所、牛埔、羌園、后頭陂田各等盡歸與三房均分掌管，將來盛不得過問，亦不敢混爭滋事，盛在籍鬮分租業及自置物業仍歸盛自管，三房兄弟不得估低侵收租額，今欲有憑，除具遵依并抄約字呈線淡分憲察核立案外，合立歸管字一付與三房兄侄永遠執炤……

業主（蓋有「興直加里珍莊業主劉建昌記」一戳）

嘉慶五年十二月　　日

立歸管字劉嘉盛[44]

　　這份契字出現在十九世紀的頭一年（1800 年），有其時代意義，因為在此之前，土地開墾的工作富有草莽氣息，漢人向原住民買地，或是佃戶向業主租佃土地，所談的開墾面積都是幾甲、幾十甲以上，每個人單槍匹馬或三五成群的打拼，但經過數十年的耕耘，兩代以上的傳承，開墾土地碰上的問題不再是與原住民爭地，不再是開一條大圳，而是家族財產的處理問題，是欠錢、還債的問題。

　　現代人的不動產觀念是一塊地只屬於一個人或一個單位所有，但傳統的中國社會卻不是如此，像在這份契字中則出現了小租戶劉嘉盛與業主劉世昌，佃人謝娘間的金錢借貸問題，業主、小租戶與佃人三者同擁有同一塊土地，佃人耕作田地，收成則由三者依不同比例分享。

　　而劉嘉盛是武勝灣莊某塊地的小租戶代表，他的祖父劉延擎從前是加里珍莊的佃戶，向業主劉和林家族佃地耕作，每年繳交大租給業主，死後財產由三個兒子共享，即為契字中所說的長次、二房、三房，劉嘉盛即屬於三房，三房又有兄弟四人，等於第三房又分為四份。

　　原先劉嘉盛的祖父有塊地十七甲五分[45]，佃給佃人耕作，每年可收租穀陸佰四十石，為了要與業主所收的大租分別起見，所以他們向佃人收取的租穀稱為「小租」。六百多石的小租由三房均分，劉嘉盛每年可分到五十三石的穀子。

　　但是從乾隆五十七年（1792）起，這塊祖父遺留下來的

44　乾隆四十三年十二月南港通事貴天、萬宗、加里珍業戶劉世昌等同立合約字，收入山田伸吾，《臺北縣下農家經濟調查書》，頁 41-42。

45　嘉慶五年十二月劉嘉盛立退歸三房掌管字，原件由「陳恕記」後人陳姚富先生收藏（1995 年 3 月 27 日，蔡志明、李逸峰訪得）。

公業地改由劉嘉盛自己耕作，但卻年年虧空，直到嘉慶五年（1800）止，劉嘉盛侵吞三房應收的租額（每年六百四十石），欠業主劉世昌一千五百元，以及佃農謝娘的磧地銀二百元[46]。龐大的債務逼得劉嘉盛的兄弟告到官府，並由臺灣北部最高的行政長官淡水同知處理。

最後，劉嘉盛在臺的產業被三個房其他兄弟均分，然後由家族承擔此一債務。

這個事件傳達了不少的訊息。首先是十八世紀佃戶劉延擎辛苦耕作，留下的耕地被三個兒子繼承，再過一代的孫子，像劉嘉盛只分得祖父財產的十二分之一。傳統所說有錢人「富不過三代」，除了子孫有賢不肖之分外，其實和財產均分的制度也有相當關係，也使得共業財產的處理一代比一代更形困難。

其次，十九世紀農地一田三主的情形相當普遍，而且同一人可能兼具三者的身份，既是某塊地的業主，也可能是另一地的大租戶或佃人。這種一田三主的制度加上家長共業財產的持分制度，使得土地問題異常複雜，直至現在，五股一些老家族要賣出一塊共業地，可能要數百家族成員一一蓋章，才能辦好手續，這都是二、三百年開墾史沿襲下來的老問題。

在劉嘉盛這份契字中也可以看到，來臺灣開墾的人在大陸原籍地可能還有產業，就像劉嘉盛在臺灣形同破產，但他在大陸原籍卻還有一些產業，而他的同胞兄弟有的也回原籍居住，這說明漢人移民不一定都是窮途潦倒的「羅漢腳」，像劉嘉盛家族同時在臺灣、大陸原籍都還有產業，甚至同一個人在兩岸都有田地。

（本文取材自《五股志》，民國八十六年十一月，臺北縣五股鄉公所。該書由筆者擔任總編纂，洪健榮主編，陳宗仁、李逸峰出力甚多）

46　參見嘉慶五年十二月劉雲鳳等三大房兄弟立分管合約字（原件由「陳恕記」後人陳姚富先生收藏）所載。

第柒篇

台灣各地開發史與客家人

第一章　六堆—客家人打造的海外桃花源

一、海外一桃源—六堆

　　1980 年起，我開始撰寫《新莊志》研究台灣史。先蒐集概括性歷史資料，瞭解台灣大勢。

　　1928 年，日本駐在台灣的總督府刊布的《台灣在籍漢民族鄉貫別調查》（1926 年的資料），在當時三百七十多萬漢人中，百分之四十五是泉州人，百分之三十五是漳州人，只有百分之十五、六是「廣東人」。假設粵籍的閩南語系和福建的客語系相抵（或許閩西客家人較多，無從證實），客家人佔台灣住民約百分之十五、六，大概是我們能夠獲得的最近真的數據。因此，除了桃園、新竹、苗栗和屏東之外，為什麼老是福佬人勢壓客家人，約略瞭然於胸。

　　接著閱讀台灣各地的方志，進一步探索各地客家人在台灣史上的軌迹，除了《諸羅縣志》（1717），《重修鳳山縣志》（1764）等極少提到客家人而且貶過於褒之外，客家人佔優勢的新竹、桃園、苗栗、屏東等地區的地方志，也很少提到客家

人。

日本人的鄉貫別調查有問題嗎？我檢閱了數千份日據時期的戶籍檔案，日本人顯然是一絲不苟的在做調查、統計。那麼，客家人怎麼在地方志的歷史紀錄中憑空消失了？瞭解客家人和瞭解史料中的客家書寫引起我極大的好奇心！

進一步我就閱讀清代旅台人士或官吏所寫的見聞錄、筆記，終於發現了一篇有如夢似幻的〈粵莊義民記〉。

翟灝（1793～1805，在台任官），是山東淄川人，乾隆五十八年（1793）任台灣縣典史（約當今縣市之主任秘書）兼羅漢門巡檢（今高雄市東部地區的地方官），又擔任府經歷（台灣府的行政局長）和彰化、南投縣丞（副縣長），嘉慶十年（1805）離台回籍，不久就出版《台陽筆記》一書，〈粵莊義民記〉文章很短，內容卻非常精彩，茲引錄如下：

〈粵莊義民記〉

嗚呼！宇宙太和之氣，不擇地而鍾，雖荒服之國、蠻夷之邦，亦必有以醞釀於平昔，陶淑其性情，家人父子固結於心，刀鑊不能屈、詐謀不得間，時易勢殊而不少為之移易者。吾於臺之粵民深有感焉。

臺地素無土著，皆漳、泉、廣三郡之人徙居焉。地分南北，廣人實居其南，別以主客之名，而莊以立（漳泉人呼粵莊曰客莊）。此疆彼界，判然畛域。故往往有漳人作亂而泉人攻之者，泉人謀逆而漳人揭之者。若漳、泉合謀不軌，則粵民必倡義以誅之，未有不成功者。

自臺人入版圖以來，鄭芝龍、朱一貴、黃教、林爽文、廖掛、陳錫宗等陷城戕官，封偽爵，據土地，無不縱橫全臺，勢如破竹；而皆不能犯尺寸之土於粵莊之民。

夫粵人其果有城郭之固、山川之險，所得恃以不恐歟？牆不過編竹，門不過積柴，然而久安無恙也。余重其義

而問之故。曰：「我莊有成約焉，事無巨細，人無遠近，必須痛癢相關，軌以正而無至於邪；有則自懲之，不敢勞吏問也」。余聞之曰：「嘻！此所以歷久而不敝者歟」？

然自鳳邑之南，沿傀儡山迤邐以至於海數十里，井灶億萬，生齒日繁，豈無一二跳梁，作奸犯科，不遵約束，以蹈夫乖僻自用之習，而干於罪戾？舉凡此莊之民，莫不熙熙暭暭，忘利重義，安居樂業，協力同心。非有以和其衷而養其天年，能如是乎？孟子曰：「地利不如人和」。左氏傳曰：「師克在和」。和之為用大矣哉！

且其地一歲三收，香稻貢瓜之類，入其賦而歲進焉。何莫非人傑地靈、和氣致祥之所致歟？今而後知海之外，猶有古風存者。

文末附戴翟灝的兄長翟濤的評論：「別有天地，其海外一桃源乎？」

此文明示：1.官方所謂的粵莊，漳泉人稱之「客莊」，也就是說，官方為了行政上的方便，以行政區來區分，民間則以「語群」區分，兩群對立。

2.鳳山以南有一處客莊群，雖然沒有城郭之圍，山川之險，卻能抵禦福佬人和叛亂團體的侵略。

3.客莊群非常團結，有組織，有紀律，形同自治區。

4.依國家法律規範納稅。

翟灝筆下「沿傀儡山逶邐以至於海數十里」的桃源仙境究竟在那裡呢？

這個海外桃源仙境正是位於台灣南部下淡水溪（今高屏溪）以東，北起美濃、杉林、甲仙、六龜（高雄）和高樹、武洛、新埤、佳冬、長治、麟洛、內埔、竹田、埔塩、萬巒、潮州等地，俗稱「六堆」的客家聚落群。

　　六堆亦作「六隊」，是客家人的自治組織也是自衛組織。以家族為中心，擴大到同宗、同鄉、同語群、同莊、同大莊（鄰近的福佬人也可以託庇於客家人，俗稱「附莊」或稱「交陪莊」）到「六堆」聯盟組織，同心協力，組織嚴密、紀律嚴明的民間團體。彼此之間立有規約，痛癢相關。平日維持紀律，有違規的人，自行懲處，不必官方干涉；有事則依約動員，個個為了捍衛鄉土而奮勇爭先，經歷無數民變、械鬥，始終未被入侵。

　　台灣是個新闢之地，康熙廿三年（1684）才收歸中國版圖，設官分治。隔著風濤險惡的台灣海峽，天高皇帝遠，官治系統鬆懈，貪官、污吏、惡兵、歹徒充斥。攻陷城池，殺害官兵，稱王稱帝的「民變」特多，素有「三年一小反，五年一大反」之稱。移民來自閩南、粵東和閩西各府縣，語音各異，信仰不同，爭墾、爭水、爭利，各分氣類的械鬥更多。只有「六堆人」非常團結，「刀鑊不能屈，詐謀不得間」（鑊音或，煮烹食物的大鍋），個人不因上刀山下油鍋而屈服；團體不因官方的壓迫和別人的挑撥而分崩離析，所以終清之世，六堆聯盟不像漳、泉人分府、分縣、分莊的自相殘殺；朱一貴、黃教、林爽文、廖掛、陳錫宗等人叛亂，縱橫全台，勢如破竹，都無法入侵六堆地區，而六堆人往往列隊出兵，打擊叛逆。故而，六堆能保持一片淨土，成為翟濤筆下的海外一桃源。

　　道光十年（1830）編輯的《台灣采訪冊》，收錄了台灣恩貢生林師聖所撰寫的〈閩粵分類〉一文，摘錄與六堆相關的兩小節於下：

> 竊論臺地閩人多而粵人少，閩人散而粵人聚，閩人貪而愚，粵人狠而狡，故粵人常得逞志於閩人焉。每叛亂，多屬閩人，而粵人每據上游，藉義肆毒生靈，甚於叛賊。且粵莊既多，儲糧聚眾，以竹為城，以圳為池，磐石之安，孰逾於此。閩人攻且退，復放耕牛、農具、衣服等物，散布於路以餌之，而伏人於僻近榛莽間，閩人利其

有，大肆搶奪，伏起殺之。故閩人多死焉。其禍自朱逆
叛亂以至於今，仇日以結，怨日以深，治時閩欺粵，亂
時粵侮閩，率以為常，冤冤相報無已時。可勝道哉！甚
冀當事者，留心調劑，防患未然，庶幾無貽後禍耳！

　　分析福佬、客對立，鬥爭的形勢、作風和械鬥沒完沒了的
原因。平日福佬人人多勢眾，欺負客家人；遇到動亂，六堆的
客家人雖然人數少，藉著團結與組織以及防備設施，「儲糧聚
眾，以竹為城、以呷為池，磐石之安，孰愈於此？」因而宜守、
宜攻，反而成為優勢族群。第二節如下：

　　粵大莊多種刺竹數重，培植茂盛，嚴禁剪伐，極其牢密。
　　凡鳥鎗、竹箭無所施，外復深溝高壘，莊有隘門二，豎
　　木為之。又用吊橋，有警即轆起固守，欲出鬥則平置，
　　歸仍轆起。其完固甲於當時之郡城矣。林爽文反，南路
　　粵人蹂躪莊市尤甚。賊首莊大田、莊錫舍等，合眾力攻
　　粵莊不得入，閩人被粵人擒殺極多。

　　具體說明六堆各大莊的防禦設施的管理，使用時機與方法，
結論是：「其完固甲於當時之郡城矣！」明清兩代習慣把府稱
為「郡」，把縣稱為「邑」，此處郡城即「台灣府城」。

　　林師聖清楚地說明他所見聞的福佬和客家人的關係，以及
二者之間的攻守模式；翟灝則深入的說明了「六堆」成為「海
外桃源」的本質，二者若合符節，也證實翟濤「別有天地，其
海外一桃源」，一語的中肯。

　　光緒十三年（1887）台灣建省，十八年積極推動編纂台灣
省通志的工作，光緒二十年（1894）盧嘉德編輯《鳳山縣采訪
冊》，收錄了一篇鳳山縣貢生鄭蘭，記述道光十一年（1831）
張丙之亂導致全台大械鬥的文章，附錄了鄭蘭的〈請追粵砲
議〉，摘錄於下：

　　粵莊大砲，自康熙年間存儲至今，進足以攻，退足以守，
　　由來久矣。今粵之所恃，又不在於守，而在於攻。何以

言之？粵民籍隸，百餘年來，生聚保養，丁壯累十數萬。自港西上里抵港東盡處，沿山麓八、九十里。美壤膏腴，悉被占住。地據上游，村莊聯絡，聲息可通。大者幾萬戶，小亦不下三、兩千。鑿澗水，環其田閭，常資灌溉。變資守禦，家給戶足，藩籬孔固。以視閩莊之地廣民散，繡壞錯落，鳩聚為難，舖頭則五方雜處，居社亦四面受攻。雖上下與之毗連，而形勢實未足以相抗。兼之俗雜漳、泉，各存嫌隙，素無首領為之約束，更無生息可以籌備。……使移大炮而置之閩鄉，亦屬無用之物，……一遇粵、番大至，不能交接一鋒，各思逃散，聽其焚搶屠戮，亦概可知矣。

統觀閩、粵形勢，若與對壘，粵即無大砲，亦十有九勝，則粵之不恃此以守亦明矣。而猶藏此者曷故？無論平民私匿軍器有干憲典，即不得已而暗為預備，亦聊以固吾圉，官長姑為之原情而不追究，未有形勢十倍於人，猶假保守之名，以陰為攻搶之具！且不惟暗藏也，昇平無事之日，酬神慶會，砲聲硠硠，震徹縣治，官亦置若罔聞。明目張膽，莫此為甚。及一旦有變，罄所儲而盡排列於營頭，朝開暮放，閩人一聽，勢不能不早自為計，搬離數里以避其鋒。閩搬，則粵毀；越搬越毀。毀而至於舖頭人稍聚矣，地稍險矣，則運此為前驅，略放數聲，以寒人膽，強者必遭轟擊，弱者又復搬空。……

鄭蘭筆下的六堆仙境，不讓美於翟灝和林師聖，而六堆擁有康熙末年得自朱一貴之亂，成排成列的大砲，則是前二人所未嘗鋪陳的故事。鄭蘭力陳福佬人之散弱、客家人之聚強，就算沒有大砲，兩籍交戰，客民亦十有九勝。

鄭蘭曾經聯合福佬士紳，上書給率兵來台，平定張丙之亂（道光十二年1832）的閩浙總督程祖洛（？～1949，安徽歙縣人），要求沒收六堆大砲給閩軍，程沒有採納決行，故而出

現這篇內容矛盾荒誕的大文。幸好程總督沒有接受鄭蘭的說法，尚能維持六堆一片乾淨土，也能藉六堆聯盟之力平亂，否則六堆也難免靡爛。

二、人間仙境形成之謎

在民變、械鬥頻仍的台灣，六堆人靠著他們的智慧與毅力，奉獻身家性命，在原住民和福佬人的夾縫中，維持了一片乾淨土，成為翟氏兄弟筆下的桃源仙境，自然是台灣史和客家人史上的奇蹟。

六堆到底是如何形成的呢？

由於古史和地方志，吝於記錄客家人在台灣的生活，古代對於客家人，多半根據閩、粵兩省籍貫判斷，殊不知粵東有福佬語群，閩南、閩西也有客家語群，在客、福佬雜居的地區也不易分辨。

根據村上直次郎抄錄翻譯的《巴達維亞城日誌》西元 1624 年 2 月 16 日條所載，荷蘭人到今天臺南縣佳里一帶的街村勘察，發現先住民對荷蘭人抱持著恐懼的態度，另一方面：

> 各村男人的住屋中，都有一、二、三，甚至五、六個中國人同居……說馬來話並使用大量的中國話成為不甚一致的混合語。

同一紀錄又載及荷蘭人建「台灣砦」（今臺南安平古堡的前身）當時，先住民態度的轉變云：先住民原來對於荷蘭人表示好感，並有協助建砦之意，「由於中國人居間煽動，先住民改變了對我們的態度，以槍、矢襲擊我們派去砍竹子的士兵而射殺了其中三個人」。

這兩則資料顯示在荷蘭人佔領臺灣之前，已經有不少中國人在此定居，並且對於先住民有相當的影響力。「混合語」的形成，更值得注意，但是「中國人」到底是客家人還是閩南人，沒有說明。

1980 年冬，我讀到周學普翻譯的猶太裔德國史學家 Ludwig Riess 寫於 1887 年的《臺灣島》，其中第一章談臺灣遠古史，第二章談西元 611 ～ 1500 年間的馬來人佔領臺灣史。第三章的篇名是〈客家人怎樣到臺灣─臺灣成為東亞海盜的巢窟〉（1368 ～ 1600）其中有如下的敘述：

> 從中國大陸流浪而來的客家族，散住在臺灣西部及平原的諸種族之間。到十七世紀中葉，荷蘭人與臺灣島酋長之交涉卻由客家族當為翻譯，他們與中國人毫無差別。對臺灣物產與外國人之交易也盡了大力。

Riess 未說明資料來源，筆者又無法利用荷蘭文史料比對研究，對於 Riess 所描述的「客家人／海盜／定居型漢移民」之間的關係取材於何處？一無所知。但是在中文史料中則有蛛絲馬跡可尋。

嘉靖萬曆年間縱橫於中國東南沿海、菲律賓、臺灣之間的林鳳是潮州饒平人，萬曆二年（1547）即曾屯兵「東番魍港」（今嘉義境內）；稍早於嘉靖四十二年（1563）眾盤踞東番、屯兵打狗山下（今高雄市）的林道乾則是潮州惠來人。饒平、惠來都有客家族群聚居。隨林道乾、林鳳等人東來的客家人若留住臺灣，經過五六十年的交往到了天啟年間（1621 — 1627），應當可以發揮荷蘭人所描繪的作用──產生混合語言並且煽動先住民了。

鄭成功（1624 ～ 1662）福建泉州南安人，是明末抗清的主力，封「延平王招討大將軍」。永曆三年（1649）入粵屯田，進入潮州，永曆九年（1655），永曆帝晉封他為「潮王」未受。他的得力助手劉國軒是福建汀州府長汀縣賴坑人，邱輝是潮陽人，理論上都帶了許多客家人到台灣來。

康熙廿二年（1683）施琅（福建晉江人 1621 ～ 1696）平台，封靖海侯。有些人認為施琅以「潮、惠之地，數為海盜淵藪而積習未忘」，所以「嚴禁粵中惠、潮之民不許渡台」。假

若此說成立，漳、泉兩府的海盜也不少，何以未禁漳、泉人渡台？施琅曾經有放棄台灣的想法，可是，一旦放棄台灣，封靖海侯就沒有意義了！最後還是決定收歸版圖，設台灣一府和台灣、鳳山、諸羅三縣。鳳山管轄二重行溪（今台南市南區）以南的地區，六堆就在鳳山縣的東南半部。

康熙三十五年（1696）施琅去世不久，就出現「閩廣之梯航日眾，綜稽薄籍，每歲以十數萬計」，「北至淡水，南盡沙馬磯頭，皆欣然樂郊，爭趨若鶩」的移民狂潮，顯然施琅只禁客家人的說法並不正確，而是儘量不讓福、客兩群人移民台灣。《鳳山縣誌》《台海使槎錄》上也出現，高屏溪以南「客人尤夥」、「南路淡水三十三莊皆粵民墾耕」、「淡水以南，悉為潮州客莊；治埤蓄洩，灌溉耕耨，頗盡力作」的紀錄，概括寫出沿山水源區「六堆仙境」的模樣，只是還沒有出現「六堆」這個名詞。而「治埤蓄洩，灌溉耕耨」，不但盡墾荒地而且水田化，需要的資金、技術、組織動員的能力，都非比尋常，更要有領導統攝的頭人，其中必有極其精彩的故事。

康熙六十年（1721）四月十九日，朱一貴起兵造反，部份的潮州福佬人在杜君英的領導下響應，五月一日就攻進台灣府城，進城後福、客爭權奪利互相殺戮，杜軍敗，北走貓兒干（今雲林崙背），是台灣史上第一次大叛亂。

多半的客家人選擇捍衛本鄉本土就地抵抗，一場叛亂混雜分類械鬥的大戰就爆發了。

當時的閩浙總督覺羅滿保在亂平之後，有一個《題義民效力議敘疏》，不但敘明了六堆義民的戰果，更深入分析了各籍人的分布、語群關係以及合縱聯合的情形，謹摘錄部份如下：

（前略）

查臺灣鳳山縣屬之南路淡水，歷有漳、泉、汀、潮四府之人，墾田居住。潮屬之潮陽、海陽、揭陽、饒平數縣與漳、泉之人語言聲氣相通，而潮屬之鎮平、平遠、程

鄉三縣則又有汀州之人自為守望，不與漳、泉之人同夥相雜。六十年（1721）四月二十二日，賊犯杜君英等在南路淡水檳榔林招夥豎旗搶劫新園，北渡淡水溪侵犯南路營，多系潮之三陽及漳、泉人同夥作亂。而鎮平、程鄉、平遠三縣之民，並無入夥。三縣義民內有李直三、侯觀德、涂文煊、邱永月、黃思禮、劉魁材、林英泰、鍾國虬、林文彥、賴君奏等。

謀密起義，誓不從賊；糾集十三大莊、六十四小莊，合鎮平、程鄉、平遠（章義按：以上潮屬）、永定、武平、大埔、上杭各縣（章義按：以上汀屬）之人，共一萬二千餘名於萬丹社，拜叩天地豎旗，立「大清」旗號，供奉皇上萬歲聖旨牌。推莊民侯觀德指畫軍務，遣艾鳳禮、邱若瞻、涂廷尚、邱克用、朱元位率眾勦平篤家賊人，劉庚甫、陳展裕、鍾沐純等率眾勦平姜園賊人。遂分設七營，排列淡水河岸，連營固守。每營設立統領二人：先鋒營則劉庚甫為統領，帶一千二百餘人，駐守阿猴地方；中營則賴以槐、梁元章為統領，帶一千三百餘人，駐守萬丹地方；左營則侯欲達、涂定恩為統領，帶一千五百餘人，駐守小赤山地方；右營則陳展裕、鍾貴和為統領，帶領三千二百人，駐守新園地方，前營則古蘭伯、邱若沾為統領，帶六千一百餘人，駐守水流沖地方；後營則鍾沐純為統領，帶一千五百餘人，駐守搭樓地方；巡查營則艾鳳禮、朱元位為統領，帶領一千七百餘人，駐守巴六河地方。又以八社官倉貯穀一十六萬餘石，國課重大，遣劉懷道等又帶領鄉社番民固守倉廠。各義民糾眾拒河嚴守一月有餘，不容賊夥一人南渡淡水。至六月十二日，賊首朱一貴遣賊目陳福壽、王忠、劉育、劉國基、薛菊生、郭國楨帶賊人二萬餘，隔河結營，兩相對壘。（相互攻防經過略）……

奪得大銃四尊、砂砲四尊、偽箚、偽印、旗號、軍器甚

多。五月初十日起，義民與賊隔河對壘，官兵信息莫通。直至六月十九日，賊眾敗逃，搜得賊首朱一貴收軍回府偽諭，始知大兵既經到府；遂于閏六月初二日，侯觀德、李直三等率三千人護送皇上萬歲聖旨牌至臺灣府，奉入萬壽亭。

臣與提臣聞報，見其糾眾集義固守下淡水以南地方，保護倉廠；又復奮勇殺賊，大可嘉尚。隨將為首起義及統眾打仗出力之人，俱各分別獎勵；各給以外委、都司、守備、千把，又前後捐賞銀九百五十兩、米三百石、穀一千三百石、綵綢一百疋，製「懷忠里」匾額旌其里門。

此疏敘述「六堆地區」十三大莊、六十四小莊客家人，在侯德觀的統攝規畫之下，「分設七營，排列淡水河岸，連營固守」，其中前鋒營、中營、左營、右營、前營、後營等六營都是分區設置，這就是日後「六堆」一詞的由來。巡查營顧名思義應是平日各居鄉里組訓，戰時集結的機動部隊，又派人帶領「鄉社番營」固守「八糧官倉」，既是和原住民合作，更是屯兵先屯糧的意思，頗具戰略高度。

六堆七營的組織運作如臂使指，顯然經過長期的生聚教訓而非一蹴而幾。到底歷史多長久，何人擘劃，如何組訓等問題，都和六堆的開發史一樣，耐人尋味。

朱一貴事件將「六堆」推上歷史的舞台，成為台灣史上最龐大最耀眼的民間組織，此後，隨著長期、無數的民變與械鬥，六堆也連篇累牘的出現在各種公私著作中，那已不是筆者措意之所在。

覺羅滿保此疏最可貴的是：指出各籍人因「語言聲氣相通」而各親所親，如潮屬之潮陽、海陽、揭陽等閩南語系的人和漳、泉人相通；同屬潮州人的饒平，鎮平（後稱蕉嶺）、平遠、程鄉（今梅州市）三縣和閩西汀州客語系「自為守望」不與漳、泉之人「同夥相雜」，這種反映事實的「語群分類說」，遠比

因陋就簡不問事實，以籍貫分類的「閩粵分類說」要高明許多。雍正十一年（1733）潮州北部分設嘉應州、梅州為直隸州、此前此後的記錄很容易混淆。

「籍貫分類說」長期以來為怠惰的官方和迷糊的作者所濫用，故而充斥於各類著作體裁中，筆者雖然依循覺羅滿保的「語群分類」，有時因為原材料本身的混亂，也頗為無奈。

此疏概略的敘述了「六堆軍」的組織架構和防區，也描繪了「六堆軍」和叛軍之間的攻防，以及六堆各級領導人的戰功和賞賜，最高的榮譽當然是「製懷忠里匾額旌其里門」。此疏不但開啟了認識六堆史的大門，也決定了六堆發展史的道路。

爭權奪利是人類衝突、鬥爭、戰爭的基本原因。台灣之大利在於土地和水源，客家人聚居的六堆地區，既是膏腴區和水源區，又在此打造出桃源仙境。因此，閩南人從清初康熙年間直到清末光緒二十年割台之前，始終覬覦此區，甚至提出要求政府追繳六堆軍的大砲，轉交給閩軍，且堂而皇之的刊印在為「台灣省通志」採集資料的《鳳山采訪冊》中，可見閩人是如何殫思極慮的要消滅固若金湯的六堆。光緒廿一年（1896）十月，日軍三面圍攻台南府城，閩軍卻集結大部，攻擊六堆，簡直是荒唐到不可思議。

三、揭開台灣桃源仙境「六堆」形成的真象

初讀翟灝的《台陽筆記、粵莊義民記》，雖然對於他筆下的桃源仙境頗為驚豔；但是，對於縱橫全台的朱一貴、林爽文等大亂，「皆不能犯尺寸之地於粵莊之民」卻心懷疑慮。

再讀覺羅滿保的《題義民效力議敘》中所描述，康熙六十年（1721）四月至閏六月之間的戰紀，才認識到「六堆軍」的規模、組織、戰術和信念，非比尋常。從原住民的漁獵之地發展至此，必然歷經漫長而曲折的演化史！

歷史學是研究因果關係和歷史流變的學問。無論從學問的

旨趣或知識的興味，我始終認為覺羅滿保所呈現的是六堆發展史的成果，而非起始。何人？何時帶領客家人在康熙六十年之前的數十百年進入六堆的地區？何時？何人帶領客家人開闢了六堆大地？六堆地區定然留下大量與原住民交易土地的「墾批」、「墾字」和官方的「墾照」、「告示」，土地移轉的「契據」，分家的「鬮書」，集眾的「合約」……等老字據、契約文書，和各家各姓的族譜，兩岸往來的文件，待我們發掘，整理、研究。至於又是何人？何時帶領六堆人大興農田水利，進行水田化的工作？又是何人？何時？將六十四小莊、十三大莊組織「六堆軍」？必然也有聚眾的合約書、規範權利義務。為什麼當全台灣都為民變、分類械鬥所蹂躪，唯有六堆能保持一片乾淨土成為桃源仙境？這是都亟待我們積極從事「實際調查研究法」深入研究，揭開歷史的謎團！

自從台灣近代化之後，工業化和都市化和選舉制成為理所當然的發展，台灣南部的六堆地區，彷彿成為落後的農村的代表，農村人稀選票少，不再受到重視。

相較於世界上發展成熟的觀光大國，他們都有大山大水或悠久的歷史文化和古蹟，有精采的歷史故事，這也正是台灣所欠缺的資源。看起來似乎數十百年甚少變化的六堆地區，卻蘊藏著前述資源；尤其是最初發軔的發展史和「六堆」本身即是不證自明的歷史實體證據。

筆者研究台灣史四十餘年，對於客家史措意尤深。筆者秉持「實際調查研究法」從事研究，此法植基於與歷史實體及與歷史人、事、時、地、物、流變相關的即時、即地紀錄（亦即是貫穿過去，了解現在，展望未來的即時性研究法）。身處台北，在台灣北部比較容易操作此法，故略有所得。心繫六堆，卻無緣長駐，期待學者們關注康熙六十年（1721）之前的六堆發軔史，揭露此桃源仙境形成的真象，供給六堆產業發展的養分。

（本文原刊於《世界客家雜誌》雙月刊第 10 期，頁 42 ～ 47，2018.07，台北）

第二章　高雄發展史

第一節　前言─得天獨厚的打狗

　　西元 1920 年以前，高雄以「打狗」二字聞名於世。明代中葉以後，日本人稱臺灣為「高砂」國，日語中的高砂與閩南語中的打狗發音相近，正是以打狗的譯音代表全臺灣，稱臺灣為打狗國的意思。1920 年改稱高雄，也正是因為日語的高雄與閩南語打狗發音相近的關係，才以象徵高大雄偉的「高雄」這兩個同音字來替代打狗。

　　打狗原來是臺灣先住民一個社群的名字，據說是竹林、竹圍的意思。就地取材，以竹子建屋，並在聚落四周種植刺竹來維護村落的安全，不僅是南部平埔族的習慣，漢移民到此也多半如此。打狗社住在丹鳳澳北端的山腳下，打狗也成為山名和地名。明萬曆三十年（1602）陳第曾經徧歷臺灣，他寫的「東番記」中，便有「打狗嶼」。打狗嶼便是打狗山──現在的萬壽山。打狗經常寫成「打鼓」，康熙五十九年（1720）刊行的《鳳山縣志》山川志上說：「打鼓山俗呼打狗山」。寫文章的時候要求雅致，鼓、狗二字音近因而通用。

　　打狗在清代和日治初期，專指丹鳳澳北端出入口的兩側──旗津和哨船頭一帶。在行政上，清代是屬於鳳山縣大竹里的轄區，1895 年日本占領臺灣之後，地方行政制度改來改去達七、八次之多（各地不等），打狗也一直歸鳳山管轄。1908 年，打狗築港初期計畫和鐵路預定線填土計畫完成，臺灣縱貫鐵路最初的終點──打狗驛，舊高雄火車站──現在的高雄港站和市區的鐵路，也在這一片新生地上築妥，政府宣布以這片一百七十公頃的新生地作為「打狗市區計畫」區。第二年（1909）廢縣設廳，打狗和鳳山同為臺南廳轄下支廳，打狗才成為與鳳山平行的行政區。打狗支廳初轄打狗、苓雅寮、左營、埤仔頭四區。從此以後，填海加上兼併，打狗的轄區日漸擴大，終於形成今天的高雄市。

民國九年（1920），全臺改設五廳二州，設高雄州廳及高雄郡役所於高雄街，開始以高雄二字取代打狗。民國十三年（1924），高雄和基隆同時由街改升為市，仍歸高雄州管轄，市政府則設在鹽埕的新生地上，高雄市的名稱從此定型。光復以後，高雄成為省轄市，民國六十八年七月一日改制為院轄市。

高雄發展史描述的範圍，大抵北起後勁溪流域，東接澄清湖，南抵小港一帶。也就是以現在的高雄市和高雄港為主要對象。

就地理景觀和產業結構的演變來區分，高雄大體上可以區分為兩大部份，其一是傳統的農業區——固有陸地，其二是丹鳳澳區——今天的旗津島、高雄港區和熱鬧的市區——昔日的丹鳳澳水域以及鹽田、魚塭、海埔。

丹鳳澳是由濱外沙線——旗後半島分隔出來的一片內海（潟湖）。興建現代化的打狗港之前，對於丹鳳澳區曾經做過兩次的調查。根據初次（1900）的紀錄，丹鳳澳的海濱只有旗後、哨船頭、苓雅寮和鹽埕等四個聚落，總共才一千四百一十五戶人家。不但前述的高雄港站、鼓山和鹽埕兩區的鐵路用地，以及市政府的所在地，原來都是海埔地，臺灣第一座天主堂——前金天主堂也是一座濱海而築，南北都是魚塭的漁村教堂。根據更古老的紀錄，左營舊城且是「依山面海」而建，昔日澳區的範圍之大，依稀可以想見。康熙二十三年（1684），臺灣設一府三縣，首任諸羅知縣季麒光謂「打鼓澳漁舟雲集」，著名文士沈光文也說「打鼓澳能生三倍之財，曝海水以為鹽，爇山材而為炭」。三百多年前丹鳳澳區以富有漁、鹽、材炭之利，歷經滄海桑田的鉅變，現在更是臺灣南部的工商重鎮和著名的國際港。和安平、鹿港、新莊、艋舺、淡水等早期非常繁榮而現在因為淤積而沒落的港市比較，地利加上天時，打狗可以說是得天獨厚。

高雄的「固有陸地」，北部屬後勁溪流域，在仁愛河上游有內惟埤、蓮池潭、金獅湖、澄清湖、張皮湖等湖群，而半屏

山、小半屏山（龜山）、萬壽山（打鼓山）羅列其中。萬壽山北端、半屏山以西的左營軍區和軍港，則是古稱萬丹港的潟湖和桃仔園地區，南部前鎮和小港兩區則東有赤山、南有鳳山環峙，這一片土地與臺南同屬臺灣最早開發的傳統農業區。

在丹鳳澳區新生地增長繁榮的過程中，傳統農業區逐漸成為高雄的郊區和工業區，近年隨著臺灣經濟發展的腳步，也呈現急遽都市化的跡象。一海一陸，兩種不同的地理景觀和產業形態，近百年來竟然出現殊途同歸的傾向，在臺灣開發史上，可以說是相當突出的例子。

第二節　明鄭以前的打狗爭奪戰

中國大陸和臺灣很早就有了往來。十三世紀初曾經掌管泉州市舶司的趙汝适，在「諸番志」一書「毗舍耶」條中載「泉有海島曰澎湖、隸晉江縣，與其國密邇，烟火相望」。今天的澎湖當時已經屬於閩南泉州府晉江縣轄區，至於「毗舍耶」到底是何處何族，歷來說法不一，有人認為是臺灣，有人認為是菲律賓。若就與澎湖「密邇」而且「烟火相望」而言，似乎只有打狗才合適。

元世祖為了完成統一世界的理想，進入中原之後，繼續東征南伐。至元五年到十年（1268～1273）之間，六次遣使招降日本，都不得要領而回。十一年首次東征，大敗日軍之後，遭颶風襲擊，船毀而回。十二年、十六年兩次遣日使都被殺害，十八年又發大軍東征，連戰皆捷，不幸又遭風災而失敗。此後大元朝一面積極準備東征，一面加強沿海的防禦，十八年底（1281）在寧波、澈浦等地設萬戶府鎮守，澎湖也同時設置了「巡檢司」。另一方面，日本長期受「元寇」的威脅，也庫帑空虛、民生凋敝，不久就陷入「南北朝」的混戰時代，流民、散兵、敗將相率亡命海上，反而成為威脅中國沿革的「倭寇」。

元朝末年，中國大亂，倭寇猖厥。明太祖朱元璋從洪武二年至十三年（1369～1380）五次遣使日本，日本也遣使答

聘，但是倭寇問題已無法徹底解決。朱元璋一面在東南沿海築一百二十個石城並設置「備倭衛所」，組織巡海艦隊以「備倭」，另一方面又禁止人民「私出外境及違禁下海」，把遠在海外的澎湖巡檢司撤消，強制澎湖居民遷回大陸。從此，澎湖成為無人管理的廢墟，直到明末荷蘭人入侵之前，成為私自出海的漁民、商人的滯留地和倭寇、海盜的巢穴。

打狗和澎湖近在咫尺，春夏兩季南風盛行，打狗位於巴士海峽北向的航道上，秋冬北風轉盛，打狗港外有旗後沙線護衛，北有打狗山可以避風、取水，其安全、便利，不下於澎湖。冬至前後，臺灣海峽東部的烏魚漁場，更是大陸沿海漁民一年一度的利市。打狗位於漁場南半部，自然成為漁民群聚的港灣。大海盜曾一本、林鳳等多半以澎湖為巢穴，很可能分艕入打狗。正式有記載以打狗為巢穴的則以林道乾最為著名。林道乾是廣東潮州人，曾經擔任最基層的公務員——差役，淪為海盜之後，成為一方之霸。嘉靖中期，名將俞大猷、戚繼光相繼崛起，官兵才能稍微抑制倭寇和海盜的氣焰。嘉靖四十一年（1562）俞大猷擔任福建總兵官，繼光副之，二人合力，連續大敗海寇，四十三年才將海寇大抵平定。林道乾成為漏網之魚，率領艦隊逃到臺灣。他以打狗港作為基地，打敗先住民打狗社，殘存的打狗社民則逃到阿猴林（今屏東）。稍後林道乾遠遁越南古城，卻為我們留下了林道乾的妹妹將大量黃金珠寶埋藏在打狗山上的美麗傳說。

日本人以打狗國（高砂國）稱呼臺灣，可見日本商人、倭寇也經常利用打狗港，這個地名適度的反映了打狗在日人心目中的重要性。

天啟四年（1624）荷蘭人從澎湖轉進臺灣（今臺南），有意在打狗建一砦堡，與臺灣互為犄角。但終荷之世，未曾執行，只是經常派兵保護漁船，稽查捕魚執照和漁獲量以保稅源。順治九年（1652）郭懷一起兵抗荷，荷蘭人大肆屠殺漢移民，不少漢人躲到打狗，伺機潛回大陸。郭懷一起兵與鄭成功即將

東征臺灣的傳言有關，荷蘭駐臺長官有鑒於打狗軍事地位的重要，屢次向巴達維亞的荷蘭東印度公司請求加強打狗防備、在打狗建城，都沒有獲准。荷蘭駐臺長官只有命令駐在打狗的官員加強監視漢人而已。順治十八年（永曆的十五、1661）鄭成功東征，三批鄭軍之中，有一批就曾經到達打狗附近，由於臺灣附近的戰事順利才轉往臺灣。

荷蘭人被迫離開臺灣心有未甘，康熙二年（1663）再派艦隊奪取臺灣，次年元月抵達安平外海與鄭經談判，不得要領轉而強行登陸打狗，鄭軍竭力抵抗，荷蘭艦隊狼狽而去。康熙十一年（1672）荷蘭艦隊再度進取臺灣，此時不僅安平的防禦增強，打狗港更樹柵備禦。荷蘭人自忖無法登陸，遂無功而去。兩次興兵犯臺都無功而返，荷蘭人才放棄奪取臺灣的行動。打狗港的備禦、抵抗，在這兩次事件中，都產生了重大的作用，臺灣成為中國領土的這一歷史過程也更加穩固。

第三節　延平王國與清初高雄地區的開發

鄭成功東征臺灣，最大的目的在解決糧食問題。東征軍團陸續開抵臺灣之後，立即安插到臺灣各地開墾。其中義武、中衝、右衝、前衝、遊兵等鎮，便派往「南路鳳山、觀音山屯墾」。右衝鎮的墾區即在今天高雄市楠梓區，中衝鎮墾區則在高雄縣岡山鎮。

各鎮士兵分區開墾的同時，鄭成功也發給文武官吏每人六個月的薪俸「付之開墾」，鄭氏親族和同行的殘明王公貴冑也不例外。湖內鄉的大湖村一帶，古稱參軍莊，是參軍陳永華的墾區。高雄縣路竹鄉的竹滬村一帶，則是寧靖王朱術桂的墾區。

鄭成功在臺灣一年零一個月就去世了。其子鄭經、孫鄭克塽都非常重視屯墾。根據近人的研究成果，將高雄地區明鄭軍屯列表於下：

墾莊名稱	現在大致位置	墾鎮名稱
前鋒莊	高雄縣岡山鎮前鋒里及協和里	前鋒里
後協莊	高雄縣岡山鎮後協里	先鋒鎮後協
中衝莊	高雄縣岡山鎮中衝里	中衝鎮墾
參軍莊	高雄縣湖內鄉大湖村	參軍陳永華
北領旗莊	高雄縣永安鄉維新村	侍衛領旗協
三鎮莊	高雄縣永安鄉、岡山鎮及路竹鄉一帶	戎旗三鎮
角宿莊	高雄縣燕巢鄉角宿村	角宿鎮
援剿中莊	高雄縣燕巢鄉東燕村、安招村及西燕部份地區	援剿中鎮
援剿右莊	高雄縣燕巢鄉角宿村一帶	援剿右鎮
仁武莊	高雄縣仁武鄉	仁武鎮
中權莊	高雄縣鳳山鎮	中權鎮
左營莊	高雄市左營區	宣毅左鎮左營
右衝莊	高雄市楠梓區廣昌、福昌、壽昌、泰昌、平昌、後昌、興昌、建安等里	中提督前鎮
後勁莊	高雄市楠梓區屏山、錦屏、玉屏、屏南、穗南、稔田、金田、玉田等里	後勁鎮
前鎮莊	高雄市前鎮區鎮北、鎮中、鎮西、鎮南、前鎮、鎮東、功利等里	中提督前鎮

　　上列軍屯的墾莊名稱和現址不僅是證據確實，而且從名稱上亦可一目瞭然。但是也有不少墾莊，譬如鄭成功指定到高雄地區來拓荒的義武、前衛、遊兵等三鎮難以查考。可考的名單已經遍布在現今高雄縣大部份的鄉、鎮和高雄市的「固有土地」各區之上，加上未能證實的墾莊，高雄地區的墾莊密度一定更大。再根據康熙五十九年（1720）鳳山縣志水利志中記載的水利設施列表如下：

　　將軍陂，在鳳山下莊。有泉。開臺後，將軍施琅所築，故名。又名新陂。

竹橋陂，在竹橋莊。水源在阿猴林來，灌竹橋莊之田。明鄭時所築。又名柴頭陂。

三鎮陂，在維新里。有泉。灌三鎮莊之田。明鄭時所築。

三爺陂，在維新里。有泉。灌三爺莊之田。明鄭時所築。

大湖陂，在長治里。有泉。灌大湖莊之田。明鄭時所築。

赤山陂，在赤山莊。周圍百餘丈，注雨水以灌赤山莊之田。明鄭時所築。

賞舍陂，在鳳山莊。注雨水以灌田。明鄭時所築。

蘇左協陂，在維新里。注雨水以灌田。明鄭時所築。

烏樹林陂，在維新里。注雨水以灌田。明鄭時所築。

北領旗陂，在維新里。注雨水以灌田。明鄭時所築。

王田陂，在嘉祥里加冬腳。注雨水以灌田。明鄭時所築。

大陂，在嘉祥里。注雨水以灌田。明鄭時所築。

五老爺陂，在依仁里。注雨水以灌田。明鄭時所築。大水衝崩。五十七年，業戶再築。

中衝崎陂，在仁壽里。注雨水以灌田。明鄭時所築。

祥官陂，在依仁里。注雨水以灌田。明鄭時所築。

硫礦水陂，在硫礦水。有泉。灌文廟田。

新園陂，在長治里。注雨水以灌田。明鄭時所築。

在十七個灌溉設施中，只有位於鳳山下莊（小港區一帶）的將軍陂是「開臺後」施琅所築，其他十六個都是明鄭時開墾的。其中鄭氏親族五老爺、三爺、賞舍、祥官和蘇左協都是軍屯表中所沒有的。至於左營著名的蓮池潭，明鄭時便已「蓮花香聞數里」，而且「產魚甚多」，灌溉興隆莊一帶田地。入清之後蓮池潭歸鳳山縣學掌管，成為文廟的「天然泮池」。

硫礦水也就是後來的龍水，硫礦泉亦即左營龍目井（龍泉）。《鳳山縣志‧規制志‧學官門‧文廟田條》載：「文廟田在硫礦水土番園」，似乎林道乾時代，先住民並沒有完全遷離，或者林道乾遁去後，打狗社或其他社先住民又回到此地開墾，可惜缺乏進一步的史料來幫助我們解開這個謎題。

明鄭覆亡，殘留的明宗室、鄭氏親族和軍隊大都遷回大陸安插，不過，也有不少眷屬和軍人私自留在原地。清康熙二十三年（1684）正式在臺灣設一府三縣前後，地方官也極力招徠大陸人民到臺灣「實邊」。康熙二十四年（1685）蔣毓英刊行的第一本《臺灣府志》中記載，當時鳳山縣「實在民口」有六千九百一十人。其中男子三千四百九十六人，婦女三千四百一十四人，而一年中招徠的便有新移民六百九十四人。現在左營興隆寺中，還立著一方〈開山碑〉，記錄了四個和尚到「龜山」開山建寺的經過。

〈開山碑〉中說：康熙二十八年（1689）臨濟宗的和尚勝芝、茂義、茂伽和普某等四人到臺灣來傳教，就在龜山山麓搭蓋草亭，一面「伐木烹茗」幫助行人，一面「勞苦勤耕、築田、蓋店」，一面「募建寺宮、崇祀佛神」來「護官庇民、安海行舟」。當地能供養僧侶和寺廟，顯然已經有相當的社會和經濟力量。

老字據是研究開發史最重要的史料。由於高雄地區多半是明鄭時代的原始墾區，清朝收歸版圖之後，明鄭遺業，無論官田、文武官田或軍屯，也多半由官方管轄，成為新官田（官莊），民間流傳的老字據相形之下就相當少了。就現有的少數老字據，我們知道今天高雄縣燕巢鄉、大社鄉、橋頭鄉、仁武鄉和高雄市楠梓區、前鎮區的崗山仔等地，直到清末除了正供之外，都繳納「馬料租」，而無大租、番租等名目，顯然是明鄭墾業的遺留。

綜前所述，高雄地區的開發，並沒有因為政權的更迭而受到嚴重的影響。

第四節　客家人開發臺灣南部的出入港

　　康熙三十五年（1696）施琅去世，廣東人移民到福建轄下臺灣府的管制鬆懈，首先是汀州的客家人入墾今天高雄縣內門、旗山一帶，接著廣東潮州和惠州的汕頭語群，客家語群都大量湧進臺灣開墾高雄的美濃，或越過高屏溪開發今天的屏東。大家「爭趨若鶩」，短短的二十年就在高屏地區新建了卅三個粵莊。客家語群移民臺灣，不僅使高雄地區增加了許多客家人，更使打狗港成為臺灣南部主要的吞吐港。同治六年（1867）立於旗後天后宮的〈嚴禁勒索以肅口務告示碑〉記載：「粵民……省親或鄉試，多由旗後、東港配船。」打狗是古來的名港，乾隆初期鄰近的東港才逐漸受人重視，成為客家人往來臺灣海峽兩岸的次要港口。

　　根據《鳳山縣志》所載，康熙五十八年（1719）以前鳳山縣轄下的街市，屬於今高雄縣的有大湖街（湖內鄉）、半路竹街（路竹鄉）、阿公店街（岡山鎮）和當時新興起的中衝街（岡山鎮、橋頭鄉之間）。屬於高雄市的有楠仔坑街（楠仔區）、興隆莊街（左營區）。最繁華的則是下陂頭街（今鳳山），縣志形容它是「店屋數百間，商賈輳集，莊社街市，唯此最大」。屬於今天屏東縣轄區的只有新園（新園鄉）及萬丹（萬丹鄉）兩個「近年始設」的新興街市。

　　接著再敘述丹鳳澳區的發展。

　　古人稱海灣為「澳」，海汊或溪流入海處或泊舟處為「港」。丹鳳澳分南、北澳兩部份，北澳有三港。濱外沙線北端是旗後港，可泊哨船和大船，但是南風或北風吹起，因為缺乏屏障而難以泊舟，必須駛進澳口停泊打狗港。

　　打狗港東北，今仁愛河的舊河口為硫礦港（後稱龍水港）可行小船。硫礦港近縣治興隆莊，打狗港在其西，故俗稱打狗港為西港。南澳以今前鎮為界，溪口（港仔墘一帶）為前鎮港，可行小船。前鎮港南行經大林蒲至丹鳳澳南端稱鳳山港（後稱鹽水港）。

　　丹鳳澳北端的旗後、打狗是安平以南的軍事重地，明鄭時代便已植柵立寨。清廷收歸版圖之初，派一名把總率兵百名守旗後，不久又增兵設防，安平以南有七個汛地設置砲臺、烟墩、望樓，其中打狗、東港等六汛各安一門砲，只有旗後砲臺安了六門砲，並由鎮標右營增兵三十名看守，水師派遣兩艘「哨船」（巡邏艇）駐在打狗港，哨船停泊處即「哨船頭」地名之由來。打狗港的重要由此可見。

　　旗後不僅是軍事要地，也是重要漁港。荷、鄭以前，漁民到此避風、搭寮憩息，都是季節性的暫住，並沒有人在此定居。康熙十二年（1673）「三藩之亂」爆發，不少百姓到臺灣來避難。是年，徐阿華因為躲避颱風而到達旗後，首先「搭蓋一小草寮、暫避風雨」，隨即邀漁人洪應、王光好、蔡月、李奇、白圭、潘跛等六家人到此定居，因為定居者日眾，逐漸形成聚落，稱之為「旗後莊」，於是公議建立「旗後媽祖宮」。康熙二十二年（1683）臺灣平定之後，移民日多，到了康熙三十年（1691），「成旗起蓋，人煙稠密」。徐阿華深怕「奸徒混佔公地」，又約同洪、王、蔡、李、白等六姓頭人為媽祖宮清丈定界。康熙三十年（1691）正月，徐阿華和六姓頭人所立的「開墾字」合約，就為我們留下前述旗津島的開發史，實在是非常珍貴的史料。

　　臺灣西南部沙岸地勢平坦、日照多，是良好的鹽田。明鄭經營臺灣，也不得不設置鹽場自行製鹽。明鄭四個鹽場，洲北、洲南和瀨北三場都屬今天的臺南，只有瀨南場在丹鳳澳內。明鄭時代，鹽場由官方經營，鹽也由官方分配販賣。入清後鹽民散去，不得不改為「民曬民賣」。康熙四十九年（1710）政府招徠漳州南靖縣的靖元、黃孔、蔡瑪為等三人率領曬丁二十餘人到丹鳳澳開闢鹽田，亦即瀨南鹽場「打鼓港口鹽田」。雍正四年（1726）又將鹽場和鹽改歸政府管理販賣。乾隆二十一年（1726）又在南澳的大林蒲設「瀨東鹽場」，在彌陀港設「瀨西鹽場」。由於鹽民多為南靖客家人，因此也以「三山國王」為福神，乾隆二十五年（1760）正式設置「三山國王廟」於鹽

埕莊（俗稱鹽埕廟），不僅是住民的信仰中心，也成為鹽埕區開發的里程碑。

丹鳳澳區除了漁、鹽、自然採捕外，也盛行人工養殖業。以東岸一帶以魚塭為主，而旗後一帶則以「蠔栽地」為多，前者養魚，後者插枝養牡蠣，是經濟價值和安全性都很高的產業。

第五節　鳳山縣城的滄桑史

康熙二十三年（1684）鳳山設縣，縣治設在興隆莊。事實上大大小小的文武官史都在今天臺南市內的府治「行署」（或稱公館）中辦公。唯一在鳳山縣境北端土墼埕保的「典史」（相當於主任秘書）公館，還是在今天臺南市府前路以南的地方法院一帶。康熙五十八年（1719）的《鳳山縣志》中，雖然記載了鳳山縣文武官吏在四十三年即「奉文歸治」，以及知縣宋永清也在今天左營舊城北門外「埤仔頭」一帶築「鳳山縣署」、「典史署」並重建「文廟」，但是實際上這些官吏仍然寄居在府治。根據乾隆二十九年（1764）所刊行的《重修鳳山縣志》記載，直到康熙六十年朱一貴事件爆發的時侯，仍然是「文武職官多僑居府城」，事平之後才再度「奉文歸治」。

知縣等官「僑居」府治的原因很多，有一個業務上的理由：「業戶居郡城者十之七、八焉」，大地主多半住在今天臺南市，因而「開徵之後，就府治催比，民之輸將更便、官之催科不煩」，也就是說收稅、繳稅雙方都方便的意思，其實是這些官吏貪圖城市中的逸樂和文士間彼此交往容易的藉口。客家人入墾屏東地區之後，「治埤蓄洩、灌溉耕耨頗盡力作」。高雄地區的農民也不例外，新鑿了許多灌溉設施，「重修鳳山縣志」水利志記載如下：

內圍陂，在內圍社，縣南里許。夏秋蓄水溉田。

將軍陂，在鳳山下莊，距縣南三十餘里。將軍施琅所築，亦名新陂。

鳳山陂，在鳳山莊，距縣南四十里。周圍五、六十丈，冬天不涸，灌田甚多。乾隆口年新築。

規仔壽陂，在鳳山莊，距縣南四十里。蓄水可灌田。

二濫埔陂，在維新里，縣北三十五里。周圍五十餘丈，夏秋蓄水灌田。

覆鑽金陂，在維新里，縣北四十餘里。陂小，灌田少。

林內陂，在興隆莊，縣東六、七里。有源，蓄水灌田，近民新築。

眠牛湖陂，在觀音山官莊。灌馬料田千餘畝。大小兩陂相連。雍正四年築。

面前埔陂，在觀音山民莊。

後港陂，在興隆莊後港社，縣西五里。陂長里許，有源，灌數莊田。春冬不涸。

施仁陂，在興隆莊打鼓山麓，縣西十里。匯硫礦陂、龍目井尾間，蓄以灌田。

其中規子壽陂為前鎮溪上源，在今小港機場西北。覆鑽金、二濫埔二陂在三民區，眠牛湖、面前埔二陂在仁武鄉。林內、後港陂在左營區，內圍陂今稱內惟埤在鼓山區東北部，施仁陂灌溉鼓山南部，對於乾隆初年高雄的「廢廍為田運動」——將蔗園改種水稻——有很大的貢獻。

高屏地區從康熙末年到乾隆初期的急遽開發，使得今天屏東縣區又新增了枋寮、嵌頂、阿猴（今屏東）等街市，尤其阿里港更是「商旅貿易、五方鱗集、市極喧嘩」，熱鬧極了。高雄市轄區新增了埤仔頭街，而下陂頭街（鳳山）不僅街區擴大，市面也是「五方湊集、市極喧嘩」。

康熙六十年（1721）朱一貴之亂，杜君英在檳榔林（屏東內埔鄉）舉兵響應，屏東漳、泉人以及和閩南語相近的潮屬

汕頭語群附和，客家語群則幫助政府維持秩序，在萬丹結盟的義民有十三大莊、六十四小莊的一萬兩千多人。語群之間由於利害矛盾而產生衝突始終是高屏地區的隱憂，近年推行國語教育，才使得彼此間的溝通較為容易。亂平之後，康熙六十一年（1722），知縣劉光泗奉命修建鳳山縣城，城在興隆莊的龜山、蛇山之間，周長八百一十丈、外有護城河圍繞。雍正十二年（1734），為加強縣城的防禦力，除了增設「城防左營」，並以南路營參將守城，另外又在城外環植刺竹三重，乾隆二十五年（1760）再於四個城門邊各建大砲臺一座。乾隆五十一年（1786）林爽文事變爆發，莊大田在阿里港起兵響應，是年十二月及次年三月兩次攻進鳳山縣城據為巢穴，知縣湯大全、典史史謙殉職，守將則每次都由打狗港逃回府城。五十三年事平，將縣治移到陂頭街，植竹為城，從此以後陂頭成為縣治所在的「鳳山新城」，興隆莊的原縣城則專門駐軍，稱為「左營舊城」。

　　鳳山縣治遷往陂頭城，以竹為城，而不願駐在依山面海而築的土城，一則是貪圖陂頭街的繁華，一則是迷信風水之說，認為左營舊城不利於文武官吏。嘉慶九年（1804）鳳山新城建磚石城門六座，十一年海盜牽騷擾臺灣，黨人吳淮泗攻入縣城，屯踞八十餘日。此後，將軍賽沖阿、總督方維甸先後要求地方文武官吏遷回左營舊城都不得要領。道光四年（1824）臺灣地方官和鳳山士民籌捐銀十四萬九千兩，將左營土城改建為石城，次年七月興工，越年（六年）八月完工，以一千兩百二十四丈的城牆將龜山全部包圍在內，外鑿護城河。不料當地虐疾流行，知縣杜紹祁也病亡，地方文武官吏於是仍然滯留於竹城而不願遷入石城。道光十二年（1832）張丙之亂，許成在角宿莊（燕巢鄉）舉兵響應，以楠梓的楠和宮為派飯中心吸引流民，隨即進攻新城，事平之後，文武官吏仍居新城不去。道光十八年（1838）新城增建城樓兩座、砲臺六座並開鑿環城濠溝，以加強備禦。不料咸豐三年（1853）天地會林恭在鳳山起兵響應太平天國，輕易就攻進新城，燒了縣衙門、殺了知縣

王廷幹一家，參將署也被毀。次年，新城加固城牆、加植刺竹之後，文武官吏仍居新城不去。

若風水之說果然靈驗，以城池淪陷史而言，新城風水應比舊城更為不利，迷信害人之深，清代文武官吏之迷戀新城而排斥舊城是個明顯的例子。鳳山新城在日人入臺之初幾乎全毀，而左營舊城泰半仍得保存，民國七十一年被政府指定為臺閩地區一級古蹟，幾個世紀以來長年被忽視的舊城，由於現代人對於傳統的重視，反而凸顯出其歷史與文化的價值，所謂風水輪流轉，左營舊城應是一個很好的例子。

第六節　西力東漸與高雄發展史的轉型

高雄地區的農業發展，約略在道光年間開鑿曹公圳的時候達到巔峰。

由於地勢平坦、丘陵環列等地形特徵，流入丹鳳澳的河不但短、緩，而且水量不多。水源不足，使得各自為政的拓墾者所開鑿的灌溉渠，規模也都不大，小的灌田三、五甲，最大的蓮池潭也不過「灌田二、三百甲」。道光十七年（1837），河南解元曹謹到鳳山擔任知縣，便以高屏溪為水源，在九曲塘築堤攔水，開鑿由九曲塘經鳳山、大林蒲注入紅毛港的幹渠，長二十七里，灌田三百甲，支渠四十四條，灌田兩千餘甲。道光二十一年（1741），曹謹調到現在的新竹擔任淡水同知，邑紳鄭宣治、宣孝兄弟和鄭蘭等人於道光二十四年（1844）完成了曹氏所遺留的計畫，開鑿由九曲塘、鳳山經赤山、灣仔內注入今仁愛河上源的草潭（高雄縣仁武鄉）的幹渠，全長十五里、灌田六十甲，支渠四十六條，灌田兩千甲。曹公舊新兩圳最大的貢獻是穿過今仁愛河以東的高雄平野，連貫舊有灌溉設施，完成了高雄農業區的水田化。

曹謹在高雄地區大興水利的時代，也正是中國受到帝國主義者的強烈壓制，被迫從亞洲舞台走向世界舞台、扮演次殖民地的角色的時代。隨著中國歷史的鉅變，高雄也由傳統的農漁

兩業在固有土地上和丹鳳澳區分途發展，轉變為「港市互生」以及國際化的新型態。

道光二十年（1840），英國以林則徐燒掉英國商人的鴉片而不予賠償為藉口，向中國首先發動歷史上最不名譽的戰爭。戰後的南京條約，訂定通商口岸的條款，從此打開中國的門戶。

鴉片戰爭之後，洋人以香港為基地、以船堅砲利為後盾，最早覬覦的就是冬天的最佳避風港——打狗。

咸豐五年（1855）以前，美國商人首先載鴉片到打狗來經營糖、米和樟腦貿易，獲得暴利，因而籌組專營打狗貿易的公司，那年六月和臺灣道簽訂協議：美商以其船堅砲利的優勢保護打狗港，幫助中國政府追捕海盜，追捕海盜時，懸掛中國國旗，並受中國官吏指揮，以換取樟腦和其他貿易特權，並且擁有打狗港的經營權。臺灣道也特許美商建築碼頭、貨棧，在港門設置燈臺、信號站，在沙灘上設置浮標。美商費了四萬五千美金疏濬船道、興建深水碼頭和容納千噸貨物的倉庫。從此以後，臺南、安平一帶的貨物都以小船載運到此地來轉運外銷。美商的成就，吸引英商、德商陸續前來打狗，進而至淡水貿易，開發茶葉的生產與貿易。

美商在打狗疏濬航道、興建深水碼頭，並以挖出的淤泥，填埋小海汊、海埔作為他們的基地。這種行為，成為日後高雄「港市互生」的典範。高雄市區相當比例的市地都由疏濬丹鳳澳的淤積土填埋而成，因此而澳區日漸縮小成為港區，新生地日漸擴大而成為市地。

咸豐八年（1858）英法聯軍擊敗中國，訂定天津條約，外國人取得在各地傳教、置產、居住的自由。十一年（1861）六月，英國副領事郇和來臺，自打狗登陸轉赴臺灣府（今台南市區），打狗正式成為受治外法權約束的條約港。

咸豐八年，洋人取得傳教權之後，以菲律賓為基地、且在福建有多年傳教經驗的道明會傳教士就到打狗來傳教。次年

（1859）教士郭德剛創建前金玫瑰天主堂。十一年，郭德剛在屏東萬巒建萬金天主堂，同治元年（1862）再建打鼓露德天主堂，是為基督教重新到臺灣傳教之始。同治四年（1865），英格蘭長老教會馬雅各醫師到臺灣傳教，自打狗登岸後轉至臺灣府城傳教，因府城人民排斥而返抵旗後以醫術傳教，光緒五年（1879）取得旗後砲臺邊的曠地起蓋「滿孫德福醫院」，是為高雄地區西醫院之嚆矢。至於象徵外人權勢、高踞哨船頭山頂上「前清打狗英國領事館」，原為天利洋行的產業。天利洋行曾經代理過英、法等國的副領事業務，同治六年（1867）起，才租給英國政府使用。

現代貿易港最主要的機構——打狗海關，則是在英國人的主持下，於同治三年（1864）正式開辦。稅務司則由怡記洋行於同治八年興建。

西力東漸、船堅砲利的壓力，直接反映在打狗砲臺的建造和巨砲的購置上。同治十三年（1874）日本人邯鄲學步，出兵琅橋、侵略臺灣。沈葆楨奉命保臺而親歷南臺各地，深深瞭解打狗港的重要，光緒元年（1875）命令王福祿在旗後山頂、打狗山大棚頂、「臨港扼要處」（今哨船頭山上的雄鎮北門砲台）興建三座新式砲臺，並且籌設打狗港至府城和安平的電報路線，這條臺灣最早的現代通訊設施，全長九十五華里，於光緒三年（1877）完成。光緒十二年（1886）劉銘傳才續成臺北至臺南的「新線」。

最早籌議拓寬打狗港內、疏濬港道、擴建深水碼頭的是臺灣道夏獻綸。光緒三年（1877），他上書丁日昌建議疏濬船道，五年地方官和海關曾邀英國派艦入港測量，六年（1880）又聘請英國工程師到打狗來主持，由於經費有限，小試輒止，也無補於實際。光緒九年（1883）英船再度應邀入港測量，洋商也願意出資承辦，可惜此時中、法之間已戰雲密佈，中國政府無心建設打狗港。

光緒十年（1884）中法戰起，臺灣成為主戰場，打狗地勢

險要，當局一面加強各砲臺的火力，一面運石封港，以免打狗為法軍所佔。封港之後，打狗的貿易大挫。劉銘傳籌備臺防，全臺添造砲臺十五座，其中四座設於打狗，打狗在臺灣的防務上，已成為最重要的港口。光緒十三年（1887）臺灣建省，劉銘傳建築縱貫鐵路的同時，也籌畫大肆建設鐵路終點的打狗港。光緒十六年（1890）聘請英人馬禮遜勘察港區、擬定築港計劃，並籌措大興土木的經費，不意是年十月劉銘傳因病辭職，繼任者邵友濂但務簡約，縱貫鐵路建到新竹就停工了，打狗港的建設計畫當然也再度擱淺。

第七節　與海爭地建設大高雄

咸豐五年（1855）洋商首先到打狗來經營貿易，建設超越風帆時代、而能適應動力輪船時代的碼頭和港口設施。同治六年（1867）以後，由於要拓展茶葉外銷，洋商群聚淡水。光緒元年（1875）以後，臺灣的政治重心逐漸北移，光緒十三年（1887）臺灣建省時，省會雖然定在新設的臺灣府（今臺中），但是，巡撫和布政使衙門都設在臺北，劉銘傳的新政也都以臺北為中心。淡水缺乏成為動力輪船時代良港的條件，因此，劉銘傳首先把基隆建設成現代港，縱貫鐵路也以基隆為起點，打狗是縱貫鐵路的終點，打狗港的建設相形之下也不如基隆來得急迫。光緒二十一年（1895）日本占領臺灣，依循劉銘傳的規畫，以臺北為政治、經濟的重心，加上地理位置的關係，基隆成為臺、日之間的交通樞紐，打狗港仍然是邊陲地區。五年後（1899）重開縱貫鐵路中、南兩段建設工程，次年才首度派人調查丹鳳澳。1904 年，因為打狗車站站址和鐵路沿線用地的需要，才疏濬原來的打狗港外沙洲，填築打狗的鹽埕一帶一百多公頃的土地，再度展開「港市互生」的工作。由於新生市地有厚利可圖，不少日本官僚聯合日本商人和臺灣富豪取得特權，配合打狗港工程，到打狗投資整地，1907 ～ 1916 的九年間，「打狗整地株式會社」等兩家私營公司就取得三十萬坪市地。其他公司則完成長達兩萬公尺的街路。

1905 年，日本打贏了日俄戰爭，決定在臺灣興建一巨港做為日本大陸政策和南進的基地，經過兩年的調查，打狗港因為條件良好和丹鳳澳的發展潛力而被選中。1908 年起發行公債，展開打狗的第一期築港工程，在一號碼頭後面就留有二十三萬平方公尺的土地作為市街用地。1924 年高雄和基隆同時設市，高雄從從此逐漸超越基隆而成為臺灣的第一要港。日本的資本家又利用第二期高雄築港和仁愛河疏濬工程的泥土，填築仁愛河兩岸一百七十萬平方公尺的市地。

1937 年盧溝橋事變爆發，中日全面戰爭開始，高雄軍事頻繁，日本人又展開第三期高雄築港計畫，預計再度填土二十三萬平方公尺，終因戰況激烈而未能完成。

高雄的工業發展以傳統的製糖業為基礎，隨著打狗港的現代化而產生機械工業，1917 年淺野公司在鼓山設立水泥工廠，則是水泥工業的萌芽。1921 年，日人將前鎮區三塊厝以東一帶劃為工業區。1937 年高雄港第二期工程完工，為了配合戰時經濟體制，煉油廠、造船所、軋鋼廠、鋁廠、硫酸錏廠、肥料廠、造紙廠相繼建廠，高雄隨著戰爭的腳步而工業化。軍事化、工業化之後的高雄，又隨著戰局的逆轉而成為盟軍飛機轟炸的主要對象，光復以後（1945），在滿目瘡痍中，如何恢復高雄工業的生產力，成為政府的主要課題。

民國四十七年（1958）政府擬定「高雄港十二年長期擴建計畫」，填築港埠及工業用地五四四公頃，民國六十年（1971）完成臨海出口加工區第二期工程，前鎮、小港兩區兩區的風貌也產生鉅變。民國六十五年（1976）完成楠梓第二出口加工區和第二港口開闢完成，高雄成為臺灣第二大都市與南部地區的貿易和商業中心。民國六十八年（1979）七月一日，繼臺北市之後，改制為臺灣第二個院轄，終於成為臺灣南部最令人矚目的政治舞台。

第八節　結論：港市互生的歷史經驗

從打狗港到高雄院轄市，高雄的發展史實在是臺灣發展史上最特殊的一頁。高雄的固有陸地早在明鄭時代已經開發完成，乾隆初年也經歷了「廢廍為田」和「水田化」運動。道光二十年前後，曹謹舊、新二渠相繼完成，高雄平野的水利設施因而系統化。同一年代，高雄也隨著西力東漸和中國的困局而進入世界舞台。

咸豐五年（1855）開始萌芽的「港市互生」發展形態，使高雄的發展獲得嶄新的機運，二十世紀後（1904）的「港市互生」，則使高雄成為臺灣展最迅速的地區。在研究高雄發展史的過程中，深深感到高雄近八十年來的狂飆令人有目不暇給之感，因而對高雄地區文化的發展，更寄予最深摯的祝福，但願高雄市民能有機會細細的品味他們的成就。

（本文原刊《漢聲》雜誌第二十一期，民國七十八年十二月，臺北）

第三章　臺南發展史

第一節　臺南地名的由來

「臺南」是由「臺灣」和「南方」這兩個名詞組合而成的地名，顧名思義應該是指臺灣南方的某一地區。

「臺灣」原來是住在現今臺南安平一帶一個先住民社群的名字。明萬曆三十一年（1603）陳第在《東番記》一文中寫成「大員」。此外也有「臺員」等不同的寫法。天啟二年（1622）以後，荷蘭人開始對臺灣產生興趣，在荷蘭人的紀錄中，「臺灣」也有十多種不同的拼音法，但是都和「臺灣」二字的閩南語音相近。天啟四年（1624）荷蘭人在明朝強大軍力的壓迫下，把原設在澎湖的貿易站東遷到安平，首先建立一座簡陋的小寨「奧倫治」（Orange），崇禎五年（1632）又改建成磚石的熱

蘭遮城（Zeelandia）—也就是現在安平古堡的前身—隨即又加建護城外廊，崇禎十三年（1640）才完工，城外也逐漸形成「市街」。當時的中國人稱呼此城為「臺灣城」、此街為「臺灣街」。

　　荷蘭人循葡萄牙人舊例，稱呼臺灣本島為福爾摩沙（Formosa），當時的「臺灣」只不過是福爾摩沙海岸線外的一個沙島而已。天啟五年（1625）荷蘭人向福爾摩沙的赤崁社購得臺灣對岸的一片土地—現今赤崁樓以西—作為荷蘭東印度公司的倉庫、荷蘭人的住家、以及招徠中國移民的街區，稱之為普羅民遮（Provintia，荷蘭一州名），中國人則仍稱此地為赤崁。荷蘭人在普羅民遮只設了兩個小崗哨。順治九年（1652）赤崁附近的中國人在郭懷一的領導下起兵攻擊荷蘭人，以響應鄭成功東渡的傳言，荷蘭人在血腥鎮壓之後，建築了一所砲壘，稱為普羅民遮城—這也就是今天臺南赤崁樓的前身。普羅民遮城濱臨海邊，與熱蘭遮城互為犄角，兩城之間便是臺灣內海。

　　永曆十五年（1661）鄭成功率軍入臺，從赤崁城東北方的禾藔港（今北幹線）登陸，首先拿下了普羅民遮城。鄭成功將赤崁定為「東都明京」，設一府二縣，以普羅民遮城為「承天府」，下設天興、萬年二縣，同時把尚未攻克的臺灣城改稱為「安平鎮」。次年，荷蘭人撤離，鄭成功進駐安平鎮，經歷鄭經、鄭克塽三世，安平鎮成為全島的政治中心。

　　康熙二十二年（1683）施琅入臺，次年正式設置臺灣一府和臺灣、鳳山、諸羅三縣，將全島定為臺灣府的轄區，「臺灣」這個地名從此確定。由於規制草創，加上作為界線的河道因洪水氾濫而遷徙不定，當時各縣的界址並不很明確。臺灣和諸羅以「新港溪」分界，由現今永康鄉的洲仔尾流入臺灣內海。西面除了遙領澎湖列島之外，西南以安平鎮為界，將安平及其以南的濱外沙線全部畫歸鳳山縣。

　　陸上部份，既以依仁里為界，又規定以岡山溪和岡山溪下游約二層行溪為界。由於當時岡山溪在依仁里中洲（今仁德鄉中洲）地方分岔，一支向西北流，在今臺南市鹽埕一帶注入臺

灣內海，而另一支西流入海的才叫做二層行溪。因此，臺、鳳二縣界限並不明確，兩縣轄地出呈現犬牙交錯之勢。不但安平鎮歸鳳山管轄，就連現今臺南市政府前的府前路一帶，都屬於鳳山縣依仁里的土墼埕保。東面近山地區，北起現今的白河，南迄高雄縣旗山鎮，都屬於諸羅縣。康熙五十六年撰寫的《諸羅縣志》「封域志疆界門」就說：「縣治東界大山，西抵大海，南界鳳山縣，西南界臺灣縣。」臺灣縣被諸羅縣三面包圍，轄區之小，遠不及今天的臺南市。

康熙六十年（1721），朱一貴事變起自二層行溪上游的羅漢門，雍正九年（1731）調整全臺行政區時，決定將羅漢門劃給臺灣縣，十二年（1734）正式移撥，並且設置「羅漢門縣丞」來管理。羅漢門的確實疆界，直到乾隆四十九年（1784）才勘定。雍正九年也決定以二層行溪作為臺、鳳縣界，至於出海口的界址，因為下游分岔的關係，則遲至乾隆二十八年（1763）才由臺、鳳兩縣會勘立碑定界。至今兩縣界址碑還完好的保存在高雄縣茄定鄉，直到清末未再遷界。

北方的疆界，雍正九年也重行議定，以整條新港溪為分界線、直達上游山區，原來屬於諸羅縣的平埔族各社地都撥歸臺灣縣管轄。

由於曾文溪水系各溪流搬移作用強旺，每逢暴雨，洪水挾泥沙俱下，大量的淤泥，不僅逐漸填塞了廣闊的臺灣內海，也使得海岸線不斷外移，河牀也經常改道。民間為了爭奪新生地，不停的有勘界糾紛，官方基於治安的理由，也儘可能的多撥一些土地給治區狹隘的臺灣縣。道光三年，連續幾次山洪暴發，臺灣內海增長了許多新生地。民間認為新港溪遷徙無常，不如以比較固定的「北汕頭」（四草嶼）作為臺灣與嘉義的界址，閩浙總督程祖洛則建議以灣裏溪（曾文溪）為界。後來屢經建議，直到光緒元年（1875）才正式核可以灣裏溪為界。

就地理位置而言，臺灣縣偏處臺灣南部，從當初設一府三縣行政區畫的角度來看，諸羅在北，鳳山在南，臺灣縣卻在中

間。康熙三十四年（1695）高拱乾撰寫《臺灣府志》時便稱臺灣縣為「中路」。康熙五十九年（1720）陳文達等人第一次撰寫《臺灣縣志》時也說：「臺灣為附郭，以其地居三邑之中，故又名中路」。也就是說，今天「臺南」市區一帶，當時叫做「臺中」，向北過了新港溪就是「臺北」，向南過了二層行溪才是「臺南」。這種以政治、文化等人文因素來區分南北的方式，大家也都習以為常。

然而，隨著臺灣開發史的進展，到了乾隆末期，趙翼首先指出這種區分法已不合時宜（1789），由於當時交通條件的限制，政治軍事中心偏南，已經影響了行政效率。道光年間（1838～1843），姚瑩也指出彰化才是臺灣真正的中路，「郡城雖云中路，實南偏也」。光緒元年（1875）沈葆楨建議在臺灣北部新設一府三縣，卻沒有處理臺南的問題。光緒十三年（1887）臺灣建省，是年十月劉銘傳在〈籌議臺灣郡縣分別添改裁撤大略情形〉奏摺中才說：「分彰化東北之境，設首府曰臺灣府、附郭首縣曰臺灣縣。將原有之臺灣府縣改為臺南府、安平縣。」次年正式改稱臺南府和安平縣，「臺南」這個地名才確定下來。

光緒二十一年（1895）日本佔領臺灣之後，把臺灣的「府」改成「縣」，原臺南府附上臺東直隸州而改稱臺南縣，「臺南」縣名才出現。日治時代地方行政區的名稱、轄區曾經屢次變更，光復後又恢復臺南縣的名稱，民國三十九年（1950）調整行政區，將臺南縣劃分為雲林、嘉義、臺南三縣。臺南縣北以八掌溪與嘉義為鄰，南以二層行溪與高雄分界。二溪之間的西南隅即為臺南市。

日本領臺之初，「臺南市街」人口達四萬二千人，是全臺最大的市街。宣統元年（明治四十二，1909）設置「臺南市」，歸臺南廳管轄，是為設市之始。光復之後，改定為省轄市。市地北至曾文溪，西至海，南至二層行溪畔之灣裏，東面與臺南縣的新市、永康、仁德等鄉鎮為鄰。

第二節　臺南是西拉雅人的樂土

臺南除了東部山區之外，大部份的面積都是以曾文溪三角洲為主，而輔以北方的將軍溪、八掌溪和南方的鹽水溪、二層行溪等溪三角洲所構成的沖積平原。從有歷史記載開始，海岸線逐漸向西延伸，都有明確的紀錄。這種三角洲性質的緩斜平原、遠迤的沙灘以及浮在海上的沙洲，不僅是臺灣先住民主要的散布區，也是漢移民能將此區開發成糖、米、魚、鹽著名產地的先決條件。

近在西元十七世紀，臺南西部都屬於「臺灣內海」的範疇。由蚊港（嘉義布袋虎尾寮）至佳里興（臺南佳里）的沙洲半島將臺灣內海區隔成兩個內海。「蚊佳半島」東北的是倒風澳，西、南則是臺灣澳（又稱海翁窟、安平鎮港或臺江）。

倒風澳西南「蚊佳半島」上的海岸線，北起蚊港（鄭成功曾經走到蚊佳半島巡視），南下彎裏（北門鄉新圍）、頭港仔（學甲鄉頭港），東南經學甲社（學甲鄉學甲）到麻豆港。東、北岸則北起冬港（嘉義布袋東港），南行再東北彎至鹽水港（鹽水鎮鹽水），南經刺桐腳（鹽水鎮刺桐腳）至鐵線橋港（新營鎮鐵線橋），再南經茅港尾（下營鄉茅港尾）、下營（下營鄉下營）至麻豆港。海岸線所包圍的地區就是倒風澳的海域。

臺灣澳的東北海岸線則北起蚊港西側，南至歐汪（將軍）溪口，越溪則為史耶甲社（將軍鄉山子腳）經卓加港（七股鄉篤加），東南行為含西港（西港鄉蚶西港）、西港仔港（西港鄉西港）、及菅寮港（安定鄉菅寮）、直加弄港（安定鄉安定）、至目加溜灣港（簡稱灣港。安定鄉港口）。東側海岸線銜接灣港，經新港社西側（新市鄉西側）、南至洲子尾（永康鄉洲子尾），經過今天的臺南市區赤崁樓、大井頭（永福路）西南至瀨口（臺南市南區鹽埕）。

至於濱海沙線則北起北鯤身、南鯤身（北門鄉）、加老灣、北線尾（又稱鹿耳門嶼），最南的是自一鯤身（安平）至七鯤身（南區灣裏）的一串沙線。臺灣澳中間有北門嶼、馬沙溝、

青鯤身等浮嶼。這些沙汕由於前述幾條河流的淤積作用，多半已經和陸地聯成一氣，不但海岸線向西延伸，海外也浮起了新的沙線。

離臺灣內海東岸不遠，在新港溪和二層行溪之間，又有寬五里、長達二十里的狹長的「鯽魚潭」。假如三百年來的臺灣內海造陸運動在今天的臺南縣市西部地區遺留下大片大片的魚塭、湖泊，「鯽魚潭」很可能就是前一次「鯽魚潭內海」造地運動的殘跡。清中葉以後鯽魚潭日漸淤積，也逐漸開墾成田園了。

對於十七世紀臺南西部地理狀況的瞭解，多半是盧嘉興先生根據古代地圖、文物和實地勘地勘考、研究的成果，當時散布在臺南平原和海濱的先住民，主要的是平埔番西拉雅族各社。其中住在「臺灣內海」東岸的有新港社（新市鄉新市，新港溪至二層行溪一帶為該社領地）、目加溜灣社（善化鎮善化，灣裏溪至新港溪一帶為該社領地）、麻豆社（麻豆鎮麻豆，灣裏溪至急水東段設為該社領地）、蕭瓏社（佳里鎮佳里，灣裏溪北越急水溪至八掌溪的「蚊佳半島」為該社領地）等。前述四社人口多、領地大，因而有「四大社」之稱。此外尚有若干較小的社群，臺灣（安平）、赤崁（臺南市）兩社是新港社的支社，荷蘭人入臺，蒐購兩社領地之後，遷往新港社區。卓猴社也是新港社的支社（山上鄉平陽村卓猴）。此外還有直加弄社（安定鄉安定，灣裏溪口南岸為其領地）和大目降社（新化鎮新化）。

當時分布在現在今雲林、嘉義地區的先住民，多半屬於平埔番洪雅族。洪雅族中只有哆囉嘓一社居住在現今臺南縣東山鄉一帶。

除西垃雅族、洪雅族外，在玉井盆地一帶，還有所謂的「四社平埔」（可能是南部曹族的一支）：大武壠社（或稱大年哖社，玉井鄉鹿陶村）、芒仔芒社（玉井鄉三和村芒仔芒）、霄里社（玉井鄉豐里村霄里）、和茄拔社（楠西鄉楠西村）。此

外大武壠社又分為頭社、二社，噍吧哖（玉井鄉玉井村北極殿廟北）、芒明明社（玉井鄉望明村）、及芋匏社（玉井鄉九層村）、木岡社（左鎮鄉木公村）等，都是四社平埔的支社。

　　荷蘭人佔領臺灣之前，只有少數中國人和日本人到臺南來。除了海盜之外，日本人到此來從事貿易，中國人來貿易、捕魚和獵鹿，都是居於劣勢的少數外來人口。荷蘭人東遷臺灣前後三十八年，主要的活動區也在臺南。他們著力於貿易和收稅，對於先住民採取鎮壓和教化雙管齊下的策略，以便維持治安並攫取暴利。延平王國東遷，目的是定居拓墾，可以說是首度的政治性移民。他們希望得到先移民和先住民的支持，儘可能的採取寵絡懷柔的策略，屯墾也以不侵擾先住民為原則。

　　臺灣正式成為中國領土之後，由於清廷本身就是邊疆民族入主中原，對於新入版圖的臺灣，更是力行「護番保產」政策，因此，漢番關係遠比同為漢人的福客語群關係更為融洽，臺南更是全臺漢番關係最融洽的地區。部份先住民將土地租售給漢移民之後，轉向丘陵淺山開發，直到清末還年年回舊社故地收租，對於臺南山區的治安也有無比的貢獻。道光年間丁紹儀（1847 ～ 1848，《臺灣識略》）到臺灣來，眼見臺灣各地為了防止生番出沒而增設防隘，只有臺灣縣「無野番蹤跡，故未設隘」。光緒十七年（1891）唐贊袞擔任臺南知府，也注意到全臺只有臺南未設防隘，這和已經漢化的原住民向山區遷徙有密切的關係。多半的先住民都留在原居地發展，臺南縣所謂的「七大鎮」中，鄰近台南市的新化、善化、麻豆、佳里等四鎮原來都是先住民的聚落，其餘三大鎮—白河、新營、鹽水，則是漢人移民經營後才新興的聚落，這三大鎮不僅離臺南市較遠，而且都位於鄰近嘉義縣的急水溪流域。

　　日治時代，日本人亟欲調查臺灣各地的平埔族。由於平埔族漢化已深，和漢人很難區分，因而資料短缺，研究成果也就遠不如「高山族」來得豐盛。光復以後，吳新榮、盧嘉興等人發願研究臺南的先住民，他們態度勤懇，各地民眾和先住民後

裔也樂意協助，加上他們的方法正確，掌握了「族譜」、「番契」、「漢番關係碑」，以及先住民文化遺跡的宗教信仰，因而獲致極佳的成果。除了前述各社的社址、分布區以及遷徙情形之外，並在玉井發現大武壠等四社平埔族的漢化祖廟—北極殿，在麻豆內則有虞朝莊關帝廟、後牛稠文衡廟、三元宮、磚仔厝的「五將營」，在佳里有寧安宮和建南里的廣安宮、北頭洋的立長宮等，都是漢化的平埔族祖廟。仍然保存祭祖「公廨」的，則有宮山鄉的隆田村、大內鄉的頭社村、東山鄉的吉貝耍、白河鎮的六重溪和白水溪。而在玉井、楠西、將軍、佳里、麻豆、新市、左鎮和臺南市灣裏等各地，都還有祭祀「阿立祖」或「番太祖」的情形，甚至有些漢人廟裏也供奉著「番仔佛」。在新港社的故址新市鄉，不僅有祭祀阿立祖，還有一些老年人仍能說「新港話」，散居他處的親友們也經常回新市來。

康熙二十四年（1695），第三任臺灣道高拱乾寫〈東寧十詠〉詩，其中第二首末四句如下；「樓船將帥懸金印，郡縣官僚闢草堂，使者莫嫌風土惡，番兒到處繞車旁」。在兵馬倥傯、草萊初闢的當時，臺南仍然是漢番雜處，呈現出一片和睦的景象。政府力行「護番保產」政策，使得漢番關係更為良好，先住民迅速漢化，可以說是其來有自。

第三節　荷蘭人的經營

十五世紀末，葡萄牙人和西班牙人為了開拓既方便又安全的貿易路線，展開海上冒險的活動。歐、亞新航線的開拓和美洲大陸的發現，不僅為他們贏得龐大的貿易利益，也為他們取得廣大的殖民地來榨取財富。

荷蘭本是西班牙的屬地，西元 1581 年獨立之後，便成立東印度公司，自行發展遠東的貿易和殖民事業。1619 年，荷蘭人佔領爪哇的雅加達，於是在當地建立了巴達維亞城（Batavia）作為向東亞發展的根據地。1622 年，荷蘭人進佔澎湖，一面擄掠福建沿海的中國人到澎湖來為他們建築城堡，一面以武力強

制中國人和他們通商。荷蘭人在福建沿海燒殺擄掠的暴行，迫使明朝政府不得不採取追剿行動。天啟四年（1624）在明朝大軍頻頻出擊的壓力下，荷蘭人才把原設在澎湖的貿易站東遷到安平來。

荷蘭人以安平作為貿易基地，一心只想吸引中國商人到這兒來做生意，並沒有墾荒務農開發臺灣的意思。因此，到臺灣的荷蘭人全是官吏、商人、傳教士、教師和軍人而沒有農民。對於先住民，也只希望他們服從荷蘭人、向荷蘭人繳稅。因此，在荷蘭人領臺期間，對於全島各地不肯順服的先住民，經常發動討伐和屠村的行動。雖然也派了一些傳教士到赤崁附近的各社傳教，甚至教導羅馬拼音字，但是其目的仍是收稅、監視和傳播基督教，馴化先住民。他們也利用先住民在社群組織和數量的優勢條件來制衡散漫、沒有組織的中國移民。順治九年（1652）的郭懷一事件，荷蘭人驅使順從的先住民殺戮赤崁的中國人，倖存的中國人由赤崁逃到歐汪社（蕭瓏的支社，在今佳里、將軍一帶）被荷蘭人和先住民追及，不分男女婦孺屠殺一盡，三日間死難的中國人多達六千人。

荷蘭人對於先住民的教化最顯著的是以羅馬字拼寫先住民語言，中國人稱為「紅毛字」。紅毛字一直沿用到十九世紀的初期。最晚的兩份文件。一份是嘉慶十七年（1813）麻豆社頭目以「紅毛字」所寫的〈禁止佔墾番地碑〉，以及次年的一份漢字與紅毛字對照的「典契」，到了十九世紀中期，各社頭目已經無法閱讀他們自己所保存的「紅毛字」文件了。荷蘭人在新港社設立的教堂，原以竹材建成，荷據末期已經倒塌了。1885 年，法國人赫德（C. Imbault-Huart）所著的「臺灣島的歷史與地誌」一書，以及連橫《臺灣通史》中所附的「荷蘭時代新港社教堂」插圖，計其圖面所示，應當是舊教的天主堂，而不是荷蘭人所信奉的新教喀爾文教派教堂，顯然也有張冠李戴之誤。

然而荷蘭人對先住民迫切需要的生產技術上的改進卻吝於

投資。荷蘭人為了解決他們的肉食供應問題,曾經引進若干牛群供先住民畜養,但是卻未曾教導先住民耕種技術。直到永曆十五年(1661)鄭成功入臺,巡視赤崁附近西拉雅族的新港、目加溜灣等社,各社仍然以非常原始的收穫方式:逐穗拔取穀物。四大社經過荷蘭人統治三十八年(1624～1661)之久,農耕技術絲毫沒有進步,至於荷蘭人所擅長的國際貿易,當然更不可能傳授給先住民。

荷蘭人佔領臺灣之前,已經有少數中國人混跡於平埔族各社之間,商船也常到此地來蒐購鹿皮鹿脯,或在此和日本人交易。漁船—尤其是冬至前後的烏魚汛期—數以百計的前來安平一帶來捕烏魚,但是也沒有農民到此開墾、定居。荷蘭人入臺之後,他們認為當時的嘉南平原假如好好耕種的話,「可以養活十萬人」。可惜先住民農業技術落後,生產意願不強,而中國人到此經商也無意務農,因此,早期荷蘭人所需要的糧食,都仰給於日本和南洋各地,連臺灣轉運輸出的糖也都來自中國大陸。荷蘭東印度公司第四任臺灣長官漢士 • 布德曼士(Hans Putmans,1629～1636)引進少數中國人到臺灣試種甘蔗和稻米,由荷蘭人貸予耕牛、農具、籽種,墾熟之後收取租息,這種「荷蘭東印度公司佃墾者」的制度,就是後人所謂的「王田制」,這是因為荷蘭東印度公司的成員口口聲都以:「奉荷蘭王之命」發言的緣故。

1636年布德曼士決定獎勵中國人到臺灣來生產糖、米以供外銷,首先邀請原來在巴達維亞以蘇鳴崗為首的一批富商、僑領,從大陸招募農民到臺灣來。崇禎十年(1637)蘇鳴崗等「中國頭人」在赤崁附近以二十甲左右為一單位,每人選幾個單位種植稻米,以便自給自足,並供應荷屬其他領地。這些「中國頭人」就是後人所謂的「墾首」。他們向荷蘭東印度公司取得拓墾權時要預繳押金(後人所謂的「磧地銀」),再將土地分給從大陸招徠的農民墾種,以收取田租。這種「荷蘭東印度公司墾首佃墾者」的制度,也就是後來的「墾首制」。

「墾首制」和「王田制」是當時並行的兩種拓墾制或土地所有權制，其間的差異在於擁有土地上層「總有權」的荷蘭印度公司和實際從事土地拓墾的佃墾者之間，是否有墾首居間做為媒介。荷蘭時期在臺南通行的這兩種制度，對於嘉慶（1796～1820）以前的臺灣開發史產生重大的影響。至於日治時代若干研究者，以道光年間姚瑩所著的《埔里社紀略》中記載所謂「結首制」，是「昔蘭人之法」，而聲稱荷蘭人在臺灣時所行的是「結首制」。其實姚瑩在《埔里社紀略》〈結首制〉一節的前前後後所談的都是噶瑪蘭（今宜蘭）開發時的情形。姚瑩的文章經常出現「蘭地」、「蘭境」、「蘭屬」、「蘭人」，其中的「蘭」字指的都是噶瑪蘭這個地名，而不是指「荷蘭人」；反之，日本人習知的「蘭學」、「蘭法」，才真正指稱荷蘭人（日本鎖國時代）。因此，所謂「荷蘭時代有結首制」，顯然是對姚瑩的文字產生了嚴重的誤解。

蘇鳴崗等墾首在臺灣定居並花費鉅貲以石材建築巨宅，顯示了他們在臺灣拓墾的決心，大陸農人也陸陸續續應募而來，南洋各地也有中國人聞風而來。1639～1640年間西班牙人在菲律賓屠殺中國人，人數多達二萬三千人，部份倖存者也逃到臺灣來。因此，1640年住在安平、赤崁一帶的中國人有三千五百餘人，散布各地的總人數則在一萬一千人左右。

荷蘭人希望中國農人到臺灣來多種稻米以解決糧食問題，而中國農人種蔗的興趣遠比種稻來得大，一方面由於種蔗的利潤遠大於種稻，另一方面由於臺南的氣候、土質適於種蔗，而水利設施不足則難以種稻。1636年赤崁附近的中國農民試產白糖一萬二千斤、黑糖十一萬斤，1640年的產量已經達到四、五十萬斤。1645年滿清政府的軍隊攻下南京城，大陸沿海居民為了逃避戰亂和饑荒，紛紛躲到臺灣來，1648年臺灣的中國人達二萬人，次年由於大陸政情大抵平靜下來，約有八千人回大陸去。此後，為逃避戰亂、饑荒而東遷西移，就成為臺灣海峽兩岸人民的常態。

　　1649 年雖然有大批臨時到臺灣來避難的漢人又重回大陸，但是定居性的移民仍然穩定的成長。荷蘭人對於日增的中國人產生難以控制的疑慮，加以鄭成功經常以「移師東征」來混淆清軍耳目，連帶的對於臺灣的荷蘭人也形成極大的壓力。荷蘭人恐懼在臺灣的中國人成為鄭軍的內應，遂加強防範壓制中國人，而中國人相對也就越加盼望鄭軍東渡，郭懷一事件就是這兩種心態相互激盪的結果。在這次事件中，數以千計的中國人被殺，使得臺灣蔗糖產量銳減，1655 年以後卻又回復增產，1658 年產糖一百七十三萬斤，達到荷據時期的最高峰，荷蘭人也得到了前所未有的稅收和盈餘。根據 C. E. S. ——一般人認為這是最後一任臺灣長官揆一（F. Coyett）用的化名——所發表的《被遺忘的臺灣》一書中記載，鄭成功東征的前一年（1660），在臺灣的中國人除了婦孺之外，約有二萬五千人，耕地面積則在一萬甲左右。

　　荷蘭人在臺灣三十八年（1624 ～ 1661），學者們都稱此時期為「掠奪性經濟」，是典型的帝國主義與殖民地之間的剝奪關係，他們所擅長的「武裝貿易」也不是在他們統治下的中國人所能學習的。然而趕走荷蘭人的，卻正是以「武裝貿易」起家的鄭成功。

第四節　延平王國的經營

　　荷蘭人佔領臺灣不久，鄭芝龍就崛起於海上，在荷蘭人的檔案紀錄中，有不少荷、鄭貿易往來的記載，荷蘭人對於這個縱橫於東亞的大海盜兼貿易商也有幾分忌憚。隆武元年（順治三，1646）鄭成功誓師海上，起兵抗清，很快的就凝聚成海上最大的勢力，從永曆元年到十五年之間（1647 ～ 1661）給清廷極大的壓力。由於鄭氏的貿易範圍東北至日本，南到巴達維亞，遍及遠東及南洋各地，又有「山路五商」、「海路五商」等的商業組織（兼情報組織），因此有充分的財力、物力支持抗清活動。但是，正如荷蘭人初據臺灣時一樣，大軍所需要的糧食成為當時最大的問題。永曆十三年（1659）鄭成功圍攻南

京失敗，退守金門。

　　永曆十五年（1661）明鄭降將黃梧認為鄭成功僅以金門、廈門兩島而能和清人抗拒十五年之久，實在是由於沿海人民接濟糧食、物資所致，因而向清廷獻「平海五策」，其中前兩策就是「遷界」──將沿海人民運入內地，及「封鎖」──嚴禁貨物、糧食越界下海。遷界封鎖政策使得鄭軍糧源一時之間全部斷絕，遂不得不倉皇東遷臺灣。

　　永曆十五年（順治十八，1661）鄭成功把「延平王國」東遷到臺灣來（永曆八年，桂王封鄭成功為次級的「郡王」，名稱是「延平王」）。延平王國是政治性的移民集團，也是一個具體而微的中國「儒漢社會」。其成員包括大明朝的皇族、大臣、義民、延平王國的鄭氏族人、軍隊、清軍的降兵降將和農民。他們的主要活動區雖然偏重在今天的臺南、高雄一帶，卻為全臺灣的「儒漢化」奠定堅實的基礎。

　　鄭成功攜帶大批種籽、農具登陸臺灣，一面圍攻臺灣城（安平），一面派兵四出監控、蒐購糧食，一面更積極的分配農具「將各營鎮分派汛地屯墾」。荷蘭人入臺，選擇安平、赤崁為基地，就因為臺南是一片綠野平疇，又有四大社數以萬計的先住民聚居。延平王國東遷後，現今台南一帶，除了先住民各社之外，更有三至五萬的中國移民。鄭氏要在此「開國立家」，建設「萬世不拔基業」，不可避免的要拉攏撫綏先住民和此前的漢移民。此時荷、鄭仍然處於激戰的形勢中，但是，鄭成功登陸十八天，就頒布了「開墾令」，在短短的七百字中曾經六度規定文武各官和各營鎮「當己力經營」，嚴令「不准混侵土民及百姓現耕物業」。延平王國的墾殖配置原則，避開赤崁一帶先住民和先移民的產業，使得新移民的墾區必須向原墾區的邊疆開拓，南方拓墾到今天的高雄，而北方則達到鹽水溪流域。

　　鄭成功最早派出的屯墾軍中，援剿後鎮、虎衛右鎮和後衛、智武、英兵等鎮，應該都在新港溪和鹽水溪之間，可惜確實的地點已經無從查考。根據近人的研究，延平王國鄭成功、鄭經、

鄭克塽三世在二層行溪以北所經營的軍屯確實可考者如下：

墾莊名稱	現今大致位置	清代里名	墾鎮名稱
林屺埔莊	南投縣竹山鎮及雲林縣林內鄉	雲林水沙連堡	參軍林屺所墾
	嘉義縣鹿草鄉鹿草	嘉義鹿仔草堡	武驤將軍所墾
後營莊	臺南縣西港鄉後營	嘉義麻豆堡	不詳
大營莊	臺南縣新市鄉大營村	嘉義新化北里	不詳
小新營莊	臺南縣善化鎮小新里	嘉義新化北里	不詳
左鎮莊	臺南縣左鎮鄉左鎮	鳳０山興隆外里	宣毅左鎮所墾
中營莊	臺南縣下營鄉中營村	嘉義茅港尾西堡	馮錫範所墾
下營莊	臺南縣下營鄉下營	嘉義蕭壠堡	不詳
林鳳營莊	臺南縣六甲鄉林鳳營	嘉義赤山堡	參軍林鳳所墾
二鎮莊	臺南縣官田鄉二鎮村	嘉義赤山堡	戎旗二鎮所墾
中協莊	臺南縣官田鄉官田村	嘉義赤山堡	左先鋒鎮中協所墾
新營莊	臺南縣新營鎮新營	嘉義鐵線橋堡	不詳
後鎮莊	臺南縣新營鎮護鎮里	嘉義鐵線橋堡	不詳
舊營莊	臺南縣鹽水鎮舊營里	嘉義鐵線橋堡	不詳
查畝營莊	臺南縣柳營鄉		
五軍營莊	臺南縣柳營鄉重溪村	嘉義赤山堡	五軍戎致所墾
果毅莊	臺南縣柳營鄉果毅村	嘉義果毅後堡	果毅後鎮所墾
本協莊	臺南縣後壁鄉本協		不詳

　　前列軍屯除了林屺埔之外，都位於二層行溪和八掌溪之間。主要散布區則在臺南縣鹽水溪和急水溪之間的官田、下營、新營、柳營、鹽水、後壁一帶，在清代都屬於嘉義縣境。配置於臺南東部的則是在鹽水溪中、上游的新市、左鎮一帶。可以說在今天臺南縣、市境內，絕大部份的「固有土地」在荷、鄭時

代都已經開墾了。部份學者根據延平王國的戶官楊英所寫的《先王實錄》中，鄭成功「遣發各鎮營歸汛：左先鋒札北路新港仔、竹塹」的記載，認為「竹塹」是今天的新竹市。由竹塹和新港仔二地名相連，且延平王國營鎮屯墾都分布在今天臺南、高雄看來，《先王實錄》中的竹塹當在現今臺南縣境內（臺南縣內不少叫竹仔腳、竹崎等與竹塹音近的古地名），而不是今天的新竹。

又根據《臺灣府志》、《臺灣縣志》、及《諸羅縣志》等書的記載，臺南在荷蘭時代興築的水利設施如下：

名稱	清代里名	現今大致位置	開鑿者
鯽魚潭	永康、廣儲西、長興三里	永康、仁德兩鄉	天然湖泊水域三十餘里，灌永康等三里之田
蓮花潭	文賢里	仁德鄉	天然湖泊
月眉池	文賢里	仁德鄉	天然湖泊積雨水灌田
鷺鷥潭	文賢里	仁德鄉	天然湖泊
水漆潭	文賢里	仁德鄉	天然湖泊
茄冬湖	保大東里	關廟鄉	積雨水以灌田
無源潭	永豐里	歸仁鄉	天然湖泊
甘棠潭	保大東里	關廟鄉	佃民私築
王友陂	仁和里	臺南市東區	佃民王友築
十嫂陂	不詳	不詳	王十嫂募佃築
參若陂	文賢里	仁德鄉	佃民王參若築
荷蘭陂	新豐里	關廟鄉	鄉人築堤
崁下陂	長興里	永康鄉	鄉人築

前表所列水利設施，前七項為天然湖泊，後六項是荷蘭時代由佃民、鄉人私築的水利設施，分布在臺南市東、南郊區和關廟一帶。

鄭氏時代興築的水利設施如下：

公爺陂	新豐里	關廟鄉陂仔頭輔政公所關
弼衣陂	新豐里香洋仔	新化鎮香洋仔
草潭	新豐里	歸仁鄉大潭
陂仔頭陂	文賢里	仁德鄉陂仔頭

鄭氏時代興築的水利設施偏重在臺南南部，並向高雄方面發展，而高雄方面的屯墾營鎮也遠多於鹽水溪以北。

至於鄭氏時代「士庶之有力」者招佃開墾（私田）的狀況，根據中央圖書館藏的「康熙初年纂繪臺灣軍備地圖」（一般學者認為這是永曆十八年的狀況）上所標示的「民社」列表如下：

社　　　名	現　今　大　致　位　置
柴頭港民社	臺南市北區六甲里柴頭港
上港公民社	臺南縣仁德鄉上崙仔
下港公民社	臺南縣仁德鄉下崙仔
上中洲民社	臺南縣仁德鄉中洲村
大香洋民社	已廢莊，舊址在臺南縣歸仁鄉大潭村大苓
小香洋民社	臺南縣關廟鄉香洋仔
大目降民社	臺南縣新化鎮大目降
新港半番民社	臺南縣新市鄉新市
鯽魚潭民社	臺南縣永康鄉湖中
瀨口民社	已廢莊，舊址在臺南市南區鹽埕喜樹之間
鹽埕民社	臺南市南區鹽埕地區
半路竹民社	高雄縣路竹鄉路竹
後紅仔民社	高雄縣岡山鎮後紅仔

十三個民社中，十一個在臺南境內，其餘的也都鄰近臺南縣境。

清廷在沿海強烈的執行「海禁政策」，遷界、封鎖，「片板不許下海」，使得延平王國的兵源不繼，屯墾工作連帶的也拓展緩慢。康熙十三年（1674）吳三桂等起兵抗清，造成「三藩之亂」，靖南王耿精忠希望鄭經起兵響應。由於鄭經開到廈

門的軍隊「兵不滿二千、船不過百隻」而遭受耿精忠的輕視，經過六年奮戰，時盛時衰，康熙十九年（1680）兵敗東歸時，只有幾艘大船和少數散兵游勇載運輜重寶玩，狼狽回臺。

康熙二十二年（1683）施琅東征平臺，次年設一府三縣。當時的檔案紀錄，延平王國有「兵四萬餘人」，同年，首任臺灣知府蔣毓英寫的《臺灣府志》記載，鄭氏時代人口有二萬一千三百二十人，兩者都以壯丁計數，則延平王國末期的人口總數當在六萬五千左右，相當於荷蘭人撤離前的二‧五倍。

關於土地的開發，一般學者接納《臺灣府志》的說法，認為延平王國末期的田園有一萬八千四百五十四甲。但是，根據第一位諸羅知縣季麒光的〈再陳臺灣事宜文〉，官佃「盡屬水田」有九千七百八十二甲，文武田園「皆陸地荒埔」則有二萬二百七十一甲，合計是三萬零五十三甲。依壯丁增加的比例和鄭氏致力於土地開發的事實，延平王國末期有三萬甲田園，應當是比較可信。

荷蘭時代的中國移民帶來「插蔗煮糖」、「取土燒瓦」等工藝，鄭氏時代由於大陸對臺實行封禁政策，食鹽的來源成為一大問題，最初以「煮鹽法」解決，但是煮鹽質劣、量少又價高，永曆十九年（康熙四，1665）鄭經參軍陳永華利用臺灣內海的優良條件採曬鹽法，在瀨口（臺南市南區鹽埕一帶）開闢了臺灣第一區鹽田。第一位臺灣知府蔣毓英於康熙二十三年（1684）又在現今永康鄉的洲子尾開闢第二區鹽田，從此以後，製鹽成為臺南地區最重要的產業之一。

整體來說，延平王國東遷，對臺灣最大的影響還是在政治與文化層面。鄭氏在臺灣建立了一個與大陸相同的行政和法律系統，尤其是在臺灣開科取士，在各里、社設置學校，教化民番，更為臺灣的儒漢化奠定了堅實的基礎。永曆二十年（1666）完成的孔廟便是臺灣儒漢化的里程碑。

第五節　客家語群引起的康熙移民潮與臺南市區的擴張

康熙二十二年（1683）施琅東征平臺，次年（1684）在臺灣設置一府三縣。延平王國的貴戚、文武官員丁卒，或者送往北京看管，或者安插到各省墾荒，平民百姓也有不少人返鄉，使得臺灣的漢人銳減，田園大量廢耕。

清廷既然決定將臺灣收歸版圖，當然也積極的招徠墾闢、移民實邊。康熙二十四年蔣毓英撰寫《臺灣府志》的時候，招徠或回流的百姓就有三千五百餘人，當時臺灣的漢人有三萬零二百二十九人，其中男子一萬六千二百七十四人，女子一萬三千九百五十五人。十年之後高拱乾撰寫《臺灣府志》的時候，不但原來荒蕪的田園復耕，並且又新墾了百分之四十三的田園，其中尤以「富戶來臺」投資種蔗製糖為大宗。這種專營經濟作物而輕忽糧食生產的民風，很讓當局頭疼，高拱乾因此還下達〈禁飭插蔗并力種田〉的告示，希望人民多種稻米積蓄糧食以應付荒歉。

富戶來臺墾殖的型態在荷據時代已然成形，臺灣收歸中國版圖之後，設置一府學和三縣學，提供了大量生員（秀才）名額，更使得原本在大陸就居於社會經濟優勢地位的「士族」踴躍來臺，有不少人挾貨東渡，加入拓墾臺灣的行列，由於他們在故鄉的聲望，登高一呼，就有更多的百姓跟隨他們到臺灣來墾荒，不少的「士族」因而成為臺灣的大墾首、大富農，施世榜、張士箱等人都是其中著名的例子。他們對於臺灣社會、經濟的發展具有官方意料之外的影響力。雍正、乾隆兩帝有鑑於此，甚至密令福建巡撫想辦法把臺灣富戶「移歸內地」。

施琅平臺之後，臺灣成為福建的一府，福建南部泉、漳二府人民因為距離臺灣最近，對臺灣的情況也最瞭解，因而大量移民臺灣。粵東的潮、惠客家語群也有意東移，但是，由於臺灣屬福建省，粵人到臺灣算是「隔省流寓」，於法不合，而施琅又對客族存有相當偏見，不歡迎他們來臺。康熙三十五年（1696）施琅去世，四十二年（1703）府城富商由於人力不足，

遂招請閩西汀州客家人來臺。入墾先住民大傑嶺社轄下的羅漢內門、外門一帶（現今高雄縣轄內門、旗山一帶）。從此以後，客家語群大量東遷。客家語群東遷又刺激泉、漳人東遷，終於形成前所未有的移民洪潮，使臺灣開發史在康熙末年（1709～1721）邁進一個嶄新的紀元。

康熙五十年（1711），臺灣知府周元文在一份公文中說：「閩廣之梯航日眾，綜之簿籍，每歲以十數萬計。」有案可稽的移民，一年之中就超過荷、鄭時代的總和。所以在短短的十多年間，北起雞籠（基隆），南至沙馬磯頭（恆春貓鼻頭），全都布滿了拓墾者，使臺灣成為「糖穀之利甲天下」的繁榮局面。移民渡臺需要申請執照，康熙五十七年至乾隆五十七年（1718～1792）也曾經五次有條件的禁止攜眷入臺，但是由於「有田產者不禁」和偷渡便利（連提督藍延珍的官差船都公然載運無照客民），禁令和稍許的危險、不便，始終無法抑制閩、粵移民東渡的盛況。

東渡的移民雖然各自從東港、打拘和鹿港、淡水等處登陸，從安平上岸的，對於臺南市區、郊區的發展，及台南東部山區開發，也產生相當的作用。由於施琅逝世之後，最早引進客家語群的是府城居民，因此，部份客家人入山開墾，部份客家人則留在府城附近泉、漳人的村莊中幫傭或做佃丁維生，在府城東郊種菜的也不少。康熙末期，客家人在府城賃屋居住的已經「不可勝數」，乾隆九年（1744）還在水尾仔（臺南市北區立人街）修建了祖籍色彩很濃厚的「三山國王廟」。

移民洪潮使得臺南市區也急遽膨脹，雍正元年（1723）查驗「厝餉」（房屋稅），臺南市區共有大瓦厝七千零七十四間、小瓦厝一千七百零三間，總計八千七百七十七間。若以每間居住五人計算，總人數將近四萬四千人，和日治初期臺南市街四萬二千人相比還略多一些，似乎在康熙末期臺南市區的發展已經相當的成熟。臺南的貿易商組織北郊、南郊和糖郊（著名的三郊）於雍正（1723～1735）年間也形成。

臺南市區始於赤崁樓東、南側。臺灣設府之後，軍事機構配置在東、北兩區，行政區則向南區和東南發展，由於人口眾多、商業繁興，商業區已順著逐漸西移的海岸線向西延展。一般人都以為大井頭（現今臺南市民權路、永福路一帶）是最早的「埠頭」之一（貿易商業區），其實也在康熙中期才形成鬧區，因為延平王國錙銖必較的厝餉，在明鄭移交清冊中，並沒有記載大井頭各店屋，直到雍正元年（1723），這個新興的商業區都不曾繳交厝餉，第一位巡臺御史黃琡璥還因此督促地方官查核課徵。由於鬧市地價高昂，臺南市區出現「填海為市」的現象，康熙末期，大井頭因而「距海一里」。雍正元年（1723）臺灣府建木柵城，當時的西垣呈袋狀，最凸出的大西門位於現今民權路和西門路口。由於臺灣內海逐漸淤積，再加上商民填海為市，乾隆末期臺南的「埠頭」逐漸移展到現今西門路以西所謂的「五條港」地區。林爽文事件後，府城改建為土石城（乾隆五十三～五十六，1788～1791），新城的西側城牆略呈弧形，大抵和今天略呈弧形的西門路相符，五條港商業區，部份位於城外。嘉慶中期，海寇蔡牽屢次騷擾府城，十三年（1808）在新城之外再築木柵，北起小北門，西南至「五條港」的港口鎮海營（現今協進國小一帶），轉東南到小西門呈弧狀，是為府城的西外城，臺南市區西部的發展至此大體定形。道光三年（1823）連續暴雨，山洪挾泥沙俱下，臺灣內海淤積成浮埔。此後，五條港地區只有依賴運河與外海溝通。

第六節　先住民、客家語群開發山區

康熙四十二年（1703），臺南人招請汀州客拓墾羅漢門，掀起了閩、粵移民來臺的洪潮。他們繁榮了臺南市區，充實了民番各村社的勞動力，對於山區的開發也有極大貢獻。

延平王國覆亡之後，少數軍人散處荒野，沒有送回內地安插。部份回籍安插的鄭軍，在臺灣設府設縣之後，又絡繹回臺。羅漢門位於崗山溪上游，是土壤肥沃水源充沛的溪谷盆地，距離鄭氏軍屯重心的關廟、岡山相去不遠，因而成為移民和游兵

拓墾的目標。鄭氏游兵入據之初，府城人稱當地為「羅漢子」，人數漸多，才有羅漢內外門的稱呼。府城富戶招請客家人進墾，加速了羅漢門內山的開發，短短的十幾年，就開闢了現今旗山、內門以至旗尾、美濃等地幾十個村莊。到了康熙六十年（1721）朱一貴起事於羅漢門，結盟的人「俱有妻子產業」，事敗後，餘黨仍然以羅漢門為巢穴向當局挑釁，都和羅漢門的經濟、政治背景相關。

康熙末年，臺南附近的原住民四大社漢化已深，但是各社不納賦稅而納社餉，所以年年要入山捕鹿完餉，對於山區的情況相當熟悉。朱一貴起事的時候，四大社出兵從征，略定之後，又擔任官軍嚮導，入山追捕朱一貴餘黨。事後，政府在東南山區劃定界線，不許漢人擴張，只許平埔族各社開墾，做為各社的酬勞。政府徵召新港等社，分遣人員入山定居，固然是獎勵各社的忠誠，並請各社備禦生番，另一方面也是協助政府防制漢移民的異動。因此，政府不但設置「禁止越墾碑」和「漢番界址碑」，也幾次清丈漢番田園，使被侵耕的番產歸還原住民來保障各社權益。

乾隆三十五年（1770）黃教以大目降（新化）為根據地起兵，兵敗又冒險逃入山區，臺灣知府鄒應元「集聚星散社番」入山緝拿，事平之後，政府又以大武壠（噍吧哖，今玉井）一帶山區的土地分配給各社。乾隆五十一年（1786）爆發的林爽文事件，全臺各地的平埔族協助官兵平亂有功，政府模仿四川的「屯練」，在臺灣實行「番屯制度」，臺南各社都分配到「養贍埔地」。除了政府指定、撥給之外，各社也常仿效漢人買山自墾，像新港社在現今龍崎鄉和左鎮鄉的岡林、二寮一帶，都留下多件乾隆年間買山的字據。而漢番合作開鑿灌溉渠在此區也相當盛行，這都顯示各社的遷徙，不僅經歷判斷和選擇的過程，也有為了追求更好的生存空間而主動遷徙的情形。

道光五年（1825），臺灣南路理番衙門鑑於漢人贌、典番地日久，輾轉讓售，各社往往收不到番租，於是重申番地不許

賣與漢人的規定，無論是「番墾漢典」（社番開墾而質押給漢人的土地）或「番贌漢耕」（社番向政府取得而轉租給漢人開墾的土地）都要繳納番租。光緒十四年（1888）全臺清賦，政府仍然認可新港等社有收取典出土地「埔底租」的權利。

不少學者在分析平埔族遷徙的問題時，一味強調平埔族的弱勢，認為各社是被漢人欺騙、壓迫而避徙山區。這不但忽略了前述平埔族各社因功受賞以及買山進墾的史實，也忽略了留在原址各社一直維持著的優勢，及漢移民依附各社而在臺南發展出四大鎮的事實，至於山區能控制水源的好處，顯然也沒有考慮在內。康熙末期擔任諸羅（1714～1719）、臺灣（1722～1726）二縣知縣的周鍾瑄，曾經指出當時的社會普偏存在著「強者欺番、弱者媚番」的現象，其實這也是各群體普偏存在的現象。因此，政府厲行「護番保產」政策。

臺南東北自十八重溪（白河、東山一帶）的開發，和客家語群的入墾也有密切的相關。鄭氏軍屯已經到達急水溪中、上游的後壁和新營，白河也出現了漢地名「大排竹」，入清之後，應有不少鄭氏游兵進入十八重溪一帶。此地原來是洪雅族哆囉嘓社的領地，康熙四十年代（1701～1710）武舉人李貞鎬曾經「代番納社餉、招客民墾之」，李氏招募的都是潮州人，故而這一帶有大埔莊、大客莊等地名，卻只有一處「福佬寮」（寮是開墾時簡陋的臨時房舍）。客家人入墾十八重溪，不僅造就了白河、東山等地幾十個農莊，平原地區也因而比較容易取得灌溉水源。康熙五十六年《諸羅縣志》中有如下記載：

州名	今址	水源	圳長	記事
哆囉嘓大陂	東山鄉	九重溪	二十餘里	民番合築大旱不涸
吳連莊陂	東山鄉			
林富莊陂	東山鄉			
小埔姜林陂	白河鎮			
馬朝後陂	白河鎮	內山		
三間厝陂	白河鎮	馬朝後圳		
大腳腿陂	柳營鄉	十八里溪	十里許	

烏樹林大陂	後壁鄉	白水溪	十餘里	
王公廟陂	後壁鄉	白水溪		
安溪寮陂	後壁鄉	白水溪	十餘里	
新營等莊陂	新營鎮	白水溪	三十四里許	

當時臺灣各地多半利用天然湖沼灌溉，少數人工陂圳，規模都很小，前述記載中，十里以上的灌溉渠竟有五條之多，可以說和「六堆」一樣是臺灣水利事業發達得最早、也最盛的地方。

朱一貴起事後，當局對於政治、經濟背景和羅漢門近處的十八重溪河谷盆地，有很大的戒心。藍鼎元在〈紀十八重溪示諸將弁〉檄文之中，要求各路人馬嚴密控制這個地區，以免他們和羅漢門相互呼應。事平之後，泉、漳人和平埔族各社大量湧入，連蕭壠社（佳里北頭洋）曾經到北京面謁乾隆皇帝三次的「飛番」—程天與的後人，都遷到東山，現在在東山、白河一帶反而不容易找到客家人了。

羅漢門發展出旗山、美濃兩大鎮，十八重溪也造就了臺南七大鎮之一的白河鎮。溪谷盆地中肥美的土地和豐沛的水源，正是早期漢移民所最嚮往的目的地。

第七節　尾聲—魚鹽之鄉的浮現與開發

臺南是臺灣最早開發的地方，卻又是臺灣最晚開發的地區之一。

荷蘭人招請中國人開墾了赤崁附近的土地。延平王國的拓墾則北至急水溪，南達丹鳳澳。康熙四十二年（1703），臺南人為了拓展他們在羅漢門和十八重溪等溪谷盆地的耕地，招請客家人來，掀起了康熙末期的移民洪潮，往往一年之中湧進的移民，比荷、鄭時代漢移民的總數還要多，臺南山區就在客家人、平埔族和泉、漳人的努力下開發成功。

施琅因為平臺有功而封靖海侯，在經濟上的酬庸則是容許他蔭佔部份延平王國時代的文武官田收租，也就是所謂的「將

軍租」。由於臺南附近的土地都已經墾熟，蔭佔土地時，只能佔到現今將軍鄉一帶無主的溪埔地。隨著移民日增的壓力以及海岸線日漸向西延伸的腳步，臺南西部的新生地－－溪埔、海坪、海埔就成為眾人角逐的魚鹽之鄉。

最初的新生地多半和民番莊社鄰接，根據土地延伸權，自然歸鄰接的地主領有。離莊稍遠或溪中的新埔則由強者插標佔墾，以先佔權的方式競有，若是一次大洪水產生了連綿數里的大浮埔，就成為附近各莊社角逐的對象。部份土地經過械鬥、纏訟之後，成為莊社共有地，或者許多莊社共有的「公採埔」。仍然相持不下的土地，則往往變成廟產、學田，或者成為政府（官莊）、吏胥集團（八房租）、駐軍（軍工廠、安平協）、甚至商業組織「三郊」的產業。他們以極低的代價接管，再交給豪強招佃開墾。

根據現存的老字據和各地「嚴禁霸佔」的告示碑等史料顯示，康熙到乾隆年間，大家所爭奪的新生地，大抵都在麻豆、佳里、將軍一帶倒風內海的範圍內，尤其是乾隆二十年至四十五年之間（1755～1780）爭執的最為激烈。主要的原因是由於八掌溪在乾隆六（1741）年左右改道南流，由鹽水附近注入倒風內海。八掌和急水二溪所挾帶的大量泥沙，使得倒風內海迅速淤填。

根據民國五十二年時出土、康熙五十七年（1718）所立〈重建茅港尾鐵線橋碑〉淹沒情況判斷，立碑地點的地層已經淤積堆高了三公尺。

倒風內海淤填雖然迅速，但遠不及臺灣內海的淤塞來得突然。道光三年（1823）以前，臺灣內海的淤積量相當穩定，那年，連續幾場暴風雨挾帶上游山崩的泥沙，使得洲仔尾到鹿耳門之間的臺灣內海急速變成陸地，商船和軍工廠的軍船都得靠運河出海。道光七年（1827）臺灣道孔昭虔出示招墾曾文溪以北地段，由洪里、黃軍等十六股首聯合招佃開墾（墾首），曾文溪以南的，則由郭畝使等富豪士紳各自請墾再招佃開墾，因

此曾文溪以北地區新地名多半冠以「股」字，溪南的地名多半冠上墾首的名字或佃農出身地的地名，而末一字則以佃、角、寮為名。佃、角是各分畎域的標幟，寮是開墾時簡陋的臨時房舍，定居既久成為地名。

倒風內海淤積得較早，裏海一帶多半已經墾闢或田園，沿海則發展成鹽田魚塭。臺灣內海至今仍以魚塭、田園為主。

光緒十七年（1891）臺南知府唐贊袞目睹臺南的富足，曾經很感嘆的說：「魚塭利息勝於田畝」。伴著水患而來的魚塭鹽埕，卻為臺南帶來鉅大的財富。

（本文刊於《漢聲》雜誌第二十二期，民國七八年八月，臺北）

第四章　嘉義發展史

第一節　嘉義古稱「諸羅山」

嘉義古稱「諸羅」。「諸羅」是先住民洪雅族「諸羅山」社的簡稱。諸羅山社社址在現今嘉義市區。

康熙二十三年（1684）臺灣收歸中國版圖設一府三縣，臺灣縣即今臺南市區一帶，南面是鳳山縣、北面和東面則是諸羅縣。諸羅縣濱海一邊南起新港溪，大抵和現在鹽水溪中、下游相彷彿，近山一邊則南起羅漢門（今高雄縣內門、旗山一帶）和岡山溪（現今臺南、高雄兩縣分界的二仁溪）中、上游。諸羅縣北面都是尚待開發的「番部」，不僅北抵今天臺北、基隆，連後山——宜蘭和花蓮、臺東——都歸諸羅縣管轄。康熙六十年（1721）追隨堂兄藍廷珍來臺平定朱一貴之亂的藍鼎元，有《臺灣近詠》詩十首，其中兩句如下：「諸羅千里縣，內地一省同。」

實際上的疆域，臺灣全島也不及內地一省，就鳥飛距離而言，臺灣南北也不及千里，但是就人行步道距離和行政管理上

的遼闊而言，諸羅的轄地，確是千里以上的大縣。

雍正元年（1723）朱一貴事件平定之後，政府為便於管理，重行規畫臺灣的行政區：大甲溪以北新設淡水廳，大甲溪以南、虎尾溪以北則新設彰化縣；虎尾溪南、新港溪北的地方才歸諸羅縣管轄；新港溪上、中游以南至旗山、內門今天臺南縣近山部份則於雍正九年（1731）劃歸臺灣縣。

乾隆五十一年（1786）十一月，林爽文在大里杙（臺中縣大里鄉）起事，率眾南下，十二月初先陷諸羅縣城，再進圍府城，久攻不下。次年元月中旬，臺灣總兵柴大紀率兵北上，恢復諸羅縣城。此後，林爽文或其部將幾次圍攻諸羅，城內軍民合力抵禦，終能保全。乾隆五十二年（1787）十一月初三日，諸羅還在被圍的情況下，乾隆皇帝認為諸羅縣城裡的百姓「急公向義、眾志成城」，親自將「諸羅」改名為「嘉義」，正是嘉勉諸羅百姓支持政府而「向義」的意思。

嘉義南面的疆界由於新港溪改道、海岸線不斷西移以及臺灣縣轄區太小等因素而經常變動，至光緒元年（1875）才決定以灣里溪（現今曾文溪）為界。光緒十三年（1887）臺灣建省，將嘉義縣北部、彰化縣南部劃出，新設雲林縣。嘉義縣才南以曾文溪，北以牛稠溪、石龜溪為界。日治時代地方行政區屢經變易，嘉義大抵歸臺南縣（州）管轄。民國三十九年（1950）十月調整行政區，重設嘉義縣，北以北港溪、華興溪和大尖山、鹿窟山，南以八掌溪下游、大棟山、頂坪林山和楠梓仙溪上游為界。

嘉義開發史所敘述的範圍，大體包括北港溪和八掌溪之間，現今嘉義縣和嘉義市的轄區，在平野上的先住民，計有洪雅族的諸羅山社（社址在現今嘉義市內）和打貓社（社址在今民雄），山區的則為阿里山八社（大龜佛、唣囉婆、肚武脊、奇冷岸、畬米基、踏枋、鹿楮、十仔霧）。

第二節　開臺壯士顏思齊

在前兩章——高雄和臺南發展史中，我們約略敘述了中日兩國在海上的鬥爭以及西元十七世紀初西力東漸，日本、荷蘭和中國在臺灣南部角逐的情形，本文不再贅述。

由於地緣的關係，十六世紀中期就有不少中國海盜跑到臺灣來，中國人也發現了臺灣西部平原上盈野的鹿群以及臺灣西海岸的烏魚汛。根據近人研究族譜資料的成果，明嘉靖、萬曆年間已經有人移民到臺灣來，他們和躲避追剿而逃到臺灣的海盜林道乾等人一樣，對於臺灣的開發並沒有產生重大的作用。第一個廣為人所知曉，被史家推重的則是福建漳州海澄縣人顏思齊。

顏思齊是在天啟初年（西元 1621 年前後），以今天嘉義一帶（當時稱為北港）為根據地的大海盜。第一任諸羅知縣季麒光（康熙二十三—二十五，1684 ～ 1686）追述臺灣開發史事說：「臺灣，海中番島……明萬曆間，海寇顏思齊踞有其地，始稱臺灣……思齊剽掠海上，倚為巢穴；臺灣有中國民自思齊始。思齊死，紅夷乘其敝而取之。」鄭成功的父親鄭芝龍就是顏思齊的部下，思齊死後，繼承他的位置，成為東亞首屈一指的大海盜。在那時候，海盜和武裝貿易集團並沒有太大差別，被招安之後，就變成海軍，海商、海盜、海軍三位一體。因此，有些記錄上稱顏思齊為「盜魁」、有些記錄則稱思齊「甲螺」——漢人頭目。

有不少清初的地方志書和公私記錄中，曾經概略地記載著顏思齊在嘉義開山立寨、鎮撫土番、分汛所部耕獵、經營臺灣的事蹟。一九三六年，日本學者岩生成一撰文表示懷疑顏思齊的存在，似乎要師法白鳥庫吉撰寫〈堯舜禹抹殺論〉的故技，一舉把顏思齊也抹殺掉。

故老相傳，顏思齊葬在嘉義市南方的水上鄉三界埔。民國四十一年，臺南發現比鄭成功入臺還早十九年（崇禎十五年，1642）的明代古墓，引發了三界埔「顏墓」真偽的爭辯，也

導致長達十五、六年「顏思齊是否真有其人」的大辯論。許多中國學者援引岩生成一的懷疑論，否定了顏思齊的存在。民國五十七年（1968），鄭喜夫在《海澄縣志》中發現崇禎年間的〈太史李公居鄉頌德碑記〉，其中有「自天啟壬戌戍（四年，1622）以後，紅夷與海寇顏思齊交訌，邑侯……及今武林金公後先為民繕堆堞、練卒伍。迨今上御極之八年，鯢浪稍平，不復驚」的記載。在至今所知的眾多史料中，李公碑在時間上是最接近，地緣上最直接的「當時、當地」的記錄，是否真有顏思齊其人的爭辯才因而沈寂下來。至於三界埔的「顏墓」是真是假則至今尚無定論。懷疑「顏墓」的人認為墓碑以砂岩製成，碑面已經風化，沒有殘留任何字跡，把這個故老傳說中的「番王墓」指為顏墓，證據稍嫌薄弱。其次，古墓和墓碑都有相當規模，而且形勢頗佳，可能出自堪輿先生之手，並不是顏思齊的部眾所能經營的。這些疑點，都可以解釋。

筆者曾經兩次親訪古墓，古墓的地點、景觀非常好，也就是古人所謂的「好地理」，規模和形制，也不是尋常人家，以砂岩製碑在海峽兩岸來往頻繁之前，也很尋常。從嘉義發展史上考察，除了顏思齊之外，也沒有人比他更適合稱為「番王」。而古墓也正有王者氣象，以顏鄭集團中主要分子的出身而言，有幾個懂得堪輿術的也不為過。不過，以現在所能掌握的資料而言，似乎也無法斷言古墓是否即顏思齊墓。要確認古墓是否顏墓並不太難，只要敦請史學家和考古家試行發掘，古墓之謎即可以大白。

無論如何，三界埔古墓是否為顏墓，都不能抹殺顏思齊在臺灣開發史上「開創者」的地位。

中國古籍中有顏思齊分立十寨、擁眾三千的記載。「十」寨、「三」千都是多數的意思，不必恰好是十或三。近年有人牽強附會硬湊出「十」寨，有古寨名稱，也有今址。由於涉及地域觀念，有的作者把十寨都定在雲林縣境的北港、水林；有的作者把十寨都定在嘉義境內。作者們在湊集十寨的時候，幾

乎都沒有考慮雲嘉西部海岸線的變遷，所以他們所湊集出來的「古寨今址」，直到有正確的文字與地圖記錄的康熙年間，多半仍然位在海中，更早的天啟年間恐怕還離現在的海岸線相當遙遠，其實這些作者們大可不必如此作偽。在荷蘭人的記錄中，今天嘉義一帶經常有中國捕鹿人、燒石灰的工人、漁民和海盜出沒，由於中、荷雙方文獻中的人名還有不少難於考證，也無法確認是否就是與顏鄭集團相關的記載。就荷蘭人以安平、赤崁為中心的防務重北輕南，且在倒風內海出口南岸的青峰闕（盧嘉興認為，在今嘉義縣市袋鎮好美里虎尾寮西），建築了堅緻的砲臺以備禦北方，顯見顏鄭集團也留給荷蘭人很大的壓力。

鄭芝龍繼承顏思齊的地位之後，很快的發展成東亞海上一大勢力。荷蘭人對於鄭氏的武裝貿易集團也畏懼三分。關於鄭芝龍移民臺灣的記載，見於黃宗羲的「賜姓始末」一書。黃宗羲在敘述永曆十三年（1659）鄭成功出兵南京戰敗之後退守廈門的途中，遇到一位荷蘭人的通事（南安人），通事勸鄭成功東取臺灣，並且說：「臺灣，君家之故土也」；接著，黃宗羲倒敘鄭芝龍移民臺灣的故事。在熊文燦擔任福建巡撫期間（崇禎元年至五年，1628～1632），福建久旱不雨鬧饑荒，熊文燦請鄭芝龍想辦法，於是鄭芝龍「乃招饑民數萬人，人給銀三兩，三人給牛一頭，用海舶載至臺灣，令其開墾荒土為田……其人以衣食之餘納租鄭氏，後為紅彝所奪」。此即流傳甚廣的「三金一牛說」的來源。

假設鄭芝龍招民為最低數：一萬人，三萬兩銀是個小數目，三千三百頭牛，可是不得了的大數目。

黃宗羲是一代大儒，一般人基於民族情感，也不願懷疑他的記載，深信其說。其實天啟四年（1624）荷蘭人就已經東遷臺灣了，而不是遲至崇禎年間。再者，荷蘭人在1636年才請蘇鳴崗等人由印尼到臺灣來擔任開發臺灣的「墾首」，1640年，全臺中國人也不過一萬一千人左右。鄭芝龍是海上一方之霸，

假若真的曾經移民「數萬」到臺灣來，荷蘭人恐怕也不敢窺視臺灣了。

根據前面的分析，鄭芝龍在崇禎初年移民數萬到臺灣的說法並不可信。不過，「一人給銀三兩，三人給牛一頭」之說，和荷蘭人貸借給漢人開墾以收租息的「王田制」相當接近。而鄭芝龍和荷蘭人有密切的貿易和同盟關係，在《先王實錄》一書中又有鄭成功把犯人發配到荷蘭人統治下的臺灣，交由何斌看管的記載。因此，鄭芝龍曾經安排某些人移民到顏鄭集團的老巢—嘉義來，應當是合理而可信的。

顏思齊是明末的傳奇人物，由於他身處草莽，當然不可能有文集、年譜等細密完整的資料流傳下來，假若因為我們對他的生涯相當有限的瞭解，認為他和當時的大海商李旦的生涯有若干相似之處，就懷疑顏思齊是虛構的人物，不但無法面對許多證據確鑿的史料，也無法面對無數同類型的歷史人物。

第三節　康熙移民潮—鹿場化為良田

荷蘭人到臺灣之後，主要的活動區在今天臺南市區一帶，對於周邊的平埔人西拉雅族各社，基本上採取鎮壓的策略，以便維持治安並攫取暴利。他們也利用西拉雅人的社群組織以及數量上的優勢，來制衡日漸增加的中國移民。荷蘭人的統制策略和搜括技巧的概略情形，請參閱前章「臺南發展史」。

荷蘭人到臺灣之前就獲得情報，臺灣西部平野上鹿群瀰漫，有大量的鹿皮、鹿脯，由中、日商人銷售到各地去。在當時捕鹿的方法是以「罝」（獵鹿的大網）網捕或者以「出草」法（預先挖好陷阱——通常是一條壕溝，再把鹿隻驅出草叢，趕進陷阱裡）大批擄獲。每年獵殺的鹿，都數以萬計。荷蘭人佔領臺灣之後，捕撈烏魚有烏魚旗，獵鹿也要先繳完打獵稅，領取獵人執照之後才容許狩獵，此外，每張罝、每個陷阱也要分別繳稅，今天的嘉義平野，就是荷蘭時代最大的鹿場。嘉義的「鹿草」，彰化的「鹿港」等地名，都是逐鹿史的遺蹟。

　　嘉義是顏鄭集團的老巢，距離安平又遠，荷蘭人的控制比較鬆懈，因此中國移民相當活躍。荷蘭派駐諸羅山的教化人員同時也負責管理先住民和漢人，《諸羅縣志‧古蹟志》裏除了前述蚊港口的「青峰闕砲臺」外，諸羅縣城裏也有「紅毛井」的記錄。

　　鄭氏延平王國經營臺灣期間，領域比荷蘭人稍為擴大，但仍止於今天臺南、高雄一帶。八掌溪以北的地區，鄭成功時代（永曆十六年，1662）曾派黃安到「雞籠、淡水」（泛指今天基隆、臺北一帶）進攻入侵北臺的荷蘭人，鄭經於康熙十九年（1680）派林陞北巡，將雞籠城毀為平地以阻止海壇總兵林賢東征，二者都沒有停留。到了康熙二十年（1681）十月，鄭氏得知施琅出任福建水師提督，準備東征，於是派「左武衛」何祐為「北路都督」駐守雞籠山。何祐的軍隊到臺北的主要任務是備禦施琅，還來不及屯墾，一切消耗都靠安平補給，次年六月終於釀成沿線先住民大亂，劉國軒也率兵北上，駐防今天臺中一帶，以重兵平息番亂，不久，施琅東征，延平王國在臺灣北部的少數屯軍，也沒有機會拓荒了。

　　黃安、林陞、何祐、劉國軒都只是巡視、備禦、平亂而沒有機會屯墾。延平王國立足臺灣之後，把臺灣北部當作流放罪人的極邊地區，《臺灣外紀》中就有洪士昌、楊明卿兩家人被流放到「淡水雞籠」的記載。

　　鄭氏開發台灣最北之地是林圯屯墾斗六門（今斗六），再向東進入今天的竹山地區（古稱林圯埔），再南就屬今天的嘉義地區了。鄭氏時代吳智武駐守諸羅山，因為曾經重修紅毛井而留下記錄，「武驤將軍」（名字尚未考得）也曾經率軍屯墾今天嘉義鹿草鄉。嘉義和鹿草都在八掌溪北側，或許這就是鄭氏屯墾地區的北緣。因此，康熙二十四年（1685）蔣毓英寫《臺灣府志》的時候，嘉義境內沒有漢人居住的坊、里、莊和民社，只有打貓、諸羅山、阿里山、奇冷岸、大居佛等番社。

　　康熙二十二年（1683），施琅東征平臺，延平王國的屬

臣官兵多半遣送回大陸，臺灣的人口銳減，不少田園因乏人耕種而任其荒蕪。次年，臺灣設一府三縣，正式成為中國版圖的一部份，自然要移民實邊。因此最初幾任的地方文武官吏都以招徠移民為能事。康熙五十六年（1717）所修的《諸羅縣志》秩官志只有兩個人立傳，一個是諸羅首任知縣季麒光，他以「經始府志」有功立傳，另一個是康熙二十九年至三十四年（1690～1695）擔任知縣的張玟，他就是因為「招徠墾闢、撫綏多方，流民歸者如市」而立傳。

至今，我們所知道的最早的老字據就是康熙二十四年（1685）十月，墾戶沈紹宏向諸羅知縣請求開墾「北路鹿野草荒埔」的墾照（開墾許可執照）。鹿野草又稱鹿仔草，也就在今天嘉義縣鹿草鄉，原來是延平王國左武驤將軍屯墾的地方。民國五十年（1961）左右，盧嘉興在嘉義布袋發現一份康熙三十四年（1695）辛承賢、韓玉等人請求在「蚊港北中桁」即現今布袋鎮光復里東安寮一帶，開築魚塭的「告示」（公告周知的公文）。無論是開墾執照或築塭告示，字裡行間都顯示鄰近地區有漢移民來定居開發。因此，康熙三十四、五年間重修《臺灣府志》，嘉義境內雖然沒有坊、里和街，卻已經有了九個莊。將九個莊名和今址列表於下：

莊　名	現今大致位置	甲　數
井水港	臺南縣鹽水鎮汫水里	1
鹿仔草	鹿草鄉鹿草	2
龜佛山	鹿草鄉竹山	2
南勢竹	義竹鄉南勢竹	1
大坵田	布袋鎮	2
龜仔港	朴子鎮龜仔港	1
楝　榔	朴子鎮大、小楝榔	1
諸羅山	嘉義市	10
打　貓	民雄鄉	2

井水又作汫水，福佬話淡水的意思，原來和鹿草鄉相連，在倒風內海東北角、鹽水莊的對岸。乾隆初年，八掌溪改道南

行注入倒風內海，內海淤積成陸地，洪水和鹽水也連成一氣，才改歸鹽水保管轄。

當時，臺灣府城（今臺南市區）分成四坊，其中東安坊（府治東南地區）有一百三十甲，諸羅縣轄下的善化則分為東西兩保，東保十八甲，西保十九甲，而嘉義地區，只有今天嘉義市區有十甲之眾，其他各地都只有一、二甲，可見當時的嘉義仍然處於草萊初闢的狀態。

康熙三十六年（1697）到臺灣來採硫的郁永河在他的《裨海紀遊》一書中，為臺灣南北都留下豐碩的歷史訊息。由於他連夜趕渡急水溪、八掌溪，天快亮的時候趕到諸羅山，坐著打了一下盹，天剛亮又趕路，晚上趕到柴里社（今雲林縣斗六鎮）住宿，連續趕了兩天兩夜的路，經過嘉義境內時，都是「倦眸欲瞑」，沿路打瞌睡，所以沒有留下什麼記錄來，實在是相當可惜的事。

嘉義全面性的開發也是康熙四十年（1701）以後，閩、粵兩省的移民狂潮所促成的。至今我們所知現存年代第三早的老字據，是康熙四十七年（1708），墾戶詹陞請墾打貓梅仔坑寮口荒埔（現今梅山鄉梅山一帶）的一份墾照，康熙五十五、六年撰寫的《諸羅縣志》「梅仔坑山」條，也有「山之西有漢人耕種其中」的記載。比梅仔坑墾照稍晚的就是康熙四十八年七月的「大佳臘墾荒告示」（開墾地在今臺北市），和同年十一月的「陳賴章、陳國起、戴天樞三墾號合約書」（開墾地包含前述的大佳臘和現今的北投、八里、士林三地）。這些墾照、告示顯示移民潮同時在臺灣南北湧現，而能夠調和民番關係的「通事」都在其間扮演重要的角色。詹陞請得墾照的關鍵人物則是通事謝章。

康熙四十三年（1704），鳳山知縣宋永清兼署諸羅知縣，曾經到諸羅山巡視，他認為諸羅山「內控四里、四社之番民，外而制八莊眾社之扼要」，同時，「居民錯雜、接踵三百餘里，抵半線」。所謂四里、四社都在今天臺南縣境，在嘉義的只有

諸羅山以外的八莊。諸羅山以北到半線（現今彰化市），已有
一些漢移民和平埔族交錯混雜。康熙五十六年（1717）陳夢
林等人撰寫《諸羅縣志》時，正式出現「外九莊」的稱呼。外
九莊正是承續宋永清以諸羅山莊為中心，「內控四里四社、外
制八莊眾社」的說法，與《臺灣府志》不同的是，外九莊是指
當時嘉義境內諸羅山莊和打貓莊以外的九個莊，新增的兩個莊
是北新莊（太保鄉北新村一帶）和土獅仔莊（六腳鄉塗師村一
帶），棟梛莊也形成大小棟梛莊。實際上的村莊當然不止此數，
若以《諸羅縣志》所記載的嘉義境內的水利設施來分析，應當
更能顯示開發的情況。

渠名	灌溉地區	現今大概位置	水源	圳長	記事
諸羅山大陂	本莊及巷口厝竹仔腳無影厝	嘉義市柴頭港嘉義縣水上鄉巷口村	八掌溪	二十里	康熙五十四年莊民合築
柳仔林陂		水上鄉柳仔林	八掌溪支流	十餘里	康熙五十四年莊民合築
八掌溪墘陂		水上鄉赤蘭埔	赤蘭坑、八掌溪支流	十餘里	康熙五十四年莊民合築
埔姜林陂		鹿草鄉	八掌溪		康熙五十六年莊民合築
牛朝莊陂		水上鄉牛稠埔	井水港		康熙五十六年莊民合築
新陂	北新莊	太保鄉北新村	諸羅山番仔坑	十餘里	康熙三十一墾戶李承業、陳大松合築
大溪陂	大溪厝	嘉義市大溪厝	諸羅山番仔坑	十餘里	康熙四十七年莊民合築
朱曉陂	大坵田	布袋鎮	荷包嶼潭		康熙四十三年管事同莊民合築
樹林頭陂	樹林頭、新南勢竹二莊	布袋鎮樹林鎮	八掌溪尾	五、六里	康熙五十六年莊民合築
牛挑灣陂	牛桃灣、龜仔港二莊	義竹鄉牛桃灣	龜仔港		康熙三十四年莊民合築

番仔陂		嘉義市區	北香湖		康熙三十四年番民合築
土獅仔陂	六加佃、土獅仔二莊	六腳鄉	牛朝溪		康熙四十九年莊民合築
狗咬竹陂	本莊及番婆、月眉潭、土獅仔、北勢等莊	新港六腳	牛朝山坑	二十餘里	康熙三十二年莊民合築
打豬大潭陂	本莊及青埔莊	大林鎮	打貓大潭		康熙四十二年莊民合築
打貓山腳大陂	本莊、大燒莊、南路厝等莊	民雄鄉一帶	山疊溪	十餘里	康熙四十四年莊民合築
雙溪口大陂	打貓崙仔莊	民雄、溪口鄉	山疊溪		康熙五十六年莊民合築
西勢潭陂	西勢潭柴林腳二莊	新港鄉	山疊溪		康熙四十五年莊民合築
大埔林陂		大林鎮	山疊溪		康熙四十九年莊民合築
內林圳	打貓莊大埔林地	大林鎮	石龜溪		康熙四十九年莊民開濬
走豬莊圳	走豬排仔、路頭二莊	大林鎮	石龜溪支流		康熙三十四年莊民開濬
荷包連圳	走豬莊北		石龜溪支流		康熙五十二年莊民開濬

前述十九條都是四季不絕、水源豐富的灌溉渠，《諸羅縣志》也記載了規模較小，水源比較不穩定的水利設施，縣志上稱之為「涸死陂」，規模雖小，也足以顯示開發的情形：

渠名	灌溉地區	現今大略位置	記事
北社尾陂	北社區、水牛厝二莊	嘉義市	康熙四十七年莊民合築
臺斗坑陂	在縣治北	嘉義市	康熙四十五年莊民合築
大目根陂	在縣治東北牛朝山後	竹崎鄉	康熙五十四年莊民合築
劉荊莊陂	本莊及鹿仔草二莊	鹿草鄉	康熙三十九年莊民合築

楝梗莊陂	灌大、小楝梗莊	朴子鎮	康熙五十三年莊民合築
竹仔腳陂	龜仔港北	朴子鎮	康熙五十六年莊民合築
頭橋陂	打貓莊東	大林鎮橋仔頭	康熙四十三年莊民合築
新莊陂	打貓西南	民雄鄉新莊	康熙四十三年莊民合築
坡頭厝陂	打貓西	新港鄉板頭厝	康熙四十七年莊民合築
中坑仔陂	打貓東北	大林鎮中坑仔	康熙五十三年莊民合築
本廳陂	打貓本廳莊	溪口鄉本廳村	康熙四十三年莊民合築

前述三十二條灌溉渠中，有八條的長度在「十餘里」以上。康熙三十一至三十四年（1692～1695）開鑿了五條，三十九年（1700）開了一條，四十二至四十九年（1703～1710）開鑿了十四條，五十三年至五十六年（1714～1717）開了十二條。其中康熙三十一年的「新陂」由墾戶開築，其中二十九條是「莊民合築」，其中之一還是「番民合築」。

前述的情形顯示康熙四十二年至四十九年以及五十三年至五十六年，是嘉義水利事業發展史上的兩個高潮，由南到北密密麻麻的灌溉渠，使得嘉義平野由鹿場而旱田、由旱田而水田，在康熙末期時，全域都完成了「水田化運動」。

「客莊、漳泉人相半」，福佬、客家移民的努力使得「鹿場悉為田」。水田化之後的田園，一年可以兩熟，所謂「民番富庶、過於臺鳳」，而臺灣、鳳山兩縣多半一年只能一熟。嘉義遂成為當時臺灣最富庶的地區。

農業的發達也帶動商業的繁榮和市鎮的發展。康熙三十五年的《臺灣府志》中，嘉義地區，沒有一個街市。康熙五十六年的《諸羅縣志》，由北而南列出了四個沿海街市：笨港街，

土獅仔街（六腳鄉大塗獅），猴樹港街（朴子鎮朴子），井水港街（臺南縣鹽水鎮洪水里洪水港）和鄰近的鹽水港（鹽水鎮鹽水）。在內陸則有打貓街（民雄鄉民雄），縣城內則有鎮安街、太平街和十字街等鬧區。其中笨港街（今雲林縣北港鎮與嘉義新港鄉之間）「商賈輳集」，是府城之外全臺最大的「近海市鎮」，而鹽水港街則是安平笨港之間最大的市鎮，每年端午節的時候，笨港、鹽水港都有龍舟競渡和「置竿、掛錦、捷者奪標」等節目，熱鬧非凡。

某地開發到一定程度，聚落發展到一定規模，居民就會興建寺廟、崇功報德，因此，寺廟也能具體反映一地的發展。《諸羅縣志》中記載當時諸羅縣境（現今臺南縣永康鄉以北的地區），依時序有笨港街（1700 年建），淡水干豆門（1712 年建），鹽水港街（1716 年建），和諸羅縣城（1717 年建）等四座天妃廟（媽祖廟）。嘉義市內還有一座保生大帝廟（1701 年建）、一座關帝廟（1713 年建）、一座元帥廟（睢陽廟、1699 年建），以及兩座觀音廟：觀音殿（1709 年建）和諸福寺（1707 年建）。

前述廟宇之中，四座建於康熙三十八年至四十年之間，六座建於四十六年至五十六年之間，寺廟集中於諸羅縣城之中，和鄰近的笨港街、鹽水港街，奇特的是遠在極邊北方淡水的干豆門，也建了一座天妃廟。顯示嘉義平野在康熙末期急邃開發的成果。此時的移民也開始「群入深山、雜耕番地」，而海岸線的西移，嘉義平野的向西延伸更跳躍式的，遠達今台北，也給移民帶來新的機運。

第四節　山區開發與吳鳳傳奇

臺灣能夠迅速開發和「墾首」制有密切的關係。墾首帶來組織力量和雄厚的資金。拓墾權可以買賣，直接經營的墾首假如經營得法也可以擁有廣大的土地。前述沈紹宏於康熙二十四年（1685）請墾的鹿仔草一帶，在康熙四十七年（1708）就

轉手賣給陳允捷、林龔孫、陳國祚、陳立勳等四個墾號。康熙四十七年詹陞請墾梅仔坑口之後，也將部份拓墾權轉讓給薛大有墾號和翁家，翁家的「翁平記」一房住在諸羅縣城，由於經營得法，到了乾隆中期在嘉義、雲林一帶，「田莊共有一十六處」，成為一方富豪。而溝尾莊（現今將軍鄉）楊家在朱一貴事件時，「聚族倡義」，「誘擒」朱一貴立了大功，當時楊氏一族有「數百人」而且「聚居已久」，是擁有廣大田園和聲望的地方豪族。

漢移民雖然大量湧入，漢番關係在政府的「護番保產」政策以及通事的媒介調和之下，也相當融洽。康熙五十四、五年《諸羅修志》的時候，諸羅山、打貓等社，已經全部由番通事取代了漢通事，他們的服裝「半如漢人」，冬天也會穿棉衣棉褲了。

由於水源多在山區，加上延平王國覆亡之後，不少人逃到山中去，嘉義山區的開發也很早。北部的梅山地區，詹陞等人在康熙四十七年就已經請墾，《諸羅縣志》也有「梅仔坑山，山之西有漢人耕種其中」的記載。牛朝山後的竹崎鄉地區（清代的大目根堡），日治初期的調查，有「康熙二十四年（1685）前後」朱、蕭二族人入墾的說法。《諸羅縣志》水利門也有康熙五十四年，莊民合力築成「大目根陂」的記載。嘉義東南山區與臺南接壤，臺南急水溪上游東山、白河、大埔等地的開發，嘉義東南的開發。《諸羅縣志》載：「關仔嶺山，下有漢人耕種其中」，而不像梅仔坑山一樣記載「關仔嶺山之西」，就是因為在關仔嶺以東地區也有漢移民入墾的緣故。

藍鼎元在〈檄北路將弁分搜小石門諸山〉一文中曾說，康熙六十年（1721）朱一貴事件爆發之後，「諸羅東偏大山之中」，竹頭崎（中埔鄉竹頭崎）與三層谿（關仔嶺北麓與竹頭崎之間）、得寶寮（今八寶寮）和大、小石門一帶，有數以百計的人在山區響應。藍鼎元命令官兵分成三路，一路由臺南白河的大排竹入山，一路由臺南東山、仙草埔入山。藍鼎元調兵

遣將的記錄和漢地名的出現，顯示嘉義東南山區各溪谷盆地已經有不少漢人深入開發。

漢人「群入深山、雜耕番地」，比在平野上更需要會說番語、熟習番情的媒介人才─通事。一般而言，清代根據先住民在政治上的順服（服從王化）和文化上的漢化的程度分為三種：順服政府而相當漢化的稱為「熟番」，不順服而且尚未漢化的稱為「生番」，尚未漢化而願意順服政府的稱為「化番」─歸化生番。阿里山各社當時雖屬於化番，但仍然相當「剽悍」，諸羅山、哆囉嘓各社都不敢招惹他們。要擔任阿里山通事，當然不是一件容易的事。當時的「通事」不止是字面上的通譯人員，由於「贌社制度」的關係，通事相當於現今集管區警察、稅務人員、村里幹事於一身的公務人員，同時兼有該社的貿易與日用品供應的專利權。通事和當時的墾號一樣，相當於現今的法人而不是自然人。一個通事集團通常包括通事、社長、夥長、頭家、主賬、社人等名目，往往由十幾個人組成。

康熙六十年（1721）朱一貴起事，阿里山、水沙連（在今南投）各社乘亂殺害通事叛變。次年，政府「示以兵威火砲、賞以煙布銀牌」，恩威並用、多方招徠，阿里山各社才就撫。原來在通事集團中擔任夥長職務的吳鳳由於招撫有功，而被地方官遴選為通事。吳鳳在擔任社人、夥長的過程中，和阿里山各社建立相當良好的關係。康熙五十八年（1719）三月的一分阿里山番的「贌耕合約字」中，「知見人」便是「夥長吳鳳」（有簽名式），吳家因而在諸羅東南的山谷盆地中擁有廣大的土地，在諸羅縣城（今嘉義市成仁街）和鹿麻產（竹崎鄉鹿滿村）都設置了公館。既任通事之後，便在更近深山的番仔潭（竹崎鄉義仁村）設立辦公處（公廳），又在社口（中埔鄉社口村）另設分處（社寮），掌理通事的職務。

通事既要貫徹政令，代表政府向各番社徵餉（人口稅）、派差遣、維持治安，又要調和番漢，使雙方和洽相處。漢民要有可耕之地，而番民則要得到權利金、番租，進而學習漢人的

生產技術。只有番漢相安，通事才有利可圖，通事若不遵守官方法度，或無法完成官方交下的任務，很可能面臨懲罰、逐革的命運。若是過分苛虐先住民，輕者控之於官，重則為先住民所殺甚至釀成大亂。通事在政府、民、番之間，如何權衡輕重，贏得信賴和尊重，實在是非常為難的事。因此，成功的通事，不但能久任其職、甚至父死子繼，同時也一定能成為漢移民的領袖、大墾首、大地主、一方富豪。臺北的林成祖、臺中的張達京都是當時頗具盛名的通事，吳鳳亦然。

乾隆三十四年（1769），由於阿里山通事集團中的少數「社棍」，對於社番剝削勒索，貪求無厭。知母嘮社（今稱特高耶社）的支社沙米箕社（故址在今新美村），因而襲擊社口村，在混亂中誤殺了吳鳳。吳鳳死後，沙米箕社適巧發生傳染病流行（或云痘瘡—天花）的慘劇，阿里山其他各社多多少少也受到感染，先住民和現代的某些人一樣，把時序關係解釋成因果關係，認為疾病流行是吳鳳的亡靈在作祟，於是由豬母嘮社頭目土拉毛魯倡導，在豬母嘮社、踏枋社（今稱達邦社）（今阿里山鄉達邦村），埋石立誓，不再殺漢人。曹族至今還有瘟神、痘神、凶煞等兇神信仰，而且以西方侵入的凶神為害最烈。這種信仰或許和吳鳳的死亡有密切關係。乾隆五十一年（1786）林爽文事變爆發，阿里山各社響應政府的徵召，出兵幫助政府平亂。乾隆五十三年（1788），臺灣知府楊紹裘奉旨帶領水沙連各社頭目十二人，阿里山各社頭目十八人進京面聖，曾經賜謁七次、賞宴十次，並給予各種賞賜。乾隆皇帝對於水沙連、阿里山各社的恩遇，是歷史上少見的特例。乾隆五十六年（1791）在臺灣實行「屯番」制度的時候，阿里山各社也分別納入蕭壠小屯和柴裡小屯的屯防系統中，成為政府的正式屯軍。民國七十六年（1987）八月，筆者和幾位研究古蹟和先住民的學者，拜訪由阿里山遷居南投縣信義鄉的「楠仔腳萬社」，該社的頭目還請出歷代頭目珍藏、乾隆皇帝御賜的朝服、朝珠等物，既興奮又自豪的訴說當年祖先上京面聖的逸事。我在達邦社也遇到相同的事蹟。

　　由於政府的護番保產、安撫、榮寵等政策，加上誤殺吳鳳而強化的凶神信仰，使得嘉義山區的曹族和漢移民之間的關係顯得相當和諧。在漢移民方面，他們發現吳鳳的捐軀，使阿里山各社產生相當強烈的自我約束力量，也認為是吳鳳的亡靈在庇佑他們，基於崇功報德的心理而祭祀吳鳳。在吳鳳喪身地的社口社寮也興建「阿里山忠王廟」，神位上的尊稱是「皇清阿里山通事安撫有功吳諱鳳公神位」，功在安撫而不在平定，顯示吳鳳信仰是以現況的安定與和平為主要訴求。

　　早期民間流傳吳鳳的功績是為了保護「阿豹厝兩鄉人」而捨身。「阿豹」和福佬話中的惡霸發音相近，「兩鄉人」很可能就是前述凌虐阿里山各社的「社棍」。吳鳳為了協和民番而捨身，在當時就贏得民番的敬畏，經過「人死封神」的過程而神化了。吳鳳的神蹟在早期的說法是：阿里山各社番，常在薄暮的山嵐中，看見吳鳳披頭散髮、帶劍騎馬呼嘯而過，禍首的沙米箕社也因為誤殺吳鳳所帶來的惡疾而散亡。一般人民並不能理解政府的撫綏政策、屯番制度以及邀請各社頭目到北京「觀光上國」所發揮的羈縻力量，只注意到吳鳳的神蹟以及曹族南征北討，經常和王字番（泰雅族）、傀儡番（魯凱族）發生戰爭，卻很少和西方的漢人衝突的相應現象，咸豐二年（1852）臺灣府學教諭劉家謀〈詠吳鳳詩〉小序中也特別強調「中路無敢犯者」這一點。因此，吳鳳成為漢移民的醫藥神和地方守護神。

　　日本人佔領臺灣之後，眼見平地和丘陵都已經有了主人，不得不向山地發展，阿里山一帶廣大的原始森林就成為日本人最初覬覦的對象。日本人在各地山區都遭到激烈的抵抗，只有阿里山一帶還相當順利，仔細探究之後，他們發現了阿里山各社的吳鳳信仰和「吳鳳石」，也發現阿里山忠王廟和不少的漢人寺廟中也供奉著「吳鳳公」。吳鳳犧牲自己教化先住民的事蹟恰好適合日漸向外擴張的日本帝國的需要，於是便在日本勢力圈中廣為宣揚。吳鳳的神蹟和故事，和其他宗教所信仰的神蹟一樣，越到後來就越豐富，穿紅衣、騎白馬、訓誡阿里山各

社不要馘首殺人等情節都完備了。其實穿紅衣是吳鳳番化的象徵，和吳鳳的職業條件符合，清代臺灣許多地主備有坐轎，擁有白馬的人也不少，以吳鳳的財勢，擁有一兩匹白馬並不足以為奇，只是阿里山各社並沒有立即完全停止馘首的風俗罷了，整體而言，吳鳳神化的過程相當的自然。

近年來，由於教育普及和先住民運動的蓬勃發展，以及基督教長老教會和天主教會在山區的競爭、政治運動的過激化等因素，兩百多年前就經歷「人死封神」過程的吳鳳，竟然成為鬥爭的對象，很多人肆意攻擊日治時代和近人所渲染的「吳鳳故事」，他們忘記吳鳳早在乾嘉年間就已經成「神」了，當然更忘記了早期先民開發嘉義山區的艱辛，和吳鳳等阿里山通事為調和漢番關係所付出的心血。

第五節　海岸線的西移與漁鹽之利的開發

八掌溪和北港溪是嘉義南、北的兩條界河。兩溪的堆積營力在臺灣各溪流中都名列前茅。就臺灣島如蕃薯的約略外形而言，北港、八掌兩溪的沖積三角洲也是最凸出的部份。

一般人認為現在雲林的北港，就是古代的笨港，其實不然。根據康熙五十六年（1717）《諸羅縣志》中封域志、規制志的記載和「山川總圖」的描繪，當時的笨港街位於山疊溪（今北港溪）之南，是濱臨海口的「港市」。

由於北港溪的泛濫，原來的笨港街早已流失，笨港街民分別經營了現在雲林的北港街和嘉義的新港街。古代的笨港街則位於北港與新港之間北港溪的河床上，由於北港溪沖積的結果，北港和新港距離海岸線已有十六、七公厘之遙。笨港南方的土獅仔街（即今六腳鄉塗獅林）當時也是濱海聚落，而今天的朴子街，康熙年間的猴樹港，也是當年著名的濱海港市。現在雲林的水林、口湖等鄉以及嘉義的六腳、朴子、東石等鄉鎮的大部份土地，都是在西元十八世紀之後才堆積形成的。

　　康熙六十年（1721）藍鼎元巡視半線（今彰化）之後走海岸線南歸，在今天朴子南方看見一個「周可二十里」，每天有一兩百人捕魚的「荷包嶼大潭」，大潭之間有一小洲，洲中聚落稱為「荷包嶼莊」。時至今日，大潭早已淤塞，而朴子鎮南部成群的小湖泊，正是大潭的遺跡。荷包嶼大潭南方，在今天鹿草鄉西部頂潭及下潭一帶則是「白鬚公潭」，乾隆初期逐漸淤塞，開闢成田，附近也形成一大聚落——白鬚公潭街。荷包嶼大潭和白鬚公潭都是由沙汕和浮埔圍成的潟湖，沙汕、浮埔之外就是台灣海峽和星羅棋布的沙嶼了。

　　嘉義西南角的義竹鄉和布袋鎮在康熙年間還是位於倒風內海的北半部，而隔著八掌溪和義竹五間厝相對的洴水，當時與鹿草莊相連，正是倒風內海東北角的著名港市，今天布袋鎮的大寮與好美之間，則是當時倒風內海的出海口。乾隆初年由於八掌溪連續泛濫、改道，使得倒風內海迅速淤填，地方居民經常為了爭奪新生埔地而械鬥、互控，乾隆二十年至四十年間（1755～1775）爭執最為激烈，乾隆末期由駐軍（中標）出面放墾為魚塭以充餉源，是為餉塭。由於政府實施專賣制度的關係，當年鹽埕曬鹽的收入遠比魚塭為高，因此不少人爭著把魚塭改築為鹽埕，經臺灣府嚴厲稽察並勒石立碑明令禁止，改塭為埕的風氣才稍戢。道光三年（1823），今臺南洲子尾和七股一帶的鹽埕受到洪水的沖激而全部毀損流失，次年，政府將在大坵田保現今布袋鎮內田里一帶開闢鹽埕。從此以後，鹽田逐漸擴大，到了民國三十三年（1944），嘉義沿海，北起朴子溪口南至八掌溪北岸，全部都開闢成鹽田，總面積達到二千五百餘甲，成為臺灣最大的鹽場。在我研究臺南、嘉義地區開發史的過程中，海岸線的變遷和沿海漁鹽之利開發的部份，得到臺南盧嘉興先生的研究成果幫助最大，盧先生就是以鹽務人員的使命感為支撐，在公務餘暇從事他的調查和撰寫工作。

　　若以康熙末期的地理現象做為分界點，嘉義的固有平野在康熙末期已經充分的開發了，東部山區的溪谷盆地也在康熙末

年至乾隆初年之間，由於漢移民「群入深山、雜耕番地」而逐漸開發完成，嘉義西部的海岸線逐漸西移，新生的岸邊埔地成為嘉義人長期追逐的目標，漁鹽之利，也成為嘉義沿海人民最重要的生活資源。

（原刊於《漢聲》雜誌第二十三期，民七十八年十二月，臺北）

第五章　臺北盆地的開發

第一節　前言──從郁永河到劉銘傳的一頁滄桑史

郁永河是杭州秀才，康熙三十年（西元 1691）到福建擔任幕客。永河有膽識、耐勞苦、勇於任事，做的是師爺，卻滿懷英雄氣慨，四年不到就跑遍了福建八府（八閩）。

康熙三十五年（1696）冬天，福州城火藥庫爆炸，地方官除了受譴責之外，還要負責補足。臺灣的淡水盛產製造火藥的原料──硫磺，可是，臺灣新入中國版圖，許多人已經視之為畏途，淡水更為荒僻，連派駐在臺灣府城（今臺南，當時尚未築城）的文武官吏，都視淡水為「絕域」，郁永河卻棄文就武，欣然上路。

康熙三十六年（1697）二月底，郁永河到達臺南，準備採硫的工具，從四月二十七日到達淡水，直到十月七日離去，在臺北總共停留了五個月又十一天。時當西班牙人、荷蘭人、鄭氏延平王國相繼敗亡撤守之後，距離康熙三十三年（1694），造成臺北盆地中央大「地陷」、形成「臺北大湖」的大地震也只有三年。郁永河的採硫日記──又稱《裨海紀遊》，就成為臺灣古史，尤其是「古代臺北史」上最重要的文獻。

臺北開發史末期的代表人物，則以劉銘傳最為著名。劉銘傳是安徽合肥人，淮軍的大將，也是清末同治、光緒年間中國中興、自強運動史上的要角。光緒十年（1884）中法戰爭的

時候，他以「巡撫」的空銜趕到臺北來督辦臺灣防務（不久改授福建巡撫），戰後留在臺灣籌備建省。光緒十三年（1887）八月閩、臺分治，劉銘傳成為第一任臺灣巡撫。劉銘傳為臺灣設省、開礦、興築鐵路、清丈田畝、撫番設防，光緒十七年（1891）四月因病請辭。

臺灣自道光、咸豐以來，樟腦、茶葉外銷事業日漸興盛，漢移民的腳步也因而急速由平原、丘陵走向山區。

同治十三年（1874），日本人藉口宮古島朝貢貿易船人員54人，被牡丹社人所殺害，出兵台灣。其實，當時琉球是中國的屬國，宮古島也是自行朝貢中國。日本人在美國協助下以海難為藉口，出兵臺灣，造成「征討番地」的國際糾紛，史稱「牡丹社事件」（或瑯嶠事件）。清廷派沈葆楨到臺灣來主持善後事宜，積極推動「開山撫番」政策，以期解決大清朝政令無法通行於臺灣「番境」，而形成「一島兩制」的問題。

光緒十年（1884）中法台灣戰爭爆發，劉銘傳奉派到台灣來主持防務。光緒十一年（1885）劉銘傳招撫臺北東南山區的烏來八社，次年，更親自至插天山區，招撫最強悍的泰雅族「番王」——大豹等社總頭目馬來詩眛，寬赦他殺害二十一個漢人的罪行，並教他們耕作，為他們設置學校。光緒二十一年（1895）日本人占領臺灣之後，泰雅族人先掩護義軍抗日，繼而和義軍共同抗日長達十二年之久。直到光緒三十二年（明治三十九、1906）十月，他們還高張「大谷王」的旗幟，喊出了「去明（日本）復清」的口號，出兵攻打臺北。戰敗後，在重重電網和地雷的封鎖以及大砲的威脅下，不得不歸順日本人。大豹等社泰雅族人被迫分徙桃園角板山和臺北烏來等地，光復之初他們還上書政府追述往事，希望能讓他們「復歸故土」，回到三峽、新店一帶。（參見拙著《新店誌》）

郁永河住在淡水河口，得到凱達格蘭族人的幫助而完成採硫的任務；劉銘傳臺灣來設防建省，應付中國前所未有的大變局，從而走進淡水河源的千仞高山，撫綏、結好、教化泰雅族

人，終於促使泰雅族、漢族共同抵抗異族的入侵。

從淡水河口到插天山巔，前後三百年，正是一部動人的臺北盆地開發史。

第二節　凱達格蘭人──臺北的故主

康熙三十六年（1697），郁永河從臺南經由陸路到達臺北。當時臺灣雖然設府，府下管轄三縣，其實諸羅和鳳山兩縣的衙門也設在臺灣縣（今台南市區）。當時臺灣縣已經是「樓船將帥懸金印、番兒到處繞車旁」（高拱乾詩），一片漢番雜處的景象，諸羅、鳳山兩縣當然更是先住民的天下。直到康熙四十九年（1710），臺灣道陳璸還責成兩縣的官吏應該回到自己的轄區「以馭番眾」，多半還是陽奉陰違，「奉文歸治」，仍是文書政治。

郁永河由官道北上，自臺南佳里起，沿途都是先住民平埔族的部落，很少遇到漢人，過了大甲溪以後，連平埔族都難得一見，自竹塹（今新竹）到南崁（桃園）八、九十里，更是「不見一人一屋」。他到達淡水的時候，臺北盆地正是凱達格蘭族人的天下。

在此之前，明天啟六年（1626）西班牙人占據雞籠（含基隆），崇禎二年（1629）到達淡水，在河口建了一座堡壘（紅毛城前身），崇禎五年（1632）三月，西班牙人組織了八十幾個人的探險隊，溯河而上，發現了臺北盆地和住在平原上的凱達格蘭族人。西班牙人派宣教士向他們傳教，損失了幾個傳教士，卻沒有什麼成效。西班牙人基本上是以基隆做為往日本傳教、貿易的跳板。

崇禎十五年（1642），荷蘭人取代西班牙人統治北臺灣，他們也不熱衷經營此地。荷蘭人在臺南一帶留下了若干建築物，他們向先住民傳教，積極教化先住民。他們教給先住民的「紅毛字」，也一直流傳到嘉慶年間（一八二〇左右）還有人

用。但是在臺北，除了基隆的紅毛洞和淡水的紅毛城之外，卻沒有遺留什麼古蹟或紅毛字。

永曆十五年（1661），鄭成功跨海東征，趕走荷蘭人。後世多有鄭氏派兵駐守臺北的傳說，其實和臺灣各地有關的鐵砧山、鶯哥石、劍潭的傳統一樣，都是民間想像偉人的行跡，並非事實。康熙十九年（1680），鄭經得到情報；清朝可能要派海壇總兵林賢率兵占據基隆、淡水，再南下夾攻臺南。有人建議派兵駐防。討論的結果，鄭經也只是派部將林陞帶兵北巡了事。林陞到了臺北，眼見「溪澗深遠，是未闢荒蕪之膏腴，暫為鳥獸之藏窟」，大屯山麓一帶是「硫磺所產，五穀不生，難以聚眾」。次年，施琅真要出兵東征了，鄭經才派何祐率兵守雞籠，但一切補給都依賴臺南，沿途先住民都出動搬運糧草。由於軍需龐大，督運者過分凌虐先住民，二十一年（1682）六月終於爆發沿線先住民的大亂。康熙三十二年（1693）五月，施琅兵抵澎湖，何祐趕緊派他的兒子何士隆到澎湖接洽投降的事，不久就遷回大陸，離開了淡水。

鄭氏延平王國統治臺灣期間，多以雞籠、淡水做為流放罪人的地方。這些流人和康熙二十一、二年的駐兵，或許多多少少也開闢了一些土地，然而隨著鄭氏政權的滅亡和人民、軍隊的內徙，又變成了荒地。郁永河到臺北來的時候，此地仍是凱達格蘭人的天下。

幫助郁永河和凱達格蘭人溝通的是淡水總社的社長（通事頭人）張大和其他幾個通事。郁永河聽說荒廢的淡水城，應當有十幾個士兵戍守，實際上自從康熙三十三年（1694）臺灣設府以來，就沒有一個士兵進過城。郁永河還聽說有一個名叫賴科「唯利是圖」的通事，曾經穿山越嶺，抵達臺灣東部，然後以小舟繞道臺灣南端而到臺南。其實，賴科就是開發台北的推手。除了通事之外，郁永河見到的漢人，只有在今天臺北縣八里鄉河邊結寮捕魚的漁人，郁永河和漁人在夜裏都受到「土番射鹿用的弓箭」偷襲，某個漁人的手臂還中了一箭，有一個通

事也在北上的途中被殺了。

漢族人少勢弱，倘若得不到通事的幫助，很難在這裡生存下去。

幫助郁永河採硫的是淡水二十三社的凱達格蘭人，《裨海紀遊》記下了社名，括號中的今地名則是張耀錡等前輩學人研究的結果：

八里坌（原住八里，後遷北投，又稱嘎嘮別社，在今關渡一帶），蔴少翁（士林社子，後遷三角埔），內北投（北投區北投等里），外北投（淡水北投子），雞洲山（又作奎柔山；淡水義山、忠山二里），大洞山（又作大屯山，淡水屯山里），小雞籠（三芝），大雞籠（基隆和平島），金包里（金山），南港（蘆洲鄉正義村），瓦烈（不詳），擺折（又作擺接，板橋），里末（臺北市艋舺附近），武溜灣（又作武勝灣，新莊市新莊街一帶），雷里（臺北市東園加蚋子一帶），荖厘（不詳），秀朗（中和市秀山村），巴琅泵（臺北市大龍峒），奇武卒（臺北市大稻埕），搭搭攸（松山永泰里），房仔嶼（又作峰仔峙，汐止鎮鄉長里、江北里），里族（松山舊宗里），以及麻里折口（又作錫口，松山頂松里、上壽里一帶）。

淡水二十三社和其他地區其他民族之間的關係一樣，也有分分合合以及友好、征戰、合作、衝突，經過相當長時間的演變，各社才形成均衡散布的相對穩定狀況。漢人進入臺北盆地之後，凱達格蘭人除了延續原有的遷徙、分合、演變之外，又再加上漢移民的影響，今天想要還原郁永河時代各社的位置，並不是一件容易的事，而弄清楚各社的「界址」就更難了。伊能嘉矩經過實際調查、繪製《舊淡水縣平埔番十九社分布地圖》，那是十九世紀末年的狀態。

漢移民要取得土地開發權，首先要得到土地所有人——各社的允諾，通常都有一份書面文件——「墾批」（土地開墾許可書），再據以向地方政府申請「墾照」，取得墾照和告示（公

告周知），再籌組開墾公司、招募股友、籌措資金或招募墾佃
從事開發的工作。

　　根據現存的「墾批」等原始字據，我們知道擺接社原址在
今天板橋一帶，但是新莊市的瓊林、西盛和臺北市南端坎頂甚
至南門一帶，都是擺接社的土地。武勝灣社原址在新莊市，但
是板橋江子翠一帶也是武勝灣社的土地，乾隆以後，武勝灣社
遷到今天華中橋和鐵道橋之間的港仔嘴（今港嘴里一帶），後
來還形成武勝灣舊社和武勝灣新社兩個聚落。之所以如此，可
能是康熙三十三年的臺北大地震，把各社中間的土地震陷，成
為湖底（河牀），各社土地變成分列兩岸的形勢。秀朗社原來
住在中和秀山里一帶，後來一部份社民遷到中和南勢角的內挖
仔（新店安坑）等四社、外挖子（挖子是河曲的意思）和待老
（今天政治大學一帶）。透過墾批的研究，我們才知道不僅中
和、永和是秀朗社的土地，今天的新店、景美、深坑、石碇和
屈尺、青潭、小格頭、坪林等地，也都屬於秀朗社。

　　除了郁永河所謂的淡水二十三社之外，後來的紀錄也出現
了奇里岸（石牌立農里），八芝連林（士林），沙帽廚（艋舺）
等社名，可能是各社衍生的小社，也可能像八里坌社因遷徙到
關渡而成為嘎嘮別社。也有不少是後來的研究者因誤會而造成
的。譬如「大佳臘」（臺北市古亭區坎頂到南門一帶）是擺接
社的土地，並非真有大佳臘社。而「龍匣口」是大佳臘莊的佃
眾在莊主林成祖領導下所開築的水利設施，久之成為大佳臘莊
內的小地名，並沒有所謂「龍匣口社」。或許分居的原住民久
之自成一社亦未可知。

　　由於通事的媒介與溝通，漢移民和凱達格蘭人相處得相當
融洽，凱達格蘭人很快的學會漢人的生產技術，不但有先住民
自墾的「番田園」，還學習漢人開墾灌溉渠。武勝灣北勢社在
新莊有「番仔埤」，錫口社在臺北三張犁有「番圳」，里族社
在松山有「番仔圳」，士林有「番仔井圳」，大龍峒一帶則有
「番仔溝」。乾隆二十八年（1763）新莊二重埔（今屬三重市）

武勝灣社的「番佃」和客家墾首劉承纘合作開鑿了「萬安坡大圳」，乾隆三十年武勝灣社更由通事瑪珯領銜，和泉籍墾首張士箱家族合作開鑿永安圳。

臺北的重要灌溉渠，都是從乾隆初到乾隆三十七年（1772）之間完成的，我稱它為「水田化運動」。像新莊的萬安、永安二圳，板橋的大安、永豐兩圳，臺北的瑠公圳、新店的大坪林五莊圳，開鑿的紀錄都很詳實，連開鑿陂圳的合約都流傳下來。唯有水源地設在景美溪中游，今天木柵地區的「霧裏薛圳」紀錄不詳，連同治十年（1871）所修的《淡水廳志》，都只含糊說是「莊民所置」。然而從「霧裏薛」這個名詞推斷，似乎不是漢移民所習用的命名法，應當是凱達格蘭族秀朗社人的傑作。假如這項推論不錯的話，「霧裏薛圳」的出現，顯示凱達格蘭人也有組織、經營大規模灌溉渠的能力。

雍正、乾隆之際，凱達格蘭人不但學習了漢移民的生產技術，也逐漸適應了漢文化，瞭解了漢人的政治和權力的運作，並且明白政府貫徹「護番保產」政策的決心。在政府輔導下，凱達格蘭人除了以「番通事」逐漸取代「漢通事」，也知道以政府頒布的法令、制度來保護自己的權益。

乾隆初年，根據淡水同知曾日瑛（十一－十三年，1746～1748）的批斷，在今天石牌附近立了幾方〈歸番管業界碑〉，受到附近居民的尊重，因而連此地地名也叫做「石牌」了。

乾隆三十二年（1767）清丈林成祖所領導開闢的漳和、永和、永豐三莊（今臺北縣中和、永和），查出「溢額田」二百四十七甲「歸番」，每甲由秀朗社「番業戶」收園租三石，因而每年增加七百四十餘石的收入。

乾隆三十二年至三十六年（1767～1771）南港社和加里珍莊（臺北縣五股鄉）業戶劉世昌，為了田租問題「互控」，官司從新莊巡檢打到淡水廳打到臺灣府、臺灣道。劉家原來每年納餉銀三十兩，番租五十石，先前報升兩次共五十甲，乾隆

二十六年（1761）開鑿萬安圳之後，乾隆三十二年（1767）又報升水田一百九十一甲。臺灣知府鄒至元判決將原報五十甲歸劉家，續報一百九十一甲歸南港社番。臺灣道奇寵格又判決歸番之田由劉家收水租、南港社番收旱租。南港社每年因而增加七百七十石的收入。到了乾隆四十三年（1778），劉家和南港社又約定，新墾田每甲由雙方各收租三石，至於溪埔地因為常受水沖沙湧，不堪報升，由劉家每年加貼番租四十石，同時「立碑定界」各管各業。

秀朗社和南港社的例子，很明顯的告訴我們，不但政府力行護番保產政策，先住民也會盡一切可能的力量來保護自己的權益。

乾隆三十三年（1768）「臺灣北路理番同知」設立，成為護番保產的專責機構（與淡水廳同級），五十一年（1786）又實行番屯制度，先住民更受到充分的保護。經過長期的雜居、通婚，更改漢式姓名，接收漢化教育，到了十九世紀初期，除了身隸社籍之外，凱達格蘭人與漢人已經沒有什麼不同了。政府不但設有「育才學租」幫助他們念書，並且鼓勵他們參加科考。譬如雷里社的潘陳宗，《設改章程總冊》〈雷朗社通土口糧租穀〉項下之一「除生員潘宗陳育才穀十石」（參見拙著《新店誌》頁 104。或云，擺接社亦列育才租），在道光年間就考上了秀才，後來改為陳姓，子孫都出秀才，而有「一門三秀士」之譽。

現今要尋找臺北盆地舊主人，已經相當不容易了。石牌、舊北投一帶有不少潘姓家族，仍然奉祀「番王爺」。中和南勢角和安坑外挖子一帶有許多潘姓家族，也是漢化的平埔人，現存的「開墾古契」上，給予漢移民墾批的秀朗社人的名字，在潘家的系譜上都找得到。安坑潘家更是人才輩出，我們訪問的潘家長房家長潘埤圳、三房家長潘廷芳，都是人人敬重的教育家，堂兄弟二人先後擔任安坑國校的校長，傳為杏壇佳話。

第三節　通事和拓墾集團的舞台

　　「通事」是一種官差，職位相當於今天的村里幹事，執行職務的對象則是和漢人語言完全不同的先住民。古代行政、司法、稅務不分，因此，通事兼具村里幹事、管區警察、稅務人員和翻譯官的功能。通事與先住民的關係和現代村里幹事與人民的關係也相近。通常由一個人出首擔任通事，實際上是一組人執行職務，一方面這是中國地方胥吏衙役的傳統，另一方面也是適應實際的需要。通事在荒僻的地區執勤，比一般官吏有更廣泛的權威，更多的機會，但是也必須擔當更大的風險。若能義、利兼顧，和先住民的關係良好而穩定，往往成為終身職，甚至可以父死子繼，累世不絕。

　　荷蘭人依賴通事探查臺灣沿海的形勢，透過通事治理先住民和漢移民。明鄭通過通事東渡臺灣，延平王國經營臺灣，也不得不借重通事。康熙末期漢移民如潮水般湧進臺灣，和先住民關係良好的通事，不僅成為漢移民墾荒的媒介人物，也隨之成為大墾首大業戶，對臺灣的開發有很大的貢獻。臺灣開發史上比較著名的通事，像嘉義的吳鳳、臺中的張達京、臺北的賴科、林秀俊等莫不如此。

　　今人所知最早的臺北拓墾文件，是康熙四十八年（1709）七月「墾戶陳賴章」開發「大佳臘地方」的一份「墾荒告示」。今存最早的一份開墾合約則是筆者發現的同年十一月，由陳天章、陳逢春、賴永和、陳憲伯、戴天樞等「五股」合組的陳賴章、陳國起、戴天樞三墾戶，開墾大佳臘（臺北市城中、古亭、雙園）、八里（臺北縣八里鄉）和蔴少翁社東勢（臺北市士林）等三宗草地的合約。合約中所列的證件包括蔴少翁、大佳臘和淡水港南的三份墾單和三份告示（官方頒發的布告），其中也包含前述的「大佳臘墾荒告示」。

　　目前雖還無法證明賴永和與《裨海紀遊》中的大雞籠事賴科之間的關係，但是知道賴科於康熙五十二年（1713）和王謨、鄭珍、朱焜侯等人合組了「陳合墾號」，開發坑仔口（桃園縣

蘆竹鄉）、內北投（臺北市北投區）和海山（臺北縣樹林鎮及泰山、新莊、三峽、土城的一部份）三宗草地。賴科死後，北投莊便由他的兒子賴維從大陸來接管。

至於海山莊則屢經轉賣，都是因為開鑿灌溉渠道失敗。到了乾隆十六年（1751），由資本雄厚的張方大、吳洛、馬詔文等三人組成的「張吳文」墾號接手，他們合開了隆恩圳（三峽）和福安圳（從鶯歌二甲九到樹林）。乾隆二十五年（1760）三家分立之後，張家又開鑿了以「張厝圳」聞名、灌溉新莊平原大部份地區的永安圳。

康熙四十八年（1709）的老字據只能顯示臺北開發史年代的下限。「大佳臘墾荒告示」中記載：「陳賴章所請四至內，高下不等，約開有田園五十餘甲」，顯然有人在康熙四十八年以前就進墾大佳臘了。一般的紀錄，奇里岸和新莊的開發都比大佳臘早些，最早的則是奇里岸與北投社（舊北投）之間的北投莊。賴科是臺北開發之前最著名的通事，也是北投莊莊主。康熙五十一年（1712），賴科還糾合民番，興建虎尾溪以北的第一座廟宇——關渡靈山宮媽祖廟（俗稱干豆媽），的確是開發臺北的關鍵人物。

奇里岸以東，今天士林地區的開發也相當早，乾隆五十七年（1792）在士林神農宮所立的〈芝蘭廟碑記〉記載：「我蘭林雖僻處海隅，于康熙四十八年（1709）開闢草莽、人得安居……」因此，乾隆六年（1741）到士林的何士蘭等人合組的「何周沈」墾號，只好往內陸進墾大直、北勢、內湖一帶。而乾隆十六年（1751）來臺的楊君略，就只能開墾雙溪口的山林地了。

林秀俊（成祖、天成）是第二代通事中的佼佼者。他生於郁永河到淡水採硫後兩年（康熙三十八年，1699）。康熙五十九年（1720）林秀俊和陳鳴琳、鄭維謙等共同開發大佳臘、八芝連林（士林）、滬尾、八里坌和興直（今新莊、泰山）等五莊草地。陳鳴琳、鄭維謙遠在廈門，臺北的開墾事業實際上

由林秀俊一肩獨任。乾隆二年（1737）分業的時候，林秀俊得七分，陳鳴琳得兩分，鄭維謙得一分。鄭維謙所得僅占十分之一，就包括整個八芝連林莊，全體開荒面積之大，由此可知。鄭維謙後來還開鑿了雙溪圳、灌溉今天士林一帶的田園。

林秀俊最大的成就是開發了板橋平原上絕大部份的土地。他開墾的莊園，以「擺接莊」最大，南起土城，北迄江子翠，占有平原的西半部。另外漳和、永和、永豐三莊，則包括今天的中和、南勢角和永和的大部份。林秀俊和秀朗社的關係很好，又得以進墾暗坑（新店安坑）。乾隆初年，林秀俊陸陸續續賣掉新莊的水田，把資金用來開鑿「大安圳」，利用大漢溪支流「橫溪」為水源，築圳灌溉整個板橋平原西部的土地（乾隆三十年，1765 完成）。他又以今天的碧潭為水源，「鑿石穿山」，在乾隆十八年（1753）完成了永豐圳，灌溉南勢角和中和一帶。整個板橋平原，只有今天永和一帶（古稱龜崙蘭）主要的墾首是「李餘周」墾號，而不是林秀俊。

乾隆十六年（1751），閩浙總督喀爾吉善指控林秀俊和臺中的張達京二人「充北路通事數十年，田園、房屋到處散布，素與番社勾結」，一狀告到京裏，要派人調查林、張二人「勾結民番，盤剝致富」的事蹟，林秀俊聲勢之大由此可見。

林秀俊並不因為官方的指責而停止開發的工作，他甚至也是「里族莊業主」，事業伸進今天臺北市內湖一帶。林秀俊死於乾隆三十五年（1770），他的子孫繼續以「林三合」名義經營內湖。

閩浙總督指責林秀俊，「田園、房屋到處散布」，正是他因緣際會和努力的結果。指責他「素與番社勾結」，正是說明了通事們與先住民的良好關係，而「勾結民番」，則顯示通事在拓墾初期的媒介與協和功能。

郁永河由陸路北上，採硫的器具則是用船裝載到淡水。淡水社的通事也有他們的運輸船，稱為「淡水社船」。康熙末年

移民大量湧進臺北，交通量遽增，臺灣道特許他們「赴內地漳、泉造船給照」，往來臺北泉、漳之間，仍以淡水社船為名，雍正元年（1723）增至十艘之多。

雍正以後，通事兼有開拓和貿易的雙重利益，因此有不少人極力爭取通事的職位。乾隆十八年（1753）劉和林為了奪取郭騰琚的通事職位，還以郭的名義，偽造寫上「統領八社番民以剝貪官」字樣的紅旗來陷害郭，可見開發初期通事是多麼令人羨慕的職業。

除了賴科、林秀俊和他們的夥伴之外，其他的開拓者和通事也都有密切關係。開鑿瑠公圳的郭錫瑠是否就是通事郭騰琚？二者應有相當關連。潮州的劉和林是雍正年間開發五股的墾首，他的兒子劉承纘於乾隆二十四至二十八年間（1759～1763），首先在新莊平原上完成了「萬安陂大圳」（劉厝圳）。為了和泉籍張家爭奪水源，劉承纘曾經「率眾數百人壅水築圳」，也開了臺北平原上福佬人和客家人衝突的先河。

景美、新店地區的開發也相當早，雍正七年（1729）客籍墾首廖簡岳就率眾溯新店溪而上，進入此區。乾隆初年新店大坪林已經開闢了寶斗厝、七張、十二張、十四張、二十張等五莊。「金順興墾號」的郭錫瑠，鑑於臺北平原東側的拳山（今天的四獸山、蟾蜍山）集水區太小、水源不足以灌溉臺北平野，就以今天的青潭溪為水源，希望能開鑿大圳灌溉臺北。由於鄰近強悍的泰雅族人抵禦入侵，郭錫瑠從乾隆五年到十七年間（1740～1752）試鑿好多次都失敗了。到了乾隆十八年（1753），大坪林五莊莊民聯合起來，以今天的碧潭和郭錫瑠交換青潭水源，乾隆三十年（1765）大坪林五莊圳完工，郭錫瑠也以大木梘越過景美溪，小木梘繞過蟾蜍山腳，開成後來以瑠公圳著稱的「青潭大圳」。（詳《大坪林五莊全立公定水路車路合約》，拙著《新店市志》頁109～114）

綜前所述，臺北盆地的盆底，包括士林、新莊、板橋、臺北等幾個平原以及「新店角盆地」，在乾隆四十年（1775）以

前，不但都已經開墾完畢，而且都有相當大規模的灌溉渠和充分的水源來滋潤田園，完成了「水田化運動」，各平原上的人也就陸陸續續開始向淺山進墾。漳州人沿安坑河谷進墾，依序產生頭城（日後分成頂城和下城兩莊）、二城以至五城等五個做為防禦工事的土圍，對於日後宜蘭的開發產生相當影響。有人沿著基隆河谷溯源而上，由今天的南港、汐止、暖暖而發展到瑞芳。乾隆末年，瑞芳的吳沙等率眾進墾噶瑪蘭（今宜蘭），噶瑪蘭人「傾其族以相抗拒」，吳沙不得不退回瑞芳。後來吳沙透過「番割」結好噶瑪蘭人，又找了「善番語者二十三人」相隨，才於嘉慶元年（1796）再次入蘭。另一方面吳沙以合約制結合漳、泉、粵三籍人，以「結首制」武裝拓墾武裝集團強行推進。吳沙剛柔並濟的辦法固然造成族群之間的緊張關係，卻使得進墾的步伐相當快速，嘉慶十七年（1812），噶瑪蘭就設置通判和巡檢，成為正式的行政區。「噶瑪蘭經驗」促使了漢移民向後山（花蓮、臺東）、埔里和臺灣西部的丘陵區進墾，臺北也受到相當影響。嘉慶二十一年（1816）黃朝陽等以「結首制」和傳統的「隘制」結合，成功的入墾了新店的角盆地「屈尺曲流區」，使得停滯一百多年的新店溪拓墾工作重行進展，也加速了臺北盆地東、南山區的開發。（參見〈黃朝陽、楊石珍、吳遊華、許守仁等主招墾合約字〉，《新店市志》頁123～125）

第四節　開發過程中語群關係的變化

　　康熙五十六年（1717）完稿的《諸羅縣志》記錄急水溪以北三十五個港灣的情形，其中只有十一個港灣有商業活動。除了極南的猴樹港（今樸仔腳）和笨港（今北港）是「商船輳集，載五穀貨物」之外，笨港以北、淡水港以南的八個港，含鹿仔港在內，都只有「商船到此載脂麻、粟、豆」，二者相比可以看出這八個港附近都沒有輸出稻米。

　　《諸羅縣志》對於淡水港的紀錄最豐富，除了描述西南到擺接、東北至峰仔峙的兩個大港和在港內活動的「蟒甲」（先

住民的獨木舟）之外，還說：「澳內可泊大船數百，商船到此載五穀、鹿脯貨物，內地商船間亦到此。」（卷首置實境圖一幅）顯示出一幅臺北盆地急遽開發的景象。其一，荷蘭人在臺灣大量濫捕臺灣鹿，而以鹿脯外銷，到鄭氏時代，鹿在嘉南平原已近絕跡，只有「鹿場半為流民開」的情況，才可能同時有鹿脯和五穀外銷。其二，內地商船到淡水港來，是笨港和猴樹港都沒有的現象，顯然是因為有「淡水社船」的示範作用和臺北盆地的產能和需求，才能誘使內地商船到臺北來。

臺北米每年要銷多少到大陸去呢？根據官方紀錄中乾隆五十一年（1786）以前臺北地方官吏所得私販米的「陋規」推算，當在三十萬石以上，裝載量二千石的海舶，需要一百五十船次以上，官方文書隱瞞必多，實際的數字絕不止於此。乾隆五十一年林爽文之亂爆發，臺灣中部糜爛，平亂的援兵、糧餉、彈藥多半由五虎門「直趨淡水」，亂平之後，政府瞭解「淡水為產米之區」，而且港道寬闊可容大船出入，所以於乾隆五十五年（1790），「明設口岸，以便商民」，只不過是公開承認臺北為富庶、繁榮的良港這一樁事實而已。

臺北米銷往大陸的經濟效益吸引更多的閩、粵移民東來。移民東來、米西去，構成臺北與內地一大循環。

客語系漢移民東來是形成移民潮的主要動力。施琅對客家人存有很深的成見，不許他們到臺灣這片新天地來。郁永河到臺灣採硫時，所見到的「皆漳、泉寄籍人」。次年，即康熙三十七年（1698），施琅去世。康熙四十二年（1703）福建汀州的客家人首先東渡，接著廣東潮州和惠州的客家人也相率東來，康熙五十五、六年陳夢林到臺灣來撰寫《諸羅縣志》的時候，今天嘉義、雲林、彰化一帶的漢移民則「大半」是客家人。

1926～1928年，日本人調查臺灣人的祖籍，臺北盆地內的漢族居民共有四十二萬九千二百人，其中汀州人三千兩百人，潮州一千四百、嘉應州七百、惠州兩百，前者僅占千分之零點七五，後者占千分之零點五三，散布在鶯歌（汀、潮、嘉、

惠各一百）和三峽（汀一百、潮四百）、土城（汀五百）、中和（汀一千兩百）、新莊（汀三百、惠一百）、松山（汀、潮各一百）以及淡水（嘉一百）。客家系漢人如此之少，似乎臺北不同於臺灣中部與高屏地區。其實不然，客家系移民對於臺北盆地的開發也有極大貢獻，只因經過乾隆末年和嘉慶、道光年間的長期械鬥，樟腦、茶葉事業大興之際，客家系乾脆脫離臺北的紛擾，遷移到桃、竹、苗和宜蘭等地。清代沒有移民籍貫的數據，客家系絕大多數又遷離臺北，1928 年調查的數字正是客籍人離開臺北之後的現象。拓墾之初的情形如何？我們只能根據極為有限的史料，和臺北盆地上的客家廟宇略窺當時的情況。

首先，新店角盆地原來是粵籍廖簡岳墾號率先入墾，日治時代的調查，此地已無客家人，而多半是安溪人，但近年我們在安坑調查到不少已經福佬化的閩籍客語系移民的後代。鶯歌、三峽、土城、山鶯走廊、迴龍、泰山、五股和中和、板橋一帶原來有不少客家人，日治時代殘留還有兩、三千人，當年的盛況略可比擬，現在他們也多半福佬化。土城原來有一座奉祀三山國王的慶安宮，近年也改祀媽祖、觀音，最足以顯示這個趨勢。

淡水原來有許多汀州人入墾。淡水最早的福佑宮（媽祖廟，嘉慶二年，1797 建成）就是由汀州人和閩南人共同捐建，汀州人所捐的廟產還可收租「百餘石」，祭祀的順序是汀州、惠安、安溪、普江和同安人，汀州客和福佬的關係相當好。道光二年（1822）汀州人另建奉祀汀州福神定光古佛的鄞山寺，顯示了汀州客和福佬開始分道揚鑣。大屯山北麓的三芝新莊仔地方，也有自汀州永定分靈而來的「民主公王廟」。

新莊平原上最著名的客語系墾首是「汀州貢生胡焯猷」，他從康熙末年到臺北來從事開發事業，興直山（今天稱為林口臺地）山腳從五股成子寮到泰山貴子坑、新莊坡角一帶是他的主要墾區。乾隆十七年（1752）獻地建大士觀於西雲岩，

二十五年（1760）在新莊米市倡建關帝廟，連錫口（今台北松山）的嘉應人張穆都來捐獻祀田。二十八年（1763）胡焯猷又捐獻上等水田八十甲和一座規模相當大的莊園來創建明志書院。明志書院是大甲溪以北第一座書院，其次是泉州人在艋舺建的學海書院，比它晚了近百年。乾隆四十六年（1781）淡水同知把明志書院強遷到新竹去，光緒十八年（1892）臺北、新竹兩地的縉紳為了明志書院的產業而大打官司，留下了《明志書院案底》，幸好有這樣一份文件，我們才能比較瞭解客語系移民的成就。

乾隆初（1736～1745），新莊平原上的客家人與福佬人因為保甲戶籍造冊費和陋規問題產生摩擦，客民訴諸於官而立嚴禁勒索碑（乾隆十一年，1746），乾隆十三年（1748）福佬頭人又將禁碑碎滅，苛派如故，客民又訴諸於官府，十五年（1750）再立示禁碑。在雙方的關係產生矛盾的緊張時刻，胡焯猷倡建五股西雲岩、新莊關帝廟、捐建明志書院，而沒有倡建奉祀汀州人福神的定光古佛廟，甚至仍然和潮州客家人積極參與新莊慈祐宮（媽祖廟）的活動，顯然有降低對立的意思。但是乾隆二十四年（1759）以後，潮州客屬的劉家（萬安圳，俗稱劉厝圳）和泉州的張家（永安圳，如稱張厝圳）爭奪水源，競鑿灌溉渠之後，客、福關係終因重大的利益衝突而造成集體對立的態勢。乾隆四十五年（1780）客家人在新莊建成一座「宏壯美觀、全臺第一」，奉祀潮州客家人的福神——三山國王廟的時候，一面展示了客家人的實力，一面也使得客家語群和福佬語群的群體對立更形高張。

乾隆五十一年（1786），中部的漳、泉械鬥擴大成林爽文暴亂事件，臺北的漳州響應，泉人和客家人則助官兵平亂，漳人因而和泉、客人生隙。五十二年（1787），土城一帶和松山、內湖兩地終於爆發「分莊互殺」的事件，從此臺北就居無寧日，隔不久就要大械鬥一次，各籍人都慢慢向本籍人集中的地方遷徙，以便互保，逐漸產生「各分畛域」的趨勢。道光十三年（1833）桃、竹、苗福客大械鬥，次年蔓延到新莊，新

莊平原上的福佬和客家人產生長達六年的纏鬥。直到道光二十年（1840），一方面客民急於擺脫這個困局，到丘陵區去採樟、種茶，一方面中英鴉片戰起，英艦進窺臺灣，臺北情勢緊急，客家人多半變賣產業，遷到客家人聚集區去，福、客械鬥才停止。客家人去後，臺北的漳、泉人又拚鬥不已，泉州的三邑人和同安人也因為商業利益而拚鬥不休（俗稱頂下郊拚）。

械鬥時焚掠流行，即使衙門、廟宇也難以倖免。新莊位居要衝，新莊縣丞署和關帝廟都不免於難。新店安坑漳人的太平宮也毀於大坪林泉人之手。艋舺祖師廟毀於頂、下郊大車拚，同安人則抱著霞海城隍逃到大稻埕定居立廟、士林的漳人也曾因漳泉械鬥，躲到芝山巖上的惠濟宮，有如驚弓之鳥。

漳、泉不合除了影響地方治安之外，也影響國家的建設。光緒四年（1878）臺北設府之後，築城事業從光緒五年（1879）籌畫定案，到光緒八年（1882）都沒有什麼進展。光緒八年以後，在福建巡撫岑毓英和臺灣道劉璈的努力下，也遲遲無法完成，就是因為漳、泉不合，彼此推諉的結果。光緒十年（1884）中法戰爭爆發，閏五月劉銘傳到臺北來，眼見法國大軍逼境，臺北城還沒有建好，才趕工於是年十一月把臺北府城完成。內湖與松山的漳、泉人械鬥，打到日治時代還難分難解。新店的漳、泉不合，直到最近還常常被提出來做為地方政壇不合的藉口。臺北市要兼併新店市，大坪林泉州人表示歡迎，安坑漳州人則說：「我們和你們隔著一條新店溪，我們上臺北都是經過中和、永和，不經過新店，要做臺北市民你們去吧！我們要做臺北縣民。」

利益的衝突有階段性，利害擺平，衝突就可以降低。然而一旦夾雜族群或語群的群體意識，往往就沒完沒了，臺北開發史上的教訓，足堪今人參考。

第五節　茶葉、樟腦事業的發展和臺北府的設立

「臺北」一詞最初並不是指今天臺北市或臺北盆地，甚至

也不是指臺灣北部，而是指臺灣縣以北的地方。用來作為相對的指示名詞，「臺灣中路」指今天臺南縣、市一帶，因為諸羅縣在北，鳳山縣在南，而臺灣縣居中的緣故，這是以行政區作為指標，而不是以地理方位做指標的說法。今天的臺北當時則稱為淡水或淡北——淡水廳北部。乾隆五十三年（1788），趙翼寫《皇朝武功記盛》，記錄平林爽文之役的經過，首先指出彰化、鹿港居臺中，府治偏南，而淡水在臺灣北部。

在行政上，康熙二十三年（1684）臺灣設一府三縣，直到雍正元年（1723）才分虎尾溪以北設置彰化縣，同時設一個「淡水捕盜同知」，管理臺灣北部的治安工作；雍正九年（1731）再分大甲溪以北為淡水廳，廳的長官是淡水同知，同年又設了四個巡檢，分別負責管理今天鹿港、臺中、新竹和臺北地區，設在臺北的稱八里坌巡檢。雍正十年（1732）第一任巡檢魯浩就職，乾隆九年（1744）起以捐設義學為名，遷到當時北臺最繁榮的新莊街辦公。乾隆十五年（1750）八里坌的巡檢司衙門傾圮，正式移駐新莊，乾隆三十二年（1767）才改稱新莊巡檢。由於新莊「商賈輻輳」，臺北盆地盆底各平原的水田化運動完成，許多地方官吏都認為應當另設一縣，卻沒有人願意上奏。直到林爽文之亂熾盛，乾隆皇帝有鑑於臺灣中、北部的狀況，才決定把新莊巡檢改為新莊縣丞（縣丞為副縣長級別），於乾隆五十四年（1789）定案。另一方面，原駐竹塹（新竹）的淡水同知，由於臺北遠比新竹繁榮，田賦也比淡南多得多，於是在艋舺設立「行館」便於收稅和落腳，半年在新竹、半年到臺北辦公。臺北隱然已經成為臺灣北部的行政中心。

到了嘉慶、道光以後，臺灣北部的樟腦、茶葉事業轉盛，林占梅的〈過內湖莊（今天的木柵）〉詩云：「平隴多栽稻、高園半種茶」。樟、茶事業不但不侵占稻米的產區，更進一步開發了臺北盆地的盆沿淺山、丘陵區。林口臺地、山鶯走廊兩側的丘陵，尤其是基隆河和新店溪之間的山區，更成為臺灣第一的產茶區，泉州安溪的茶農也大量湧進臺北。

　　咸豐八年（1858），由於列強對於基隆的煤和臺北的樟腦、茶葉發生濃厚的興趣，於是乘英、法聯軍之役中國戰敗的機會，指定淡水為「條約通商口岸」。咸豐十一年（1861）十一月，英國在淡水設置副領事館，淡水正式成為國際港。同治八年（1869），臺北的烏龍茶試銷美國成功，兩年後，臺北茶外銷量就達到一萬零五百餘擔，平均每擔三十元，為臺北地區每年增加三十萬元的收入。光諸十四年（1888）更達到十三萬五千七百餘擔。

　　同治十三年（1874），沈葆楨奉令到臺灣處理「牡丹社事件」的善後事宜，次年，他建議臺灣北部要設一府三縣。他提出的理由除了北臺離府城太遠、鞭長莫及之外，主要的是臺灣外銷的大宗靛、煤、茶、樟腦「皆出於淡北」，而且「夾板、輪船、帆檣林立，洋樓、客棧闠闠喧囂」，臺北熱鬧得不得了。

　　光緒四年（1878）臺北正式設府，次年三月，淡水、新竹分治，臺北地區正式成為淡水縣轄區。大家忙著設府、設縣，這時發現新莊還有一個縣丞，才把它給裁撤了。光緒十一年（1885）臺北府城完成。十三年（1887）臺灣建省，首府叫「臺灣府」，設在臺中，原來的臺灣府改稱臺南府。光緒二十年臺灣巡撫邵友濂建議把省會改設在臺北府，然而還沒有來得及定案，臺灣就割讓給日本了。

　　劉銘傳籌備建省的時候，以「辦防、練兵、清賦、撫番」為四大要務。撫番是承繼沈葆楨以來的「開山撫番」政策，說得明白一點就是要解決臺灣內山的原住民和漢人的衝突，亦即山區開發問題，對於臺北而言，就是新店溪上游南勢溪流域烏來等社，以及三峽。新店一帶插天山群中的大豹等社泰雅族。劉銘傳招撫了烏來等社，又親至插天山區招撫了最強悍的大豹等社總頭目馬來詩昧，圓滿的完成了開發過程中最重要的漢番接觸工作，為泰雅族的漢化和插天山區的開發鋪下坦途，假若臺灣沒有割讓給日本，日本人也不要因為臺灣的平原、丘陵、淺山全被漢人所開發，而拘泥於「日本人的事業盡在番地」（第

一任民政長官水野遵語）的急切心態而躁進，不顧一切，不擇手段的向山地推進，和山居的泰雅族發生激烈衝突，臺北盆地邊緣東南山區的開發應該是相當順利的。

第六節　結論——臺北都會區的形成

　　臺北市是當前中華民國的首府、政治、經濟的中心。和鄰近的衛星都市構成都市地理學上所謂的聯合都市或都會區。

　　臺北大都會區的形成，早在開發的過程中已經呈現其雛形。根據日治初期「著名市街」的人口調查報告，全省（包括澎湖）五十四個「市街」中，臺北盆地便有臺北城內、艋舺、大稻埕、大龍峒、錫口（松山）、新莊、士林、景尾（景美）、深坑、新店和滬尾（淡水）等十一個市街名列其中。全省將近百分之二十一的著名市街散布在臺北盆地中，不但臺北都會區的基本結構已經成形，也隱然透露出臺北盆地內被淡水河及其支流所區隔的各平原，都具有鄉村都市化的發展潛力。假若我們說：臺北在「後開發期」的發展，在開發階段已然奠定良好的基礎也不為過。

　　（本文原刊《漢聲》雜誌第二十期民國七十八年三月臺北）

第捌篇

橫空出世的客家英雄曾中立與
高屏「六堆」在林爽文之役中的貢獻

第一章　研究動機

　　台灣史上有兩個重要的歷史人物的事迹湮沒不彰。此處所謂的歷史人物，意指他們意志與行動，曾經決定或改變了歷史發展的方向。其一是「聚眾奪地、違例開邊」（台灣道姚瑩語），開拓宜蘭的英雄吳沙；其二是林爽文事件時，維護下淡水客家區一片乾淨土、庇護南路參將瑚圖里；出兵援救台灣府城、中斷林爽文凌厲的攻勢；突襲莊大田的老巢；出兵東港，維持糧道暢通，輸送糧食供應府城軍需民食；穩定台灣南部局勢，牽制林爽文軍莊大田，集八社義番，合六堆義民協助官兵生擒莊大田，以致乾隆皇帝數度下詔嘉獎六堆義民，福康安且專程親臨山豬毛（今屏東縣內埔鄉）致敬的曾中立。

　　民國七十四年（1985），我在撰寫〈福客移民的協和與對立——以客屬潮州人開發台北以及新莊三山國王廟的興衰史為中心所作的研究〉（庚～五，《徵引及參考資料目錄》的編碼，下同）的期間，重行檢閱了鍾壬壽的《六堆客家鄉土誌》。對於鍾壬壽在〈曾中立傳〉中宣稱「第三屆大總理曾中立為廣西客家」（巳～二；177，分號之前為徵引及參考資料目錄中的

編碼，分號之後為頁碼，下同）一事，產生了莫大興趣。其原
因有三；第一，六堆是台灣規模最大、持續時間最長、結構最
嚴密、成就最高的自發性鄉團組織，六堆大總理位置相當重要；
但是，《屏東縣志稿》（辛～二）和《台灣省通誌、人物志》
（辛～三）都沒有為他立傳。其次，當時我對於台灣客家史和
客家人的分布，約略有些瞭解，在清代史料和 1928 年台灣總
督府的調查報告：《台灣在籍漢民族鄉貫別調》和筆者的「實
際調查」研究以及日常生活中，都不曾發現廣西客家人。不知
道並不表示不存在。若循此線索而發現廣西客家人聚落，將是
令人欣喜的事。第三，六堆是常設組織還是臨時編組？十三大
莊、六十四小莊如何開發形成？如何組成「六堆」？

　　那年，追隨內政部民政司長居伯均先生到屏東勘查古蹟，
屏東市的曾氏宗祠（又稱曾氏宗聖公祠，客家人稱之為曾屋祠
堂）也是目標之一。該祠由屏東縣內埔鄉美和村的曾氏家族購
地興建。假若得到充分的族譜和老字據，或許能有進一步的瞭
解。

　　鍾壬壽再三強調「六堆史實因少文獻可考，口碑相傳不少
錯誤」（庚～二；139），他在〈曾中立傳〉中也自稱「查不
到實據」（庚～二；178），繼起的研究者或許也沒有蒐集到
進一步的史料，因此，2000 年刊行的《六堆客家社會文化發
展與變遷之研究》《人物篇》中的〈曾中立傳〉，（庚～七；
549-550）一字不易的承襲了鍾壬壽的內容。

　　鍾書並沒有以注釋說明訊息來源之例，也沒有列出徵引和
參考書目。但是，他在〈邱永鎬先賢及其一族〉之末表示：邱
永鎬的裔孫邱炳華「保有南粵義民誌及有關六堆之文獻二冊，
或係六堆唯一存留之鄉土史料」（庚～三；190）。他在〈鍾
幹郎與長基堤防〉中說，鍾幹郎「假日人松崎氏之名，出版《嗚
呼忠義亭》」，又說：「六堆鄉土誌各篇，頗多引用鍾翁所著《嗚
呼忠義亭》一書之記載」（庚～三；240-243）。

　　當時，我忙於台灣北部開發史的研究和地方志的撰寫，無

緣六堆從事調查研究；探訪六堆古契字和清代文獻的工作也無緣進行。

2010 年，洪門青蓮堂舉辦「林爽文文化祭──天地會、台灣啟航」活動，邀請我寫一篇短文參與盛會，我不喜歡虛應故事，反而藉此仔細地閱讀與林爽文事件相關的檔案和資料，撰就〈天地會在林爽文事件中所扮演的角色──以台北土城大墓公的起源為中心所作的探索〉（庚～九）一文，在大會上發表。蒐集資料的過程中，同時也發現不少關於吳沙和六堆曾中立的訊息。由於鍾壬壽書中所提及的三本書和《曾氏族譜》未獲，故而先行撰寫《從天地會「賊首」到「義首」到開茶「墾首」──吳沙的出身以及「聚眾奪地、違例開邊的藉口》一文（辛～九），發表於《台北文獻》181 期（2012 年 9 月，台北）。

2012 年 6 月，我在醫護領域的研究伙伴曾惠明教授──美國華盛頓州立大學護理學院副院長、美國國家護理學研究院院士──接受母校陽明大學贈予的「傑出校友」榮譽而返台，因而得到機會拜謁六堆大老、客家研究先進曾校長秀氣先生。曾校長面訊研究六堆開發史和「六堆」起源的可能性及途逕，余坦誠相告：這兩個項目都需要做深入而廣泛的實際調查工作，獲得十七世紀的老字據和族譜，才可能有突破性的發展。而實際調查必須遍及六堆和粵東、閩西，茲事體大而且未必有具體成果。由於研究林爽文事件前後，關於六堆大總理曾中立和六堆，我已獲得若干資料，不日即可進行極積研究。

承曾校長協助，次第連絡上老友六堆文化研究會總幹事曾彩金兄、美和技術學院客家文化研究中心主任曾嘉城兄以及素未謀面的客委會客家研究中心邱秀英小姐和高雄市中正高中黃瓊慧老師（高師大地理研究所博士候選人），承他們協助，獲得盼望之久的《邀功紀略》、《台南東粵義民誌》、《六堆忠義文獻》、《嗚呼忠義亭》等資料，和已有的清朝中央政府的檔案和粵東、閩西、台灣各地的方志資料，得以撰成本文，以補曾中立傳記以及林爽文事變中的六堆史之不足，謹在此向前

述各位無私的協助，致上最誠摯的謝意。

第二章　關於六堆史與曾中立傳記的論述

　　關於六堆的歷史，今存最早的文獻，當為康熙六十一年
（1722）閩浙總督覺羅滿保的〈題義民效力議敘疏〉（己～
十二～4；339-341）以及乾隆四年（1739）閩浙總督沛的〈題
議敘義民疏〉（己～十二～4；341-342）。今存最早的論述
則是宋丹誠（九雲）光緒十年（甲申，1884）到台，目睹忠義
亭中之匾額、牌位破舊不堪，集資重修之後，蒐集六堆檔案、
奏疏、文移以及地方志中與六堆相關之紀錄，於光緒十一年所
撰述之《台南東粵義民誌》（戊～一），接著邱維藩蒐集六堆
檔案之稟呈、文移、奏疏、諭旨以及曾中立撰於乾隆五十三年
（1788）〈忠義亭祭義民陣亡文〉等編輯而成之《六堆忠義文
獻》（戊～二）。

　　1904年，伊能嘉矩勘察鳳山忠義亭攝製了照片一幀，刊登
於《台灣慣習記事》第四卷第二號的卷首，並附短文一篇，刊
於內文（庚～一），這是筆者所知最早的一張照片。

　　1935年，日本政府決定大肆慶祝占領台灣的「始政四十年
紀念」，除了在台地舉辦盛大的「始政四十年紀念博覽會」之
外，各地方都要辦運動會和出版鄉土誌，以彰顯日本人的治績。
屏東內埔鄉則由內埔公學校校長松崎仁三郎啟動，由原任內埔
莊長、時任總督府評議會員的鍾幹郎，召集地方耆老、青年才
俊協助，寫成一本以六堆忠義亭為中心，有如台灣民變史和義
民史的《嗚呼忠義亭》（庚～二）。

　　松崎不僅充分地利用了宋九雲和邱維藩所蒐集的資料、地
方志，也在六堆地區從事實際調查，並且到全台各地調查表彰
忠義的史迹。與筆者本文題旨關係最密切的則是第四章「總副
理略傳」，其中第四則為〈曾中立傳〉（庚～二；211）。此
傳全文經鍾壬壽中譯沿用，後之學者又多沿用鍾譯。

　　民國一百年屏東六堆文化研究學會出版之《嗚呼忠義亭——中譯本》引述如下：

> 曾中立為中國廣西客家人。渡臺時剛好發生乾隆三十五年（1770）黃教之亂。因為於原鄉中過舉人，所以出席六堆會議時被推選大總理，協助官兵平亂。之後於內埔、忠心崙及其他地方開設書院，教授子弟。乾隆51年（1786）林爽文之亂時，再次被推選為大總理，組義勇兵團協助政府平亂。
>
> 曾公係外圓內方，氣質高尚之紳士，有兼容並蓄之雍容大度，也是大將之才。亂平後回歸大陸，子孫未留臺灣，因此以後事蹟不詳。（庚～二；147）

　　其次的〈劉祖傳〉更以「毫無線索可寫」（庚～二；212）一語帶過。

　　松崎的曾中立傳中，首度出現曾中立為「廣西の粵族」之說（庚～二；211），把「粵族」等同「客家」，在台灣史上並不恰當，覺羅滿保的〈題義民效力議敘疏〉言之甚明。曾中立若是廣西「粵族」，將是台灣史上重要議題。

　　乾隆三十五年（1770）黃教之亂，曾中立被選為大總理之說，出自宋九雲《台南粵東義民誌》〈歷次遇變總理姓名表〉（戊～一；11）。但是，宋表將曾中立置於乾隆三十五年黃教之亂和五十一年林爽文之亂中間，亦不知根據何在？松崎在〈黃教之亂〉一節中，渲染更甚，且自注其源自於《南粵義民誌》（庚～二；44）細讀該書亦並未記載其事。

　　其三，林爽文亂後，曾中立在內埔忠心崙等地開書院之說，亦為鍾著所沿用，其四，關於曾中立的性格亦為鍾著所沿用；其五，曾中立於亂後返回原鄉之說，也缺乏證據；其六，曾中立並無子孫居留台灣之說，亦為鍾著所沿用。以上諸說之根據何在？松山仁三郎都沒有說明，此後的抄襲、剽竊者，自然也是無法舉證。

　　民國五十八年（1969），六堆大老、名醫徐傍興堅邀鍾壬壽編纂《六堆客家鄉土誌》。鍾壬壽花了四年時間，於六十二年孔子誕辰刊行七百頁的皇皇鉅著，此後，關於六堆的研究者多仰賴此書，鍾氏開拓之功厥偉。

　　鍾壬壽認為：「最必要而又最不容易調查編著的是六堆開拓史及鄉賢軼事」（庚～三，編輯經過）。近二十多年來，各級政府都成立了客家事務委員會、各大學設置了多所客家研究所甚至客家學院，民間也成立了六堆文化研究會等社團，客家研究的風氣大盛。但是，研究六堆開拓史和六堆人物的仍不多見。或許鍾壬壽當年認為「最不容易」的難題，至今尚未解決。筆者既以曾中立傳為研究對象，而鍾壬壽著的〈曾中立傳〉又多為後人所沿用、引述，故將〈曾中立、劉繩武傳略〉移錄於下，用資比對分析：

　　《六堆客家鄉土誌》第六篇〈六堆歷屆總理及副總理傳略〉之一：「六堆大總理及副總理」之五〈曾中立、劉繩武傳略〉（章義案：武為祖之誤）：

> 第三屆大總理曾中立為廣西客家，是乾隆三十五年（1770）黃教之亂前到六堆教書的新客，早在原鄉中過舉人。六堆未曾有人參加科甲考試的當時，曾公猶如鶴立雞群，特受尊敬。因此黃教豎立叛旗攻破岡山營時，台灣知府鄒應元即依例下諭六堆鄉勇出堆協防。集會後大家推曾公為六堆大總理。此次變亂迅為官兵平定，六堆義勇乃即解散。
>
> 曾公留內埔及忠心崙（美和）自開書院，教授地方子弟，絳帳春風桃李盈門。可惜不久被徵到台南府任海東掌教，帶同劉繩武先生為幕僚，離開了內埔。在職多年，至乾隆五十一年（1786）林爽文之亂，南路賊首下阿里港，聚其徒眾攻擊鳳山縣時，復承巡道（分巡兵備道）之命，與劉繩武回六堆，組織六堆義民兵，乃被選為大

總理。劉公及鍾麟江公則當選副總理。部署後派人分守
各地官倉，大軍則由總副理各率一隊前往討賊。此次叛
亂為有清一代在台灣舉事中最猖獗者。因此，曾大總理
嘗嘆曰：「賊勢猖獗如此實無勝算」，但仍鼓起勇氣前
往攻討，卒之獲得大勝，得到乾隆皇帝嘉獎「天下何來
這樣好百姓……」。

傳聞，曾公係一外圓內方，極有福相的大人物，兼有清
濁並容的雅量，是將將大才。亂平不久攜家返回原鄉，
在台未留下子侄。其故里既遠在廣西，其後之事無人知
悉，有人說被政府徵召去做大官了。

副總理劉繩祖公於第四屆大總理賴熊飛時，仍任副總
理，未留有後代在此，一說是和曾中立公同鄉，回廣西
去了，但也查不到實據。

台灣縣志載有曾大總理的詩二首如左。依此，曾公當為
嘉應州舉人，或係以後移居廣西者，仍待查考。（己～
二；177-178）

傳後附曾中立詩作二首不贅錄。

鍾壬壽的著作並沒有說明資料來源的體例。

謝金鑾、鄭兼才的《續修台灣縣志・藝文志》，收錄的
兩詩，署名「海東掌教號鶴峰嘉應州舉人曾中立」（丁～二；
609）鍾氏抄錄於傳末，卻仍然沿襲《嗚呼忠義亭・曾中立傳》
之舊說，聲稱曾中立為廣西客家，只是以「或係以後移居廣西
者，仍待查考」作結，甚至於又拖劉繩祖下水，謂：「一說是
和曾中立公同鄉，回廣西去了」，又寫「但也查不到實據」一
語作結，東拉西扯，雜綴成篇不知所云。

鍾壬壽在〈編輯經過〉（未編頁碼）中說，口碑相傳或日
據期的文獻多不真實，不若前清府誌舊縣誌可靠，但是，他對
於《嗚呼忠義亭》卻又依賴甚深，自謂《六堆鄉土誌》各篇頗

多引用……《嗚呼忠義亭》一書之記載」（庚～三；243），〈曾中立、劉繩武傳略〉顯然即是。

筆者認為「曾中立は支那廣西の粤族である」一說，若非松崎仁三郎誤粤東為廣西，則可能是六堆人對於神祕的大總理所知有限，故而產生神龍見首不見尾，來自遠方的廣西的傳說，鍾壬壽也信以為真，故而牽強附會。明明在曾中立傳末抄錄《續修台灣縣志》並謂「依此，曾公當為嘉應州舉人」，接著就說：「或係以後移居廣西者，仍待查考」，邏輯之混亂，令人吃驚。曾中立既然是舉人，以中國人對於科舉名器的重視，在廣東省志和嘉應州志中應該不難查證。此後的作者們竟然依舊以訛傳訛，實在是難以想像的事。

第三章　曾中立的出身之謎

鍾壬壽抄錄《續修台灣縣志・藝文志》中曾中立的詩作二首，署名為「海東掌教號鶴峯、嘉應州舉人」。經查光緒《嘉應州志・選舉表》載：「乾隆四十四年（1779）恩科曾中立，邵武府丞。有傳」（己～十一；312）。

《嘉應州志・曾中立傳》云：「曾中立，嘉應舉人，寓居鳳山。逆賊林爽文之亂……挑選丁壯八千餘人，分六隊計畝捐餉，以中立總理其事……與黃袞等同授職有差（通志附黃袞傳）此傳新輯」（己～十一；432）。

《嘉應州志》以曾中立為寓居鳳山的嘉應舉人，甚為明確。

再循《嘉應州志》的指示查〈廣東通志黃袞附曾中立傳〉：「黃袞，鎮平人，寓閩之台灣。乾隆丁未（五十二年，1787），林逆披猖……袞慷慨畫策起義……適嘉應舉人曾中立傳憲諭至，如袞言」。（己～五；32甲）

道光年間（1822）的《廣東通志》當然不可能遷就鍾壬壽的說法。尤其是科考的紀錄，從地方到中央都非常重視，鮮有致誤的可能。那麼，是否可能曾中立是廣西人而冒籍嘉應人應

考呢？嘉應州人因為名額的限制，排斥外府、縣人在本也考生員（秀才），廣東人更不可能讓廣西人冒籍，占奪舉人名額。台灣地方因為客家人大量東渡移民墾殖，政府為了應付台灣和福建本地舉子的抗爭，特設額外的「粵籍」以資肆應，廣東並沒有廣西名額。第二，冒籍考生都由很難取中的「窄鄉」到比較容易取中的「寬鄉」去應考，沒有人逆其道而行。因此，曾中立不可能是廣西人到廣東的嘉應州取中秀才又在廣東鄉試取中舉人。

再根據《嘉應州志》記載曾中立曾任「邵武府丞」。福建省《邵武府志 · 職官志》（1900 刊本）「同知」條：

> 曾中立，廣東嘉應州舉人，嘉慶三年（1798）任。（己～十八；172）

乾隆五十二年（1787）領導六堆義民對抗林爽文、莊大田，嘉慶三年（1798）擔任福建省邵武府的「同知」，怎麼會是鍾壬壽所說的：「後事無人知悉」呢？

此外，江蘇通州人丁朝雄，曾任台灣鎮總兵官，曾經攝任福建水師提督。林爽文事件時，負責南台軍務。攻東港，維持糧道暢通而與六堆大總理曾中立友善。乾隆五十九年（1794）入覲，卒於舟中。著名學者仁和進士龔自珍為他撰〈武顯將軍福建海壇總兵官丁公神道碑銘〉云：

> 公輕財愛士，官閩時有廣東舉人曾中立欠穀數千石，有司以軍需不給，將置之法，公奇其才，代償之。後曾為義民長，以戰功賞巴圖魯，仕至理番同知。（戊～十五；12）

遠在江蘇的丁朝雄家人，顯然經常聽到丁朝雄和他的戰友「廣東舉人曾中立」共同作戰的故事，因而在敦請著名進士龔自珍撰寫丁朝雄的「神道碑銘」表出。

廣東、福建和江蘇三地的資料，眾口一辭的說：曾中立是廣東嘉應州的舉人。

　　台灣方面的地方志也無不稱曾中立為「粵舉人」或「嘉應州舉人」。嘉慶初年謝金鑾、鄭兼才等所撰的《續修台灣縣志・兵燹志》載：

> 乾隆五十一年丙午，巡道永福遣俸滿教授羅前蔭、海東掌教粵舉人曾中立，幕友劉繩祖共往鳳山，募粵義民、赴郡守禦。（己～四；374）

　　同書藝文志收曾中立詩兩首，署名「海東掌教號鶴峯嘉應州舉人」。（己～四）

　　謝金鑾於嘉慶九年至道光二年間（1804～1822）長期在台灣任職，又是林爽文事件時期，擔任台灣海防同知，台灣府知府和署台灣道的楊廷理的好朋友，並且協助楊廷理解決將噶瑪蘭收歸版圖的問題（辛～九），因此，《續修台灣縣志》的說法，也毋庸置疑。

　　道光十年（1830）周璽所修的《彰化縣志・兵燹志》襲自《續修台灣縣志》，一字不易（己～六；358）。

　　更早一點的史料則是台灣同知、台灣知府、署理台灣道的楊廷理撰於乾隆五十五年（1790）的《東瀛紀事》，乾隆五十五年十二月六日乙己條：

> 諸羅城陷、信至，台灣道永福遣俸滿教授羅前蔭、海東掌教粵舉人曾中立、幕友劉繩祖馳往鳳山，招集粵莊義民赴郡守禦。同知楊率經歷羅倫、晉江監生郭友和步行入市，手執大書「招募義民」黃旗，三日中得八千人；復至海口招得水手一千人，又調熟香一千人備戰守。（丙～二～2；50）

　　文中的「同知楊」即楊廷理本人，他不僅是曾中立的上司，也和曾中立一樣是有膽有的「血性書生」。當時，許多文武官員和百姓都聞訊逃亡，曾中立和楊廷理則毅然挑起招募義民抵抗林爽文的擔子。而曾中立更要涉險穿越林爽文、莊大田等人

的叛眾和會匪所盤踞的地區，到達下淡水（即今六堆地區）。
因此，楊廷理稱他為「海東掌教粵舉人」毋庸置疑。

再者，曾中立為他學生章甫的《半崧集》作序，自署「年
家友弟嶺南鶴峰曾中立書於海東書院」，又謂：「歲丙午，余
主海東講習兩年」，丙午即乾隆五十一年（1786）。是以曾中
立自稱嶺南人和嘉應人，並非廣西人，而且曾中立在乙巳、丙
午兩年在海東書院擔任山長。（丁～一；3）

章甫於集中又有〈次海東書院山長曾鶴峰「和程明府秋聲
六詠」元韻〉詩，又有〈甦齊抵任台郡，因憶丙午台變保城有
感〉和〈丙午林逆之變，予募義民堵禦，戊申、中堂福公奉命
平台誌慶〉詩兩首（丁～一；30，31）。顯然章甫也是曾中立
的得意弟子，和老師一樣的血性漢子，追隨老師招募義民堵禦
民變。

關於曾中立到下淡水六堆招募義民的經過，不著撰人的《平
台紀事本末》乾隆五十二年三月辛未（初三日）（1787 年 4 月
20 日）條，敘述其原委云：

> 林爽文南寇，台灣道永福、同知楊廷理謀遣人赴下淡水
> 招集粵民衛府城。有嘉應州舉人曾中立，掌教海東書
> 院，願往。永福乃檄台灣府教授羅前蔭、粵人劉繩祖隨
> 之。曾中立等既至下淡水而鳳山陷，即留寓其地。適賊
> 首莊大田遣夥眾涂達元、張載柏等擾港東、港西，招誘
> 粵人。粵人不從，殺涂達元、張載柏，齊集忠義亭，選
> 壯丁八千餘人，分為中、左、右、前及前敵六堆，設總
> 理、副理事以資管束，推曾中立為主，時乾隆五十一年
> 十二月十有九日（1788 年 1 月 22 日）。（己～一，頁
> 25～6）

《平台紀事本末》的文理與楊廷理的《東瀛紀事》極為相
近，而其內容較之《東瀛紀事》更為詳密。有誰能比時任台灣
海防同知、台灣知府、署台灣道的楊廷理更能掌握詳情呢？因

此，筆者認為《東瀛紀事》應為《平台紀事本末》一書的節本。若然，則不著撰人的《平台紀事本末》一書的信度不下於署理台灣道楊廷理的《東瀛紀事》。

《平台紀事本末》在敘述曾中立南下下淡水這件事上與《東瀛紀事》最大的不同是：林爽文攻下彰化，城中大小官員被殺害之後，又攻陷諸羅，城內大小官員也被殺害，林軍又圍攻台灣府城，許多文武官員都買舟逃往澎湖或逃回福建；曾中立不是有守土之責的官吏，甚至連府、縣學的教授（學官）都不是，只是書院的「山長」；羅前蔭是候官舉人、卸任的教授，劉繩祖是幕友、客家人，三個人自願請纓，冒險「赴下淡火招集粵民衛府城」，這種主動承擔的精神，確實令人欽佩。曾中立等人到了下淡水，鳳山縣城也陷落，道路受阻，曾中立才成為《嘉應州志》中所說的「寓居鳳山的嘉應州舉人」。一方面有「憲諭」（台灣道永福的命令），另一方面曾中立是功名最高的客家人；最重要的是，他的忠義氣節和智慧為下淡水的客家人所敬重，終於在乾隆五十一年十二月十九日（1787 年 1 月 22 日），齊集忠義亭，挑選八千壯丁，重整「六堆」，共推曾中立為大總理主持一切。

綜合以上的論證，我們確認曾中立的身世與自告奮勇赴下淡水發動六堆出兵。筆者撰寫其傳略如下：

一、曾中立是廣東省嘉應州人。曾中立本人，他的上司、朋友、學生、戰友的以及相關的檔冊、地方志，都說他是嘉應州人，只有《嗚呼忠義亭 · 曾中立傳》說他是「廣西粵人」，《六堆客家鄉土誌》說他是「廣西客家」，並且以訛傳訛，相沿成風（以上兩書下文簡稱「二書」）。

二、曾中立是廣東鄉試乾隆四十四年（己亥）恩科舉人。

三、曾中立於乾隆五十年（乙巳）、五十一年（丙午）兩年在海東書院擔任山長。

根據前述兩則紀錄，曾中立既然是乾隆四十四年嘉應州的

舉人，「二書」所謂曾中立於乾隆三十五年黃教之亂時來台，
擔任六堆大總理，黃教之亂平定後，在六堆地區開設書院，教
授子弟之說，皆屬無稽之談。

四、林爽文起事，破城戕官，連下彰化、諸羅兩縣城，圍
攻台灣府城。台灣道永福、同知楊廷理「謀」（計劃）派人到
下淡水請客家人「出堆」到台灣府「保衛府城」，曾中立「自
告奮勇擔當重任」。

五、已經任滿卸任的前台灣府教授羅前蔭（侯官舉人）和
幕友（一般人所稱為師爺）粵人劉繩祖，都是既沒有守土之責
又非官吏之人，卻願意隨曾中立到下淡水招集客家人捍衛府
城，二人也始終成為曾中立的左右手（詳下）。

六、曾中立抵達下淡水，又因鳳山縣城被攻陷、交通受阻
而「寓留」下淡火，被推為六堆「大總理」。林爽文事平，
曾中立因功授官，「賞巴魯，任至理番同知」（己～十五；
12）；乾隆五十五年（1790），澎湖風災嚴重，曾中立因為熟
悉台灣情形，以「署南勝同知」職銜，從福州提銀三千兩，到
澎湖勘災、救災（乙～二；98、121）；嘉慶三年至嘉慶六年
（1798～1801）擔任邵武同知（己～十七；17乙）。絕非「二
書」所說的「亂平後回歸大陸，子孫未留台灣，因此「以後事
跡不詳」或「攜家返原鄉……遠在廣西，其後之事無人知悉」，
馳聘幻想，憑空杜撰。

羅前蔭是福州侯官舉人，也因功「發往廣東，以同知補題」
（甲～四～8；1408）；曾中立的學生兼得力參謀黃襄也「授
江西寧州通判又委署白河（山西）知縣，嘉慶七年（1802）因
剿賊陣亡（己～五；32），廖春芳「賞給六品職銜，以把總補用」
（戊～一；94上）。

曾中立另一個弟子、廈門人楊超，「值林爽文之亂，招募
義勇，晝贊成戎，功授六品銜，以海東掌教曾中立薦，即奉檄
權攝縣事。」立即派用代理縣長。（己～七；484）

　　至於跟隨曾中立列下淡水的幕僚劉繩祖和鍾麟江被選為
「六堆總副理」（戊～二；42），率領義民，克敵致勝、戰勝
彪炳。五十二年六月（1788 年 6 月）率義民千餘人經由內山
小徑赴援府城，將軍常青立即賜官賞銀（丙～一～１；425～
428）。乾隆皇帝十月十九日下詔：「著將副理鍾麟江、劉繩
祖等，賞給官職，其餘十三名，賞給八品頂戴」，十月二十五
日又詔：「賞隊長、旗首，各立功義民，共一百七十二名頂戴。」
（戊～二；50）蒙賞名單則首列「劉繩祖，藍翎，六品頂戴。」
（戊～二；51）乾隆五十三年二月五日（1789 年 3 月 1 日）
擒莊大田。山豬毛義民由劉繩祖領隊，為福康安麾下六路大兵
之一，而山豬毛義民最為勇猛，二月二十七，皇帝詔曰：「義
民首曾中立，前因屢次奮勇，已賞給同知銜⋯⋯即將曾中立酌
量補以實缺，其餘義民劉繩祖、鄭天球、張元勳、藍應舉等⋯⋯
酌量加恩或補以實缺。」（甲～三；1044）

　　曾中立、劉繩祖等蒙乾隆帝獎賞之紀錄甚多（詳下），以
上所舉史料，足以證明《嗚呼忠義亭》和《六堆鄉土誌》多杜
撰揣測之詞。

第四章　　「六堆」保鄉衛土庇官佑民的功能

　　當林爽文起兵，連下彰化、諸羅兩縣，破城戕官，勢如破
竹的時候，台灣道永福和台防同知楊廷理為什麼要派人到下淡
水，「招集粵民衛府城」呢？

　　翟灝是山東淄川人，乾隆五十八年（1793）至台灣擔任台
灣縣典史兼羅漢門巡檢，嘉慶五年（1800）任台灣府經歷，十
年離台（1805），前後十三年，撰有《台陽筆記》一書，為文
十四篇（巳～三），第二篇即〈粵莊義民記〉讚美六堆義民云：

> 家人父子固結於心，刀鑊不能屈、詐謀不得間，時易勢
> 殊而不少為之移易者，吾於台灣粵民深有感焉⋯⋯漳、
> 泉人呼粵莊客莊⋯⋯自入版圖以來，朱一貴、黃教、林

> 爽文⋯⋯陷城戕官，封偽爵、據土地，無不縱橫全台，
> 勢如破竹，而皆不能犯尺寸之土於粵莊之民⋯⋯粵人牆
> 不過編竹，門不過積材，然而久安無恙也。余重其義而
> 問之故。曰：我莊有成約焉，事無巨細，人無遠近，必
> 須痛癢相關。軌於正而無至於邪，有則自懲之，不勞吏
> 問也。余聞之曰：嘻！此所以歷久而不敝者歟？

> 自鳳邑之南，沿傀儡山迤邐以至於海數十里，井竈億
> 萬⋯⋯忘利重義、安居樂業、協力同心⋯⋯其海外桃源
> 乎？（己～三；3～4）

林爽文事件之後，翟灝在台灣擔任地方基層吏員前後十三
年，又是山東人，自無福佬／客家之歧見，讚美「六堆客莊」
為「不勞吏問」的自治區，為「海外的桃花源」，絕非虛譽。

做為六堆的研究者，翟灝對於六堆的描述固然是珍貴的史
料，但是，他也告訴我們，六堆為什麼如此美好？「我莊有成
約焉」！全台規模最大，維持最久的民團，勢必有「合約」做
為維繫的規範！

道光九年（1829）準備續修《台灣府志》，恩貢生林師聖
為《台灣采訪冊》撰〈閩粵分類〉一篇：

> 台地閩人多而粵人少⋯⋯每叛亂多屬閩人⋯⋯粵莊既
> 多，儲糧聚眾，以竹為城，以𤲞為地，磐石之安孰逾於
> 此⋯⋯閩人攻且退，復放耕牛、農具、衣服等物，散布
> 於路以餌之，而伏人於僻近榛莽間，閩人利其有，大肆
> 搶奪，伏起殺之⋯⋯其禍自朱逆叛亂以至於今。仇日以
> 結，怨日以深，治時閩欺粵，亂時粵侮閩，率以為常。
> （己～六；35）

翟灝認為台灣的叛賊「皆不能犯尺寸之土於粵莊之民」，
不是因為竹牆柴門之陋，而是客家人忘利重義、協力同心和六
堆自治的結果。而林師聖則認為客家莊的備禦設施強大，竹城
𤲞池固若磐石，客家人又好行計謀詐術，能退強敵。同樣的客

莊，二者評價雖有天淵之別，但推崇下淡水六堆之保鄉衛土、
能征慣戰則一也。

迨至光緒二十年（1897），為了纂修《台灣通志》而作準
備的《鳳山縣采訪冊》中，閩人對於粵莊的偏見，更呈現「切
齒痛罵」的地步（己～十四；274～276），貢生鄭蘭撰〈勦
平許逆紀事（並序）〉，敘述道光十二年（1832）張丙之亂，
閩人許成豎旗響應倡亂之事，全文十分之三記許成、方旺、蔡
烏羊、張王鹿跳梁之事，十分之七卻「皆敍粵匪攻焚搶屠莊之
事」（己～十四；427）。

鄭蘭又撰〈請追粵砲議〉一文：

> 統觀閩粵形勢，若與對壘，粵即無大砲亦十有九勝……
> 昇平無事之日，酬神慶會，砲聲硡硠……，一旦有變，
> 罄其所儲而排於營頭，朝開暮放，閩人一聽，勢不能
> 不早自為計……持此一具，所向披靡……當日僉呈請
> 追……制軍猶豫未定，恐遽追後，主客不敵，粵反受制
> 於閩……不得不姑仍其舊、免滋物議。（己～十四；
> 433～434）

文中所謂制軍即閩浙總督程祖洛。

「恐遽追之後，主客不敵，粵反受制於閩」，鄭蘭強詞奪
理，經不起檢驗。

道光十二年（1832）張丙倡亂之際，許成豎旗觀音山「以
滅粵為詞，遏運郡之米，窺郡城」（己～十四，273；己～八，
128）。台防同知王衍慶「又循故事，札諭鳳山粵莊首事募義
勇，赴郡城聽調……監生李受藉王衍慶諭札，約各莊頭人歛銀
穀、聚義勇，因許成有滅粵之語，以自保為辭，不赴郡，乘機
搶掠閩人，連日攻萬丹，阿猴諸閩莊出兵勇助之。」（己～八；
129-130）

因為許成起兵的理由是「滅粵」，四出攻擊粵莊，李受以

「自保」藉口，採取以攻為守的策略攻擊萬丹、東港，聲勢日盛，遂設「中軍府」、「號令甚嚴」（己～十四；430），由於義軍並未「出堆」搶救鳳山縣城和台灣府城，遂為地方文武官員所忌恨（戊～二，64；己～八，130）。

番仔寮（今屏東長治鄉）人蘇講，最狡，豎旗後，勾通房胥，騙給一札，便其勒派搶劫，蕩平後又可作護身符（己～十四；431），聚七十二莊閩人，於阿里港，設守甚嚴，屢出挑釁粵莊、番眾，李受以「義民旗」率眾突襲，乘機焚掠「五百餘村無噍類」（己～十四；428）；而蘇講也分股大即劫掠泉、粵莊（己～十四；430）。張丙、許成之亂變成福、客械鬥，而且涉及客家進士在藉主事黃驤雲、舉人曾偉中。閩士「連呈首控」（丙～三；829，837），朝廷震怒。十三年（1833）正月，閩浙總督程祖洛趕到台灣鎮壓，在閩籍士紳林長青等人呈控公文上批示：

> 查粵莊匪徒因逆許成偽示內有滅粵字樣，輒敢藉口教眾冒充義民，不問奸良，肆行焚搶⋯⋯會商陸路提督馬，帶兵前往督飭該道、府實力搜挈，務期有犯必獲，痛加懲辦，以快人心。（己～十四；274）

由於程祖洛惱羞成怒，陸路提督馬濟勝和台灣道平慶極力羅織，結果「先後共擒粵匪二百餘名，分別斬配，不枉一人，齊聲稱快」（己～十四；432）。

李受事件在六堆客家史上是空前的慘劇，認為是「滅功加罪」的大冤案（戊～一；63～65）。但是，馬濟勝卻因此戰功賞「二等子爵世襲」（丙～三；849）。

「李受事件」發生的原因，「斂銀穀，聚義民」，攻擊東港等地都是藉口，關鍵的因素是沒有出堆保郡城護官吏和閩紳。加上閩紳集體狀告，閩浙總督程祖洛惱羞成怒，至於馬濟勝是否受賄而嚴辦，則撲朔迷離。

既然惱羞成怒，重懲客家義民，「以制軍之英斷，獨破前

此數次義罪賞奸之老例，一一正之典刑，豈背祖護不追，聽
後此之復為暴，使閩人歸咎於己之失算哉？」（己〜十四；
434）。把歷來尋常的戰爭行為，挑剔細故，而入人於罪，六
堆客家人吃了悶虧，也無可奈何。

其實原因很單純，平時地方官和駐軍固然可以作威作福，
亂時卻要託庇於六堆客莊。台灣亂事多起於閩人，客莊由於「六
堆」的組織，雖然是竹牆柴門卻固若金湯；朱一貴、黃教、林
爽文、張丙、許成等人，「縱橫全台、勢如破竹」對於六堆客
莊卻「皆不能犯尺寸之土」。程祖洛靜下心來從事善後工作，
檢閱從前的檔案，諮詢地方官的意見之後，對於客莊擁有眾多
「違禁私炮」一事，竟然置若罔聞。顯見程祖洛心中有不同的
準則。

和林師聖同時，蘇鳳翔為《台灣采訪冊》撰〈兵燹〉篇，
敍述了嘉慶十年（1805）洋匪蔡牽勾結山賊洪泗老，攻打東港、
旂後（今高雄）、鹿耳門各港，進攻府城，十一月、台防同知
錢樹率兵援東港，途中，鳳山城失守，鳳山令吳北麟和錢樹都
遁入粵莊。台灣道慶保，命守備陳名聲赴援，也收兵入粵莊。
三人在內埔莊（六堆的指揮中心）共謀奪回鳳山縣城，客人護
送至淡水溪南（今高屏溪），吳北麟為前隊，遇襲陣亡，錢樹、
陳名聲再度逃入內埔莊。次年二月，客人自內埔莊護送錢樹、
陳名聲至鳳山縣城。（己〜六；48 〜 50）

台灣地方文武官員，遇險則避入粵莊，託庇於六堆客家人，
習以為常。

內埔莊是乾隆以後興起的漢名，位於原住民山豬毛社的固
有領地內，乾隆時代的文獻都稱內埔為山豬毛。

《重修鳳山縣志・兵防志》：「南路營都司，雍正十年
（1732）新設，駐箚山豬毛口」（己〜十二；212）名為防番，
實際上是託庇於朱一貴事件時大展雄風的客家「六堆」。六堆
附近的許多閩莊，也結好於六堆客莊，一旦遭逢兵事，亦可獲

客莊援手，是以，六堆之「福佬交陪莊」亦不少，並非福、客之間必然水火不容。福康安曾經舉阿里港陳國英為例：

> 即如阿里港殷戶陳國英，原曾入會從道，嗣以莊大田等索銀錢不遂，將伊父母殺害，復逃至山豬毛粵莊，願充義民，因粵莊不肯收留，勒交穀石，氣忿身死。（丙～一；929）

阿里港即今屏東縣里港鄉，是最大最富裕的閩莊。番仔寮人蘇講曾經在此豎旗並據以攻擊粵莊，陳國英曾經是蘇講手下的頭目，也要託庇於六堆義民。最著名的例子則首推駐箚鳳山南路的參將瑚圖里。

林爽文起事，篤加港漳人莊大田響應，十二月十三日（1787年1月）陷鳳山，南路營參戰瑚圖里「乘馬南馳、莫知所往」（己～一；10），結果是隻身逃回府城。五十二年（1787）正月十六，海壇總兵郝壯猷領兵攻鳳山，二月廿三日恢復縣城，三月八日再陷（丙～二；55）郝壯猷逃回府城，因「遇賊退避、棄城潛逃」之罪，由將軍常青「押赴軍前正法」（甲～三；358）。瑚圖里奉郝壯猷差遣，南下討賊卻為賊所困，走投設在山豬毛的下淡水都司，託庇於六堆義民。六月十八日，曾中立命劉繩祖、黃袞、廖春芳等挑選義民一千四百餘名，護送參將瑚圖里、都司邵振綱及兵丁六百，從彎崎、內門山間小路、日伏夜行、直奔府城（戊～二；43～44），一則護送官兵回郡；再則，劉繩祖為當初隨曾中立南行的幕友，被選為「總副理」；黃袞、廖春芳是曾中立在海東書院的弟子，被指定為「中軍參謀指畫軍務」（戊～一；96上），三人率兵往府城以示回覆台灣道永福和海防同知楊廷理當初「馳赴鳳山招集粵莊義民赴郡守禦」的任務。

當時台灣地區最高負責人是欽差湖廣總督常青和福州將軍恆瑞敍述其經過云：

> 參將瑚圖里、都司邵振綱……自山豬毛帶兵六百餘名、

廣東義民一千四百餘名，由小路翻山至南潭攻剿賊
匪……廣東義民奮勇爭先……臣等查山豬毛汛與廣東莊
相連，賊人數次侵犯，俱被官兵、義民殺退。又官兵前
經被困數月，並無糧餉，俱係廣東義民助糧接濟，實屬
義民可嘉。（丙～一；42～426）

乾隆皇帝覽奏硃筆御批：

**粵莊義民既已保守莊土且捐助官兵口糧，又督義民千餘
破圍護官至郡，實屬可嘉，天下那有如此好百姓！（戊～
二，46；戊～一，102）**

台灣地方的福／客械鬥、漳／泉械鬥難以數計，而械鬥與
民變的分際，端視其是否陷城戕官。民變期間，分類械鬥依然
持續，所謂分莊互殺、焚莊搶奪也習以為常，只要高舉義旗，
執政者也不深究。其實「六堆」嚴守分際，沿下淡水溪，東岸
列陣，不許朱一貴和林爽文軍雷池一步，再分兵援救台灣府城，
因此，乾隆皇帝讚譽：「天下那有如此好的百姓！」

康熙六十年（1721）朱一貴起事之後，六堆大總理李直三
等「未奉命而興師」（戊～二；5），也有閩莊控呈謂客莊肆
毒閩人，閩浙總督覺羅滿保批示如下：

**爾等奮勇殺賊、保守地方、護守倉廒，忠義之心甚屬可
嘉……亂臣賊子，人人得而誅之，況殺此賊，有何擅殺
之罪？（戊～二；8）**

不但厚獎義民，還「旌其里曰懷忠里，諭建亭曰忠義亭，
思蠲免差徭，立碑縣內，永為定律」（戊～二，24；已～
十二，255～257）。

在林爽文事件中，曾中立和六堆義民「剿洗賊巢」（戊～二；
49）「燒盡賊巢、百里通紅」（戊～一；97），官方也視為理
所當然的必要手段，且優予獎賞（詳下）。道光十二年（1832）
許成之亂，閩浙總督程祖洛竟然「痛加懲辦」，殺了「粵匪」

二百餘人，對閩人而言，這是「制軍英斷，獨破前此數次義罪賞奸之老例」；對粵人而言，這簡直是不可思議的邊變，認為是馬濟勝收了閩人的賄賂「利令智昏」，顛倒是非黑白而造成的大冤獄和大慘案（戊～二；62～64），六堆領袖因而告誡後人：

> 此後，無論上、中、下三處莊人，凡遇擾民，如城池未陷，並未奉疊札，切不必出推，當以此番不論良歹，被屈殺此二百餘人為鑒，慎之！慎之！（戊～二；64）

縱使如此，程祖洛依舊沒有收繳粵砲交給閩莊，因為一旦有緩急之事，地方官和駐軍都要仰賴下淡水六堆義民的保護；鳳山縣城或台灣府城被亂黨攻擊，也要仰賴六堆義民「出堆」解救。若干閩人交陪莊仍然要依賴六堆庇護，台灣南部的局勢要靠六堆義民穩定，這都是不爭的事實！

第五章　曾中立被推為第三任六堆大總理的經過

林爽文、漳州平和人。父名勸，于乾隆三十八年（1773）挈妻子渡台，居彰化之大里杙（今台中市大里區）。爽文為四子之長、充彰化縣捕役，加入天地會為渠首。乾隆四十七年（1782），漳、泉械鬥，官兵擒治，天地會黨的紛紛逃入大里杙，其勢益張。乾隆五十年底（1785），淡水同知潘凱及隨從十餘人，被人割去頭顱，乾隆帝命福建按察使李永祺渡海查案（甲～三；257）。五十一年（1786）七月，又爆發諸羅奸民楊光勳，楊媽世兄弟因爭財起釁，各自立會結黨互鬥。石榴班汛（在今雲林縣莿桐鄉）把總陳和捉拿其黨羽，於解犯途中為楊光勳所殺。乾隆帝震怒，命署理閩浙總督常青、台灣鎮柴大紀、李永祺等嚴辦（甲～三，288；305），漏網會匪又逃入大里杙。李永祺問案時得知大里杙聚眾即將豎旗的訊息，囑咐鎮、道、府、縣長官嚴防而未作任何處置即內渡；十一月七日，總兵柴大紀巡閱至彰化，理番同知長庚、彰化知縣俞峻以林爽文旦夕為亂，請留駐彰化鎮壓，不許。

十一月二十七，林爽文率眾攻打距離大里杙六里的大墩汛（今台中市西屯區），殺游擊耿世文、北路副將赫生額、新任彰化知縣俞峻。二十九日陷彰化，殺知府孫景燧、同知長庚、都司王宗武、鹿港巡檢馮啟宗、攝任彰化知縣劉亨基及其女滿姑。十二月初一，陷淡水（今新竹市），護淡水同知程峻自殺、竹塹巡檢張芝馨殉難。（《淡水廳志》有傳）。是日，林爽文以彰化縣署為盟主府，號「順天」，率眾南下，笨港縣丞英、千總林魁，斗六門巡檢陳聖傳、把總陳國忠皆聞風遁走。

十二月六日，林爽文軍陷諸羅（今嘉義市），殺諸羅知縣董啟埏、原署諸羅知縣唐鎰、典史鍾燕超、南投縣丞周大綸、署貓霧捒巡檢渠永湜、左營遊擊李中揚戰死，千、把、外委多人死於亂。（丙～二，46～50；己～二，1～7）十二月初九，莊大田在阿里港聚眾豎旗倡亂，十三日攻陷鳳山縣城，殺知縣湯大奎及其子湯笏業、典史史謙及文武各官，惟參將瑚圖里遁歸府城（丙～二，52；戊～二，41）。

「順天軍」逢城必破，逢官必殺，南、北兩路，勢如破竹，全台皆順天軍所有，只剩孤城台灣，也危在旦夕，城中文武官吏的驚恐可想而知。

十一月二十九日彰化城陷，十二月初一日府城得信，台灣道永福和台防同知楊廷理催促台灣總兵柴大繼發兵，柴只派一個遊擊前往。初五，柴大紀點了四百個兵，聲稱要出征，到了中午還呆在演武廳，遲遲不動身，楊廷理當面嗆他：「若將總兵印付我，即當代為出戰」，柴大紀經一激，才迤迤然起身，出城三里，才到接官廳又屯兵不動（甲～二，392～393；乙～四，73～74；丙～一，842）。

賊勢如彼猖獗；官兵儒弱畏戰如此，又毫無軍紀可言，只知保命逃生，忘了守土衛國的職責；很多文武官吏，乾脆逃到澎湖，逃回福建。在驚慌中，楊廷理知道官兵不足恃，唯有寄望於僻處下淡水溪東，山阪水涯的六堆，必須求助於「衛公保私」的六堆義民（丙～二；46）。

　　十二月六日諸羅城陷，文武官吏被殺戮。消息傳來，郡城戒嚴。知府孫景燧已死於彰化、台防同知楊廷理兼理府事。台灣道永福召集驚慌但未棄職逃亡的官吏、詢問，誰願穿越順天軍到下淡水「招集粵莊義民赴郡守禦」？海東書院掌教嘉應州舉人曾中立自願率領教授羅前蔭和幕客劉繩祖前往（甲～二，313；丙～二，50；己～一，25～26），曾中立找海東書院中的客籍學生黃袞商量，黃袞又找了同學廖春芳一同前往，擔任老師的前驅（戊～一；93 上）。

　　黃袞是廣東鎮平縣人（今蕉嶺）劉繩祖是嘉應州人，兩個人都列名於乾隆四十九年（1784）立於下淡水山豬毛（今屏東內埔）的昌黎祠內的〈文宣王祀典引〉碑文中，是一百九十二個儒生會友之二。據此可知，二人在四十九年之前即已入籍鳳山（己～十六；245～252）。至於廖春芳，據《邀功紀略》自序謂：「芳以草莽庸愚，學書不成，遊幕台灣，五十一年，寄跡鳳山。」（戊～一；93 下）則林爽文事變之前也到了鳳山當幕客。

　　廖春芳到達下淡水之後，發覺「廣東人民附籍鳳山者，悉屬鄉黨戚好」（戊～一；93 下）。

　　「鄉」是地緣關係；「黨」是業緣關係；「戚」是血緣和親屬關係；「好」是朋友關係。在移出區關係如此，到移入區之後更需要互助合作、共利共榮，關係更形密切。

　　因此，黃袞、廖春芳兩人奉師命率先抵達下淡水，立即召集各莊頭人，「（紳）耆環集、士民畢至」，討論「出堆」議題（戊～一；93 上）。

　　南路賊首莊大田，漳州平和人，和林爽文同里，住篤加港，自署「南路輔國大元帥」（己～二；234）。番仔寮、阿里港（丙～二；52）、三腳寮、冷水坑、姑婆寮、三腳窟、水底寮皆為賊巢（己～一；26），十二月十三日率眾攻鳳山，破城，又殺盡城中文武官吏及其親屬，賊勢益盛。幸好，曾中立等人於城陷

之前趕到下淡水，與六堆各莊商議「出堆」（按田畝公捐糧餉、按戶口推派壯丁之謂）（己～一；25）。

莊大田攻下鳳山之後，派了幾十個人到各地粵莊，「遍貼偽示、招誘粵民」（戊～一；102上），其檄文云：

> 本元帥奉大盟主林將令，統領六旅之師，分剿台南官吏，惟爾粵人，素行忠勇，如果踴躍偕往，將來富貴與共，不然則安爾樂土，不失閩粵世好之情。（戊～一；94下～95上）

又派涂達元、張戴柏到粵莊威脅利誘，並謂「**如不順從，決將粵莊盡行焚毀，男女老幼、概行殺戮**」（戊～二；41）。

黃袞告訴粵莊群眾：

> 我粵莊雖一撮之土，前有長河，後有大山，獨當一面，攻守自如，賊雖百萬之眾，何能遽入重地。（戊～一；95上）

眾議遂堅，共擬出堆章程，莊大田派人「攻毀沿邊四十餘莊」（戊～一；102上），於是，粵莊斬涂達元、張戴柏以狗，十二月十九日「六堆」立即成軍（丙～一，954～905；丙～二，53；戊～一，102上）。根據《邀功紀略》的說法，公推「六堆中軍主令曾子鶴峰；中軍參謀指畫軍務黃子補堂、廖子愛春（二人都是曾中立的學生）、劉子繼亭（曾中立的幕僚）；前堆總理邱俊萬；後堆總理鍾麟江；中堆總理邱卓瑞；左堆總理張鐸；右堆總理林楫芳；前敵推總理鍾天峻。其餘各莊總理共一百七十三人」（戊～一；96上）。黃袞和廖春芳在自序中都說，自己被推為「總副理」（戊～一；93上，93下）。

但是《台南東粵義民誌》另有一說：

> 眾推舉人曾中立為六堆正總理……又舉職員劉繩祖、鍾麟江兩人為六堆副理，幫辦六堆軍務兼理糧草。（戊～二；42）

劉繩祖字繼亭，兩說都有他的名字，因此確證何者為是皆無關宏旨，姑兩存之。

「六堆」前在康熙六十年（1721）原稱「七營」，「後將營改堆，以別官營之目」（戊～二；3.12）。

乾隆五十一年十二月十九日（1788 年 1 月 22 日）六堆成軍，二十日「著探馬偵探賊勢」，二十三日就出兵攻萬丹、阿里港、阿猴和篤家莊，「燒盡賊巢、百里通紅」（戊～一；96 下～97 上），對於行將攻打府城的順天軍，產生強大的牽制作用。

十二月二十三日距離十九日六堆成軍才四天，距離十三日鳳山城陷才十天，距離十二月六日諸羅城陷也不過十七天。除了曾中立、羅前蔭、劉繩祖、黃衷、廖春芳等人是了不起血性書生，以天下為己任，急速趕赴六堆行「衛公保私」的事業之外，六堆自身的動員能力尤其驚人。

第六章　「自衛鄉團」「六堆」的組織與動員

為什麼「六堆」能夠迅速動員呢？

楊廷理認為義民「衛公保私」所以「悉力拒賊」（丙～二；46）之說，最為中肯。急公好義之同時，也是保鄉衛土，維護自家的性命財產。

無論是康熙六十年（1721）閩浙總督覺羅滿保的〈題義民效力議敘疏〉（己～十二；339～341）；翟灝嘉慶十年（1805）的〈粵莊義民記〉（己～三；3～4）；林師聖道光九年（1829）的〈閩粵分類〉（己～六；35）；下淡水粵莊，南北綿延百里，雖然斷斷續續並不相連，卻已經形成「共同體」，「六堆」亦即此「共同體」在遇到外力侵侮時的自衛組織。表面上看似下淡水的地緣團體，其實其深層結構是基於移出區的血緣關係、祭祀關係和地緣關係而形成的「私有財產制利益共同體」。

財產權是一種絕對權利，就像是領土對於國家一樣；他人

或他國體若有侵犯意圖或行為，所有權人可以採取極盡可能的手段維護自己的權利，其中包括個人武力和集體軍事行動以自衛（辛～十；3～20）。戰時維護自己的生命財產所使用的必要手段和平日的規範大相逕庭。

筆者和葉志杰在撰寫《萬巒鄉志》時（2007～2008），發現萬巒客家人到台開墾前，在原鄉就先組成「嘗」——家族事業集團（股份制的「會份嘗」）來台之後又有與祭祀公業相近的「嘗（血食嘗）」萬巒一地便有林毓盛公嘗、林寬公嘗、林泰公嘗、林廣公嘗、鍾德重公嘗、黃習河公嘗、鍾萬成公嘗、吳千一公嘗、陳六一公嘗、劉奇川公嘗、劉積書公嘗、李作尚公嘗、宋恩新公嘗、謝蘭芬公嘗、余宋宗公嘗、曾逸川公嘗等宗族、家族團體（庚～八；108）萬巒屬六堆中的前鋒堆這些組織就是「六堆」的細胞。

筆者在屏東佳冬鄉道光三十年（1850）的《重修敬聖亭碑記》中發現，捐款者也多半是各種會嘗：

一、祭祀宗教組織、祭祀會或神明會：褒忠祀典、國王祀典、清明祀典、年節祀典、福德祀典、曾先師祀典、漢帝祀典、榕仔樹福德祀典、文武祀典、新埤頭莊義渡祀典、老褒忠祀典、新褒忠祀典、關帝祀典、聖母祀典、新福德祀典、港口莊福德祀典、千三莊福德祀典、半徑莊福德祀典、上埔頭莊福德祀典、元宵祀典、清明祀典等。

二、宗族、家族的「嘗」組織：蕭達梅嘗、林蕙芳嘗、林日康嘗、張萬三嘗、曾邑仰嘗、楊及芥嘗、林任坤嘗、曾先君嘗、蔡桂傳嘗、蕭壁泰嘗、涂鼎常嘗、蕭何公嘗、古仕龍嘗、葉梅春嘗、葉大徑嘗、葉任祥嘗、賴春榮嘗、賴彪永嘗、賴斗永嘗、賴春賢嘗、賴韻妣嘗、賴有科嘗、賴啟瑞嘗、張文選嘗、戴彝宏嘗、戴彝寬嘗。

三、商業機構：曾源利號、劉振興號、葉合興號、曾益利號（己～十六；289～291）。

〈重修敬聖亭碑記〉所載，限於佳冬及其隣近地區；嘉慶八年（1803）的〈建造天后宮碑記〉，募款對象則是六堆全域中附義的各福佬莊。由各莊總理、副理或「緣首」「領簿題銀」，各莊仍然是以宗教祭祀組織和宗族家族祭祝組織為主，商業機構和個人為輔，由於數量龐大，此處不贅列（己～十六；164～178）。嘉慶二十五年（1820）佳冬的〈港東里建立褒忠碑〉（己～十六；216～219）；咸豐二年（1852）內埔的〈捐修天后宮芳名碑〉（己～十六；294～305）；光緒十六年（1890）佳冬的〈重新敬聖亭碑記〉（己～十六；366～367）無不皆然。筆者僅以前述道光三十年佳冬的〈重修敬聖亭碑記〉做為例子而已。

個體是沙、土，宗族、家族團和宗教祭祀團體是磚石，以磚、石構築建物當然比沙、土簡易而且更堅固。這就是六堆社會的基礎（庚～八；108～112）。以團體動員當然也比直接動員來得迅速、確實。

康熙六十年（1721）朱一貴揭竿倡亂，李直三侯觀德等傳集客莊紳耆，商議將客莊劃定六區，名稱六營，亦即每區各立一營，其組織如下：

> 六營曰前營、曰後營、曰左營、曰右營、曰中營、曰先鋒營；另設中軍營以為統轄六營之軍務，並舉正總理兩人，總理六營軍務糧草，更舉總指揮一人。其餘六營，每營各舉正副總理兩人，先鋒兩人，旗首兩人。每營義勇之多寡；均按田甲派定。其各營之義勇糧餉，歸其各營之田甲自辦。至若中軍營之糧餉，亦由六營之田甲共同派出。其中軍營以及各營，每營設督糧一人以籌糧食；每（營）設長幹一人，以通走使。
>
> 各營之正副總理俱聽中軍營之指揮，或助官、或剿賊、或堅守，號令一出，俱各踴躍從事，不得遲誤，若妄行貽悮，眾議重究。及太平無事之日，俱各散回歸田。議

定規約，永遠遵行。（戊～二；3～4）

《嗚呼忠義亭》有比較細緻的描述：

每堆有總理一名、副總理一名，編制如下：

旗手	正副二人	掌旗
先鋒	正副二人	帶隊
長幹	一人	通訊連絡
督糧	一人	儲備及分配糧食

各堆總理六人，依協議推舉學識、名望、財產、剛勇兼備者為大總理。大總理以和六堆各總理協議為基礎，推薦副總理（管內務）和指揮使（帶兵），並設置文案、督糧和長幹。

關於旗丁：由各堆選拔的壯丁，五十名為一旗，每一堆有六旗。旗丁的糧餉由莊民負擔，其制如下：大租戶二分，個人三分，小租戶五分。類以屯田制度的獨立自治法就完備了。（庚～二；19～21，此節由筆者自譯，譯文與《譯本》略有出入。）

「六堆」就田問丁、問糧。每堆六旗、每旗五十名，則有一千八百名壯丁。糧餉由莊民自籌，小租戶負擔一半，大租戶負擔兩分，重要的是「個人」，亦即壯丁本身也負擔三分。

松崎認為此制「類似屯田制度」，其實不然，屯田制為官辦，以國有（官有）土地的生產供應屯田兵；六堆則是私辦，土地也是私人所有，這是二者根本的差異。選拔壯丁、自籌糧餉則比較接近唐代府兵制。若說是邊陲地區人民自然形成了「區域共同體」，又因為自衛而自動自發的構築了「鄉團」組織或許比較合適。

六堆的動員有四套系統：第一是社會組織中的家族組織「嘗」；其二是宗教、祭祀組織「祀典」；其三是生產組織中

的地主（領導）／佃導、小農（旗丁）關係；其四則是科舉制度下的「儒生」。參加「文宣王祀典」的有一百九十二名儒生（己～十六；245～251）；曾中立到下淡水不是一個人，而是一個以舉人為首的師生、同門、學友等關係組織成的儒生集團。該集團在唐宋以來的中國社會就屬於領導階層，透過「文宣王祀典」動員。

儒生集團更重要的是思想、精神和意志上的動員，他們宣講的道理，很容易被農民所接受，和當時的林爽文順天軍相比，單單一個「義」字，就使得六堆義民赴湯蹈火在所不辭，因而決定了六堆的發展方向。

在前述幾個系統交織下，構成迅速、確實、澈底的動員網絡，循著個體、農民、旗丁／嘗、祀典、地主／莊、社／堆、營／六堆而層層動員，再加上精神武裝和集體意識的動員，「六堆」不僅是一個動員得迅速、澈底的「共同體自衛鄉團」，也是目標明確、正當性極高的戰鬥體。

鍾壬壽認為各堆推派六旗，共一千八百人是「常備兵員」（庚～三；86）。

六堆把「招集兵員、聚集糧草資源」叫作「出堆」（戊～一；86上）；把戰鬥結束、義民回莊耕種叫作「散堆」（戊～一；105下）。

如第四章所述，康熙六十年（1721）朱一貴之役李直三等「未奉命而興師」，引起很大困擾。乾隆五十一年林爽文之役也是莊大田「強逼粵人從賊，如不順從，決將粵莊盡行焚燬，男女老幼極行殺戮，適接憲札求援，速即會齊六堆耆商酌出堆」，是正式的「奉憲出堆」（戊～二；41、49）。但是，五十二年四月海壇總兵郝壯猷帶兵恢復鳳城時，福佬人控訴客家人「焚莊劫舍」，郝即派瑚圖里帶兵八百「往粵莊勸諭」（戊～一；99下）。

道光二年（1822）張丙、許成之亂，粵莊受台防同知王衍

慶札諭出堆。由於李受擅自設立中軍府，卻未出兵援救鳳山縣城和台灣府城，福佬群起連呈首控「肆行焚搶」，而被閩浙總督程祖洛和提督馬濟勝擒殺「粵匪」二百餘人。經此大獄，六堆領袖告誡後人：

> 此後無論上中下三處莊人，迅遇擾亂，如城池未陷，並未奉疊札，切不必出堆。（戊～二；64）

可見客莊不可以任意出堆，必須奉「上憲札諭」（正式公文）才能出堆。

出堆的優先任務是庇護官吏和捍衛城池、衙門兼及受敵威脅的福佬人，李受沒有做到這三點，授予程祖洛和馬濟勝擒殺「粵匪」的藉口。

但是，各堆和中軍都有自己的「堆房」（辦公室）（戊～一；96下、105上）。而且，六月二十二日，六堆義民一千四百人翻山越嶺赴援府城，只著夏衣，到了八月天涼，雨漬寒生，向將軍常青借銀四千兩為製衣之費，黃奛曰：

> 我粵莊公費，尚有數萬……俟太平時，將粵莊公費清還帑項。（戊～一；102下）

準此，則客莊「六」堆不但有常設辦事處，也設有公積金，應當是設有「常設機構」，處理尋常事務和動員之用。

至於平日是否習武、操練？平時是否常設「長幹」主持通訊連絡？是否演練陣法？則有待進一步探索。

第七章　平定林爽文事件中「六堆」的貢獻與褒獎

第一節　曾中立功勞最大褒獎最高

台灣南部下淡水平原客家組建的「六堆」組織，到底形成於何時？如何形成？其形成過程如何？至今尚未究明。然其貢獻與褒獎，首載於朱一貴事變時任閩浙總督覺羅滿保之《題義

民効力議敘疏》（己～十二；339）、《重修鳳山縣志》（人物志、義民傳）（己～十二；255～259），以及〈雜志 · 災祥兵燹附〉康熙六十年（1721）辛丑夏四月條中（己～十二；271～276）。

當時率兵東渡平亂的南澳總兵藍廷珍〈檄外委守備陳章撫擒逸賊〉一文中亦謂：

> 南路惡賊陳福壽、劉國基……復率賊徒數萬，攻掠下淡水客莊，幸我義民制梃禦敵，斬殲萬計。（己～十二；1～12）

雍正元年（1723）藍廷珍，有感於市售《靖台實錄》「以閩人言閩事，以今日之人言今日事」卻「多謬誤舛錯」（辛～2；3），自行再撰《平台紀略》一書刊行，其誌六堆義民事迹云：

> 方朱一貴作亂時，有下淡水客莊民人侯觀德、李直三等建大清義民旗，奉皇帝萬歲牌，聯絡鄉壯拒賊。朱一貴遣陳福壽……劉育等領賊眾數萬攻其莊，六月十九日己酉，侯觀德等逆戰於淡水溪，敗之，陣斬劉育，殺賊兵及迫入水死者數萬計，屍骸藉溪沙澗……聞王師已進安平五日，乃遁入山……。（辛～2；20）

雍正十年（1732），王者輔重刊《平台紀略》則謂：

> 平定南北二路，如風捲籜，溝尾莊，下淡水義民，功不可沒。（辛～2；33）

又，《聖祖實錄》，康熙五十一年（1712）七月二十五日條：

> 福建水師提督旋世驃疏言……今据林政等報：南路賊眾與台灣耕種粵民構難，於六月十九日，在漫漫莊地方被粵民殺敗。（丙～三；86）

綜合前述筆者所知，關於六堆之組織及其對於朱一貴事件之貢獻之紀錄，比林爽文事件少得多。

　　最重要的是：「閩人言閩事，以今日之人言今日之事」，卻「多謬誤舛錯」！迫使親自率兵平亂的藍廷珍請他的侄兒兼參謀長秘書，親撰《平台紀略》一書，自行出版以糾謬！後世研究者可不慎哉？

　　乾隆五十年（1785）十月二十七日，林爽文起兵，攻陷大墩（今台中西屯區）；十二月十三日，莊大田起兵響應，攻陷鳳山（今高雄市左營區）。五十二年（1787）十月二十五，福康安攻入大里杙，五十三年（1788）正月四日，獲林爽文於老衢崎（今苗栗竹南崎頂），二月五日，擒莊大田於柴城（今屏東縣恆春鎮車城）（丙～一，十七；881）。

　　福康安認為「山豬毛一帶粵莊，捐資倡義，實奮勇出力，亦應前往撫慰，宣諭聖恩」，遂於十三日自東港啟程，次日到達山豬毛粵莊（丙～一，19；904～905）。

　　《重修鳳山縣志》卷十二上〈藝文志〉，載有康熙六十年（1721）朱一貴事件平定之後，閩浙總督覺羅滿保所上的〈題義民效力議敘疏〉獎賞有加，並製「懷忠里」匾額，旌其里門（己～十二；341）。同書卷十〈人物志、義民傳〉亦謂：「制府滿保……旗其里曰懷忠，諭建亭曰忠義亭，憂思觸克差徭，立碑縣內，永為定例。」（己～十二；256～257）

　　平定林爽文之亂的過程中，「粵莊義民，激於義憤，視賊如仇……可見粵民之相矜以氣節，由來久矣」（丙～一；667），乾隆帝認為：

> 前次匾額祇係總督所給，伊等已如此感激憤勵……朕特皆賜匾額，用旌義勇，伊等自必加倍鼓舞，奮力抒忠。（丙～一；665）

　　閩浙總督賜「懷忠」匾額，已是極高榮譽，乾隆帝親賜褒忠匾額，更是莫大榮譽。

　　福康安原任陝甘總督再任欽差、督辦台灣軍務的將軍（丙～一；467），但是，原任閩浙總督、督辦台灣軍務的將軍常青

完全不能和福康安比擬。福康安是乾隆重臣傅恆之子，乾隆待他「不啻如家人父子，恩信實倍尋常」，「久經簡任」，「於金川軍旅大事亦曾經歷」，是「寄以股肱心膂」的「國家屈指可數之人」（甲～一，499；517～518；丙～一，526～531），到台灣不到兩個月（52.10.29～52.11.24）就剿平了大里杙，兩個月零六天生擒林爽文（53.01.04），又一個月即在極南瑯璚（恆春）生擒了莊大田，勳業之隆，如日中天。

這樣的福康安，在新勝之餘，立即由東港專程到山豬毛親身撫慰，當然是一等一的大事。受到山豬毛義民「歡呼感悅」的盛大歡迎，福康安也厚加優予獎賞。「復親至莊大田所住之篤家莊，查明莊姓人等，業經剿洗淨盡，莊大田叔姪房屋，亦已焚燬，隨將牆垣、竹圍，復飭鏟平焚燬。」（丙～一；904～905）

大功告成之後，福康安奏請履獎，三月二十一日上諭：

乾隆五十三年

三月二十一日奉

上諭據福康安等奏稱鳳山縣屬之山豬毛一帶各莊義民自前年逆匪林爽文莊大田滋事之初經永福等派俸滿教授羅前蔭前往曉諭義民隨即公捐糧餉挑選丁壯八千餘名設立總副理事分管同心禦賊是為出力請將管理義民之教授羅前蔭賞給同知職銜其前經賞給同知職銜之義民總理事曾中立仍請賞戴花翎一併送部引見義民副理事劉繩祖黃衮涂超秀周敦紀請賞戴藍翎以示鼓勵等語該處義民急公慕義一載以來隨同官兵剿殺賊匪始終不懈是屬義勇可嘉業經頒給御書匾額特加旌異並諭令將各義民等分別獎賞矣所有管理義民之教授羅前蔭著加恩賞給同知職銜曾中立業已賞給同知職銜仍著賞戴花翎並加恩給予義勇巴圖魯名號俱著送部引見劉繩祖黃衮涂超秀周敦紀俱著賞戴藍翎用示優獎又另片奏嘉義縣義民首守備黃奠邦倡率義民

固守嘉義縣城屢次隨同打仗頗屬勇往義民首張元懃王得祿訪拿賊匪不辭勞瘁請將黃奠邦賞給順勇巴圖魯名號張元懃王得祿賞戴花翎等語黃奠邦著賞給順勇巴圖魯名號仍著一併送部引見張元懃王得祿並著加恩賞戴花翎其曾中立黃奠邦仍照加賞巴圖魯名號之例各賞銀一百兩以示獎勤

〔長本上諭檔〕。（申～四；1077～1079）（丙～一～19；914）

綜觀此論，乾隆帝在各地義民中最看重六堆義民，而曾中立則是獲得獎賞最高的個人：義勇巴圖魯，同知，賞戴花翎，賞銀一百兩，送部引見。

乾隆帝、常青、福康安等多次獎諭六堆義民「急公慕義，一載以來⋯⋯剿殺賊匪始終不懈，實屬可嘉」，茲將六堆義民在林爽文事件中的貢獻分述於下：

第二節　保鄉衛土、耕讀如常

乾隆末年、林爽文事件剛平息，就到台灣任官的翟灝說：「朱一貴、黃教、林爽文⋯⋯陷城戕官，封偽爵、據土地，無不縱橫全台、勢如破竹，而皆不能犯尺寸之土於粵莊之民」（己～三；3～4）。道光年間恩貢生林師聖說：「每叛亂多屬閩人⋯⋯粵莊⋯⋯磐石之安⋯⋯治時閩欺粵，亂時粵侮閩。」（己～六；35）

地方官和駐軍平時儘可作威作福，亂時卻要託庇於六堆客莊。譬如林爽文事件時的南路參將瑚圖里、山豬毛都司邵振綱和託庇不成怨忿身死的阿里港殷戶陳國英（丙～一；3929）；嘉慶十年（1805）蔡牽之亂時的台防同知錢霽和鳳山令吳兆麟以及守備陳名聲於鳳山縣城失守時即遁入內埔莊（己～六；48～50）。

五十二年（1787）六月，六堆派遣義民護送瑚圖里等回

台灣府城，常青留下義民「隨意效用」，乾隆帝以「各民、家口。須加防備」而震怒（丙～1，480、490；戊～二，46），數度下旨切責，閩浙總督李侍堯為常青開脫：「山豬毛各莊義民最為勇猛，賊人屢次為其所敗……七月初三、四等日，逆匪莊大田遣許光來等往攻山豬毛莊，被粵民殺退。」（丙～一；505）

李侍堯證明，留在「本莊」的山豬毛義民仍然勇猛，足以殺退入侵者。乾隆帝仍不放心，要求「護送粵民等仍回本處，自為守禦」，迫使六堆義民劉繩祖、周敦紀等二十餘人不得不連名公呈：

> 鳳山初陷，粵民未及防備，被賊燒燬沿邊各莊……設堆堵禦……屢經打仗殺賊……家室里中公同照料，即本處各莊防禦事宜，人眾心齊，賊匪已不敢輕犯。（丙～一，573；丙～二，46～48）

常青留下六堆義民軍「隨意效用」，意思是自保護自己和保衛府城。義民軍備多而力分，乾隆帝為六堆居民著急而跳腳，總督李侍堯的開脫之辭實不堪檢驗：官兵為何不足以守護台灣府城？

乾隆帝讀了常青和恆瑞的奏摺，御筆朱批：「粵莊義民既已得保守莊土且捐助官兵口糧，又督義民千除破圍護官至郡，實屬可嘉，天下那有如此好百姓！」真是心痛之至！哪知道光十三年（1833），還出現總督程祖洛，提督馬濟勝殘殺六堆義民二百餘人的慘案！

福康安攻下大里之後，福建巡撫徐嗣曾受命到台灣撫恤難民、察看地方情形，協助善後，徐回報勘查結果：

> 彰化縣城內衙署及民房，被賊焚毀無剩，村莊被焚者亦甚多，惟由鹿港至埔心數莊保守無失……自大甲溪至淡水一帶，村屋無毀，惟上年播種無幾……嘉義城內民房尚俱完固，遠近村莊亦多焚毀，惟塩水港一處，房屋

齊全……府城以外村莊，竟屬蕩然……鳳山城內與彰化
相同，其村落多遭蹂躪，惟廣東莊義民田園廬舍最稱完
善。（甲～四，104～105；乙～四，105；丙～一，
915～916）

徐嗣曾的報告雖有「最稱完善」一語，到底是粗枝大葉。
黃裒等在《邀功紀略》中有比較細緻的描述：

公中堂遵奉恩旨，親到粵莊之忠義亭。一入粵人莊界，
看青禾鬱秀、綠竹蔭濃，民安耕讀之常；俗鮮仳儷之
狀，老幼歡騰、歌聲載道，公中堂不勝歡喜。及到河
邊，見綿亙百里，煙火雲連，芳篷層疊，熙來攘往、擊
肩摩踵……公中堂曰：此何地也？黃子曰：此乃閩人附
義安插粵莊者，迄今一年有餘……皆給予糧食，都係粵
人看其淒涼樂為捐助而得此也……到忠義亭，先謁聖旨
牌位，繼閱中軍堆房，看隊伍森嚴，整齊有法，顧謂海
公爺、徐撫台曰：予自出師以來，自北而南，足之所經，
流離萬狀，獨此一方，猶是太平氣象。（戊～一）

大亂之後、傷痍未起，福康安和徐嗣曾的敘述，充分地說
明六堆在亂世的功能。

下淡水客莊不但本身保持完善，還有足夠的力量攻擊賊莊，
牽制莊大田，收留官兵、協助山豬毛都司抵抗莊大田，又收留
閩人築草屋、給卹米安插，更派千餘人護送瑚圖里、邵振綱及
官兵翻山越嶺到府城，並完成永福和楊廷理「招集粵莊義民赴
郡守禦」的託付。

以上的作為，在大亂之際，都必須以客莊的安寧為前提，
假若自身難保必然是「盡屬蕩然」，更談不上援外了。

乾隆的雷霆之怒，不是沒道理，惟正當用兵之際，也只能
容忍常青的胡作非為和李侍堯的包庇。

第三節　攻打賊莊牽制「順天軍」

　　乾隆五十一年（1789）十月十九日，下淡水眾粵莊「出堆」（動員壯丁準備糧草組成六堆）之後，眾人就準備遵守憲諭（長官的命令）「赴援府城」，請大總理曾中立「設計赴援」。曾中立認為順天軍「連破三城、深為得意、現統眾攻府，俟府城破後、再攻粵莊」，不但氣焰正盛，而且阿里港（今屏東縣里港鄉）的陳武；阿猴（今屏東市）的張基光；萬丹的洪賽，都擁眾窺邊，一旦出兵，絕難取勝，不如反其道而行，「先破莊大田之巢穴」（篤加莊，在今里港鄉卓加村），再攻各隘，出其不意、攻其不備以除腹心之患，順天軍經此大敗，必定回軍救援，抑可化南北夾擊之勢、解府城之危。布置妥當之後，於十月二十三日，兵分三路，曾中立、劉繼祖、鍾麟江各領一隊，圍攻三頂廊（今里港鄉三廊村），破莊之後，合三路之兵，攻打篤加莊（莊大田老巢，在三頂廊之南），「將所有賊巢糧草，俱燒淨盡」，再分兵攻打萬丹、阿里港和阿猴，「燒盡賊巢、百里通紅」（戊～一，96下～97上；戊～二，43；丙～二，3）。

　　當時，遠在北京的乾隆帝都知道：「林爽文牽綴北路，莊大田牽綴南路，使我兵奔走不暇……譬之奕棋，著著占先」（己～二；247）。曾中立率領六堆義民重創莊大田的巢穴，莊大田不得不率眾回南自救，而且曾中立親領一軍，大獲全勝，更奠定了曾中立在義民中的地位。此即《嗚呼忠義亭》一書中所謂的「三張廊、篤加莊之戰」（庚～二；59）。

　　乾隆五十一年（1786）十二月十三日，莊大田陷鳳山，參將瑚圖里隻身逃回府城。五十二年二月廿三日，建寧總兵郝壯猷率兵收復，遣參將瑚圖里往山豬毛汛，會署都司邵振綱剿捕。三月八日，鳳山城復陷，郝壯猷師散逃回府城，常青奉旨斬郝於軍前（甲～三，339～340、341～344、358、365；丙～一，246、248～249、258、280～281）。瑚圖里則託庇於山豬毛汛。當時全台塘汛，只有臺灣一城和淡水新莊的海山汛（今新北市新莊區輔仁大學一帶）和下淡水山豬毛汛未淪陷於順天

軍之手，海山汛託庇於新莊平原之客家義民，山豬毛汛則託庇於下淡水六堆客家義民。

官方檔案中紀錄，瑚圖里到下淡水是要行「剿捕」之事，但是黃袞的《邀功紀略》卻說是郝壯猷誤信福佬人控訴客家人「焚莊劫舍」，命瑚圖里「帶兵八百、往粵莊勸諭」（戊～一；99下），是否即為福康安所謂的「甚或遇有械鬥重案，意為出入，從中取利」（丙～一；805）亦未可知。誠如本文第四章所述「李受事件」中，客家人認為是陸路提督馬濟勝受了閩人的賄賂而「滅功加罪」的大冤案。

瑚圖里到山豬毛之後，三度作勢要揮兵返回鳳山，都「為賊阻隔，無奈安營於粵莊」（戊～一，99下～100上；丙～一246），所需軍食，都由粵莊供應，直到六月十九日，山豬毛六堆義民由間道翻山越嶺，把瑚圖里、邵振綱等千餘名官兵護送回府城為止。

將軍常青和恆瑞奏報其事云：

> 山豬毛汛與廣東莊相連，賊人數次侵犯，俱被官兵、義民殺退；又，官兵前經被困數月，並無糧餉，俱係廣東義民助糧接濟，實屬義勇可嘉。（丙～一；426）

順天軍全台猖獗，官方只剩一城二汛，官兵之貪生怕死懦弱無能，極其明顯。瑚圖里於二月四日稟報亦稱：「自山豬毛被賊攔截，不能過溪」，郝壯猷派兵三百 接應「行至硫磺溪，遇賊圍截衝散，官兵未回甚多」（丙～一；246），如此懦弱無能，同一批官兵在山豬毛又如何能殺退「賊人數次侵犯」呢？顯然是矇混搶功。

關於瑚圖里及山豬毛汛託庇於六堆，前文言之綦詳，不再贅述。

第四節　庇護官兵難民輯和地方

林師聖有「治時閩欺粵；亂時粵侮閩」之說，其實客家莊

不但和若干福佬莊結為「交陪莊」，亂時也收容福佬難民，安插於客家莊沿邊，藉資保護。五十二年（1787）六月，劉繩祖、黃衷率六堆義民，間道護送瑚圖里等官兵千餘人到台灣府之後，接獲曾中立手札曰：

> 埤頭、芊林內等處，閩人為賊脅從者，皆苦于糧食，欲歸附粵莊，反戈殺賊，察其表意，似無偽飾。即協各莊總理，于粵莊邊緣，剖蓋草寮安插……刻下糧食雖經粵莊分派，未免日久難繼，因擇其中殷實者，令其捐輸。商副理陳雲裔、藍卓柱等，漸向各莊借出，逐日發賑，俟平靖時，即向捐戶清款，自是民得所生。

> 猶念人眾聚處，須別奸良，令該董事武舉許士英，督造花名冊，各給腰牌，以便認識。

> 數日間、長河一帶、烟火萬家，熙熙攘攘，又別有一番景象矣。（戊～一；103下）

埤頭即今高雄市鳳山區，芊林莊位於屏東縣、東港鎮（丙～一；670），「內」之一字疑為「內莊」脫一莊字，若為內莊，則在今屏東縣新園鄉。各地福佬莊苦於戰亂缺糧，欲意歸附六堆客莊，託庇於六堆的武力，也是理所當然的事。既然託庇於六堆，殷實戶當然要有貢獻（捐輸），十六歲以上的男子，也要等同六堆義民「令其協剿賊匪」。若參照本章節第一節所引述《邀功記略》一書中，福康安於平定莊大田之亂後，到山豬毛客莊河邊看到的情境，以及福建巡撫徐嗣曾的勘察報告：「惟廣東莊義民田園廬舍最稱完善」，和乾隆末、嘉慶初年在臺灣任官的翟灝筆下的「海外一桃源」，閩人也分享了六堆組織的成果。六堆客莊也發揮了輯和地方、調諧福、客的功能。

但是，從光緒二十年（1894）所修的《鳳山縣采訪冊》看來，通書幾乎毫無際忌諱的詬辱客家人。本文第四章所引林師聖的〈閩粵分類〉，一文說：「治時閩欺粵，亂時粵侮閩」；鄭蘭的〈剿平許逆紀事（並序）〉一文，幾乎可以改稱〈粵逆

紀事〉，〈請追粵砲議〉則跡近「切齒痛罵」。忘記了福佬人
託庇於六堆者數以萬計，似乎除了「交陪莊」福佬人之外，福
客關係勢同水火。

第五節　南潭之戰與協防府城之功

　　乾隆五十一年十二月十三日（1787 年 1 月 31 日），莊大
田陷鳳山，南路營參將瑚圖里隻身逃回郡城。五十二年正月，
新到援兵水師提督黃仕簡（黃梧之孫）命海壇總兵郝壯猷復鳳
山，十六日興師、十九日次大湖（今高雄市湖內區）頓兵不進。
遊擊鄭嵩由海道自打鼓山（今高雄市鼓山區）登岸、攻鳳山之
南，郝壯猷始進兵，二月二十三復鳳山再陷，郝壯猷因「遇賊
退避、棄城潛逃」之罪被軍前正法（甲～三；358）。

　　台防同知楊廷理就此事稟報督撫云：

> 南路賊匪勢甚猖獗，竟敢不避大軍畫夜燒莊攻營日甚一
> 日。自前月十九日駐兵大湖，賊人日與郝鎮大營挑戰，
> 對面埋鍋造飯，肆無忌憚。本月初十夜，賊又入大湖街
> 燒燬民房七十餘間，男婦逃亡四散。十二日，賊又撲大
> 營，有欲日夜酣戰，以決雌雄之語。（己～一，239；己～
> 二，20）

　　楊廷理之稟文正說明郝壯猷理當被正法的原因；同時也說
明了莊大田「猖獗」的樣態。莊大田再陷鳳山之後，林爽文、
莊大田合兵犯郡城，屯兵南潭（今台南市區東方歸仁區境內），
三月初九常青到台，奏報：「現在鳳山復陷，賊更鴟張，已到
府城十里之外」（丙～一；244），六月三日又奏：「賊匪來
去無常，自四月二十五日、二十九日，經官兵殺散之後……至
五月三日，莊大田來攻府，敗退，仍將賊眾分略南潭、中洲等
處……十一日，官軍進攻南潭，賊匪大敗，深以未獲莊大田為
恨。」（丙～一；339 ～ 340）

　　將軍常青取代總兵郝壯猷之後，情況並沒有改變。

常青出兵，遇到「溝徑崎嶇、不便追趕，隨即收軍」（丙～一；442）；「賊匪將道路削小、田水堵滿，賊人屯箚之所，俱有蔗園、深溝，阻礙去路」就不能行軍（丙～一；449）；「賊匪每逢大雨前來劫掠，我兵平日習慣驕惰不耐雨淋，往往吃虧」（丙～一；272）；又云：「連日風雨未能進兵」（丙～一；511）。常青甚至於很得意的報告：「旬日有餘，賊黨知官有備，不敢來犯」（丙～一；512）真教皇上涕笑皆非。

乾隆皇帝對於常青的不思進取，非常不諒解，批評常青：

> 常青所奏，僅係派兵剿捕情形，並未大敗賊寇……屢次俱稱遇雨、路窄，收兵回營。而於莊大田是否尚在南潭一帶藏匿……並未提及……著傳旨嚴行申飭。（丙～一；484）

乾隆皇帝原來以為常青的營地桶盤棧（今台南市區東南竹溪寺南）距離南潭很遠，「屢次令該將軍等，酌留官兵固守營盤，親統大軍，舍南趨北」（丙～一；441）。有機會親自詢問「常青之齎摺差弁饒成龍」，才知道「賊目莊大田所據南潭，距桶盤棧只有五里」（丙～一；441），乃下旨痛責：

> 常青等自駐箚台灣已經數月，其桶盤棧（今台南市區東南、竹溪寺南）營盤相距南潭不過五里，該將軍早應統領大兵將賊目莊大田先行剿除；乃惟知結營自守，似此肘腋之間，任其逼處，竟不思乘勢攻剿，實不可解。前以為南潭離大營尚遠……豈有近在數里之內而束手坐待之理。（丙～一；440～441）

由於南潭近在咫尺，成為郡城腹心之患。常青的奏報，雖然屢稱「官兵殺散賊匪」、「賊匪大敗」，其實敗戰為多，小勝的斬獲也很有限，也不曾實施打勝之後常用的「勦洗」手段，對於賊營傷害不大，郡城之圍也不曾解，只有持續檄催六堆義民護送瑚圖里等官兵回郡，要義民協助守城。

六月廿一日，常青接到瑚圖里、邵振綱的稟報：

> 二十日自山豬毛帶兵六百餘；廣東義民一千四百餘名，由小路翻山至南潭攻剿賊匪，臨時懇求接應。（乙～四，446～448；丙～一，425）

> 二十二日已刻（上午9～11時）義軍帶領官兵下山，目睹者回報：「廣東義民奮勇爭先。」（丙～一；426）

六月底，福建巡撫李侍堯奏報：

> 本月十四日，常青遣兵巡哨南潭，有賊數千聚集該處，經官兵、義民奮勇剿殺，賊匪大潰。聞莊大田有潛逃之信，現在設法截拿。（乙～四，485、487、494～495、502、520；丙～一，470）

混報「官兵、義民」冒功之舉，甚為可惡，卻是官場常態。

官兵怯弱畏戰，連皇帝都知道，官兵掠功不落人後，皇帝當然也知道，所謂「賊匪大潰」，當然不是官兵的功勞！和劉繼祖一起帶領六堆義民到郡城，親歷其事的黃袞在《邀功紀略》中，關於六堆義民在南潭的際遇和幾場戰役有比較詳細的紀錄，茲摘要如下：

> 二十二日至鯽魚潭口約有賊匪千餘橫截去路，即排開隊伍與賊血戰……前後掩殺，賊人大敗……登賞各副理……二十二人，六品八品頂戴，又賞各隊長銀貳百兩，各義兵銀一千四百兩。全駐箚於將軍營側，聽候調遣。二十八日，奉將軍令，征勦烏松（今台南市永康區）等處賊巢……我們請兵勦洗，屢請不許。七月十四日早寅刻（清晨3—5時），有賊數萬，先攻義民營房，義民……三路趕殺，及至賊巢……放火燒其糧草，所有數千賊房、皆一燼無遺……義民追殺賊匪，皆赤身裸體，疾趕如飛，官兵接應不上，皆呆立後面，所斬賊首千餘級，各義民踴躍獻功……懇請將軍，兵貴神速，不乘此

時往擒首逆，解經面聖，誓不回莊……七月二十二至
二十七八等日，俱有賊來侵，此義民趕去，隨即星散……
連日隨官兵征剿中洲（在今台南市仁德區）、赤崁（在
今高雄市梓官區）等處賊巢，賊皆望風潰散。看賊勢漸
衰……請兵南下……將軍稱善……無如北路嘉義城又星
馳告急……參贊恆議調義民一軍……將軍曰：吾所以保
郡垣者，特此義民耳，可少三千兵，不可少一義民……
賊復猖獗，二十三日……斬首二百餘顆，搶獲大砲三
尊……九月初，蒙台灣知府楊保譽各隊長及殺賊義民藍
梓連等一百七十二人，俱賞頂戴，歡聲雷動。（戊～一；
102 上～ 103 下）

筆者刪略了「爾們急公赴義，如此勇往，不惟天下罕有，
即較之御林軍亦不過如是也」（戊～一；101 下）之類的讚譽
以及許多細節。

綜合前述的訊息，簡約於下：

一、官方貪污腐敗、怯懦無能、貪生怕死、避戰思逃，彼
此觀望、保全實力以掠功；甚至於養寇待變。五十二年（1787）
正月雖然從大陸調來水師提督海澄公黃仕簡、陸路提督任承
恩、建寧總兵郝壯猷、汀州總兵普吉保，三月加派閩浙總督常
青為將軍、並命江南提督藍元援台。雖然斬郝壯猷於軍前，官
兵依然故我，將軍常青對付近在咫尺的莊大田屯兵處─南潭
「惟知結營自守、束手坐待」即其典型。

二、六堆義民北上，以攻擊南潭為第一目標，以攻為守，
防禦郡城，戰績顯著，常青首先命令義民「駐箚於將軍之側」
以自保，義民請剿洗、恆瑞請撥一半義民救濟諸羅，將軍常青
都不肯答應。

三、六堆義民掃除莊大田軍最有效的戰術是「先將賊人
藉為遮蔽之叢竹密菁，隨路砍伐，賊人不能潛伏」，繼之以
「追殺」再施以「燒燬賊人草屋、蓬寮數百間」（丙～一；

479）。常青奏聞都說官兵、義民如何如何，皇上批評「此事早應如此辦理」（丙～一；484）。為什麼在六堆義民之前就不曾出現這種戰術呢？其原因可能有二：其一，官兵想都沒有想過；其二，砍伐竹子、甘蔗、茅芒太費力氣，還要冒著賊匪突出殺人的危險，官兵每逢溝徑崎嶇、路窄、蔗園、竹青都鳴金收兵，每逢風雨就不出戰，老爺兵怎麼可能砍伐叢竹，追殺敵兵？

此後，南北兩路的義民、官兵都採用這種暴露敵蹤的戰術克敵制勝。

四、莊大田軍屢次偷襲六堆義民都嚐到敗績，反之，義民在鯽魚口、南潭、中洲、赤崁等地都重創莊大田軍，莊大田軍數度轉而攻擊六堆地區，也被坐鎮六堆的曾中立所擊退（丙～一；573），賊勢漸衰。七月底，台灣道永福稟稱：「探得賊首莊大田已回南路」（丙～一；470）。

由於六堆義軍「實為勇猛、盡力殺敵」（丙～一；480），莊大田軍已經缺糧，各賊之間又不復相睦，漸有渙散之勢，多有投誠之心（丙～一；488），莊大田不得不回到南部。六堆義民因而建議大軍南征「仍懇准令隨征」（丙～一；573）

第六節　乾隆皇帝對於六堆義民北上援救府城被留用的批評

六堆義民北上的目的是「赴郡守禦」，常青則令義民「全駐箚於將軍營側、聽候調遣」以自保，連追殺敵人都不答應。

乾隆皇帝接到常青與恆瑞的奏報之後，七月二十日的上諭就表示，對於廣東莊義民的義舉非常感動，親筆硃枇「天下那有如此好百姓」的名句，並給予重賞；另一方面，對於常青等留用義民，認為是「措置乖張」（甲～一；408），「實生憤懣」，他認為義民應該「令其留守本莊自為捍衛」、「如有賊匪侵擾，即悉力堵剿，以助官兵聲勢」，他認為「使賊匪聞知該義民等隨營助剿，必心懷忿恨，將其村莊焚毀，家屬殺戮」（丙～一；

427）。廿一日上諭又痛責常青「將廣東莊義兵留營助剿，辦理錯謬，無甚於此」（丙～一；431）。廿四日上諭又痛責：「參將瑚圖里自山豬毛帶領官兵、義民來營，所辦錯謬之極，已將常青、恆瑞嚴行申飭。今反覆思之，常青等於此一事，愈覺其辦理失當……前降諭旨，到彼尚需時日，已恐無及。若賊匪等乘義民遠離本莊，已將其家屬房產焚劫殘燼……朕必當將常青等從重治罪」（丙～一；436～437）

　　乾隆帝並非過慮，許多良民通莊被順天軍挾持，就是怕受到報復，府城以南最慘烈的則數「許廷耀等六莊義民屠戮淨盡事件」。《鳳山縣采訪冊・列傳、義民、許廷耀》載：

> 許廷耀，邑之港西里廣安莊人，登癸卯武闈……五十二年九月二十七日，許廷耀風聞賊圍郡城，急出家資招募崙仔頂、鹽洲、中洲仔、菅林內、北勢頭、甕仔窯六莊義民勇三千餘人，立大清旂號，赴郡堵剿，賊大敗，深恨之，回攻六莊家屬，於十月初一日舉事。眾義民聞知，乘夜抽兵回救，比至菅林內，東方已白，眾義民一夜無眠，又聞家屬已被屠戮淨盡，饑寒交迫，無心戀戰，途至甕仔窯淡水溪邊，遇賊截殺，全軍十覆其九。（己～二，249；己～十三，273）

　　前述事例，不只是林爽文事件時上演，臺灣所有的民變和械鬥史，都不停的重複上演。因此，乾隆皇帝的顧慮，是由於他洞悉戰爭的本質，另一方面也是他「念切民依、痌瘝在抱」的胸懷（丙～一；437）所形成。

　　乾隆帝在廣東莊義民留用事件上的態度，直到軍機大臣詢問「齎摺差弁」，得到「廣東莊所住民人甚多，約有數萬人，盡可防守」這樣的答案，皇上才鬆了一口氣，謂：「此即常青時運好處」（丙～一；473）。其實軍機大臣和「齎摺差弁」也說謊，六堆總兵源也不過一萬二千人。

　　八月十九日，乾隆帝接到閩浙總督李侍堯的奏報，和六堆

義民的公呈之後，乾隆帝才釋懷。六堆義民的公呈，顯然與出堆救援府城，攻打林爽文、莊大田的初衷不符，應該是常青等高官脅迫所致。

第七節　曾中立與東港之戰

常青留用六堆義民，被乾隆帝數度下詔切責之後，一面虛詞狡辯，一面提出「茲擬於剿捕南路，即順便令伊等各回本莊」的辦法，乾隆帝聽到了李侍堯、常青等人的各種虛詞狡辯的說法，真以為六堆義民離莊助官毫無風險？當然不是，他也洞悉常青等人的私心，下詔切責：「今復行拘泥遣回，豈不阻伊等急公投效之心？」（丙～一 1588～589）。古今政府文武官員以欺騙為能事、主政者又依據官員們所提供的假資料和自保邏輯做判斷，怎麼可能不失誤？常青的說法其實是：「朝廷不斷增兵，一旦我的安全無虞，我會帶領六堆義民一路南下，擒得莊大田、建立大功，再放他們回家」。

乾隆帝是一代名君、又有許多諍臣，當然也看穿常青「一味支吾掩飾」的態度（丙～一；618）下令：

> 今常青乘官兵新到銳氣，親自統領，先將南路屯占賊匪剿殺無遺，擒拏莊大田，此亦先清後路之一策；常青務須奮力搜剿、以清肘腋。（丙～一；589）

乾隆帝指定福康安負責北路林爽文、常青負責南路莊大田。六堆義民對於常青的拖延敷衍策略，非常無奈，希望速戰速決，早日凱旋還鄉，再三籲求常青發兵南下，常青都置之不理。乾隆帝終於下令「自駐守府城以來，未能前進尺寸，伊究係年老留於軍營無益……即行回京」（丙～一；656）。

乾隆皇帝任命福康安取代常青，八月初九自北京啟程（甲～一；408）。乾隆帝寄望於福康安，命令常青「專委以守城之事，不必輕離」，不必打南潭、中洲了（甲～三；416），最後竟然說出：「萬一力不能支，竟有意外之事，朕亦不怪福康安之

不救」（甲～三；733）以及「即使府城難支，或竟有陳虞之事，亦不難再為收復」（丙～一；713）這樣絕望的話來。

正在乾隆帝對常青絕望、常青焦頭爛額之際，曾中立聯合泉籍義民攻打鄰近東港的新園（今屏東縣新園鄉），「逐賊殺溺者甚多，直追至南仔坑，沿途各莊俱相隨殺賊，粵民箚駐新園；泉州箚駐下埤頭」（甲～一；642）「懇請常青發官兵往東港、情願齊心接應」（丙～一；670）。

此時，安平協副將丁朝雄又自告奮勇領兵由海道直取東港，斷莊大田軍糧道，聯絡下淡水客莊和泉莊義民，「大人即不發一兵，某亦往」（己～十五；11），九月十二日在曾中立統轄下八百兵丁及閩浙總督李侍堯所派，遊擊倪賓轄下四百兵丁（甲～一；640）從海上進攻，聯絡六堆義民由陸路進兵，九月二十五日復東港，擎獲守港賊目吳豹，仍請添兵進剿，常青又以無兵可撥，檄令駐箚港口，以通米糧入郡之道（甲～一，640；丙～一，672），常青又命六堆增兵二千餘人「諭令該莊選撥壯健，前赴東港協助守禦」（甲～三，595～596；丙～一，794）。丁朝雄平東港，「常青蔽不以上聞……福康安公至，始奏其真」（己～十五；12）。

東港是當時台灣南部的戰略要地，尤其是下淡水客莊產米區的輸出港，「東港之米有來至府城者，市價每石頓減七、八百文」（甲～一；642、697）。真是乾隆帝所謂「常青好運」。

常青年逾七十，佟佳故人（康熙生母孝康章皇后、雍正朝重臣隆科多，皆為佟佳氏），雖愚頑顢頇，欺下瞞上，乾隆帝數度下詔切責，始終未懲罰。

《邀功紀略》亦載其事：

> 東港海口為台南最要之區，海道一通，則下兵南征接應甚便。刻下，東港為賊淵藪，須上下合攻方能取勝。十月初二，撥丁副將帶兵一千，由鹿耳門進發；傳諭粵莊調撥義民，望大炮為號。比至東港，副總理鍾天峻等、

> 帶義民五千來接應，時賊人盤踞者，看官兵、義民上下
> 合攻，紛紛潰散……由是鹽、米貨物，各項流通。（戊～
> 一；103下）

除了兵員的數字與官方不同之外，《邀功紀略》多了日期
和六堆義民的領導人的姓名。

閩安副將丁朝雄「帶兵收復東港海口，粵莊糧米得以運至
府城」，因功「補援海壇鎮總兵」（丙～一；924），並因而
與曾中立建立深厚友誼，龔自珍所撰《丁公神道碑銘》還特別
提到曾中立。惟曾中立「欠穀數千石，有司以軍需不給，將置
之法」之說（己～十五；12），在筆者所見史料中，皆未得見。

十月二十七日，攻打「郡城南門外屯聚窺伺」的賊兵，即
以「山豬毛義民由南潭中路前進」（丙～一；717），六堆義
民由南潭中路前進」（丙～一；717），六堆義民成了主力。

十二月中，常青又奏：

> 粵莊義民募有二千餘人，暫不能來府，恐賊人侵擾該莊。
> 臣以東港駐兵無多，諭兵該莊選撥壯健，前赴東港協助
> 守禦。（丙～一；794）

顯然順從了乾隆帝的諭旨。

乾隆帝對於常青不帶兵剿補莊大田，又「常青祇辦自守，
不能望其帶兵剿捕」（丙～一；829）。常青又回奏：「派令
副將丁朝雄帶兵駐箚東港，會同廣東、泉州莊義民就近搜捕，
並相機前進，恢復鳳山」（丙～一；838）。常青依舊株守府城，
紋風不動。

第八節　曾中立輸米救府城

大軍未發、糧草先行。

軍事行動規模越大、動用人員越多，所需要的武器、配備
固然重要，糧草供應尤為重要。戰區動亂，必然導致民生凋敝、

生產停滯、食糧匱乏、物價騰貴。戰亂產生的難民必然湧向安全之處，駐兵之處和難民匯聚之處就是糧食大量消耗之處。

聚集大量糧食、維持運輸路線和動能、維護常態生產都是非常艱難的事。

乾隆五十一年（1786）十一月林爽文起兵之後，由於天地會的串連，瞬間席捲全台，十二月底林小文等被捕後，大甲溪以北只有零星戰事，大甲溪以南則大戰方酣（庚～九），難民集中道府城、諸羅和鹿港三地。

圍城之時，「惟恐賊匪潛為內應，清查城內民數，共有九十餘萬」，事平之後，「台灣縣民冊內，祇開十三萬七千餘口」（乙～四；157）。諸羅城則湧入四萬餘人（乙～四；50），到鹿港避難的男婦老幼又十餘萬人（乙～四；298）。事後奏銷，自五十二年四月至十一月，經乾隆帝核准的「收養難民共四十七萬九千四百一名口」，「先後募義民、鄉勇共四萬七千九百三名」（乙～四；299），乾隆帝調派福建、廣東、浙江、四川、貴州、湖南、廣西七省之兵，加上台灣原有的兵，共有六萬（丙～一；694～695），朝廷要籌措至少六十萬（奏銷數目）至一百二十萬（前列軍民數目）人口的軍需民食，可以說是非常龐大的數字。

根據閩浙總督李侍堯於林爽文被捕之後奏報：

> 自前年十二月至今（五十三年元月），先後撥運過米四十餘萬石，銀四百四十餘萬兩，為數繁多……解送府城及鹿港、北淡水等處以期無誤軍行。（丙～一；878）

無論從七省調兵或運糧，運輸開銷本身就很大。因此，如何從全台唯一維持正常生產狀態的下淡水客莊—六堆，把米糧運送到府城救急，成為當時台灣文武官吏的要務。

五十二年（1787）六月，閩浙總督李侍堯奏言：

府城米糧，向恃北路之蔴豆社、笨港（今雲林縣北港鎮）
及南之東港、竹仔港（今高雄市路竹區）等處沿海販運
米石來府城濟用。前月中，蔴豆社、笨港已被賊攻佔；
近日，東港、竹仔港又為賊匪張基光、鄧里所據，以致
南、北兩路無米到城，而避難來郡者又多，艱於覓食，
最為急務。海邊小船，並有被賊押去者，現在，副將丁
朝雄酌派官兵並挑義民四百，用船四十餘隻，在沿海一
帶巡拏。（丙～一；396）

　　根據此奏，防守府城西邊及安平的丁朝雄，當然深刻瞭解
南下取東港，打通海路糧道的重要性。因此九月十三日出兵，
十九日到東港，取得東港之後常青（湖廣總督，督辦台灣軍務）
又奏：

會商粵莊義民首舉人曾中立，仍曉諭各莊將米穀由港
運赴郡城糶賣。現有載兵之船回郡，俱已裝載米穀開
行……東港原係南路糧食赴郡之港口……商販米穀即
由回空兵船裝載來郡，郡城米價已平減。（丙～一；
672）

　　東港既然由官方掌控，往來的自然就不止回郡兵船，更有
大量下淡水米糧運到府城，乾隆帝非常高興，下令：

該處義民如舉人曾中立辦運米穀……奮勉急公……前已
有旨令福康安等查明，係文舉人酌賞文職，武舉人酌賞
武職；如人才可用，即予以實缺。（丙～一；636）

第九節　六路圍攻瑯嶠六堆自成一隊

　　五十三年正月初四（1788 年 2 月 10 日），林爽文被擒。

　　正月初七船戶楊興利向李侍堯報告：「現在鳳山尚未收復」
（丙～一；878 ～ 879），常青空言「相機進進，恢復鳳山」，
實則尺寸未進，駐箚在身側的六堆軍頗感無奈。十四日，福康

安率師南下、十九日抵達南潭，劉繩祖、黃袞等求見，福康安
奏報其事云：

> 山豬毛義民副理事劉繩祖、黃袞、邱宏章帶領防守郡城
> 之義民前來，懇請隨營打仗。臣當即傳見，親為獎勞，
> 先行給賞，並留心查看，該義民等果係勇敢強壯，實心
> 報效，實與他處義民不同；以之剿賊，必能得力。臣已
> 准其隨營。仍箚諭粵莊總理事舉人曾中立等，在沿山一
> 帶堵拏賊匪，容俟大兵進剿鳳山時，再當優加獎擢，以
> 示勸勵。（丙～一；874）

正月十九日，福康安殺散南潭賊匪，沿途剿洗賊莊。
二十四日，鳳山縣城「衙署、居民房屋及莿竹圍城皆被殺毀⋯⋯
並無賊人屯聚，現已分派官兵前往駐守」（丙～一；881）。

莊大田和他的部眾紛紛逃往水底寮（今屏東縣枋寮鄉），
經過官兵剿殺之後（己～一；30），餘眾又逃往瑯嶠（今屏東
恆春），進入傀儡番瑯嶠十八社地界，曾中立又「招集傀儡山
生番一千名，聽候調遣」（丙～一；881）。二月初四日，大
軍抵達風港，根據線報：「莊大田帶同匪眾俱在柴城（今屏東
縣恆春鎮車城），欲往蚊率社（今屏東縣滿州鄉），經番眾相
力抵禦，復行退回。」（丙～一；881）

二月五日，大兵抵達柴城，兵分六路，圍剿莊大田：穆克
登阿帶領四川屯練降番為一隊；許世亨、岱德帶領貴州官兵各
一隊；梁朝桂、張朝龍帶領廣東官兵為一隊；恆瑞、王宣帶領
廣西官兵為一隊；山豬毛義民副理事劉繩祖帶領客莊義民為一
隊；都司莊錫舍、北路義民首黃奠邦、鄭天球、張元勳、藍應舉，
各帶所管義民，共為一隊；自山梁挨次排下，直抵海岸；烏什
哈達所帶水師，將船隻沿海密佈、四面合圍、水陸並進。「自
辰至午，殺賊二千餘名，屍浮海面，不計其數，將莊大田等有
名頭目四十餘名及莊母，全數擒獲，生擒賊匪八百二十餘名。
柴城民人及各社生番縛獻賊匪三百餘名，俱即於軍前正法。」
（丙～一；881～882）

　　瑯嶠戰役中，六堆義民和川、黔、粵、桂各路大陸援軍並列，自成一隊，而台灣中、北部各地義民「共為一隊」，可見六堆義民在福康安心目中的份量。

　　因此，事平之後，二月十四日，專程到「山豬毛粵莊」「撫慰義民、宣諭聖恩」（丙～一；904）。

第八章　結論：「六堆」與曾中立之謎

　　史學以求真、存真為第一無上要義。

　　這是我的信仰，也是四、五十年前，史學方法和史學導論課堂的第一句話，我也始終奉為圭臬。

　　求真，多半的時候有規矩可循，有效的經驗就是方法。橫看成嶺側成峯是偏執；若人有眼大如天，廬山就是廬山，沒有什麼真假面目。

　　史學的研究對象是實體：人、時、地、物、條件與流變。可以用顯微鏡也可以用望遠鏡，可以用不同的立場、語言解析敘述，就像佛陀一言，八萬四千種不同說法，也不能改變佛之所以是佛。

　　研究新莊的三山國王廟、進而研究客家史，進而研究六堆，就像揭開一則一則的謎題，努力的結果是：哦，原來如此！

　　1975 年，買到一本鍾壬壽的《六堆鄉土誌》，看到第三任大總理曾中立是廣西客家人，覺得很迷惑，但是，沒有解謎的引力和推力。1989 年出版《台灣開發史研究》，寫了一篇〈台灣開發史的階段論與類型論〉代序，總是覺得有點心虛，歸納的過程缺了一塊──六堆。2003 年出版《台灣客家史研究》，這種缺憾更強烈了。

　　曾中立是乾隆四十四年（1779）恩科廣東嘉應州舉人，生卒年不詳，乾隆乙巳、丙午（乾隆 50 ～ 51，1785 ～ 1786）在台灣擔任海東書院山長。

乾隆五十一年十一月廿七日（1787 年 1 月 16 日）林爽文起兵，十二月初六陷諸羅（嘉義）；初九，莊大田起兵，十三日鳳山，府城震動，海東書院掌教曾中立請纓赴六堆求援。十九日，六堆「出堆」，眾推曾中立為「六堆大總理」。

曾中立就像彗星劃破長空，照耀大地，卻又無頭無尾。

「六堆」於康熙六十年五月初十日成立（1721 年 6 月 4 日）平朱一貴之亂立了大功，此後，發揮保鄉衛土、庇官佑民、出援府城的功能，六堆成為台灣的桃花源！

六堆阻止了南路「順天軍」的擴散，牽制了北方的林爽文，出兵協防府城又維持糧道的暢通，供應軍需民食。福康安平定北路，逮捕林爽文之後，發六路兵圍攻瑯嶠，六堆兵自成一路，逮捕莊大田之後，福康安專程到山豬毛（今屏東內埔）「撫慰義民、宣諭聖恩」，在那個年代，真是不得了的大事，相對於六堆人的貢獻，也算是恰如其份。

本文的完成，多多少少彌補我對於曾中立和六堆史研究的缺憾。如果能親臨嘉應、久駐六堆，從事實際調查，對於六堆形成之前的歷史和曾中立離開台灣之後的歷史，可能有更深刻的瞭解，人生就更美好了！

尹章義完稿於民國第二庚子正月初一

（2020.01.25）

台北新店萬山千水樓

第九章　徵引及參考資料目錄

甲、即時紀錄的影刊本

一、《清宮宮中檔奏摺台灣史料（九）》影刊本，國立故宮博物院藏，《清代台灣文獻叢編》，中華民國九十三年十一月，台北。

1. 乾隆五十二年（1787）八月初六日，閩浙總督李侍堯奏報：
   山豬毛各粵莊義民最為勇猛，頁386。

2. 乾隆五十二年八月初九日，閩浙總督李侍堯奏報：常青留
   用山豬毛廣東義民以助兵力實屬措置乖張，頁406～7。

3. 乾隆五十二年十月十九日，閩浙總督李侍堯奏報：山豬毛
   粵民會同泉民在新園逐賊，頁642。

4. 乾隆五十二年十月二十八日，閩浙總督李侍堯奏報：常青
   欲聯絡南路泉粵義民三、四千人剿莊大田，頁681。

5. 乾隆五十二年十一月初五日，閩浙總督李侍堯、福建巡撫
   徐嗣曾奏報：山豬毛粵民各莊賊不敢侵犯、自必耕種如
   常，米穀有到府者。頁696～697。

6. 乾隆五十二年十一月初六日，阿桂奏覆：南路民人呈請賞
   給腰牌識別者共一百三四十莊、粵民到郡遞呈者又一萬
   餘人。頁706。

7. 乾隆五十二年十一月初六日，福建學政陸錫熊奏報：台灣
   歲科試因軍務衍期，頁708。

8. 乾隆五十二年十一月十二日，兩廣總督孫士毅奏覆：廣東
   莊民不與莊錫舍會合、莊受傷，不應心存歧視。頁731。

二、《清宮宮中檔奏摺台灣史料（十）》影刊本，國立故宮博
　　物院藏，《清代台灣文獻叢編》，中華民國九十三年，台北。

1. 乾隆五十二年十二月十三日，福康安奏聞：山豬毛義民舉
   人曾中立最為奮勉出力，前已寄諭獎勵，並令帶領粵民
   相機堵勦。頁101。

2. 乾隆五十二年十二月十三日，福康安奏覆：除山豬毛、蕭
   壠、學稼等處，始終通莊拒賊外，其餘一莊之中，或充
   義民或為賊黨……奸良相雜。頁103。

3. 乾隆五十三年 正月初八日，福康安奏聞：最出力義民首
   黃奠邦、鄭天球、王得祿、張源勲、王松、高振、葉培英、
   曾應開。頁177。

4. 乾隆五十三年正月十九日，福康安奏聞：山豬毛義民副理事劉繩祖、黃袞、邱宏章帶領防守郡城之義民，前來懇請隨營打仗……仍箚諭粵莊總理事舉人曾中立等，在沿山一帶堵拿賊匪。頁 224。

5. 乾隆五十三年二月十九日，福康安、海蘭察、鄂輝等奏聞：親往山豬毛莊撫慰並詳述六堆義民及曾中立、劉繩祖事迹，曾中立賞給同知銜賞戴花翎。頁 312 ～ 314。

6. 乾隆五十三年三月十三日，福康安、鄂輝奏報擒獲林爽文、莊大田首先下手之人。頁 388 ～ 389。

7. 乾隆五十三年五月初九日，福康安、徐嗣曾奏報台灣義民首獎賞：隨在軍營最出力者，除舉人曾中立奉旨以同知實缺補用，舉人曾大源奏准以內閣中書補用……楊振文開墾地畝謀生不願出仕。頁 571 ～ 573。

三、《清宮諭旨檔台灣史料（一）》影刊本，國立故宮博物院藏，《清代台灣文獻叢編》，中華民國八十五年，台北。

1. 乾隆五十二年（1787）四月初四日，上諭：三月初四日，參將瑚圖里稟報：自山豬毛……被賊攔截，不能過溪。頁 341。

2. 乾隆五十二年十月初六日，上諭……台灣各官稟報，府城附近村莊盡被賊脅，不惟諸羅受困，台灣郡城亦在圍中……十四日續奏到山豬毛廣東莊義民情形……頁 436 ～ 437。

3. 乾隆五十二年十月二十七日，上諭……義民首曾中立稟稱：有賊目許光來囑令民人黃嵩探問，若擒送莊大田是否得以免罪，隨諭以不但無罪而且有功。頁 571 ～ 572。

4. 乾隆五十二年十一月初一日，上諭……莊錫舍自帶手下義民數百往會廣東莊義民殺賊。粵民以其曾經從賊投誠得官，共相鄙薄，不與會合，莊錫舍獨與賊打仗受傷（頁 593 ～ 594）。南路民人請領腰牌，共一百三四十莊，粵民共一萬餘人到郡遞呈（頁 597）……特賜匾額。頁

599。（全甲～一～8）

5. 乾隆五十二年十一月初二日，上諭……義民如舉人曾中立辦運米穀……如人才可用，即予實缺……。頁 631 ～ 632。

6. 乾隆五十二年十一月初八，上諭……據奏密令舉人郭廷機等，分投前往，離間賊黨，張貼告示，招集義民，並召募泉州義勇二千四百餘名，仍招集漳州鄉勇百餘名，以泯其形迹等語……看來福康安於勤捕機宜，胸有定見。頁 703。

7. 乾隆五十三年二月初五日，上諭……福康安等未及兩月即將首逆林爽文生擒解京。頁 1031。

四、《清宮諭旨檔台灣史料（二）》影刊本，國立故宮博物院藏，《清代台灣文獻叢編》，中華民國八十五年，台北。

1. 乾隆五十三年二月二十七日，上諭……大兵直抵琅嶠，生擒賊目莊大田、全郡平定……山豬毛義民首曾中立，招集傀儡山生番一千名聽候調遣……派令穆登阿、許世亨、梁朝桂及義民副理事劉繩祖、都司莊錫舍、北路義民首黃奠邦等各為一隊，自山梁直到海岸……義民首曾中立前因屢次奮勇，已賞給同知職銜，今又招集生番……著福康安即將曾中立酌量補以實缺。頁 1044。

2. 乾隆五十三年三月二十一日，上諭：據福康安等奏稱；鳳山縣屬之山豬毛一帶各莊義民……俾滿教授羅前蔭前往曉諭……挑選壯丁八千餘名……其前經賞給同知銜之義民總理事曾中立，仍請賞戴花翎，義民副理事劉繩祖……頒給御書匾額，特加旌異……曾中立加恩給予義勇巴圖魯名號，俱著送部引見……曾中立、黃奠邦仍照加賞巴圖魯名號之例，各賞銀一百兩。頁 1077 ～ 1079。

3. 乾隆五十三年七月二十二日陳泮供詞：五十一年十一月林爽文造反，彰化大小村都被脅從……。頁 1232 ～ 1238。

4.（日期同上）吳領供……五十二年正月從賊做旗腳，屢次
打仗出力，叫我充當股頭，駐箚松柏坑。頁 1240。

5.乾隆五十三年十二月二十六日，台灣生番來京瞻覲，義民
通事係內地民人，筵宴時不必入座，傀儡山總社頭目一
名，番目七名。頁 1361 ～ 1362。

6.乾隆五十四年（1789）正月二十一日，上諭……曾中立
由文舉人出身，業已補放同知，黃奠邦頗曉文義，加恩
改撥同知。頁 1396 ～ 1397。

7.（日期同前）加賞曾中立、黃奠邦物件單。頁 1398 ～
1399。

8.乾隆五十四年二月初十日，吏部帶領俸滿教授同知銜之
義民首羅前蔭一員，奉旨發往廣東，以同知題補。頁
1408。

乙、即時紀錄的排印本

一、《台案彙錄甲集》，台灣銀行經濟研究室編印《台灣文獻
叢刊》第三一種，據省立台北圖書館藏手抄本《台案紀事本
末》以及中央研究院歷史語言研究所刊印之《明清史料》戊
編之檔案選刊，中華民國四十八年，台北。

二、《台案彙錄丙集》，（選自中央研究院歷史語言研究所刊
《明清史料》戊編及己編）台灣銀行經濟研究室《台灣文獻
叢刊》第一七六種排印本；中華民國五十二年，台北。

1.乾隆五十五（1790）九月初七日，戶部抄出閩浙總督伍
拉納奏報，澎湖颶災，委署南勝同知曾中立攜銀三千兩
前往，並飭台灣府楊廷理親赴澎湖。頁 121。

三、《台案彙錄丁集》，（選自前揭《明清史料》戊編、己編），
《台灣文獻叢刊》第一七八種排印本；中華民國五十二年，
台北。

1.乾隆五十九年（1794）九月二十三日抄錄閩浙總督覺羅

伍拉納奏建蓋澎湖兵房摺：五十五年六月澎湖風災，提取司庫銀兩，委員曾中立管解前往。頁 98。

2. 乾隆五十九十二月初七日，工部題本：派委署南勝同知曾中立往澎湖勘災。頁 99。

四、《台案彙錄庚集》，（前三卷選自《明清史料》戊編，末兩卷取自福康安《廷寄》），《台灣文獻叢刊》第二〇〇種本，中華民國五十三年，台北。

1. 乾隆五十二年（1787）四月初四日，上諭……三月初四日參將瑚圖里稟報，自山豬毛被賊攔截不能過溪……官兵未回甚多，賊即來攻營盤。頁 9。

2. 乾隆五十二年四月十三日，閩浙總督常青奏報……（仝上），頁 13。

3. 乾隆五十三年（1788）三月十八日，內閣抄出福康安等奏（仝甲～四——一），頁 88 ～ 90。

4. 乾隆五十三年三月二十四日，內閣抄出福康安等奏（仝甲～二—五），頁 108 ～ 111。

5. 乾隆五十五年（1790）二月二十日戶部題本「台灣剿匪賞銀案」：曾中立等三十五員，每員賞給巴圖魯銀一百兩。五十三年三月二十一日福康安奏：五十二年六月內，挑派義民首副理事劉繩祖等，帶領義民一千三百餘名，赴援郡城，協守東港，一載以來，始終不懈，頁 291 ～ 293。

6. 乾隆五十八年（1793）十月初四日，戶部題本：

一、山豬毛粵莊義民副理事劉繩祖等帶領義民隨參將瑚圖里等官兵，由羅漢內門山路赴援郡城……一千三百九十四名，隨同官兵進剿，照士兵分例，每名日支鹽菜銀三分，口糧米……

一、該義民等雖係本地居民，但離莊遙遠……並無帳房、行李……露寢風餐，無處棲宿，抑且有米難炊……給予

蔑篷、苧繩，俾其搭蓋篷廠……量給草蓆、鐵鍋資其棲
宿炊爨……今此項義民，平時並無支食糧餉，急公好義、
志切同仇，自宜備加體恤。頁 446 ～ 448。

7. 乾隆五十二年八月初六日，上諭……常青……此瑚圖里
帶領廣東莊義民到營，祇有一、二千人……恐其本莊祇
係老弱，不能捍衛……甚不以為然，曾經降旨飭諭。頁
488。（此則以次探自《廷寄》）。

8. 乾隆五十二年九月十四日，上諭：本日據常青奏，仍令山
豬毛義民帶回大營，即留營助勦……節次降旨飭諭，並
令將該處義民即行送回本莊。嗣據常青……將義民之總
理舉人曾中立查明賞給官職……常青又將該義民等送回
本莊，何不曉事體若此？……義民副理劉繩祖，並即著
一體賞給官職。頁 532。

9. 乾隆五十二年九月二十八日，上諭……常青令山豬毛廣東
義民各回本莊一事，最為失算。頁 551。

10. 乾隆五十二年十月十九日，上諭……住居山豬毛廣東莊
者，久經官給懷忠里、效忠里匾額，該處義民最為奮勇
急公，自應令其照舊安居，各守本業。頁 591。

11. 乾隆五十二年十月二十七日，上諭……義民曾中立稟稱，
有賊目許光榮，囑令民人黃嵩探問，若擒……（全甲─
三─3）。頁 609。

12. 乾隆五十二年十一月初一日，上諭……自康熙年間，廣
東莊義民，因勦賊有功，經總督滿保賞給懷忠，效忠等
匾額……今將廣東莊、泉州莊義民，朕皆特賜匾額，用
旌義勇。頁 617 ～ 618。

13. 乾隆五十二年十一月初二日，上諭……廣東莊義民……
如舉人曾中立辦運米穀、游永盛賚送番銀，林成在東港等
處率眾堵禦殺賊……（全甲～三～5）。頁 623 ～ 624。

14. 乾隆五十二年十一月初九日，上諭……常青奏，接柴大
紀咨報，義民游永盛已運送番銀三次。此次番銀交游永

盛等二十人分帶回縣，在途被截，惟阮阿生等四人帶到銀八百元等語……游永盛等十六人，如係被賊戕害，亦著查明，即照陣亡例優加賞卹。頁 646。

15. 乾隆五十三年二月二十七日，上諭……山豬毛義民首曾中立，招集傀儡生番聽候調遣（全甲～四～1）。頁 779 ～ 782。

16. 乾隆五十三年三月二十一日，上諭……前經賞給同知職銜之義民總理事曾中立，仍請賞戴花翎，一併送部引見。義民副理事劉繩祖……（全甲～四～2）。頁 797 ～ 798。

17. 乾隆五十三年四月十七日，上諭……前此出力之義民曾中立、黃奠邦等，一併給咨送部引見，頁 813。

丙、直後的紀錄與資料彙編

一、《欽定平定台灣紀略》，（乾隆五十三年，1788）《台灣文獻叢刊》第一○二種排印本。

1. 乾隆五十二年七月二十日，常青奏……六月二十一日，據參將瑚圖里、都司卲振綱稟：二十日自山豬毛帶兵六百餘名，廣東義民一千四百餘名，由小路翻山至南潭，攻勦賊匪，臨時懇求接應。……廣東義民奮勇爭先……山豬毛汛與廣東莊相連，賊人數次侵犯，俱被官兵、義民殺退。賞六品頂帶九人；八品十三人，賞銀二兩者九十名，一兩者一千兩百八十二名……官兵前在山豬毛被困數月，既全藉廣東莊義民助糧接應……速令回本莊。頁 425 ～ 428。

2. 乾隆五十二年七月二十一日，上諭……常青將廣東莊義民留營助勦，辦理錯謬，無甚於此。頁 431。

3. 乾隆五十二年七月二十四日，上諭……參將瑚圖里自山豬毛帶領官兵、義民來營，所辦錯謬之極。頁 435。

4. 乾隆五十二年八月初二日，上諭福康安……前因瑚圖里在

山豬毛帶領廣東莊義民到大營，留於大營助剿，曾經降旨飭諭。頁 472。

5. 乾隆五十二年八月十九日，李侍堯奏：山豬毛各粵莊義民最為勇猛……七月初三、四等日，逆匪莊大田遣許光來等往攻山豬毛粵莊，被粵民殺退，七月十四日，常青等往剿南潭時，所留軍前之義民最為出力。頁 505。

6. 乾隆五十二年九月初九日，常青奏……山豬毛義民與他處不同……遵康熙、雍正年間各義民祖父設堆堵禦之例，推舉人曾中立為總理，分設六堆，統計義民八千餘人，屢經打仗殺賊……情願隨營征剿立功。頁 573。

7. 乾隆五十二年九月初九日，上諭……所有總理此事之舉人曾中立，著常青等查明，如係文舉人，即酌賞給文官……如果人才可用，即與以實缺亦無不可……頭目、隊長亦著查明，量給頂戴，以示獎勵。頁 375。

8. 乾隆五十二年九月十四日，常青奏：山豬毛義民，擬於剿捕南路，即順便令伊等各回本莊。……上諭……所辦又屬拘泥，即派瑚圖里前往該莊，傳旨獎勵，並諭以此事係屬常青辦銷，現已有旨申飭，該義民等，仍當前赴軍營殺賊立功。頁 589。

9. 乾隆五十二年十月二十七日，常青奏言……山豬毛義民首舉人曾中立稟稱：賊目許光來……（仝甲～三～3）。頁 655。

10. 乾隆五十二年十一月初一日，李侍堯奏……殺賊粵民以為莊錫舍曾經從賊，不與會合……特賜匾額……（仝甲～一～8；甲～三～4），頁 661～665。

11. 乾隆五十二年十一月初二日，常青奏……會商粵莊義民總理曾中立等，仍曉諭各莊將米穀由港運赴郡城糶賣，現有載兵之船回郡，俱已裝載米穀開行……郡城米價已平減。頁 672。

12. 乾隆五十二年十一月初二日，李侍堯奏……九月十一、

二等日，山豬毛粵民會同泉民，在新園逐賊，殺溺死者甚多……粵民箚住新園，泉民箚住下埤頭，是以將軍常青派丁朝雄、倪賓等直取東港。頁 673 ～ 674。

13. 乾隆五十二年十一月十二日，常青奏……賊圍府城，常青、永慶、博清額帶兵一千五百名並山豬毛義民，由南潭中路前進，山豬毛義民乘勝爭先，猶為趫捷，奪獲賊人大砲一門，割獻首級……。頁 717 ～ 718。

14. 乾隆五十二年十二月二十七日，常青奏言：前派守備莊錫舍隨同副將丁朝雄前赴東港剿捕，其時廣東莊義民不與會合……不日泉、粵等莊且有欽賜匾額……當有粵莊義民募集二千餘人，暫時不能來府，恐賊人侵擾該莊。臣以東港駐兵無多，諭令該莊選撥壯健，前赴東港協助守禦……現可固守無虞。頁 793 ～ 794。

15. 乾隆五十三年正月初九日，福康安等奏……台灣各處義民，多係紳衿舖戶等招集，亦有由地方官衙門招募充當……府城、諸羅、鹿仔港等處，久被攻擾，得以固守無虞，實藉該義民之力……其山豬毛義民首舉人曾中立，最為奮勉出力，前已寄諭獎勵，並令帶領粵民相機堵剿，俟大軍至南路時，再行從優獎賞。頁 807 ～ 808。

16. 乾隆五十三年二月十一日，福康安等奏……山豬毛義民副理事前來，懇請隨營打仗……該義民等，果係勇敢強壯，實心報效，實與他處義民不同……必能得力，臣已准其隨營。仍箚諭粵莊總理事舉人曾中立等，在沿山一帶堵拏賊匪（仝甲～二～ 4）。頁 874。

17. 乾隆五十三年二月二十七日，福康安等奏……（仝甲～四～ 1）。頁 881 ～ 883。

18. 乾隆五十三年三月初七日，福康安等奏……莊大田五十一年十二月十二日攻陷鳳山、二十日攻往郡城，至二十五日聞廣東義民燒莊，即行撤回。頁 893。

19. 乾隆五十三年三月二十一，福康安等奏……生擒莊大

田……山豬毛一帶粵莊，捐資倡義，實為奮勇出力，亦應前往撫慰……臣等於十三日自東港啟程，次日至山豬毛粵莊。該處係東港上游，粵民一百餘莊，分為港東、港西兩里……前年林爽文、莊大田滋事不法，羅前蔭赴粵莊招集義民。旋有賊匪涂達元、張載柏執旗到莊招誘即時擒斬。於十二月十九日齊集忠義亭供奉萬歲牌，同心堵禦、壯丁八千，分為六堆，按照田畝，公捐糧餉，舉人曾中立總理其事……攻破小篤家莊、阿里港等處賊營，牽綴賊勢。五十二年六月內，挑選義民副理事劉繩祖等，帶領義民一千三百餘名，由羅漢門山路赴援郡城，即在郡城外紮營禦賊，九月內，復派義民協守東港，一載以來，始終不懈。臣等親至該處，義民總理事、副理事及各義民紛紛迎接……查曾中立前經奉旨賞給同知銜。又義民副理事劉繩祖、黃衰、涂超秀、周敦紀四名最為出力，俱請賞戴花翎。復親至莊大田所住之篤家莊，剿洗淨盡。頁 904 ～ 905。

20. 乾隆五十三年三月二十一日，上諭：山豬毛義民急公慕義，業經頒給諭書匾額，特加旌異並諭令將各義民等分別獎賞。羅前蔭著加恩賞給同知銜，曾中立業已賞給同知職銜，仍著賞戴花翎並加恩給予義勇巴圖魯名號，俱著送部引見……其曾中立、黃奠邦仍照加賞巴圖魯名號之例，各賞銀一百兩，以示獎勵。頁 914。

21. 乾隆五十三年三月二十一日，徐嗣曾奏……台灣縣難民遷入府城者居多，府城以外村莊，竟屬蕩然。鳳山城內與彰化相同，其村落多遭蹂躪，惟廣東莊義民田園廬舍最稱完善。頁 916。

22. 乾隆五十三年四月十四日，福康安等奏：天地會會內之人，有因斂錢助鬥心生退悔者，即如阿里港殷戶陳國英，原曾入會從逆……復逃至山豬毛粵莊願充義民，因粵莊不肯收留，勒交穀石，氣忿身死。頁 929。

23. 乾隆五十三年四月十七日，上諭，著福康安將該義民首
　　同前此曾中立、黃奠邦等，一併給咨送部引見。頁 938。

24. 乾隆五十三年九月二十六日，徐嗣曾奏言：台灣內山各
　　社生番頭目，於八月上旬陸續到郡，尚委福州同知楊紹
　　裘，帶同熟悉番情之義民首張維光、葉培英、王松，沿
　　途護送進京。義民首曾中立、黃奠邦等，同日起程，一
　　體照料。均於八月二十八日自鹿耳門登舟，候風開駕……
　　計算十二月十五日以前，總可趕赴抵京。頁 1029 ～
　　1030。

二、楊廷理，《東瀛紀事》，乾隆五十五年（1790），台灣銀
　　行經濟研究室《台灣文獻叢刊》第二一三種《海濱大事記》，
　　據東方學會印行《史料叢刊初編》所收該書排印本。

　　楊廷理，柳州人，乾隆四十二年（1777）拔貢，乾隆五十一
　　年（1786）八月任台灣南路海防兼理番同知，十一月天地會
　　林爽文起事，知府孫景燧遇害，攝府篆，次年（1787）八月
　　陞知府，五十三年（1788）二月護理台灣道。作者自序云；
　　「乾隆五十五（1790）年孟夏書於台灣郡署之榕堂」。此書
　　多據奏摺、檔冊，亦多親歷、目睹之事，而為其他資料所未
　　見者。

1. 楊廷理在序言中論林爽文事件致變與驟起之原因各有三，
　　驟起原因之三：「各營官兵之外，泉、粵義民，衛公保私，
　　悉力拒敵於前，賊不能進；南北番兵畏威向化，奮勇斷
　　賊於後，賊不得退」，頁 46。

2. 乾隆五十一年十二月六日乙巳條：「諸羅城陷、信至，台
　　灣道永福遣倅滿教授羅前蔭、海東掌教粵舉人曾中立、
　　幕友劉繩祖馳往鳳山，招集粵莊義民赴郡守禦。同知楊
　　率經歷羅倫、晉江監生郭友和步行入市，手執大書「招
　　募義民」黃旗，三日中得八千人。復至海口招得水手
　　一千人並調熟番一千人，備戰守」，頁 50。

3. 乾隆五十一年十二月十九日戊午條：「鳳山所屬山豬毛係

東港上游，粵民一百餘莊，分為港東、港西兩里。康熙
間，助平朱逆之亂。粵舉人曾中立與教授羅前蔭赴莊招
集義民。適賊遣其黨涂達元、張載柏到莊誘眾，兩里之
民誓不從賊，即斬二賊以徇。群集忠義亭，供奉萬歲牌，
挑選壯丁八千餘人，分中、左、右、前、後及前敵共六隊，
計畝捐餉，以曾中立總理其事。每隊每莊各設總理一、
副理二分領義民。先攻小篤家莊、阿里港等處，以牽掣
賊勢」，頁數 53。

4. 乾隆五十三年二月五日戊戌條，敘述消滅莊大田之陣容：
「山豬毛義民副理劉繩祖等領粵莊義民為一隊」，頁
71。

三、《大清歷朝實錄、高宗實錄》，吉林省社會科學院歷史所
編，《清實錄台灣史資料專輯》，福建人民出版社排印本，
1993，福州。

1. 乾隆五十二年七月十日條：「所辦著著皆錯，瑚圖里等，
前因鳳山失事被賊攔截，在山豬毛駐守數月……從山豬
毛小路翻山進攻南潭……竟帶同來大營，令其隨征……
使賊聞知該義民等隨營助剿，必心懷忿恨，將其村莊焚
燬、家屬殺戮、轉致受累」，頁 393。

2. 乾隆五十二年九月九日條：「山豬毛粵東義民……所有總
理此事之舉人曾中立……優加敘獎」，頁 424。

3. 乾隆五十二年十一月一日：「台灣義民甚多，而廣東、
泉州二處民人，尤為急公……特賜匾額以示優獎」，頁
450。

4. 乾隆五十三年二十一日：「山豬毛義民急公慕義，一載以
來隨同官兵勦殺賊匪，始終不懈……所有管理義民之教
授羅前蔭，著加恩賞給同知職銜，曾中立業已賞給同知
職銜，仍著賞戴花翎……劉繩祖、黃衮、涂超秀、周敦
紀著賞戴藍翎，以示優獎」，頁 538。

5. 乾隆五十三年七月十七日，論軍機大臣等，台灣生番，前

據福康安奏，於秋涼後啟程渡洋，來京瞻觀……義民……
如曾中立、黃奠邦等，已賞給同知、都司等銜，并令送
部引見……即令應行引見之義民與生番等，俱於秋涼後
一同起程，並計算日期，務必於十二月十五日以前到京，
以便同年班眾部共入筵宴，俾伊等仰荷寵錫觀光，倍加
感奮」，頁 572。

6. 乾隆五十三年九月三十條：福建巡撫徐嗣曾奏：「台灣內
山各社生番於八月上旬到郡……委在台辦事福州同知楊
紹裘，帶同義民曾中立、黃奠邦、張維光、葉培英、王
松護送，於八月二十八日自鹿耳門登舟候風，約十二月
望前可以抵京」，頁 581。

7. 乾隆五十四年（1789）正月二十一日條：「台灣出力義
民首等，俱經核其勞績，分別補用官職。曾中立由文舉
人出身業已補放同知……黃奠邦改授同知」，頁 592。

丁、曾中立的作品

一、章甫《半崧集序》，序末署「年家友弟嶺南鶴峯曾中立書
於海東書院」，時丙午歲，即乾隆五十一年（1786）。見於
台灣銀行經濟研究室編印《台灣文獻叢刊第二。〇一種《半
崧集簡編》排印本，頁 3。中華民國五十三年，台北。

原序一（曾序）

嘗讀韓文至孟郊東野，始以其詩鳴。所謂鳴者，非僅鳴
於一隅，鳴於一世也。我朝鄉會、歲科，文藝取士，兼
以詩舉；多士涵濡雨化，和其聲以鳴盛久矣。歲丙午（乾
隆五十一年，1786），余主海東講席兩年，院中課藝欲
付梓者，半崧章君申友最多。是歲賓興，復得其古今體
詩初集若干首。嗟乎！半崧之詩，院中游君峰山曾謂『其
詩於春有鳥之致、於夏有雷之聲、於秋有蟲之韻、於冬
有風之氣』。予曰：『不僅此也。其興到時，一氣卷舒；
其語真處，不假修飾；其精鍊，炊金爨玉；其細膩，馬

跡蛛絲』。昔昌黎公得孟郊東野，不勝寄慨；不意予今
日於章君亦然。

年家友弟嶺南鶴峯曾中立書於海東書院。

二、〈夏日偕唐璞亭司馬、杜春墅、邱瑤圃廣文、陳瑤階山長、
邱愛廬硯長，遊鯽魚潭留飲潭上書室〉，《續修台灣縣志》
卷八藝文志（三），台灣銀行經濟研究室編印《台灣文獻叢
刊》第一四〇種排印本，頁609，中華民國五十三年，台北。

夏日偕唐璞亭司馬　杜春墅、邱瑤圃廣文、陳瑤階山長、
邱愛廬硯長　遊鯽魚潭留飲潭上書室

海東掌教號鶴峯嘉應州舉人　　　曾中立

東海淵亭別一湖，偕游竟日足歡娛。

微風毫浪清如許，遠岫籠雲淡欲無。

自得錦鱗時在藻，翩然淺瀨起飛鳧。

倚闌共詠淚山勝，寫入新詩當畫圖。

又

一鑑空明泛畫船，淡粧濃抹欲爭妍。

綠榕深鎖湖亭日，修竹輕搖野渡煙。

遣興如斯同白傅，移情何用學成連。

漁歌晚唱晴霞落，鬢髻三潭印月邊。

三、《乾隆五十三年忠義亭祭義民陣亡文》，見於《六堆忠義
文獻》，戌～二；57～58。

戊、清代六堆人之紀錄與資料彙編

一、黃裒、廖春芳，《邀功紀略》，乾隆五十七年（1792），
寫本。曾彩金總編纂《六堆客家社會文化發展與變遷之研
究、歷史源流篇》（六堆文化教育基金會、民國九十年、屏
東）附錄一，頁92～106，影刊本。

二、宋九雲，《台南東粵義民誌》，光緒十一年（1885），邱

炳華乙巳年（光緒 31，1905）寫本，民國八四年（1995）
黃瓊慧影印流傳本。

三、邱維藩編，《六堆忠義文獻》，光緒末年（1905？）寫本，
民國八十四年（1995）黃瓊慧影印流傳本。

己、清代的論述

一、不著撰人，《平台紀事本末》，賴永祥原藏抄本，作者、
年代不詳，台灣銀行經濟研究室《台灣文獻叢刊》第十六種
排印本，中華民國四十七年，台北。

該書許多資訊為其他資料所未見，或錄自奏摺、諭旨，或為
當事人目睹耳聞；文體與楊廷理無殊而內容較詳，《東瀛紀
事》似為《史料叢刊》編著節略本書而成。惟因未載作者之
名，姑置於此。

　　1. 乾隆五十二年（1787）三月辛未（初三日）條：「林爽
文南寇，台灣道永福、同知楊廷理謀遣人赴下淡水招集
粵民衛府城。有嘉應州舉人曾中立、掌教海東書院，願
往。永福乃檄臺灣府教授羅前蔭、粵人劉繩祖隨之。曾
中立等既至下淡水而鳳山陷，即留寓其地。適賊首莊大
田遣伙眾涂達元、張載伯等滋擾港東、港西，招誘粵人。
粵人不從，殺涂達元、張載伯。齊集忠義亭，選壯丁
八千餘人，分為中、左、右、前、後及前敵六堆，設總理、
副總理以資管束，推曾中立為主，時乾隆五十一年十二
月十有九日。」頁 25 ～ 26。

　　（以上論述較其他紀錄為詳，章義附識）

　　2. 乾隆五十二年（1787）七月癸酉（初八日）條：「常
青派參將特克什布，都司邵振綱帶領福寧並下淡水汛兵
三百人同往，援諸羅。邵振綱者，下淡水都司，鳳山既陷，
隨參將瑚圖里守汛地。既而，下淡水粵莊義民首周敦紀等
請隨大軍自效，常青許之。周敦紀等率義民一千四百人
由內門山間道至關帝廳，參將瑚圖里、都司邵振綱亦領

弁兵六百餘人隨義民赴軍前。常青奏賞周敦紀等九人六品頂戴，曾秀等十三人八品頂戴，其餘義民賞銀各有差。即命瑚圖里協守府城，而分邵振綱所領兵往援諸羅。」頁 40。

3. 乾隆五十二年（1787）十月辛丑（初七日），「常青遣副將丁朝雄帶兵二千人復東港。六月以來，南路賊據東港，至是，竿林莊粵民糾眾攻新園賊巢，乘勢至東港。義民首林成赴府城，請發兵守東港，通糧道。是日，丁朝雄等至東港，箚營港口，與山豬毛義民通。常青奏賞曾中立同知職銜、羅前蔭知府職銜，奏旨賞其招募山豬毛義民之功也。」頁 50 ～ 51。

4. 乾隆五十三年（1788）二月乙巳（十二日），大兵凱旋，至東港。丁未（十四日），至山豬毛。初，山豬毛義民團結鄉眾拒賊，上嘉其勇，御賜褒忠匾額，鄉民建亭奉之。將軍福康安親至亭下，招義民首慰勞之。」頁 65。

二、不者撰人，《莊大田之亂》，省立台北圖書館原藏抄本，台灣銀行經濟研究室刊之於《台案彙錄甲集》之末，作為「附錄」（頁 233 ～ 251）。編者謂：「文中字句大都與平台紀事本末相同，似即節錄此書而成……有幾個月、日和地名與平台紀事本末不同，還有參考價值。」頁 233。

三、翟灝，《台陽筆記》，撰於乾隆五十八年至嘉慶十年（1793 ～ 1805），嘉慶十八年刊本。台灣銀行經濟研究室《台灣文獻叢刊》第二○種排印本，中華民國四十七年、台北。

〈粵莊義民記〉：「吾之於台之粵民深有感焉……自台入版圖以來，鄭芝龍、朱一貴、黃教、林爽文、廖掛、陳錫宇等陷城戕官，封偽爵，據土地，無不縱橫全台，勢如破竹；而皆不能犯尺寸之土於粵莊之民。夫粵其果有城郭之固、山川之險，所得恃以不恐歟？牆不過編竹，門不過積柴，然而久安無恙也。余重其義而問之故。曰：我莊有成約焉，事無巨

細，人無遠近，必須痛癢相關，軌以正而無至於邪，有則自
懲之，不敢勞吏問也。余聞之曰：嘻！此所以歷久而不敝者
歟？舉凡此莊之民，莫不忘利重義，安居樂業，協力同心，
非有以和其衷而養其天年，能如是乎？……今而後知海之外
猶有古風存者。」頁 3 ～ 4。

四、謝金鑾、鄭兼才等，《續修台灣縣志》，嘉慶年間修（1805～
1820），今據台灣銀行經濟研究室，《台灣文獻叢刊》第
一四〇種排印本，中華民國五十三年，台北。卷五外編兵燹，
乾隆五十一年（丙午）（1786）條：「巡道永福遣俸滿教授
羅前蔭，海東掌教粵舉人曾中立，幕友劉繩祖共往鳳山，募
粵莊義民，赴郡守禦。」頁 374。

五、阮元等修，《廣東通志》（道光二年 1822）同治三年重刊
本、華文書局影刊本、民國五十七年，台北。卷三百五，列
傳三十八，黃衷傳曾中立附：「黃衷，鎮平人，寓閩之台灣。
乾隆丁未（52 年，1787），林逆被猖，欲脅粵莊下之。衷
慷慨畫策起義，勇為官軍援，眾善之。適嘉應舉人曾中立傳
憲諭至，如衷言，眾益奮，遂設堆堵禦。衷等數以伏兵，由
閒道擊賊，從南路牽制賊勢，使不得急犯郡城。既而官軍大
集，衷等從剿殊勇，卒以殲賊……衷賞藍翎，議授江西寧州
通判，擢知縣，委署白河。嘉慶七年（1802），在縣屬吉山
廟勦賊亡於陣。」頁 32 甲～ 32 乙。

六、周璽，《彰化縣志》，道光十年修（1830）。國防研究院
出版部《台灣叢書》第一輯第六冊排印本，中華民國五十七
年，台北。卷十一，雜識志、兵燹門，乾隆五十一年林爽文
作亂十二月六日乙巳條：「巡道永福遣俸滿教授羅前蔭，海
東掌教粵舉人曾中立、幕友劉繩祖，往鳳山募粵莊義民，赴
郡城守禦。」頁數 358。

七、周凱，《廈門志》，道光十九年修（1839）。台灣銀行經
濟研究室《台灣文獻叢刊》第九五種排印本，中華民國五十
年，台北。卷十二，列傳上，武功、楊超傳：「廈門西門外
人。少遊台灣，入邑庠。值林爽文煽亂，招募義勇，畫贊戎

行；功授六品銜。以海東掌教曾中立薦，即奉檄權攝縣事。」
頁484。

八、丁曰健輯，《治台必告錄》，同治六年刊本。台灣銀行
經濟研究室《台灣文獻叢刊》第十七種排印本，中華民國
四十九年，台北。

九、徐宗幹輯，《斯未信齋文集》〈寄浙撫粱楚香中丞書〉：「舊
有海東書院，肄業者三百餘人，各街巷晝夜俱有書聲，內地
所罕聞也。」頁348。

十、陳壽祺等撰，《福建通志》，同治十年重刊本，華文書局
影刊，中華民國五十七年，台北。卷一一四，職官、邵武府
同知：「曾中立，廣東嘉應州舉人，嘉慶三年任。」（次任
閔思敬，六年任，故曾中立在任三年）頁二乙。

十一、不著撰人，《台灣府輿圖冊》，道光同治年間台灣地方
官編繪，台灣銀行經濟研究室第一八一種《台灣府輿圖纂
要》之一。〈營制〉。「下淡水都司，駐鳳屬山豬毛口。」
頁57。

十二、光緒《嘉應州志》，民國二十二年刊本。

　1.卷二十〈選舉表〉：「乾隆四十四年恩科曾中立，邵武府
　　丞，有傳。采訪冊：阮元通志云：題名冊戴，是年萬壽，
　　特開恩科。」頁數三十一乙。

　2.前書，卷二十三列傳，〈曾中立傳〉：

　　「曾中立，嘉應舉人，寓居鳳山。逆賊林爽文之亂，與教
　　授羅前蔭赴港東、港西懷忠里招集義民，適賊遣其餘黨
　　涂達元、張載柏到莊誘眾，兩里之民誓不從賊，即戕二
　　賊以徇，供奉萬歲牌，挑選丁壯八千餘人，分六隊，計
　　畝捐餉，以中立總理其事，先攻小篤家莊、阿里港等處
　　以牽掇賊勢（東瀛紀事），事平，以聞，與黃袞等同授
　　職有差（通志附黃袞傳，此傳新輯）。」頁43乙～44甲。

十三、王瑛曾等，《重修鳳山縣志》，乾隆二十九年修（1764），
國防研究院《台灣叢書》第一輯第五冊校勘排印本，中華民

國五十七年，台北。

1. 卷十〈人物志〉「義民」李直三、侯觀德，率粵之鎮平、
   平遠、嘉應州、大埔等州縣人，渡台後，寓縣下淡水港東、
   西二里，列屋聚廬，別成村落。兩里設里正、副共四人，
   應公差、通音譯、稽奸匪，來往內地俱由縣給義民照……
   朱一貴作亂……五月初一日府治失陷，各義民隨於五月
   初十日糾集十二大莊、六十四小莊，共一萬餘名，於萬
   丹莊豎立「大清」旗號，推侯觀德指畫軍務，分七營，
   駐列淡水溪……八社倉廠貯粟一十六萬餘石……領鄉壯
   番民固守，相拒月餘，群賊不敢一人南渡……旌其里曰
   懷忠里，諭建亭曰忠義亭，優恩蠲免差徭（立碑縣門，
   永為定例）。」頁 255～257。

2. 卷十〈人物志〉「義民」（二）：「侯心富等，籍貫亦廣東。
   雍正十年（1732），南路奸匪吳福生等乘機糾眾作亂。
   心富等糾同港東、西二里義民萬餘人，分駐防守八社倉
   廠……水師提督王郡與賊接戰，義民趕赴軍前戮力前驅，
   賊眾奔潰，南路平……事平，予以優敘……。」頁 257、
   259。

3. 卷十一〈雜志〉「災祥，兵燹附」，敘述朱一貴事件，康
   熙六十年（1721）五月中，「賊黨既分，閩粵屢相拼殺，
   閩恆散處，粵悉萃居，勢常不敵。南路賴君奏等所糾大莊
   十三、小莊六十四，並稱客莊，肆毒閩人，而永定、武
   平、上杭各縣人復與粵合……六月十三日，漳、泉糾黨
   數千……圖滅客莊，王師已入安平，尚不知也……十九
   日，客莊齊豎「大清」旗，漳、泉賊黨不鬥自潰，疊遭
   截殺……生還者數百人而已……。」頁 274～276。

4. 卷十二（上）〈藝文志〉「奏疏」。閩浙總督覺羅滿得〈題
   義民效力議敘疏〉，頁 339～341。

5. 卷十二（上）〈藝文志〉「奏疏」。閩浙總督德沛〈題議
   敘義民疏〉：「台灣，……番黎雜集，奸良不一；惟粵、

潮客民往台耕讀，急公好義……。」頁 341 ～ 342。

6. 卷十二（上）〈文彩〉，藍鼎元，〈檄諸將弁大搜羅漢門諸山〉：「台民以倡亂為嬉，豈真不知刑戮之可畏？由大山深險，而逋逃之藪多也。」頁 346。

7. 卷十二（上）〈文彩〉，藍鼎元，〈閩粵相仇論〉，頁348 ～ 349。

十四、盧德嘉等，《鳳山縣采訪冊》，光緒二十年〈1894〉撰。台灣銀行經濟研究室《台灣文獻叢刊》第七三種排印本。

1. 〈地輿三〉，「圳道」：「以上八堡，閩圳四十六條，粵圳四條，其餘遺漏甚多，因各粵紳全不到局，姑就附近粵莊居民採訪數條而已。」頁 71。

2. 〈地輿三〉「義渡論」：「鳳山下淡水各溪……粵民築壩截圍……為害閩莊。」頁 116。

3. 〈規制〉「書院」：「同治十二年（1873），知縣李瑛詳請年撥新圳贏餘水租銀六百元，充作賓興經費……光緒元年（1875），恭逢恩科，是年止發九百元，皆閩人分訖而粵人不與焉……粵人亦莫敢有萌意外之想者。嗣因訓導葉滋東重建聖廟，籌題粵捐二千元……自光緒二年丙子（1876）為始，歷給至辛卯（17 年，1891），共被領去八百七十元，而粵捐至此尚短交七百餘元，以故各閩人憤激不平……光緒十四年（1888），舉人盧德祥等僉請將此款每年酌提一百元，以作會試盤費。此款粵亦無分，可見粵舉人尚有廉恥，猶勝於見粵生之必加一抽分也。」頁 159。

4. 〈列傳〉「義民」：「李直三……（舊志）。」頁 268 ～269。

5. 〈列傳〉「義民」：「侯心富等……（舊志）。」頁270 ～ 273。

6. 〈列傳〉「義民」：「許廷耀，邑之港西里廣安莊人……乾隆五十二年九月二十七日，許廷耀風聞賊圍郡城，急

出家資，招募崙仔頂、塩洲、中洲仔、菅林內、地勢頭、
甄仔窯六莊義民勇三千餘人，立大清旗號，赴郡堵勦，
賊大敗，深恨之，圍攻六莊家屬，於十月初一舉事。眾
義民聞知，乘夜抽兵圍救，比至菅林內，東方已白。眾
義民一夜無眠，又聞家屬已被屠戮淨盡，饑寒交迫，無
心戀戰，途至甄仔窯淡水溪邊，遇賊截殺，全軍十覆其
九……奉旨從優議敘，復御書「旌義」兩大字，表其功。」
頁數 273。

7. 〈列傳〉「義民、附錄一」：「道光十二年（1832），粵
匪李受等假義民名目，攻毀閩莊。」頁 274。

8. 〈列傳〉「義民、附錄二」：「咸豐三年（1853），逆匪
戕官陷邑，粵人懷挾私嫌，擅攻閩莊，焚搶擄殺，不分
良莠，村社悉成焦土……居心殘忍，莫此為甚……閩莊
難民因粵堆未撤，不敢歸莊。當蒙道、府憲諭飭撤堆……
該總理等利令智昏，置若罔聞，甚至糾集匪徒，復出攻
搶，連殺斃命…… 此次該粵人因向嘉早等莊索取前次詐
贓不遂，互相鬥殺……似此抗違憲諭，荼毒良民，實屬
目無法紀，俟即會營帶隊親臨查拿究辦。該總理所設各
堆，剋日盡行撤退。」頁 275。

9. 〈列傳〉「義民、附錄三」：「咸豐三年（1853）六月
二十五日，湯得陞稟稟道憲徐公……四處雖因克復平靜，
奈粵人尚四處伏殺閩人……諭令撤退粵營，該粵人不惟
屢次不遵，尚且逆言欲俟紅頂大憲到地，方肯罷息。卑
職等見其所行，情同叛惡，即督同兵勇極力向前押退，
該粵人膽敢擅將穿山龍九節連環（此即粵莊大砲）施放。
卑職等一時未敢輕舉，暫將隊伍撤回陂城」以上三則，
係道光十二年及咸豐三年兩次粵莊義民攻掠閩莊之案。
緣此次採訪，每詢及粵莊義民，無不切齒痛罵，謂其名
為義民，而實則甚於賊。由是觀之，粵莊義民殊無足紀；
無怪其莫肯為之查報也。」頁 274 ～ 276。

10. 〈兵事〉「剿平莊逆紀略」：「下淡水分港東、港西二里，碁布三百餘莊，閩、粵錯處……林爽文自彰化南寇，臺灣道永福、同知楊廷理謀遣人赴下淡水招集義民，衛府城。有嘉應州舉人曾中立，掌教海東書院願往。永福仍檄臺灣府教授羅前蔭、粵人劉繩祖隨之。曾中立等至下淡水而鳳山陷，即留寓其地。適賊首莊大田遣夥眾涂達元、張載伯等正在滋擾港東、港西二里，前來招誘粵人，粵人不從，並殺涂達元、張載伯。齊集忠義亭，選壯丁八千餘人，分為中、左、右、前、後及前敵六堆，設總理、副總理以資管束，推曾中立主之。時，乾隆五十一年（1786）十二月二十九日也。」頁 398〜399。

11. 〈兵事〉「剿平莊逆紀略」：「南路六莊義首武舉許廷耀風聞郡城圍急乃出家資招募……六莊義勇三千餘人，令莊湊統之。九月二十七日啟行，二十九日到郡，遇賊於桶盤棧，大挫之……內外夾攻，賊大敗，深恨之，謀攻六莊家屬……眾義民聞知，乘夜抽兵回救……遇賊截殺，全軍十覆其九。時，乾隆五十二年（1787）十月初二日也。」頁 407。

12. 〈藝文二〉「兵事下」，本邑歲貢鄭蘭〈剿平許逆紀事並序〉，全文略記平許成功事並多記客莊義民劫掠福人事迹。頁 425〜433。

13. 〈藝文二〉「兵事下」，附鄭蘭〈請追粵砲議〉：「粵民籍隸，百餘年來，生聚保養，丁壯累十數萬。自港西上界抵港東盡處，沿山麓八、九十里，美壤膏腴，悉被占住，地據上游，村莊聯絡聲息可通。大者幾萬戶、小亦不下三、兩千。鑿潤水，環其田間，常資灌溉，變資守禦，家給戶足，藩籬孔固；以視閩莊之地廣民散，繡壤錯落，鳩聚為難。兼之俗雜漳、泉，各存嫌隙，素無首領為之約束……一遇粵、番大至，不能交接一鋒，各思逃散，聽其焚搶屠戮……統觀閩、粵形勢，若與對壘，粵即無大砲亦十有九勝……特此一具，所向披靡……當

日僉呈請追……。」頁 433 ～ 434。

十五、王先謙，《東華續錄》王先謙據《實錄》為底本選輯、
　　　簡縮、刪略而成。台灣銀行經濟研究室《台灣文獻叢刊》第
　　　二六二種本《東華錄選輯》中華民國五十七年，台北。乾隆
　　　五十三年（1787）二月庚中（廿七日）條：「義民首曾中立
　　　前因屢次奮勇，已賞給同知職銜，今又招集生番聽候調遣，
　　　著福康安即將曾中立酌量補以實缺。」頁 115。

十六、龔自珍，〈武顯將軍福建海壇總兵官丁公神道碑銘〉（台
　　　灣銀行經濟研究室《台灣文獻叢刊》第二二三種《續碑傳選
　　　集》，中華民國五十五年，台北）：「公輕財愛士，官閩時，
　　　有廣東舉人曾中立欠穀述數千石，有司以軍需不給，將置之
　　　法，公奇其才，代償之。後曾為義民長，以戰功賞巴圖魯，
　　　仕至理番同知。」頁 12。

十七、黃典權採編《台灣南部碑文集成》，台灣銀行經濟研究
　　　室《台灣文獻叢刊》第二一八種本。

　　　1.《重修敬聖亭碑記》，道光三十年（1850）：「安不忘危，
　　　　治不忘亂，古人所以固封守、設重門……予等住六根……
　　　　不忘乎防患之道……門樓、牆壁傾頹……合議捐資。」
　　　　頁 289。

　　　2.《義祠亭碑記》，同治十一年（1872）：「同治癸亥年
　　　　（1863）間，北路戴逆作亂……前邑主羅，諭飭我港東、
　　　　西兩里固守。我莊公人承諭，每日訓練壯丁，以待加募。
　　　　當經三次從官兵出力效勞，所有死事諸人……給予義勇
　　　　可嘉匾額，並准起造祠宇；以時奉祀，又作六角頭輪流，
　　　　值年祭祀……爰就十八莊中湊捐銀元、買過田地……可
　　　　供義祠值年應用之費。」頁 344。

　　　3.《忠義亭碑》，同治八年（1869），八老爺莊「恭入義民、
　　　　勇結同心」合約碑。頁 700 ～ 701。

　　　4.《重修忠義亭樂助緣碑》，同治十二年（1873）「四十份
　　　　莊……眾議永歸義民，倘有地方擾攘，依照粵籍舊規題

　　派，不得另行私索」合約碑。頁 704 ～ 705。

　5.《忠義亭申禁碑》，光緒二十年（1894），重修告竣，設
　　規條立碑示禁。頁 74 ～ 748。

　6.《重修忠義亭捐題碑》甲，光緒二十年（1894），頁
　　748。

　7.《重修忠義亭捐題碑》乙，光緒二十年（1894），頁
　　749 ～ 750。

　8.《重修忠義亭捐題碑》丙，光緒二十年（1894），頁
　　750。

十八、王琛等修，《邵武府志》，光緒二十六年（1900）刊本，
　　卷十四，職官志，〈同知〉：「曾中立，廣東嘉應州舉人，
　　嘉慶三年（1798）任。」頁 172。

庚、二十世紀以來的論述

一、伊能嘉矩，〈忠義亭〉，《台灣慣習記事》第四卷第二號
　　（明治三十七年（1904）二月二十三日發行，台北），頁
　　172 ～ 173。卷首附忠義亭照片一幀。

　　　●忠義亭

　　　（卷首圖を參照せよ）

　　　康熙六十一年、朱一貴の亂を作すや、當時鳳山地方な
　　る下淡水溪岸に移住しつ、わりし粵族の一團は、誓つ
　　て義を守り、十三大莊六十四莊を糾合し、一萬三千餘
　　人、萬丹社に會して、清朝の旗を立て、清帝の牌位に
　　奉じ、更に軍務を部署し、大に力を疆場に效しぬ、亂
　　平ぐに及び、清帝其の功を賞し、里に旌して「懷忠」
　　といひ、勅額わり、亭を里內の西勢莊に建て、「忠義
　　亭」といふ、事わる每に以て會議の所となす、臺灣史
　　上有名なる「六堆」の組織は、實に此に起因せしもの
　　にして、當時に於ける戰隊の部署に從ひ、官より輿へ

られたる武職格式なりさ

（附記）此歷史的發動に就さ一の注意すべさ事わり、
何ぞや、當時南路粤族の擧げて義を唱ひ官軍に投せし
事實は、實に一美擧といふべさなり、然れむも是れ結
果の發現に就さて言ふのみ、其の實は、名を公に假り
て私を濟しれる、一種の分類械鬭なりしなり、蓋し匪
首朱一貴は、元と閩族（漳人）なり、而して之に黨せ
しものは、多く閩族なりさ、隨て朱賊の志を得て全臺
を蹂躪するは、即ち閩族の勢力が優勝を加ふるの時な
るが故に、是に於てか、從來其の生存上の競爭に於て、
彼此兩立せざりし粤族は、名を義を守るに假りて、官
軍に投じ、此公名の下に、私鬭的實勝を制しれりしも
の、如し、故に若しも此時匪賊の主動が、閩粤地を易
へしならば、其の義不義の去就、未だ知るべからざる
なり

二、松崎仁三郎，《嗚呼忠義亭》，盛文社，昭和十年（1935），
台北。社團法人屏東縣六堆文化研究會影刊，中華民國一百
年，屏東。

三、村上玉吉，《南部台灣誌》，台南州共榮會，1934，台南。

四、鍾壬壽，《六堆客家鄉土誌》（常青出版社，中華民國
六十二年，屏東內埔）第六篇，〈六堆歷屆總理及副總理傳
略〉一、「六堆大總理及副總理」之五「曾中立、劉繩武傳
略」。

「第三屆大總理曾中立為廣西客家，是乾隆 35 年（1770）
黃教之亂前到六堆教書的新客，早在原鄉中過舉人。六堆
未曾有人參加科甲考試的當時，曾公猶如鶴立雞群，特受
尊敬。因此黃教豎立叛旗攻破岡山營時，台灣知府鄒應元即
依例下諭六堆鄉勇出堆協防。集會後大家推曾公為六堆大總
理。此次變亂迅為官兵平定，六堆義勇乃即解散。

曾公留內埔及忠心崙（美和）自開書院，教授地方子弟，絳

帳春風桃李盈門。可惜不久被徵，到台南府任海東掌教，帶同劉繩武先生為幕僚，離開了內埔。在職多年，至乾隆五十一年（1786）林爽文之亂，南路賊首下阿里港，聚其徒眾攻擊鳳山縣時，復承巡道（分巡兵備道）之命，與劉繩祖回六堆，組織六堆義民兵，乃被選為大總理。劉公及鍾麟江公則當選副總理。部署後派人分守各地官倉，大軍則由總副理各率一隊前往討賊。此次叛亂為有清一代在台灣舉事中最猖獗者。因此，曾大總理嘗嘆曰：「賊勢猖獗如此實無勝算」，但仍鼓起勇氣前往攻討，卒之獲得大勝，得到乾隆皇帝嘉獎「天下何來這樣好百姓……」。

傳聞，曾公係一外圓內方，極有福相的大人物，兼有清濁併容的雅量，是將將大才。亂平不久攜家返回原鄉，在台未留下子侄。其故里既遠在廣西，其後之事無人知悉，有人說被政府徵召去做大官了。

副總理劉繩祖公於第四屆大總理賴熊飛時，仍任副總理，亦未留有後代在此，一說是和曾中立公同鄉，回廣西去了，但也查不到實據。」頁 177 ～ 178。

（附錄詩二首，已見於丁～二；不贅錄）

五、內埔鄉公所，《內埔鄉志》，中華民國六二年，屏東。

六、尹章義〈台灣移民開發史上與客家人相關的幾個問題〉，中央研究院中山人文社會學研究所主辦第四屆「中國海洋發展史研討會」論文，刊於該會議論文集，頁 259-282，1991.03，中央研究院中山人文社會學研究所，台北。又收入《輔仁歷史學報》，第 2 期，頁 77-94，1990.08，輔仁大學歷史系，台北。又收入《客家雜誌》第 31 期，頁 64-78，1990.08，台北，（補題為「誰最早來台灣？」）。又轉載於《中原周刊》第 677-682 期，1990.08.26-09.30，苗栗。又收於《台灣史研究會論文集第三集》，頁 211-234，1991.04，台北。

又收於尹章義，《台灣客家史研究》，頁 1 ～ 29，台北市

政府客家事務委員會，民國九十二年，台北。

七、尹章義，《台灣客家史研究研究》，台北市政府客家事務委員會，中華民國九十二年（2003），台北。

八、尹章義、葉志杰，《萬巒鄉志》，萬巒鄉公所，中華民國九十七年、屏東。

九、尹章義，〈天地會在林爽文事件中所扮演的角色—以台北土城大墓公的起源為中心所作的探索〉，《台北文獻》直字第一七四期，頁209～238，台北市文獻會，中華民國九十九年十二月，台北。原稿以〈林爽文事件中天地會的浮現與台北第一次大械鬥——土城大墓公的起源〉為題，發表於《蓮緣》創刊號，2010年9月，台北。

十、徐正光、曾彩金等，《六堆客家社會文化發展與變遷之研究》，第十一篇《人物篇》（財團法人六堆文化教育基金會，中華民國九十年，屏東）。第六章，內埔鄉「曾中立、劉繩祖」傳；（頁549～550）。採自鍾壬壽，《六堆客家鄉土誌》〈曾中立傳〉。

辛、歷史情境資料

一、台灣總督府官房調查課，《台灣在籍漢民族鄉貫別調查》，昭和三年（1928），台灣總督府，台北。

二、古福祥等，《屏東縣志稿》，屏東縣文獻委員會，民國五七～六〇年（1968～1971），屏東。

三、黃典權總編纂，《重修屏東縣志》，屏東縣政府，民國八二～八七年（1993～1997），屏東。

四、王水沛、王詩琅、盛清沂等，《台灣省通誌人物志》，台灣省文獻委員會，民國五十九年（1970），台北。

五、尹章義〈閩粵移民的協和與對立——以客屬潮州人開發台北以及新莊三山國王廟的興衰史為中心所作的研究〉，《台北文獻》直字第74期，台北文獻會，民國七十四年（1985），台北。又收據《台灣開發史研究》，聯經出版公司，中華民

國七十八年（1989），台北。

六、尹章義，〈從天地會「賊首」到「義首」到開蘭「墾首」
　　──吳沙的出身以及「聚眾奪地、違例開邊」的藉口〉，《台
　　北文獻》，第 181 期，台北市文獻會，中華民國一〇一年，
　　台北。

七、劉正一，〈台灣南部六堆客家發展史〉，收於徐正光等編，
　　《客家文化研討會論文集》，行政院文化建設委員會，民國
　　八十三年（1994），台北。

八、楊欽堯、巫炯寬，〈館藏總督府檔案有關六堆清查成果介
　　紹──以後堆內埔為例〉，《台灣文獻》52 卷二期，國史
　　館台灣文獻館，民國九十七年（2008），南投。

九、黃瓊慧，〈清代台灣南路客家文獻紀略──六堆之《台南
　　東粵義民誌》與《六堆忠義文獻》〉，《台大歷史系學術通
　　訊》第七期，民國九十七年，台北。

十、長谷川萬次郎，〈私有財產制と軍事行動〉，《我等》第
　　十二卷第一號，頁 3 ～ 200 我等社，昭和五年（1930），
　　東京。

第玖篇

客家人組黨從政

第一章　客家人，不要做門神族群

　　吳伯雄退出省長選局，中興新村傳出來宋主席重視客家歷史論述的消息；黃大洲表態參選臺北市長，信義特區傳出市府重視客家歷史研究的消息。總統府同時也傳出李總統將特別接見客籍國大代表，安撫客家人情緒的消息。客家人聚會的場合，更是各路人馬湧進。一夕之間，客家人成為政治新聞的焦點，這到底象徵著什麼意義呢？

　　客家人的選票足以左右臺灣省長和臺北市長的選情？還是長久以來，我們忽略了客家歷史的研究，疏於為客家人謀福利？

　　縱使在重視客家人的表象之下，我們又看到什麼？

　　「硬頸」的客家大老可以輕鬆的接受安撫？客家人只是行將走進歷史族群？

　　臺灣省轄下，許多縣市的教育，建設……等等城鄉差距，幾乎等於客家人居住區和非客家人居住區的差距，對於這樣的問題，為什麼沒有候選人提出解決之道？客家人仍然應當忍受「差別待遇」，做二等省民嗎？

在臺北市，有幾十萬客家人，又有誰真正關心客家人的尊嚴和逐漸流失的客家話和客家民俗、信仰呢？每年臺北市政府為先住民編列相當多的經費，輔助都市中的先住民，為他們辦祭典、文康活動，臺北市政府又為客家人做了些什麼？難道都市中的客家人就沒有需要了嗎？

和波濤洶湧的先住民運動相比，客家人運動只是池塘中的漣漪，相形之下，客家人在臺灣成了比先住民更弱勢的最弱勢族群。

十七、八世紀臺灣開發之初，客家人對臺灣的貢獻不下於閩南人，人口也約略相當。十八世紀中葉以後，由於省籍（客家人多半是廣東籍，而臺灣府歸福建省管轄）和其他問題，閩南人遽增，客家人成為約略佔臺灣漢人百分之十五的少數族群。十九世紀中，南部的客家人因為「六堆」的鄉黨組織，得以留居水源區；北部的客家人由於樟腦和茶葉的新利源的開發，許多原居台北盆地的客家人遷徙到丘陵淺山地區，這正是茶葉產區和客家人分布區約略重疊的歷史。而中部的客家人部份南遷北徙，部份留在原居地，逐漸福佬化而成為「福佬客」。

長久以來，由於鄉黨和宗族意識，桃園、新竹、苗栗、臺中、屏東和高雄甚至「後山」（東部）各縣市，在選舉的時候，都可以很清楚的看出福佬、客家各分畛域的現象。而走進福佬人分布區或都市叢林中的客家人，往往成為不願坦然表白自己客家身份的「隱形客家人」。

對國民黨失望之餘，部份客家人也投入「黨外」民主運動或寄望於新興的本土民進黨。想不到到民進黨一面藉省籍問題和「外來政權論」向國民黨挑戰；另一方面，黨內也瀰漫著「福佬沙文主義」，連「客家話」是不是「臺灣話」都成為極大的問題。客家人置身其中，難免沒有身份認同問題。我們從《客家雜誌》中連篇累牘地討論客家人和臺灣人的關係，弄得眾說紛紜，可以看出左右統獨的意識型態牢籠也為客家人帶來困擾。

　　政客們在吸收選票時，往指責對手搞省籍、族群分化，標舉族群和諧的大旗，但，朝野各黨都沒有提出善待客家族群的公共政策，也沒一個政黨願意按照族群比例來分配政治、經濟資源。

　　先住民受到法律規範的保障，外省族群則有所歸屬，長期以來是以左右選戰大局的客家族群，卻成為臺灣的門神族群，選前是自己人，選後是門外人，永遠得不到應有的利益。

　　社會穩定和政治和諧必須以合理的資源分配和對族群的尊重為基礎。客家人必須團結一致，在大規模的選舉中發揮「有影響力」的少數的槓桿角色，要求各政黨擬訂合理的客家政策，並監督執政黨實踐他們所提出的政策，否則絕對無法改善客家人在臺灣社會中的處境。

　　筆者曾經提出以「客家主義」，超越左右統獨來整合形同散沙的客家人，甚至可以聯合若干弱勢族群之力來抗衡強勢族群，要求合理的資源分配和尊重。同時筆者也要呼籲各政黨不要粉飾「族群」問題在臺灣社會中的嚴重性和鄉黨、族群意識在選舉行為中所起的作用，我們必須正視這些問題並且擬訂明確的公共政策，執政後確實執行，才能真正團結成「臺灣人」，產生「臺灣人意識」，來應付島內島外的一切困局。

　　（原文刊於《中國時報》民國八十三年（1994）七月三十日一版）

第二章　　只要尊重，不要融合──臺灣省籍、語群、族群矛盾的省思

　　每到選舉，省籍和族群問題就喧騰而上，成為排擠異己的重要訴求。

　　年底省市長和議員大選，國民黨從辦理候選人提名活動開始，省籍問題就為一大心結；民進黨為了降低人們對於臺獨黨、福佬沙文主義的疑慮，候選人喊出「族群融合」口號；新黨建

構「新臺灣人」的概念，藉此表白對臺灣的愛，突破省籍、語群對立的壓力。

當然，各黨都有一些我行我素，執著於政權的攫奪，妄圖藉著選舉時的「省籍效應」洗牌，弄成「清一色」大滿貫的局面，置臺灣內部安危於不顧，甚至故意忽視海峽兩岸緊張情勢，刻意升高省籍、語群、族群的衝突，好為自己弄個一官半職的角色。

問題在於：臺北市三位市長候選人，沒有一個是「臺北人」；身懷他國護照，身家財產都在域外的臺灣前居民，都可以自在的宣稱自己是愛臺灣的臺灣人的此時、此地，為什麼還要用「非我族類」的惡名，強加在願意留在臺灣、為臺灣人的幸福而奮鬥，積極參與民主活動的人身上？

臺灣的原住民不到百分之二，其他的百分之九十八，絕大多數都是漢人，我們透過民主的方式，制訂法律優遇原住民：保護他們的原住地、參政權和受教育的權利，降低了族群之間的摩擦。

同為漢人的百分之九十八居民，似乎缺乏融洽相處的智慧。清代、福客械鬥、漳泉械鬥、頂下郊拚、西皮福祿械鬥綿延百年；甚至異國入侵，也是內鬥先於禦侮；中法之役法軍兵臨滬尾（今淡水），臺北的漳泉人互鬥，放著興築一半的臺北城不顧，若不是劉銘傳趕到臺灣禦敵，逼迫漳泉人同心築城，我們恐怕沒有機會見到臺北城。乙未之役，日軍兵臨臺灣南部，臺南城裡的士紳還率領福佬軍，攻打內門、里港奧區的客家人，回首日軍已經入城。我們非常不願意見到這種勇於內鬥怯於禦外的現象，重現於今天臺灣。

早期和近幾十年移住臺灣的絕大多數都是漢人，除了語言略有差異，生活方式、禮俗、宗教都是大同小異；近幾十年的教育、徵兵制度和通婚，也使得「國語」（北京話）成為共同語言，先來後到的痕跡逐漸泯滅。彼此融洽相處，共同抗禦海

峽對岸的政、軍威脅都來不及，怎麼可以把島內部的矛盾無限升高成為族群對立的難解情勢呢？

統獨問題是海峽兩岸在政治上的對立與相互管轄、歸屬問題。以近年兩岸關係的進展而言，「義士」絕跡，探親、投資甚少阻礙，許多昔日的「叛逆」大罪，都成了日常行事，再過十年、二十年，今天的紛爭，恐怕都成了過眼雲煙，再談統獨不遲。

省籍問題是政策問題，既不是語群問題，更不是族群問題，臺灣已經出現了「外獨會」，沒有必要把省籍問題和統獨問題混淆。省籍訴求是無聊政客走偏鋒、騙選票的伎倆，「外省豬滾回去！」和排斥某些為臺灣奉獻智慧、能力、生命的人共享，臺灣經濟繁榮、民主運動的果，把即將消逝的省籍問題激化為族群對立，只會加速臺灣幸福的幻滅。

所謂「族群融合」是「大族霸權主義」的代名詞。大族蝕滅小族只有衝突、壓力強弱的不同，小族文化和族種的消失則是同一件事；那是「大族沙文主義」和「族群達爾文主義」的殘跡。「融合」只會造成現代社會群體的分化與恐懼。

長久以來，民進黨大談「臺灣人意識」；國民黨高唱「生命共同體」。或許某些個體存在臺灣人意識或者希望別人和他擁有共同的生命，但是，在唯我獨尊、排斥他人共享利益和幸福的霸權心態下，絕不可能凝聚成「臺灣人」的集體意識和共同體。

人與人相處若不能相互尊重，很難成朋友；鄰居之間不能互相尊重，也難和睦相處。除了許多制度性因素之外，「尊重異己、包容異見」的態度，才是現代民主社會的基石。我們希望檯面上的政治人物，首先揚棄利用省籍、語群、族群矛盾騙取選票的手法，正視群體摩擦可能產生的惡果，發揮尊重異己、包容異見的精神，嘗試在政策和法律上表現出凝聚臺灣人集體意識和生命共同體的誠意，否則 1995 年閏八月的「神囈」遲

早成真。

（原文刊於《中國時報》民國八十三年十月廿八日十一版）

第三章　六堆黨和義民黨的啟示—客家組黨今不如昔

身為歷史學者，我習慣以歷史與現實的雙重角度思考問題。前者帶給我們經驗與智慧；後者教我們審視客觀環境的利害。關於客家組黨問題，我也作如是觀。

一、什麼樣的人需要什麼樣的黨

首先，我的問題是：政黨到底是什麼東西？

理論上，政黨是一群有共同政治理念、理想的人，在政黨政治架構下，組成的運作團體。在實際運作上，政黨的積極功能是參與或主導政治、經濟和社會資源的分配；消極功能是維護某些人的利益，保護他們的安全。這樣的說法可以接受的話，政黨不止是一個政治團體的屬性就很清楚了。德國有基督教民主黨，日本有公明黨（以某宗教團體為核心的黨）澳洲的一族黨和南非的民族陣線（以族群利害為訴求的黨）；許多國家有工黨、勞動黨（以某一階級利害為使命的黨）就不足以為奇了。

什麼樣的人需要什麼樣的黨。根據人民的需要而成立的黨，才不會是理念空虛的政客集團。

有人說客家人是硬頸族群；有人說客家人是中國的吉甫賽人；有人說客家人是隱形族群；有人說客家人非常團結；有人說客家人是一盤散沙，到底客家人是什麼樣的人呢？

有人說辨識客家人要聽他說的話，看他日常的習慣和禮俗；有人說要看「他」是不是認同「客家」。就我的經驗，「辨識」是科學的，有比較客觀的標準，譬如 DNA、基因的辨識即是；文化的辨識稍次。至於「認同」則是一種意識、態度，是心理的，影響認同的因素相當複雜，基因、文化、歷史淵源和客觀

環境、現實利益，都深深的影響「認同」的心理發展。

　　倘若前述的分析也可以被接受的話，客家人需要一個能維護客家利益、保護客家人的安全，讓客家人認同的政黨就是毋庸置疑了。

二、客家人需要能解決客家問題的政黨

　　根據 1926 年日本人的調查，客家人約占臺灣漢人的百分之十五～十八，主要分布在丘陵、淺山和沿山地帶。由於日本人並不清楚大陸某些祖籍地和語群並沒有必要的關係（譬如潮州府有福、客二語系，閩南漳、泉二府都有雜居客家人），又忽略了沿海、平原和都會區的客家人以及福佬化的客家人（福佬客），因此，這份調查只可說是「大體無誤，精確不足」。國府遷臺，大量新移民東移（約占總人口百分之十五），客家人的比例略降。新移民對臺灣的瞭解比日本人好不到那去，所謂「臺灣人」和「臺灣話」成為「福佬人」和「福佬話」的代名詞。客家人的權利依然不受重視。

　　近三、四十年，由於文官考試、教育制度、經濟結構和都市化的變遷，客家人大量進入都會區，成為中產階級－中小企業主（極少客籍財團）小店主、軍公教人員，都是都會中不受重視的游民和隱形族群。

　　客家人的問題千頭萬緒，但是，最大的兩個問題卻也反映了臺灣兩大問題。首先是資源分配的城鄉失衡和農業問題，其次是都會區的人際關係疏離以及離鄉游民的語言、文化與族群尊嚴問題。這兩大問題是客家人的問題，也是臺灣的根本問題。能解決這兩大議題才是客家人認同的黨！

三、客家人必須組成以客家人為中心致力解決兩大問題的政黨

　　臺灣的兩大黨是否意識到前述兩大問題？

　　國民黨長期執政，正是製造兩大問題的元凶，也沒有能力解決問題。民進黨彌漫「福佬沙文主義」，視客家人為融合的對象。只有在選舉的時候，兩黨的候選人才極力拉攏客家人，當選之後就拋諸腦後。筆者撰寫〈客家人不要做門神族群〉一文，（1994.07.30 中國時報）批評「朝野各黨都未按族群比例分配資源，客家族群拿不到應有利益」；又撰寫〈只要尊重，不要融合—臺灣省籍、語群、族群矛盾的省思〉一文（1994.10.28 中國時報），批判那些口喊「族群融合」實際上利用省籍、語群、族群矛盾，製造危機意識、爭取選票的政客，要求他們懂得尊重異己包容異見。不可以具有惟我獨尊、排斥他人共享權益和幸福的霸權心態。

　　撰寫前兩文的當時，新黨剛組成，羽毛未豐，還無無法維護客家人的權益、保護客家人，筆者不敢寄以厚望，因此撮合一批批的朋友，希望能以客家人為中心，聯合弱勢族群，組織「臺灣民主共和黨」，期望能籍此解決前述兩大問題和臺灣島內群體矛盾，很可惜功敗垂成。有一些政黨意識強於客家意識的客籍大老還批評筆者「別有用心」，直到新黨一舉取得廿一席立委（四席不分區立委中，一席是客籍、一席是殘障人士）成為第三大黨，原先參與組黨的朋友們才大嘆可惜、錯失良機。

四、不信客家人組不成黨

　　筆者參予各種社會運動、政治運動甚至各黨的組黨運動，都是秉於知識份子的良知只要是反對當權者，我就樂於參預！。

　　臺灣客家史的研究和我的臺灣史研究相始終。我研究臺北平原開發史，眼見那麼多客家史蹟和與客家人相關的歷史訊息，但是，在古今地方志如《淡水廳志》和《臺北廳志》《臺北縣志》上都看不到客家史的記載，讓我感到十分震驚，進一步研究各地三山國王廟和高屏、臺南、嘉義各地的歷史，尤其是讀到《苗栗縣志》和《新竹縣志》，客家人幾乎並不存在，

更覺得不可思議（苗、竹兩縣客籍佔極大比例）（關於這一部份可參閱拙著《臺灣客家史研究的回顧與展望》）。對於臺灣客家史和客家人現況的理解，是筆者堅決支持客家人組黨的原因。

康熙六十年（1721），臺灣南部的客家人為了維護自己的身家性命，聯合十三大莊、六十個小莊，在內埔天后宮組成「六堆」七營、三十六旗的自衛兵團，保衛家園，免受蹂躪。

一百七十多年，無福佬人能入侵，鄰近福佬莊依附六堆，遵守六堆之規約，受六堆之保護，咸為「交陪莊」！

光緒二十一年（1895），日軍佔領臺灣，六堆義軍抗敵，讓日軍付出慘重代價，終於被迫解散。現在「六堆」仍是南部各客家社團的「圖騰」。

乾隆五十二年（1786）協助政府平定林爽文之役的客家義民，集體葬在新竹枋寮褒忠亭，經過數十次平亂和械鬥活動，道光年間形成桃園、新竹地區客家十四大莊（今為十五大莊）以義民廟為中心的「聯莊」自衛組織，不僅護衛了桃、竹地區，也使得臺北地區的客家人，在樟腦、茶葉這兩種產業興起之後，能大量遷移桃、竹、苗地區且得到保護。

「六堆」自衛兵團和「義民」十四大莊「聯莊自衛」，都是歷史上的語群政黨，為了維護客家人的利益，保護客家人的生命，客家人在歷史上曾經組織過臺灣絕無僅有的兩個大黨，筆者相信，客家意識的覺醒，定然促成客家黨的實現。

五、結論：立法院「客家議題聯盟」和「客家黨」並行不悖

客家人組成大黨的捷徑是仿新黨之例，由立法院中客籍立委，聯合關心臺灣城鄉發展、族群尊嚴的立委，脫離各自所屬的政黨，合組以客家議題為中心的政黨。衡諸當前政黨政治的現實，除非有重大變故，否則不易實現。可行之道是促成立法院內「客家議題聯盟」的出現。在大黨難成的客觀情勢下，筆

者也贊成在桃、竹、苗、高、屏地區成立以縣為單位,以客家
人及兩大議題為中心的政黨,假若其中一、二小黨能在地方選
舉中稍有成績,當能產生連鎖反應,逐漸「聯莊」形成大黨,
也是相當值得期待的成果。

　　新黨、建國黨相繼成立,原住民委員會也成為中央部會級
機構,昔日筆者眼中臺灣最弱勢族群卻一成不變,依然是最弱
勢族群。筆者依然願意和客家朋友們戮力以赴,為組織客家黨
而努力,另一方面,筆者臺灣客家史的研究工作也會加緊用功,
讓客家人有更多訊息瞭解自己的境遇而覺醒,客家大黨成立之
日當不遠。

　　（原文刊於《客家》雜誌第八四期,民國八十六年（1997）
六月,臺北）

　　2001 年 6 月,行政院成立客家委員會,但是,除了接受
津貼安撫之外,客家人和原住民,被霸凌的命運都沒有改變。
組織維護自身權益的政黨是人民的權益,也是客家人的權益。
自助者人助,當民眾黨、時代力量黨紛紛崛起,組黨經驗豐富,
語群人數超過全台 13.5% 的客家人,沒有不奮起的道理!

　　　　　　　　　　　　　　2020 年 5 月 20 日,章義補識

第拾篇

附錄

1. 黃榮洛〈臺灣客家人和三官大帝廟〉

客家人移墾臺灣

臺灣這塊土地，原來屬於原住民，平埔族和高山族（日人稱高砂族）所居住的地方。和中國大陸僅隔臺灣海峽，依據文獻的記載，遠自隋唐可能已有所（一點）接觸。至於漢民族大量渡海來臺，是在明末清初以後，特別是鄭成功為了抗清，渡臺驅走荷蘭人之後，移墾來臺的漢人，才急激地增加。一般人的說法，最早移墾來臺的是，長於漁撈航海的泉州人。就是地理上最接近臺灣的泉州人率先來臺，先佔據港灣都市等要地，次為漳州人，也佔據了港灣以外的次要地，這兩州人聚居漸次形成部落街莊市鎮，後來掌握支配了臺灣的經濟命脈。最後廣東省的惠州、潮州、嘉應州等客家人才來臺，在泉漳兩州人捨棄之地，或較接近內山之地開墾居住，不然就去做泉漳兩州人（即學老人）的佃農或工人。以上的說法是，昧於史實的臆測。並不確實。

客家人中，一直流傳著另一種說法，漢族移墾臺灣的次序，並非如一般人或有些文章上所說：「學老人」（閩南人）率先

移民來臺，客家人較慢來臺，實則是客家人率先於明朝年代，就已經來臺。很多客家耆老深信這種說法而不疑，以臺灣史的內容而言，很多史蹟令人不得不採信。

因為客家人的第二原鄉廣東地方，客家人居住內陸山區狹窄的墾地，求得溫飽相當不容易，每日的生活單調無變化，只有「日出而作，日暮而息」的一成不變，所以客家山歌受熱愛，以唱山歌來度過苦悶之日子。因為生活之窮困，無法養戲子，由中原所帶來的戲也不再流傳，所以有說：「客家人只有山歌，沒有戲」的道嘆。生存都成問題，那有閒情觀賞戲劇、談論戲劇？遑論有閒錢養活戲子的餘力！

如此令不滿現實生活的，有旺盛進取心的年青客家子弟，懷抱著希望，向外開創前途的志氣，離鄉背井，出外謀生的可能不在少數，他們雖然雄心萬丈，企求突破現實，然而還是農業社會，又封建的該年代，談何容易？就業機會難逢，他們本來因為不耐困苦才立志出鄉關，向外謀出路，當然欠缺資金，部份很自然地選擇少人願意去的當兵，或較冒險的海上船員，有的更淪為海盜之類行列的無奈。

史載，海盜產生於宋末明朝，和倭寇的猖獗息息相關，依據多種文獻的記載，明朝嘉靖、萬曆間有吳平、林道乾、林鳳、張連等著名海盜出沒於閩粵海上。著名的倭寇，該年代也活躍於大陸沿海和海上，另外史冊上未被留名的海盜，又不知凡幾！國人參與倭寇者亦不在少數，甚至偽裝成為倭寇者也有人在。上述的吳平是潮州詔安人，林道乾是惠來人，林鳳、張連同是饒平人，他們都屬客家人士，很自然的其部下多為同鄉客籍人士。海盜的巢窟為了避免被征剿，設於多處，也有設在臺灣。原來大部份都是農家出身的這些年青海盜或船員，登陸臺灣，發現沃野千里的荒埔地，又目睹平埔人的落伍農耕，怎不興起開拓的念頭？和設法通知故里的親朋友，他們發現了新天地的大好訊息？他們守住巢窟一段時日後，也能了解臺灣的更多情形，知道在臺灣存在著原住民出草馘首的可怕習俗。

臺灣客家人的個有信仰神

筆者家的公廳（俗稱廳下），所奉祀的神祇，從前就用水墨字寫在大紅紙上，貼在公廳的神桌上壁略為中央（因為神桌上右側是置祖牌之故），其神祇之名稱如下：

三山護國公王　　蔡倫先師

南無大慈大悲觀世音菩薩之神位

天上聖母娘娘　　魯班先師

如上圖正中央就是觀音娘、右邊是媽祖婆（天上聖母），這兩位神在客家人間，都受到熱烈的奉祀，大部份的客家人家裡，都有奉祀這兩位神祇。觀音娘的廣被奉祀，就是客家人在古代中原時代，佛教由印度傳來的後漢年代，可能就已開始奉祀的舊習俗，所以奉祀觀音娘也是漢民族多人信仰的神祇。奉祀媽祖婆的習俗，是由中原南遷後在那耕地狹窄的內陸山地，生產力低食飽都困難，多人去做海上船員，媽祖是航海的守護神，自然的多人奉祀媽祖。又移墾臺灣，臺灣海峽雖然狹窄，但是險惡出名，不容易到達，為了安全到達臺灣，人人都向媽祖祈求許願，能獲賜護到達臺灣一定謝恩奉祀，所以到了臺灣之後都依誓言奉祀。

客家人移墾臺灣的長歌詞「渡臺悲歌」有段：「……臺灣所在滅人山，臺灣本係福建省，一半漳州一半泉，一半廣東人居住，一半生番併熟番，生番住在山林內，專殺人頭帶入山，帶入山中食栗酒，食酒唱歌喜歡歡，……」當年臺灣「生番」的出草馘首慣習，已傳至大陸，或到臺灣的航海員、海盜之類人士傳回大陸原鄉。歌詞中所稱的「熟番」，就是指平埔族人之謂，平埔族人在臺灣據說有十餘族群，因為他們居住接近海的平地，很快就被漢族同化。但居住苗栗縣南莊鄉、獅潭鄉和新竹縣五峰鄉的賽夏族人，原來是居住於新竹、竹南一帶的近海平地的道卡斯族（平埔族中之一族），被鄭成功的軍隊所驅遂，而避難於內山者，沒有被剿光而能夠留存下來的一群人。

　　客家人也和一般漢人（福建、廣東兩省）一樣，在於原鄉信仰奉祀觀音、媽祖、佛祖、關帝、三界爺（三官大帝）和其他多種神祇。當客家人決定移墾來臺時，選擇何種神來做移墾臺灣的「守護神」呢？當然率先想到的是廣被信仰的觀音、媽祖（為了過海），因為臺灣原住民的出草馘首的行為熾烈，要對付這等山中的「生番」，就一廂情願地想及山神的三山護國公王（簡稱三山國王）神，移墾來臺時就攜帶「三山國王」的香火來。在臺灣頻頻遭遇出草馘首之厄，比原鄉所聞者更厲害，聞出草馘首人人色變，又和學老人（閩南人）相處艱難，因為清政府沒有能力保護人民的生命財產，大部份都靠族群力量來自衛的無奈，很自然地三山國王廟成為客家人活動團結的中心點，久而久之也成為客家人團結凝聚的中心點。原來三山國王在原鄉不是屬於客家人的固有信仰神，但在於臺灣之地，竟成為臺灣客家人的固有信仰神，在於狹窄的臺灣島上，竟建立一百四～五十座的三山國王廟，也就是臺灣歷史所造成的歷史史跡！所以調查研究臺灣的三山國王廟，就知道臺灣客家人的移墾史。

　　客家人廟堂的神桌下，奉祀的是「神德龍神」，這和學老人的奉祀「虎爺神」大不相同，這種奉祀「龍神」之習俗就是表現客家人是「龍之傳人」，是正統的「漢人」，也就是信仰風水地理的一族群，風水地理是由「龍」的存在而來的。在於學老人廳堂正中央，門內近處比門高處一橫樑，吊著稱為「天公爐」的一香爐，「天公爐」的高度比人高一點（要插香方便之高度），伸手容易插香，「天公爐」奉祀如其名，是奉祀「玉皇大帝」。但客家人則不同，客家人在廳堂前的內庭（一名稱天井）左圍牆中央，設一座神位，稱為「天神爺」，所奉祀神祇是「天官大帝」之神位。這種情形也和「龍神」、「虎爺」一樣，閩客不相同的信仰奉祀。

　　客家人移墾臺灣，攜帶了觀音、媽祖香火之外帶了三山國王之香火，開墾有成，生活有了眉目，就為三山國王起廟，三

山國王廟就成為族群團結的凝聚點。生活是多元複雜，三山國
王僅有防止出草馘首之功能，不能滿足墾民的需求，觀音、媽
祖是和學老人的共同神，當然和學老人合作共同建廟，但在臺
灣族群的對立尖銳不容易融和之下，就選擇「三官大帝」（三
界爺）為生活上的信仰神。三界爺是堯、舜、禹三帝被奉為天
官（堯帝）、地官（舜帝）、水官（禹官）等各位大帝。也就
是黃帝夏系的人神，是中原族群的先人般的存在。

　　由上述舉例文就知道，族群械鬥之情形，竟在朱一貴、林
爽文的反清事件中出現。朱一貴之亂是單純的閩客爭權，林爽
文之亂則變成漳州、泉州、客家等族群的分類械鬥及平埔人也
參與一腳之複雜。林爽文是漳人，其下屬大部份是漳人，參與
事件的泉州人不斷地受到漳人猜疑而被殺，漳人的革命軍竟利
用起義之機會仇殺泉人，迫使泉人、客人參與義軍，泉人的義
軍，又借機大殺漳人之漳泉仇殺。林爽文的反清復明革命戰爭，
結果變成為漳泉、閩粵間之族群械鬥。屏東的六堆客家莊出動
八千多人的義軍（朱一貴之亂時是一萬多人），北中部的客家
義軍也有幾千人之眾。

　　康熙年間的朱一貴之亂，屏東的六堆客家人動員義軍十三
大莊、六十四小莊，一萬二千餘人組織的義民大軍協助清軍征
討，這也開始成為閩客（粵）族群分類械鬥的起因。其實並非
客家義軍刻意想擔當清廷的護身符，而是出於保衛鄉土，護衛
族群之免被消滅為出發點才是。朱一貴之亂，六堆義軍有功，
得清廷賜「懷忠」詔敕額，而建忠義亭。林爽文之亂，客家人
也組織義軍，協助清廷征討有功，而得清廷賜詔敕額，先後獲
「義勇」（員林小埔心莊義民廟）、「懷忠」（苗栗社寮義民
廟），「褒忠」（新埔坊寮義民廟），並建廟奉祀戰歿的義民。
當初僅祭祀義民英魂－萬善祠般的義民廟，竟能成為臺灣客家
人的一大信仰，成為客家人的義民精神團結的中心，其分香火
出去的分廟，也多達二十餘座，就能察知客家人信仰的熱烈程
度。客家義民軍－只不過是義民戰死之英魂，為何能夠受到客

家人如此不尋常的信仰呢？是因為客家人在道光年間開始的閩客分類械鬥，受到了毀滅性打擊而來的。

　　乾隆五十三年遍拾義民的忠骸，決定合塚葬顧枋寮吉地（現今義民廟址），是年冬於墓前奠基動工建廟，於乾隆五十五年冬本廟峻工落成。直到五十七年後之道光二十七年，才開始由四大莊（新埔街、九芎林、大湖口、石岡子）輪流管理，並負責春秋二祭。四十五年後的道光十五年廟產交由值年經理管理，並辦理春秋二祭，成為義民廟的大事。義民建廟之初三～四十年間，信士不多之情形不難察知，到了道光六年開始的閩粵（客）分類大械鬥發生，客家莊受到毀滅性大打擊，客家人開始覺得「三山國王」可能對學老人之侵害沒有守護之效益，需要找尋對付學老人侵害的守護神，他們（客家人）又像從前（選擇三山國王帶來臺）一樣一廂情願地選擇為保衛鄉土、鄉民而獻犞的義民爺，義民爺的成為客家人的守護神，就是閩粵分類械鬥所造成的遺跡。

　　所以在臺灣客家人，由原鄉帶來「防番」的三山國王之香火，在臺灣族群相處不易，三山國王廟也成為族群團結凝聚的中心，在原鄉廣東沒有幾座的三山國王廟，在臺灣竟建立多達一百四、五十座之多。但開墾、定居有成就或安定，生活多元化後，就要有生活上的宗教神，因為族群的對立尖銳，又自負是中原族群，就選擇夏系（漢族正統）的帝王神的三官大帝，天官（堯帝）、地官（舜官）、水官（禹官）為生活上的宗教神。後來發生道光六年開始的閩粵（客）分類大械鬥，在臺灣西部肥沃大好平原，和學老人雜居的客家人被鏖殺，家產都被強奪的毀滅性打擊，就選擇「義民爺」為守護神。

三官大帝

　　在臺灣客家人稱「三官大帝」是指：天官大帝、地官大帝、水官大帝等三神。因各界於天界、地界、水界也稱為「三界爺」。因為其聖誕日為上元（正月十五日、元宵節日）、中元（七

月十五日）、下元（十月十五日）、在於大陸其廟宇多稱「三元宮」，在臺灣稱「三元宮」、「三宮大帝廟」等，大部份是宮、廟稱之。如在各種宗教、神話文獻之記載，三官大帝就是堯、舜、禹等三位帝王被封為神位。

堯帝在位時，天下安和，人民樂業，被民間奉為神，道教奉為「上元一品賜福紫微天官大帝」。舜帝在位時，天下大治，四海昇平，物阜民豐，被道教奉為「中元二品赦罪清虛地官大帝」。禹帝在位時，平弭水患，天下大安，被道教奉為「下元三品解厄洞陰水官大帝」。堯、舜、禹三帝是夏朝系帝王，素來都受到中原人的尊崇，當然成為「三官大帝」之後，更受到尊崇信仰。客家人是中原族群，自認是正統的漢族，夏系族群，信仰「三官大帝」是很自然的現象。

客家人自稱中原族群，貴族士族之後，可能是出於夏族之謂才是。「夏」字在「說文」是說中國之人。夏字或是頁字上面沒有頭髮（如有頭髮者「首」字），所以夏字頁字沒有頭髮（如自字），意即載冠之下不見頭髮，也就是衣冠之人，非文化落後的番人。所以客家人所稱貴族士族之後，是不是只指「衣冠」之人（文化較進步之人）？這也值得進一步研究。

在臺灣，依據連橫著《臺灣通史》宗教史說：「臺南郡治有天公壇者，所祀之神謂之玉皇上帝，歲以孟春九日為誕降之辰。此則方士之假藉，而以周易初九見龍在田之說附會爾。古者天子祭天，諸侯祭其域內名山大川。臺灣為群縣之地，山川之禮，見於祀典，而不聞祭天之儀。然則此天公壇者，其為人民所私建，以奉上帝，則當先正其名矣。次為三官，其禮降於玉皇一等。神仙通鑑謂：『天官堯也。地官舜也。水官禹也』。夫堯定天時，以齊七政。孔子曰：『大哉堯之為君，唯天為大，唯堯則之』。故為天官。舜畫十有二州，以安百姓，故為地官。禹平洪水，尊民居，故為水官。是皆古之聖王，功在後世，沒而祀之，宜也。然而臺人之言曰：『天官賜福、地官赦罪、水官消災』。此則出於師巫之說。東漢張道陵修煉於蜀鶴鳴山，

造作符書，以役鬼卒。今有疾者，自書姓名，及服罪之意，為牒三：一上之天、一埋之地、一沒之水。三官之名始於此。及北魏時，尊信道士，寇謙襲道陵之說，以孟春、孟秋、孟冬之望為三元，而相傳至今矣。」

如連橫之言，對三官大帝之詳述，認為在臺灣「天官賜福、地官赦罪、水官消災」，是出自師巫之說，也就是東漢張道陵造符書，為病人治病，書病患之名符書三張，一張上告天、一張埋入地中，一張投入水中而來的。

道教後來又創玉皇大帝為三官大帝之上，再又創元始天尊，元始天尊之聖誕日是正月初一，初九是玉皇大帝之聖誕日，正月十五日上元，才是天官大帝的聖誕日，七月十五日是中元，是地官大帝的聖誕日，十月十五日是下元，是水官大帝的聖誕日。元始天尊和玉皇大帝之聖誕日，各為正月初一和初九，但天官大帝的聖誕日是正月十五日，三者的聖誕日完全不同。學老人的正廳（廳下）大門內中心處，吊著「天公爐」奉祀「天公」（玉皇大帝），但客家人沒有此習俗，客家人則在內庭（天井）左側內牆中心處設有「天神爺」神位奉祀天官大帝，這是閩客習俗之不同處。「天祖爺」為何是指「天官大帝」呢？因為神位處是書寫著「天神爺之神位」或「天官大帝之神位」、「天官賜福之神位」等的字樣。可見客家人所奉祀的天神爺是指「天官大帝」，又客家人所稱的「天公」聖誕日是正月初九，並非正月十五日的上元日，在於客家村莊，舉莊共同的年始起福的節景是在上元日（正月十五日），可見客家人的起福、完福是向三官大帝祈求十分明顯。

從前的官方志或地方志，所記載的內容都是官方、宮廷的記載，對於民間事的記載－如民俗有關之記載，不是很簡略就是等於零的狀況，所以很難從地方志了解，三官大帝在臺灣的處境，是屬於何族群的信仰？或閩粵（客）都有？在原鄉大陸上是全民？並非客家人個有的信仰等不談，但在於臺灣可能成為客家族群的信仰神。因為在臺灣，三官大帝廟的分佈，和三

山國王廟、義民廟的分佈消息息相關，如下列的統計可以顯見：

三官大帝廟在臺灣的分佈表

縣市別	宜蘭縣	基隆市	臺北縣	臺北市	桃園縣	新竹縣	新竹市	苗栗縣	臺中縣	臺中市	彰化縣	雲林縣	南投縣	嘉義縣	嘉義市	臺南縣	臺南市	高雄縣	高雄市	屏東縣	花蓮縣	臺東縣	澎湖縣
三山國王廟	34	1	2			13		4	12		18	10	4	11	1	1	1	10	3	28	1	1	
三官大帝	8	1	4		16	16		7	4			3	1	6		6	2	2			1		1
義民爺					2	2		6			1			6				2	1	1	4		

　　從上表的三山國王廟、義民廟、三官大帝廟等三種廟在各縣市的分佈（澎湖縣除外），如臺北市、新竹市、臺中市、嘉義市、高雄市等都可算為閩南人（學老人）的縣市，都沒有三官大帝廟的存在，是不是三官大帝不屬於閩南人？桃園縣是閩粵（客）族群略為各半的縣份，但竟沒有三山國王廟之存在。其原因是除了大溪鎮，大科崁溪（大漢溪）流域有肥沃土地，其外大部份是黃土的瘦地，又沒有大河流，所以原住民只住大料崁溪（大漢溪）流域，那黃土地方沒有原住民，只有平埔族群。這地方的平埔族群漢化快，學習漢族群的習俗有成，能參與各地方的上層人士之間。三山國王是「防番」之神，平埔族群被稱為「化番」、「熟番」，也就是「番稱」，所以漢族方面不方便提議建立「防番」的三山國王廟，代之則選擇建立三官大帝廟。桃園市是閩南人之街莊，也沒有三官大帝廟之存在，足見閩南人沒有建立三官大帝廟的習俗，至為明顯。日人鈴木清一郎著「臺灣舊慣冠婚荏祭和年中行事」書（昭和九年出版）中說：閩南人、泉州人對天公生誕較重視，漳州人則較重視天官大帝的生誕日，也就是說閩南人部份人（漳州人）也有信仰三官大帝，但這個情形，在臺北市、桃園市、新竹市、臺中市、

嘉義市、高雄市等都沒有三官大帝廟之存在、彰化市是漳州人優勢之地方，也沒有三官大帝廟之存在，是何原因？可能所謂漳州人有信仰三官大帝（三界公）者只限于巫覡之類，或是漳州客人之被解釋漳州人之誤可能性大，不是一般性，才沒有建立三官大帝廟。

依據耆老說，昔日三官大帝（三界爺）在客家各莊都有奉祀的嘗會組織，幾個熱心人士組會奉祀，每年改選「爐主」，神牌或金身等迎至爐主家奉祀，在上元、中元、下元會員集中爐主家，各會員出資辦祭品祭拜，並通是在於下元日（十月十五日）那天祭拜後聚餐，稱為食平安福或食三界爺福，後來各地方都建立各種廟宇，這等各地方的三官大帝祭祀嘗會組織，出錢協助建廟，將嘗會所奉祀的三官大帝香位安置於各新建廟（含改建）之中，所以客家莊的主神非三官大帝的廟宇之中，大部份都有副神位三官大帝香位之設，就是有上述的來歷。可見三官大帝信仰，在臺灣甚受客家人的信仰。所以連橫他在他著《臺灣通史》書中說：「此則出於師巫之說。」似輕蔑三官大帝信仰的口吻。

客家人有稱「食福」之民俗，如食「伯公福」（也稱「食四季福」），和「三界爺福」。「伯公福」是一年四次（二月二日、四月八日、八月二日、冬節日）。食三界爺福因為上元正月十五日是元宵節，各家庭都準備豐盛的菜餚，所以上元、中元七月十五日是元宵節，各家庭也有準備豐盛的菜餚，所以上元、中元七月十五日是「普渡」沒有食福之節景，只有下元十月十五日有食平安福的節景一次而已。這個食三界爺福的習俗，也是臺灣客家人的個有習俗。

結　論

在大陸上，三官大帝（三界爺）廣被漢族所信仰的人神，祂們（堯帝、舜帝、禹帝）三帝在世時就受到人們的尊敬，祂們死後也被尊為人神，後來被道教奉天官、地官、水官等三界

神之後，更受到尊崇為三界爺之親蜜稱呼。客家人移墾臺灣，受到族群的難融和和對恃之苦境下，就選擇夏系認為正統漢族的堯、舜、禹帝成神的三官大帝，作為生活上的一信仰，來補填只限防出草馘首的三山國王廟。所以在臺灣之地方，三官大帝廟和三山國王廟、義民廟一樣，是屬臺灣客家人個有的神廟，所以在三山國王廟、三官大帝廟、義民廟等三種廟，在臺灣各縣市的分佈表就很明白的可以了解。

（本文承作者黃榮洛先生慨允收入本論文集，謹此致謝，其中刪略兩小節，欲讀全文者，請參閱《客家》雜誌第七一、七二和七五期，民國八十五年五、六和九月，臺北）

2. 莊華堂〈客家莊鄉鎮市誌的編撰與風雨名山的困惑—從臺灣修志史談地方誌的若干問題〉

近十年來，由於臺灣民主改革運動的成功，促成本土文化浪潮如風起雲湧之勢，自八〇年代中期以降，「臺灣學」或為顯學，這波「臺灣熱」的泛文化現象，影響層面相萬廣泛，除了大家熟悉的〈本土化〉大旗之下的政治改革之外，如文建會的藝術下鄉，以及每年一度的各縣市文藝季，由中央規劃轉成地方接手。教育上則有「母語教育」、「鄉土教材」的編輯與推動，媒體上除了「台語新聞」、「客語新聞」、的推出之外，連續劇的本土導向，綜藝節目的臺灣化，甚至到了施公必須講福佬話，小董要臺灣客語而竄紅的荒謬境地。而一般人並不注意的學術殿堂，也醞釀了革命性的變化，包括靜宜、清大、淡專先後成立臺灣文學的所系，師大從中國文學的長久桎梏，逐漸轉化為臺灣文學為重心，中研院增設臺灣史研究所等等，另外最近一個月內，幾乎每隔一周，便有一個以「臺灣學」為核心的大型學術研討會推出，包括中大客家文化中心與省文獻會主辦的〈客家民俗文化〉、省文獻會與中研院三個所主辦的〈平埔族群與臺灣歷史文化〉、及中研院臺史所與中大歷史所主辦的〈北臺灣發展史〉三個研討會。這些例證在在顯示，臺灣熱

仍在繼續發燒，主導了二十世紀末到廿一世紀的文化趨勢，應該是可以樂觀期待的。

這波研究臺灣的熱潮，表現在地方事務上的變化，有兩現象值得觀察，一是地方文史工作室的紛紛成立，另一是各鄉鎮市紛紛編纂地方誌。這兩件事並不一定有必然的關係，但依筆者多年來從事田調的初步了解，應該有某一程度相互間推波助瀾的功能。

從臺灣史的大脈絡來說，「修史」一直大清帝國領有臺灣以降，中央或省級大員以及地方父母官的顯赫功業之一，這個傳統自臺灣首任知府蔣毓英，於 1685 年編纂《臺灣府志》為嚆矢，此後中央大員例如臺廈兵備道高拱乾、分巡臺灣道劉良璧、巡臺御史范咸、臺灣知府余文儀，都曾在任內主修《臺灣府志》，從 1685 年的〈蔣志〉到 1760 年的〈余可〉，七十五年之間府志重修了五次、平均每十五年就翻修一次，可見當時方面大員熱表於修志的熱況。

此外，清代地方父母官為了在任內表現政績，或真的以修志為志業，於是在清領臺灣半甲子之後，準備撰修清初三縣的縣志，先後於康熙五十六年完成《諸羅縣志》，康熙五十八年完成《鳳山縣志》，康熙六十年完成《臺灣縣志》，擔任主修的都是當時的父母官—知縣周鍾瑄、李丕煜及王禮，其中《鳳志》、《臺志》都曾在後任知縣任內重修。其它諸如《彰化縣志》、《噶瑪蘭廳志》，《淡水廳志》等地分別完成於嘉慶道光年間。到了十九世紀末葉，臺灣從福建獨立出來建省之後，又興起另一波的修志熱，先是光緒十八年纂修的《臺灣通志》，設通志局監修所，諭令各縣所屬，將地方史事按冊採訪，送總局備纂，於是在光緒二十年完成了《苗栗縣志》以及宜蘭、新竹、臺灣、彰化、雲林、安平、鳳山、恒春各縣以及埔裏廳、臺東州採訪冊，這些州縣採訪冊跟廳縣志最大不同是，主修人不再是地方父母官，而由當地的飽學之士，例如舉人、貢生、生員或縣學教諭，書院講師擔任。

　　日治時期的臺南大儒連雅堂，以清代「舊志誤謬，文采不彰」。「侷促一隅，無關全局」、輆念古人「國可滅而史不可滅」的精神，窮十年之力，撰成《臺灣通史》，辜不論足否真如連氏所言「欲取金匱石室之書，欲成風雨名山之業」，這部「起自隋代終於割讓，縱橫上下鉅細靡遺」分成兩大冊的鉅著，都是一部記述大中國架構之下，臺灣歷史人之變遷一二九〇年的史書，成為一般人研究臺灣史的入門書籍。這部中國的「地方」通史完成於大正七年，直到三十四年臺灣光復之後，始首次在臺印行。此後，國民政府轉進來臺，臺灣省政府著眼於「國不可無史，省縣鄉鎮市亦不可無史，歷史對人類的重要性很大，承傳歷史，修志事不可忘，不可失」，乃諭令省設省文獻會、縣市也各設文獻委員會，負責搜集研究地方史料，並推動各縣市「縣志」、「市誌」修纂事宜。大致上是由地方首長（縣市長）擔任監修人或主任委員，另聘地方上的中家大儒擔任主修人，例如《臺南縣志》是洪坡浪與吳新榮，《花蓮縣志》是駱香林，《桃園縣志》是郭薰風，舊臺北市志則是由市長周百練、高玉樹擔任監修，由主任秘書王國璠任主修，許多名重一時的史家學者如王黃得時、王詩琅、廖漢臣、王世慶等出任各卷編纂。以筆者閱讀經驗粗略印象，《臺南縣志》與《臺北市志》是縣市地方志中的佼佼者。

　　此外，在民國六〇年代之後，有些縣轄的鄉鎮市長，也陸續在地方上成立「鄉鎮志編委會」當年還是那個反共抗俄威權時代，地方官及修志者尚沈醉在大中國的迷惘中，所修的鄉誌、鎮志，一般封裏前幾頁都是國父、老蔣及小蔣遺照，然後是縣長、鄉鎮長、市代會主席每一頁的玉照，再來則是公所大小官員、市民代表諸公及村里長一排排佔滿一整頁的大頭照，裏面內容諸多篇幅，往往是中央政府的政令，地方首長的政績，以及一大堆芝麻綠豆小事之類的統計圖表，地方上的歷史大事，土地開發史，族群文化特色等，不是付諸厥如就是幾筆含混帶過，因此所謂鄉誌、鎮誌淪為地方首長宣揚政令及政績的工具，甚至把它當作向上級邀功昇官的利器，令不看了不禁大倒味

口。

近七八年來，由於民進黨在縣市執政加上本土文化熱潮，又興起一波鄉鎮市誌的修志熱，以去年筆者在白河做田野撰白河鎮志的經驗，當時臺南縣即有新營、東山、後壁等五六個鄉鎮在趕集，同時間桃園縣也有中壢、大溪等市鎮在趕集，而苗栗縣人稱鼎公的黃鼎松先生，以國小教務主任的業餘時門，同時撰修苗栗、公館等四個地方誌，是故許多地方首長都在感嘆，全台灣到處都在修志，人才那裏找？如果沒有找到適任的撰修人，而以趕市集的方式猴急進行付梓，得到的結果往往是「成事不足敗事有餘」。

以筆者戶室擁有的五部近五年內完成的地方志而言，由平鎮市長莊玉光擔任召集人，地方資深記者羅濟正任編纂的《平鎮市誌》就有許多前述六〇年代以降所犯的毛病，這本始編於前鄉長陳進祥任內，歷經昇格改市，前後歷五年之久，但限於一人的能力議歷因素，凸顯認識不清、格局狹小的瑕疵，例如該誌把許多各機關統計圖表，原封不動的拷貝在冊，並列在目次的單獨章節中，而完全沒有文字說明，甚至在姓氏人口章節，花了近二百頁篇幅抄自百家姓，跟平鎮住民幾乎無關，這些篇幅幾佔全誌的三分之一，實在令人不忍卒睹。當然這是一人修志往往不能避免的弊病，但筆者看過埔里鄉賢劉枝萬，於一九五二年完稿的《臺灣埔里鄉土誌》及白河文史先賢林林春水所撰的《白河鎮志》未完初稿，兩位先生為地方史事的全面掌握，以及文獻資料與田野互相印證的磨工，分別博得臺南文史大老吳新榮及中研院民族所葉春榮的高度讚揚。是故一人修志狀況下，個人的歷史視野、基本文史素養以及積年累月所下的長久功夫，是修志成功的重要條件，以近年而言，輔大歷史系的尹章義先生撰修的《新莊鎮誌》、《新店市誌》就是其中明例。

撇開令人不敢恭維的大中國意識不談，做為一個歷史學者，尹先生史學素養以及實事求是的嚴謹治學態度，令人讚佩，他

在八十三年完成的《新店市誌》，除了卷首的疆域山川篇之外，其它章節幾乎是獨力完成，最令人稱羨的是，他以一貫上窮碧落下黃泉的精神，找到了新店地區三十多張地契古文書，詳盡描繪幾個古老莊頭的土地開拓史與族群關係，特別是他以第一手資料，證明早年屈尺、直潭地區的開發是採用嘉慶初年吳沙開發蘭陽平原的「結首制」更令人擊節叫好。由這點來反觀筆者去年參與的《白河鎮志》，兩年多前張自興鎮長找了白河鎮籍詩人吳順發、小說家張溪南兩人撰寫，後來詩人走路雲遊而去，小說家不得已請筆者幫忙，在我多方勸服下，他接受建議由總編邀請鎮籍的藝術家、老師及筆者夫婦等十人參與撰稿修誌，可惜的是在主事者識力不足的情況下，因地方史料、舊照收集不夠，缺乏古文書第一手史料，加上不肯多做田調工作（公所及總編責怪本人，以外人身份為何要做這麼多田野）使本誌查證不足，缺乏地方總體開拓史，而主事者聊以幾個章節，在傳述店仔口地名的緣起與傳聞而沾沾自喜，這點與尹先生的治史態度，實在不能同日而語。

然而，《白河鎮志》在全版彩色印制之下，仍有可觀之處，特別是張溪南決定以廿四里以分里成章節方式，詳盡描繪各莊頭聚落的開發、地名緣起及地方小事，佔了全書四分之一篇幅，使它成為近年的地方誌中，最有在地觀點，令白河人覺得和他們親近的「書」，為《白河鎮志》最大特色，另外筆者在五個月田調期間，走訪全鎮各大小聚落，實地印證當地許多血緣聚落的大家族，多具有福佬客身份，概估白河早年開發時期，客家人佔了三分之一以上，這點打破史家及一般研究者對臺南平原開發的印象，則是意外的小收穫。

同樣的，比《白河鎮志》早一年多付梓，也是由多人同心協力共同完成的〈美濃鎮志〉，則顯示修志人更寬廣的視野與企圖心。這部由鍾新財鎮長任主任委員，由中研院民族所徐正光所長任召集人，花了四年時間編撰的地方志，是目前個人見識所及中最佳的地方誌，除了該兩巨冊的龐大重量，以及內

容鉅細靡遺之外，由月光山雜誌社及美濃愛鄉協進會共同承擔行政庶務，掛名的廿幾名編委及近四十個撰稿人，幾已涵蓋美濃籍的官方、民代、文化、學術、教育、社運及其他領域的菁英，眾志成城的協力完成，特別是撰稿人方面審慎無私的慎重選邀，考量個人的專業領域，例如撰寫的空間聚落與客家夥房的李允斐，撰文學與地方傳說的鍾鐵民，撰美術史的曾文忠、撰生態篇的劉孝伸，撰社運史、婦女篇的鍾秀梅，都是該領域的佼佼者，更重要的是從召集人以下都是美濃人，他們對故鄉有深厚的感情與期許，因此他們筆下流露的專業素養及關愛情懷，躍於字裏行間，這點與尹章義所修的方志，除了專業與權威之外，卻永遠無法跨躍地方人士想要閱讀的鴻溝，是截然不同的。

行筆至此，筆者不禁感慨當年連雅堂先生那句「以成風雨名山之業」的名言，我想臺灣歷代的修史人例如陳夢林、吳新榮、林春水、劉枝萬都有同樣的襟懷，不管是大部頭或小珍品，都各有其千秋，值得我們思索的是，自工業革命之後，隨著社會的急遽與複雜變化，人類在這個大漩渦之中，無可避免的被捲入專業分工的潮流，那個個人修誌的時代已然過去，因此像羅濟鎮那樣填土式的修誌，像尹章義那樣只注自己專業領域的導流式修誌，都不是好現象，至於像張溪南的方式，基本上修正了個人修志的缺憾，但以作品呈現的專業素養及企圖而言，仍然是原地繞圈圈的毛毛蟲，離名山大業尚有一段差距，企待吾人繼續攀登，我的後結論是：《美濃鎮志》的經驗，應該是值得思考的方向。

（本文原刊《客家》雜誌九六期，民國八十七年六月，台北。蒙作者，慨允收入本論文集謹此致謝。）

3. 江中明〈客籍學者擬成立客家黨〉

預定三二九登記　命名「臺灣民主共和黨」將投入年底立委選戰

　　第一個強調以凝結客籍同胞意識、團結客籍人士力量為宗旨的政黨，預定於三月廿九日向內政部登記成立。建黨核心人士表示，該「客家黨」預計命名為「臺灣民主共和黨」，同時將仿效新黨與民進黨「以戰養戰」、「以戰練兵」，將尋訪優秀的客籍人才，從今年底立委選舉開始，即投入選戰。

　　核心人士表示，相關成員在省市選舉前已有建黨構想，選後開始籌備，已開過多次會議。核心成員包括學界、商界及國民黨、民進黨「中層以上幹部」。他說，該黨成立後的競爭目標先鎖定票源衝突嚴重的國民黨與民進黨，新黨因尚未在中南部扎根，只在臺北市與該黨會有票源重疊的問題。

　　據了解，該黨黨綱是由曾參與民進黨創黨過程及擔任新黨發起人的臺灣史專家、輔大歷史系教授尹章義，以及客籍博士吳其聰、黃鵬海三人共同草擬。

　　該黨創黨宗旨強調，一、臺灣的政治資源應以協商為基礎，依語群與人口結構的比例分配，對於三百五十萬、佔全臺人口比例百分之十五至十六的客家語群，應在各級民代席次上，予以相當的尊重和保障；二、臺灣的官方語言應有北京話、福佬話、客家話及原住民語四種，客家語應成為合法的官方語言；三、臺灣各族群不分先來後到，應共享繁榮成果；四、聯合所有弱勢團體族群，相互尊重彼此的語言、人格及生活習慣。

　　核心人士表示，客家語群目前在政黨歸屬上是「無主狀況」，尤其是臺灣的城鄉發展差距愈來愈大，苗栗、新竹、屏東等客家語群集中的縣份，非但未分享到政治資源，連經濟資源也極度匱乏，使客家人有高度的危機意識。

　　該人士表示，基本上，該黨不希望以語群做為政黨的基礎，

但是依目前各政黨發展來看，民進黨已是排他主義甚強的「大福佬沙文主義加社會邊緣人」組成，新黨則是「多數的外省人加都市中產階層」；而有關語群與省籍問題，在近來的選舉中已非常明朗化，遮掩並不能解決問題。他認為，「客家黨」的成立，並不凸顯語群間的衝突和矛盾，相反的是在消弭問題。他說，相對於民進黨、新黨，未來該黨將定位在「客家人與農、工等弱勢族群」。

他表示，新黨對於「客家黨」的成立啟發甚大。籌備成員認為，只要該黨所挑選的候選人素質好、學歷高、形象清新，以客家縣份依賴的宗族與鄉親票，「客家黨」的候選人自能脫穎而出。他說，該黨初期運作將透過社團吸收黨員，並以電台進行宣傳。

（原刊於《聯合報》民國八十九年元月十七日，二版，蒙作者慨允收入本論文集謹此致謝。）

4. 蘇士貞〈尹章義將籌組客家黨〉

客家黨將以客家人士為組成核心，希望改變朝野緊繃局勢，消弭族群之間的衝突矛盾。

日前輔大歷史系教授尹章義發表聲明表示，將於三月二十九日向內政部登記成立一個以客家籍人士為核心的客家黨，名為「臺灣民主共和黨」。

客家黨有意消弭族群間的衝突矛盾。

尹章義說，目前臺灣是一個政黨政治、多元化社會，但不論是政黨，或是各級民代都不甚了解其真諦，彼此以私人恩怨為出發點看待政治事件。尹認為這是民主政黨政治不成熟的表現。他希望藉客家黨的成立來改變目前三黨的緊繃情勢，消弭彼此之間的衝突矛盾。

　　尹也指出，所謂客家黨將集合弱勢團體、殘障同胞、農人、工人，以客家人士為該黨核心所組成。他說，以人道主義、社會正義原則看，客家人、先住民、農工及殘障人士都受到不公平的待遇。首先要解決此問題，便是要喚醒社會大眾的注意力與尊重，讓客家話也成為官方語言。

　　該客家黨創黨宗旨為，一、臺灣的政治資源應以協商為基礎，依語群與人口比例百分之十五至十六的客話群，應在各級民代席次上，予以相當的尊重和保障；二、臺灣的官方語言應有北京語、福佬話、客家話及原住民語四種，客家話應成為合法的官方語言；三、臺灣族群不分先來後到，應共享繁榮成果；四、聯合所有弱勢團體與族群，相互尊重彼此語言、人格及生活習慣。

　　該黨人士指出，民進當是大福佬沙文主義加社會邊緣人，新黨是多數的外省人加都市中產階層，國民黨則是敗亡、潰散的富家子弟兵。現階段的政治、經濟和社會資都分配不均，城鄉差距也過大，使得弱勢團體愈形弱勢。加上日前臺北客家電台被抄，一些客籍學者便興起組黨之念。

　　該人士也說明，民族融合是種族達爾文主義、大民族沙文主義，他強調只要尊重，不要融合，這樣客家文化才不致被同化消滅，使客家主體性能進一步伸張。

尹章義強調有不少人將會帶槍投靠。

　　該黨目標在於，將以客家人士的中性色彩、性格，調和近來愈形嚴重、惡化的省籍、語群問題。此外，該黨也希望將來能建立票票不等值制度，即兩票制；而此不等質須建立在等質票上，目的在於保障弱勢團體的權益；而後再進入朝野協商時代，摒棄肢體、暴力的溝通方式、尊重彼此的語群、宗族、文化、風格……。

　　尹章義指明，客家人重視宗族倫理，所以客家黨的宗族性

應是促使客家黨團體的最大因素。尹表示，客家黨的政策架構，首先以選戰來發展政黨，藉著每一次大大小小的選舉來培養黨的實力，也藉各個選舉來發揚黨的理念、主張。再者，便是實行柔性政黨政策，以黨性、黨譽和黨格來拉攏黨員之間的向心力及凝聚力。

據了解，該黨在去年年底即已開始籌組，多次的討論會義中，有多位包括國民黨和民進黨的縣黨部主委及前縣黨部主委都已明確表示，在該黨成立後，即會加入。

尹章義說這些中、高階層的幹部將會在三二九後，帶槍投靠、參與，共同為弱勢族群奮鬥、爭取。

（原刊《國會》雙周刊 48 期，民國九五年元月廿五日，臺北，原作者蘇士貞先生未能聯絡上，謹致歉意並請蘇先生和作者聯絡。）

國家圖書館出版品預行編目資料

臺灣客家與六堆史研究 / 尹章義著 . -- 初版 . -- 臺北市 :
蘭臺 , 2021.06
　面 ；　公分 . -- (客家研究叢書 ; 4)
ISBN 978-986-99507-9-4(平裝)
1. 客家 2. 臺灣

536.211　　　　　　　　　　　　　　110003912

客家研究叢書 4

臺灣客家與六堆史研究

作　　者：尹章義
編　　輯：沈彥伶
美　　編：沈彥伶
封面設計：塗宇樵
出 版 者：蘭臺出版社
發　　行：蘭臺出版社
地　　址：台北市中正區重慶南路 1 段 121 號 8 樓之 14
電　　話：(02)2331-1675 或 (02)2331-1691
傳　　真：(02)2382-6225
E—MAIL：books5w@gmail.com 或 books5w@yahoo.com.tw
網路書店：http://bookstv.com.tw/
　　　　　https://www.pcstore.com.tw/yesbooks/
　　　　　博客來網路書店、博客思網路書店
　　　　　三民書局、金石堂書店
經　　銷：聯合發行股份有限公司
電　　話：(02) 2917-8022　　傳 真：(02) 2915-7212
劃撥戶名：蘭臺出版社 帳號：18995335
香港代理：香港聯合零售有限公司
地　　址：香港新界大蒲汀麗路 36 號中華商務印刷大樓
　　　　　C&C Building, 36,Ting, Lai, Road, Tai,Po, New,Territories
電　　話：(852)2150-2100　　傳真：(852)2356-0735
出版日期：2021 年 6 月 初版
定　　價：新臺幣 680 元整（平裝）
ISBN：978-986-99507-9-4